falstaff

BARGUIDE

DIE BESTEN BARS IN DEUTSCHLAND, ÖSTERREICH UND DER SCHWEIZ

2024

Die 800 besten Cocktailbars und
400 besten Weinbars,
bewertet von Gästen und Insidern.

Impressum

HERAUSGEBER
Wolfgang M. Rosam

MEDIENINHABER
Falstaff Verlags-GmbH
Schottenring 2–6, 1010 Wien
T: +43 1 9042141
falstaff.com

GESCHÄFTSFÜHRUNG
Mag. Elisabeth Kamper, Wolfgang M. Rosam,
Ronald Tomandl

CHEFREDAKTION
Roland Graf, Benjamin Herzog,
Sebastian Späth, Dominik Vombach

REDAKTION
Julia Hamester, Lisa Ladstätter, Natalia Rebow
(Chefinnen vom Dienst)
Larissa Graf, Sophie Piff, Tristan Ziegler (Redaktionsassistenz)
Georg Morawitz-Holeschofsky, Robert Pleniger (Daten)
Michael André Ankermüller, Philipp Braun, Markus Curin,
Nina Deutschmann, Marie Grüner, Moritz Hackl,
Kevin Hanschke, Christina Knauseder-Csipek,
Caroline Metzger, Michael Pöppl, Ingo Swoboda, Tina Totic,
Anna Wender, Maria Wollburg (Autoren)
Florence Wibowo (Fotoredaktion)

LEKTORAT
Petra Schwaiger

GESTALTUNG UND PRODUKTION
Marcus Wiesner (Grafik)
Konstantin Riemerschmid (Produktion/Litho)
Thomas Kepplinger (AD Marketing & Sales)

DRUCK
ppm Fulda GmbH & Co. KG

PEFC-zertifiziert
Dieses Produkt stammt aus nachhaltig bewirtschafteten Wäldern und kontrollierten Quellen
www.pefc.de
PEFC/04-31-1308

DER EINZIG WAHRE
ISLAY DRY GIN
Hergestellt, destilliert und abgefüllt auf der Insel
ISLAY
Ein komplexer, unverwechsel-barer und blumiger
GIN
CONCEIVED, DISTILLED & HAND-CRAFTED ON THE ISLAND OF ISLAY
THE BOTANIST
ISLAY DRY GIN
22
FORAGED ISLAND BOTANICALS
22
hand gepflückte Kräuter
46% Vol.
mit atem-beraubendem Abgang

Inhalt

DEUTSCHLAND

Illustration: Marcus Wiesner

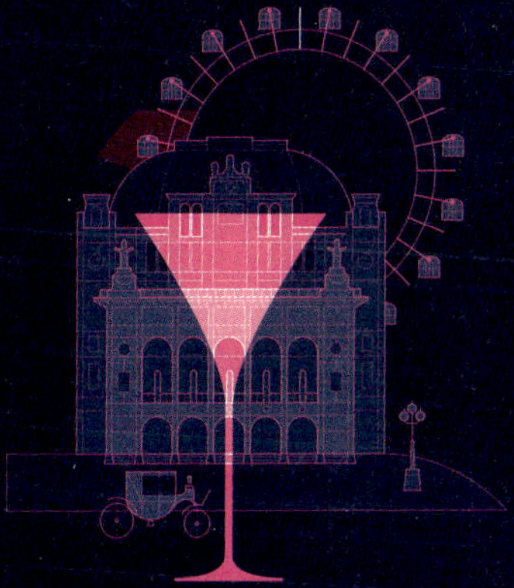

ÖSTERREICH

SCHWEIZ

Legende Symbole

SYMBOLE COCKTAILBARS

Garten

Kalte Speisen

Warme Speisen

Barrierefreie Toilette

Elektronische Zahlungsmöglichkeit

SYMBOLE WEINBARS

Garten

Kalte Speisen

Warme Speisen

Barrierefreie Toilette

Feinkostverkauf

Elektronische Zahlungsmöglichkeit

SYMBOLE BEWERTUNG

95–100 Punkte

90–94 Punkte

85–89 Punkte

80–84 Punkte

Peter Affenzeller
RUMONKEY
KARIBISCHES ZUCKERROHR TRIFFT AUF ÖSTERREICH-ISCHE BRENNKUNST
NEBEN MEHRFACH PRÄMIERTEN WHISKYS UND GIN BIETET PETER AFFENZELLER DEN EDLEN, WUNDERBAR AUSBALANCIERTEN RUM UNTER DEM NAMEN RUMONKEY.
DESTILLERIE PETER AFFENZELLER
WHISKYPLATZ 1, 4211 ALBERNDORF
WWW.PETER-AFFENZELLER.AT

Editorial

Wolfgang M. Rosam
Falstaff-Herausgeber

Liebe Leserinnen, liebe Leser!

»G'essen und 'trunken wird immer« – volkstümliche Weisheit korreliert offenbar nicht immer mit der wirtschaftlichen Realität: Die Schließung von Traditionsgaststätten gehört nahezu wöchentlich zu den betrüblichen Nachrichten. Genuss muss man sich aber leisten wollen. Diese Erkenntnis ist wichtig. Denn damit erkennt man auch, wie resilient die Barszene ist, die auch alle Branchen betreffende Sorgen wie den Personalmangel abfedert. Dazu nur ein paar Eckdaten zum Falstaff Barguide: 100 Betriebe mehr als im Vorjahr ergeben ein Kompendium mit 1200 (!) Einträgen. Rund 400 Weinbars und 800 Cocktailbars, die von der Falstaff-Community bewertet wurden, ergeben in Summe 61 Preisträger aus Österreich, der Schweiz und Deutschland.

Bars, egal ob mit Wein- oder Cocktailschwerpunkt (wobei die Grenzen »fluid« sind), erwiesen sich als die Schnellboote der Gastronomie. Neue Angebote abseits von Dogmen, »wilder« oder ganz ohne Alkohol, werden hier lustvoll ausgetestet. Dass die Experimentierfreude zur Attraktivität des gepflegten Trinkens beiträgt, steht fest. Und zwar 1200 Mal!

PROF. WOLFGANG M. ROSAM
wolfgang.rosam@falstaff.com

Foto: Ian Ehm

Wie servierst
Du The Singleton
Whisky?
Bitte trinken Sie verantwortungsvoll | DRINKiQ.com
SINGLE MALT
SCOTCH WHISKY
THE
SINGLETON
Single Malt Scotch Whisky
12 YEARS OLD
THE
SINGLETON
WAGE MEHR GENUSS

Der Guide im Überblick

COCKTAILBARS UND WEINBARS

Über 3300 Cocktailbars und 650 Weinbars aus dem deutschsprachigen Raum standen für die Bewertung durch die Falstaff-Community zur Wahl, und über 16.000 Votings gingen bis Ende August 2023 ein. Die insgesamt 800 Cocktailbars und 400 Weinbars mit den besten Bewertungen haben es in diesen Guide geschafft. Da bei Cocktailbars und Weinbars unterschiedliche Bewertungskriterien zur Anwendung kommen, wurde in zwei separaten Votings abgestimmt.

Die Listung der Bars erfolgt nach Land: Bei Österreich sind die Bundesländer von Ost nach West (beginnend mit Wien und Niederösterreich), bei Deutschland und bei der Schweiz alphabetisch nach Bundesland beziehungsweise Kanton sortiert. Innerhalb des Bundeslands/Kantons sind die Betriebe nach Ortsnamen und innerhalb des Orts alphabetisch nach Betriebsnamen geordnet. Dabei werden Cocktail- und Weinbars gemeinsam gelistet, der Unterschied ist anhand der Gläsersymbole (Cocktailbar 🍸 oder Weinbar 🍷) und der Bewertungskategorien zu erkennen.

Am Ende dieses Guides finden Sie ein Register (in Länder unterteilt), das es Ihnen zusätzlich erleichtert, jede Bar rasch und einfach zu finden: den Index nach Namen und den Index nach Ort, jeweils von A bis Z.

BRUICHLADDICH
BRUICHLADDICH DISTILLERY COMPANY SINCE 1881
50% Alkoholgehalt
Zeigt den klassischen, blumigen und eleganten Bruichladdich-Stil.
Hergestellt aus 100% schottischer Gerste.
Durch Pot-Still-Destillation hergestellt.
Nicht kaltgefiltert.
Frei von künstlichen Farbstoffen.
ISLAY
BRUICH
THE CLASSIC LADDIE
ISLAY SINGLE MALT SCOTCH WHISKY
50% vol. 50% alc./vol. 700ml
BRUICHLADDICH
Certified B Corporation
AS AN ACCREDITED B CORP, WE ARE PROUD TO MEET THE HIGHEST STANDARD OF SOCIAL AND ENVIROMENTAL PERFORMANCE. BY BALANCING PROFIT AND PURPOSE, WE OFFICIALLY USE OUR BUSINESS AS A FORCE FOR GOOD™. FIND OUT HOW WE MAKE WHISKY FIT FOR THE FUTURE HERE.
ADAM HANNETT, HEAD DISTILLER
©2023 BRUICHLADDICH DISTILLERY CO, LIMITED BRUICHLADDICH® SCOTCH WHISKY, 50% ALC/VOL. PLEASE DRINK RESPONSIBLY.

Die Bewertung im Überblick

DIE BEWERTUNG
Bewertet hat – wie von anderen Falstaff-Guides gewohnt – die Falstaff-Community. Zudem gab es eine Fachjury aus Insidern: Personen, die hauptberuflich mit Bars, Weinbars und Trinken zu tun haben, und freiberufliche Barflies.

COCKTAILBARS
Die Gesamtbewertung der Cocktailbars ergibt sich aus den folgenden vier Einzelkategorien:

- Drinks (max. 50 Punkte)
- Ambiente (max. 20 Punkte)
- Service (max. 20 Punkte)
- Sortiment (max. 10 Punkte)

Die höchstmögliche Bewertung beträgt 100 Punkte.
Die Cocktailbars sind in fünf Kategorien unterteilt: American Bar, Loungebar, Club, Restaurantbar und Hotelbar.

WEINBARS
Die Gesamtbewertung der Weinbars ergibt sich aus den folgenden vier Einzelkategorien:

- Weinangebot (max. 50 Punkte)
- Service (max. 20 Punkte)
- Essen (max. 20 Punkte)
- Ambiente (max. 10 Punkte)

Die höchstmögliche Bewertung beträgt 100 Punkte.
Die Weinbars sind in vier Kategorien unterteilt: Klassische Weinbar, Weinbar in einer Vinothek, Weinbar in einem Restaurant und Weinbistro.

Die angegebenen Daten wurden von den Betrieben an Falstaff übermittelt. Die aktuellsten Informationen und Öffnungszeiten finden Sie immer in der Falstaff-Bar-App, auf www.falstaff.com sowie auf der Website des jeweiligen Betriebs.

BUDWEISER
Budvar
UNSER
SIGNATURE DRINK.
UNVERÄNDERT
SEIT 1895.

SIEGER

Foto: Florence Wibowo

Cocktail des Jahres

EL PRESIDENTE

Für die US-Cocktail-Instanz David A. Embury war er schlicht der »führende Rum-Cocktail der aromatischen Richtung«. Der Rechtsanwalt, dessen Werk »Fine Art of Mixing Drinks« in jeder Bar-Bibliothek stehen sollte, erwähnt auch explizit den dunklen Rum, der mit Wermut und Grenadine kombiniert werden sollte. Denn als sein Kompendium erstmals erschien, neigten sich die Zeiten, in denen der weiße Rum als US-Partygetränk für Furore sorgte, bereits dem Ende zu. Den Drink gab es auf Kuba aber spätestens seit 1915, als das Rezept erstmals im »Manual del cantinero« publiziert wurde. Als Erfinder gilt mit einiger Wahrscheinlichkeit Ernest Hemingways Lieblingsbartender aus der Floridita: Constantino Ribalaigua y Vert. Wie beim Old Fashioned oder Boulevardier ist hier ein weiterer »Dreiteiler« zu entdecken, der die Basis-Spirituose nur minimal süßt bzw. ergänzt. Ob man dies mit Grenadine allein, zusätzlich Curaçao oder einer Orangenzeste macht, ist Geschmackssache. Auch ein Spritzer Angostura kommt in historischen Rezepturen vor. Womit der »Präsident« ein echter Demokrat ist: Er will von allen gemocht werden.

Stoli Espresso
ESPRESSO MARTINI
EINFACH GEMIXT
IMPORTED
STOLICHNAYA
Stoli Espresso
ESPRESSO MARTINI
COFFEE FLAVOURED VODKA LIQUEUR

SIEGER

Foto: Stocksy/ Andrew Cebulka

Champagnercocktail d. Jahres

AIR MAIL

Die Fusion bestehender Cocktails ist keine neue Errungenschaft. Der Air Mail vereinte schon vor 90 Jahren die Vorzüge eines French 75 (Rum und Champagner) mit dem Honig als Zutat eines Honey Bee oder Canchánchara. So ganz genau weiß man nicht, wann der Drink entstand, der als echtes Kind des »Jazz Age« die Geschwindigkeit feiert. Der Postflug nach Havanna wurde jedenfalls 1930 aufgenommen – und wenig später bewarb man den Champagnercocktail, der dekadent mit einer Briefmarke versehen wurde.

Der Name für die flotte Fernverbindung via Postflugzeug unterstreicht die beiden Antipoden, die er verbindet: Prickelnde Champagner-Frische trifft auf die Würze und Süße des Rums. Zitronensaft und Honig runden diese Begegnung ab. Die populärste Rezeptur stammt aus dem »Handbook for Hosts« (1949) des US-Magazins »Esquire«, trotzdem gehört der Air Mail heute zu den wiederentdeckten Cocktails. Es war die New Yorker Bar »Please Don't Tell« (PDT), die ihn ab 2010 popularisierte. Und wenn er – wie einst in Kuba – mit einer Briefmarke garniert wird, weht ein Hauch von Nostalgie durchs Digitalzeitalter.

D bar
American Bar with a modern twist
The Ritz-Carlton, Vienna
Schubertring 5-7, 1010 Wien
ATMOSPHERE
ROOFTOP BAR
YOUR SUMMER SPOT

Foto: Suchita Kalele / Stocksy

Spirituose des Jahres

DARK RUM

Es ist noch zu früh für eine genaue Ursachenforschung. Aber dass mit der neu eingeführten Obergrenze für Zucker im Rum auch Bewegung in die Kategorie kam, ist offensichtlich. Dabei stößt der fassgelagerte oder braune Rum auf eine Klientel, die noch nie so aufnahmebereit für die gereiften Qualitäten des Destillats war: Whisk(e)y-Freunde wechseln dank der neuen »Trockenheit« öfter in die Karibik. Wobei auch die Herkunft der Zuckerrohrbrände vielfältiger geworden ist – bis hin zu heimischen Produkten von Brennern wie Affenzeller, Gölles oder Reisetbauer. Und aller Genussfeindlichkeit zum Trotz gehört die Kombination von Rum mit Kaffee und Zigarre immer noch zum Inbegriff des »good life«.

Neu ist aber die Leidenschaft der Frauen für Rum, während beispielsweise andere Spirituosen aus dem Fass wie Cognac oder Whisk(e)y kaum Zustimmung bei weiblichen Genießern finden. Man darf das als eine positive Folge des gemeinsamen Verkostens in den eigenen vier Wänden während der diversen Lockdowns verbuchen. Denn egal, ob im Cocktail oder pur als »sipping rum« genossen, ob trocken oder süß: Es gibt für alle Vorlieben einen reifen Rum.

BARCELÓ
RON DOMINICANO
BARCELÓ
IMPERIAL
-RON DOMINICANO-
Der perfekte Rum
für einzigartige Momente
Alkohol verantwortungsbewusst konsumieren

SIEGER

Foto: beigestellt

Marken-Botschafterin

KATHARINA SCHWALLER, HENDRICK'S GIN

Der Blitzstart, der der versierten Bartenderin auf der anderen Seite des Tresens glückte, lässt sich an einem knallgrünen Detail festmachen: Spricht man in der Szene vom »Gurkenmobil«, dann weiß jede(r), dass es sich um Katharina Schwallers Dienstfahrzeug mit der auffälligen Lackierung handelt – »quirky« britisch, wie alles bei Hendrick's aus dem schottischen Girvan. In ganz Österreich macht die Gin-Botschafterin damit auch abseits des alljährlichen Gurken-Tags Stimmung für den Brand mit dem feinen Botanik-Aroma. Für die sportliche Frohnatur geht sich dazwischen noch ein Lauf- oder Schwimmtraining am Weg aus, denn die Energie von »Kathi«, die während ihrer Zeit als Barchefin im Wiener Ritz auch noch frühmorgens Kapitel ihrer Diplomarbeit verfasste, ist ungebrochen. Witz und Wissen vereint sie in den Master Classes obendrein. Und zwar so untrennbar, wie Rosenblätter und Gurken »ihrer« Marke das Aroma verleihen.
PS: Dass die bekannteste Marke aus weiblicher Destillateurshand damit auch ein »Girvan Girl« vertritt, ist äußerst erfreulich in der immer noch männlich dominierten Bar-Welt.

Illustration: Marcus Wiesner

DIE BESTEN BARS UND WEINBARS IN DEUTSCHLAND

TOP-BEWERTUNGEN

Bar	Gläser	Punkte
Velvet 12043 Berlin	YYYY Seite 117	98 Punkte
Les Fleurs du Mal 80539 München	YYYY Seite 77	97 Punkte
Seiberts 50672 Köln	YYYY Seite 167	97 Punkte
Die goldene Bar 80538 München	YYYY Seite 71	96 Punkte
Puzzle Bar 20457 Hamburg	YYYY Seite 132	96 Punkte
Schumann's Bar am Hofgarten 80539 München	YYYY Seite 80	96 Punkte
Toddy Tapper 50670 Köln	YYYY Seite 168	96 Punkte
Embury 60311 Frankfurt am Main	YYYY Seite 138	96 Punkte
Buck and Breck 10119 Berlin	YYYY Seite 94	95 Punkte
Kinly Bar 60329 Frankfurt am Main	YYYY Seite 140	95 Punkte
Le Lion 20095 Hamburg	YYYY Seite 131	95 Punkte
Little Link 50672 Köln	YYYY Seite 165	95 Punkte
Herbarium Bar 37073 Göttingen	YYYY Seite 149	95 Punkte
Jahreszeiten Bar 20354 Hamburg	YYYY Seite 130	95 Punkte
Tantris 80805 München	YYYY Seite 81	95 Punkte

Die Reihung ergibt sich aus der Gesamtpunktzahl und der Getränkebewertung.

SIEGER

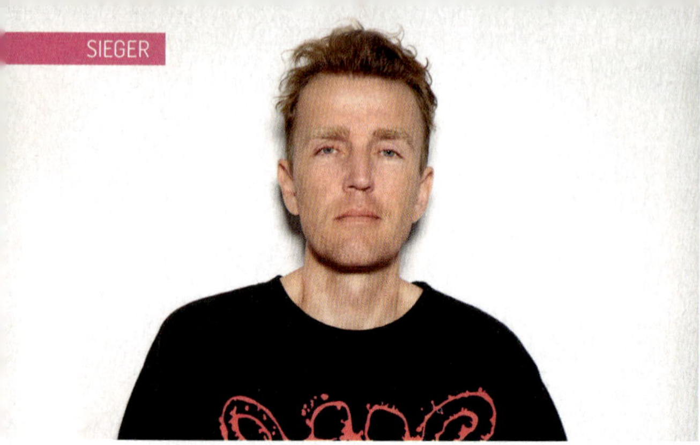

Foto: Stefan Armbruster

Gastgeber des Jahres

WILLI SCHÖLLMANN, SCHOELLMANNS, OFFENBURG

Von vielen unbemerkt hat der Offenburger Gastronom seine Heimatstadt in ein Mekka für Cocktail-Connaisseurs verwandelt. Ihn selbst hat es jedoch nie fortgezogen – wohl, weil sein Erfolg gar keine Gelegenheit dazu bot. Herzstück seines sich stetig erweiternden Reichs ist das Schoellmanns, wo er Cocktails aus heimischen Obstbränden offeriert.

Foto: Sarah Swantje Fischer

Barfrau des Jahres

ROXANNE HELM, PROVOCATEUR BAR, BERLIN

Vor Ausbruch der Corona-Pandemie hat die gebürtige Kölnerin im Berliner Provocateur angeheuert und sich innerhalb kürzester Zeit zur stellvertretenden Barmanagerin hochgearbeitet. Dabei stemmt die gelernte Hotelfachfrau sich hartnäckig gegen das Klischee, in der Bar sei eine Frau für den Service, ein Mann für die Drink-Zubereitung zuständig.

SEVEN SEALS
CASK PROOF
SEVEN SEALS
CASK PROOF
SEVEN SEALS
THE AGE OF SCORPIO
SEVEN SEALS
THE AGE OF TAURUS
SEVEN SEALS
»TIME DOESN'T MATTER,
TASTE MATTERS.«
7SEALSWHISKY.COM

Foto: Anja Kastner

Bartender des Jahres

SVEN GOLLER, DAS SCHWARZE SCHAF, BAMBERG

Mit Verve und Innovationskraft hat Sven Goller den hervorragenden Ruf, den das beschauliche Bamberg bislang vornehmlich unter Bierliebhabern genoss, um die Aufmerksamkeit von Cocktailfans erweitert. Bei seinen Cocktailkreationen setzt er auf regionale Produkte wie Obstler, Rauchbier und Saft von heimischen Streuobstwiesen.

Foto: Kroesing Media Group / Dietrich Kühne

Innovativster Bartender

ROBIN LÜHERT, ESPRIT, GÖTTINGEN

Robin Lühert startete als Hotelkaufmann, seine Spirituosen-Begeisterung führte ihn aber unweigerlich hinter den Tresen. Der 34-Jährige versteht sich als Bartender der alten Schule, was ihn aber nicht von Trends setzenden Kreationen wie dem Around the World aus Cognac und Agavenschnaps abhält. Damit gewann er 2022 die deutsche Cocktailmeisterschaft.

SIEGER

Foto: beigestellt

Rookie-Bartender des Jahres

YUTO NAGASAWA, HIDEAWAY, DÜSSELDORF

Als der gefeierte japanische Mixologe 2021 nach Düsseldorf kam, starb unglücklicherweise kurz darauf der Besitzer der Bar, wegen der er eingewandert war. Doch Nagasawas deutsche Anhängerschaft war innerhalb dieser kurzen Zeit bereits dermaßen gewachsen, dass es ein Leichtes war, Financiers für seinen Traum von der Selbstständigkeit zu finden.

Foto: Klaus Brenninger

Barteam des Jahres

SCHUMANN'S BAR AM HOFGARTEN, MÜNCHEN

Die Kaltschnäuzigkeit der Servicekräfte im Schumann's ist berüchtigt, dennoch gibt es wohl deutschlandweit keine bessere Bar, geschweige denn eine authentischere – nicht zuletzt wegen der weißbekittelten Mannschaft, die großteils aus Stammspielern besteht: Silvio del Favero etwa, der bereits 1982 mit Schumann in der Maximilianstraße startete, ist heute noch da.

JAMESON®
BLACK
BARREL
WIDEN THE J™ CIRCLE
JAMESON BLACK BARREL
JAMESON
BLACK
CHARRED FOR A RICH SMOOTH TASTE
BARREL
Triple Distilled
IRISH WHISKEY
40% vol.
THE BOW ST. DISTILLERY
DUBLIN / IRELAND
700ml e
TOUCHED BY FIRE,
FOR A RICH, SMOOTH TASTE.
ENJOY RESPONSIBLY

SIEGER

Foto: beigestellt

American Bar

LE LION, HAMBURG

Seit 2011 hat die Lion-Bar einen festen Platz unter den »50 besten Bars der Welt«. Das hervorragende Angebot an Cocktails und Champagner ergänzen Bartender Jörg Meyer und sein Team auf Bestellung um nahezu alle Gästewünsche. Eine Türklingel, durch deren Betätigung man um Einlass bittet, und das elegante Interieur beschwören die 1920er herauf.

Foto: beigestellt

American Bar

LES FLEURS DU MAL, MÜNCHEN

Als die ganze Branche dem Glauben verfallen war, keine Bar komme mehr ohne Remmidemmi aus, eröffnete Charles Schumann als Widerlegung dessen seine ultrapuristische Zweit-Bar: Ein einziger Barkeeper an einem neun Meter langen Tresen aus Nussbaumholz – vom Chef nach eigenem Bekunden selbst in den USA ausfindig gemacht –, mehr braucht es nicht.

Mehr Upselling?
Ich gebe meinen Gästen genau was sie wünschen. Dafür zahlen sie gerne mehr.
aleno
Für eine neue Ära der Gastronomie

Foto: beigestellt

Hotelbar

ORY IM MANDARIN ORIENTAL, MÜNCHEN

Unbestrittener Blickfang dieser atmosphärisch-düsteren Hotelbar ist der goldfarbene Tresen, über dem sich fächergleich die Deckenbeleuchtung entfaltet. Nicht minder ausgeklügelt sind die Drinks, was die Ory Bar zu einem Ort macht, an dem Einheimische in derselben Vielzahl anzutreffen sind wie Reisende.

Foto: beigestellt

Restaurantbar

HYGGE, HAMBURG

Benannt nach dem dänischen Wort für Gemütlichkeit, stellt das Hygge im Hamburger Reetdachhaus eine Ruheinsel inmitten des Großstadttrubels dar. Offene Holzbalken, schwere Ledersofas und Kaminfeuer sorgen für Wohlfühlatmosphäre wie bei guten Freunden. Je kälter die Welt draußen, desto kuscheliger ist es hier drinnen.

Foto: beigestellt

SIEGER

Neueröffnung des Jahres

LE JARDIN, BERLIN

Eigentlich hatte Yannik Walter 2022 seinen Rückzug als Bartender verkündet. Der gelernte Kommunikationsdesigner wollte eine eigene Agentur gründen – was nicht abwegig erscheint, wenn man die selbst gestalteten Cocktailkarten des Ex-Golvet-Barchefs kennt. Zum Glück für die Branche kam ihm das Angebot einer eigenen Bar nahe der Torstraße dazwischen.

Foto: Get MADE

Bar-Juwel

SCHWARZ WEISS BAR, STUTTGART

Die Schwarz Weiß Bar am Wilhelmsplatz zählt zu den legendärsten und bekanntesten Bars Stuttgarts. Nirgendwo sonst in der Stadt wird so großer Wert auf kreative Rezepturen, hochwertige Spirituosen und deren perfekte Inszenierung gelegt. Die Bar ist kaum größer als ein Wohnzimmer – und doch ist sie ein elementarer Bestandteil der deutschen Bar-Landschaft.

TOP-BEWERTUNGEN

Bar	Gläser	Punkte
Rutz – Zollhaus 10961 Berlin	🍷🍷🍷🍷 Seite 110	97 Punkte
Sansibar 25980 Sylt (Rantum)	🍷🍷🍷🍷 Seite 184	96 Punkte
Heimat I Essen & Weine 60311 Frankfurt am Main	🍷🍷🍷🍷 Seite 139	96 Punkte
L'Hommage 70182 Stuttgart	🍷🍷🍷🍷 Seite 59	96 Punkte
Geisel 80335 München	🍷🍷🍷🍷 Seite 74	95 Punkte
Rocaille 40476 Düsseldorf	🍷🍷🍷🍷 Seite 160	95 Punkte
Saittavini 40545 Düsseldorf	🍷🍷🍷🍷 Seite 160	95 Punkte
Wein I Kultur I Bar 01277 Dresden	🍷🍷🍷🍷 Seite 177	95 Punkte
Eiskeller 40213 Düsseldorf	🍷🍷🍷🍷 Seite 157	95 Punkte
KaDeWe 10789 Berlin	🍷🍷🍷🍷 Seite 102	95 Punkte
Freundschaft 10117 Berlin	🍷🍷🍷 Seite 97	94 Punkte
Vineria 90408 Nürnberg	🍷🍷🍷 Seite 86	94 Punkte
HENNE.Weinbar 50672 Köln	🍷🍷🍷 Seite 165	94 Punkte
High Fidelity 70182 Stuttgart	🍷🍷🍷 Seite 59	94 Punkte
Kinfelts Kitchen & Wine 20457 Hamburg	🍷🍷🍷 Seite 130	94 Punkte

Die Reihung ergibt sich aus der Gesamtpunktzahl und der Getränkebewertung.

Weit über seltene Jahrgänge hinaus
Die Kreation des idealen Jahrgangs
100/100
JAMESSUCKLING.COM
98/100
falstaff
19,5/20
JancisRobinson.com
N°26
Champagne
Grand Siècle
Laurent-Perrier
Grande Cuvée
Grand Siècle N°26 in der Flasche. Limitierte Edition – nur auf Anfrage.
www.laurent-perrier.com

SIEGER

Foto: beigestellt

Neueröffnung Weinbar

S.ZIMMER, MÜNCHEN

Namensgeber Sascha Zimmer hat lange vom eigenen Lokal mit Weinbar geträumt. Für die brillante Umsetzung holte er das junge Kochduo Sepehr Alipour und Jonas Ulbrich an Bord. Die große Auswahl an Supertuscans verschiedenster Jahrgänge hat in München kaum Konkurrenz, und Zimmer macht seinen Gästen selbst die teuersten seiner Weine glasweise zugänglich.

Foto: beigestellt

Klassische Weinbar

WEIN | KULTUR | BAR, DRESDEN

Silvio Nitzsche, einer der renommiertesten Sommeliers Deutschlands, erfüllte sich 2007 mit dieser Weinbar seinen Lebenstraum. Sein »Weinbuch« umfasst über tausend Positionen. Die fulminante Auswahl vermag nicht mal das hervorragende Käseangebot in den Schatten zu stellen. Zur Erleichterung vieler gibt es zusätzlich eine übersichtlichere Tageskarte mit offenen Weinen.

DIE FRÜCHTE IM GLAS

Seit den 1960er-Jahren werden im Weingut Matthias Wendelin feinste Destillate aus Wein, Trestern und Früchten hergestellt.

Mit der Errichtung einer neuen Brennerei im Jahr 2019 wurde damit begonnen, neue Geschmacksrichtungen zu kreieren. Die Destillation erfolgt langsam und schonend im traditionellen Kupferkessel. Erst nach einer einjährigen Lagerung in Glasflaschen gelangen unsere Brände in den Verkauf.

Unsere Spezialitäten sind in guten Restaurants, bei einigen Fachhändlern in Österreich, im Golser Weinkulturhaus und ab Hof erhältlich. Blutorangengeist aus vollreifen sizilianischen Bio-Moro-Orangen, Wendelin dry GIN mit typischem Charakter von Wacholder, frischen Zitronen, Orangen und zehn weiteren Botanicals«, Selection Aurum ein Weinbrand, der 12 Jahre im Eichenfaß reifte.

WEINGUT-EDELBRÄNDE MATTHIAS WENDELIN
Feldgasse 3, 7122 Gols
T: +43 2173 2485
office@matthias-wendelin.at
matthias-wendelin.at

Foto: Stefan Bausewein

Weinbar in einer Vinothek

GLOUGLOU, WÜRZBURG

Als sich Sommelière Anne-Kathrin Lengemann 2019 zur Selbstständigkeit entschied, entlieh sie den Namen für ihr Lokal aus dem Französischen. Ins Deutsche übersetzt bedeutet er einfach »gluck-gluck«. Understatement? Ja! Lengemanns Sortiment wartet mit einer beachtlichen Vielfalt an europäischen Weinen auf, wobei ihr Schwerpunkt auf Bioweinen liegt.

Foto: Matthias Stoewer

Weinrestaurant/-bistro

WITWENBALL, HAMBURG

Polstersessel, gedämpftes Licht und ein Tresen aus weißem Marmor – atmosphärisch lässt das Witwenball die Goldenen Zwanziger wiederaufleben. Entsprechend unerwartet ist der moderne Ansatz, nach dem Betreiber und Sommelier Axel Bode vorwiegend Weine auf die Karte setzt, die von biodynamisch, biologisch und naturnah arbeitenden Betrieben stammen.

Foto: beigestellt

Natural Wine Bar

JAJA, BERLIN

Nachdem sich das Gründerpaar coronabedingt beruflich umorientierte, übernahm der ehemalige Stammgast Hannes Broecker dieses Naturwein-Paradies und erweiterte den Betrieb um ein Restaurant. Dem Erfolg hat dieser Wechsel keinen Abbruch getan. Kein Wunder: Den Naturwein bezieht Broecker vom Weinhandel, den seine beiden Vorgänger eröffnet haben.

BADEN-WÜRTTEMBERG

Club Bernstein

76530 Baden-Baden

Durch den Bernstein wirkt die Welt wie aus Gold geschmiedet. Im Bernstein wiederum schmecken die Drinks nicht wie Gold, sondern wohlbalanciert, ohne langweilig zu werden. Ähnlich wie beim Roulette im berühmten Casino der Stadt: Es ist zwar immer das gleiche Rad, das sich dreht, aber das Spiel ist jedes Mal neu.

Kaiserallee 1
+49 7221 3024696
bernstein-club.com
Kategorie: Club

Drinks:	**45** I 50
Ambiente:	**18** I 20
Service:	**18** I 20
Sortiment:	**9** I 10
Gesamt:	90 I 100

Fritz & Felix Bar

76530 Baden-Baden

Als neuer Publikumsmagnet glänzt die Bar des Restaurants Fritz & Felix im Stil der »Roaring Twenties«. Hier werden eigene Drinks kreiert und Klassiker auf moderne Weise neu interpretiert. Ins Glas kommen unter anderem hausgemachte Wermuts sowie eine der größten Sammlungen deutscher Gins und Whisk(e)ys.

Schillerstraße 4
+49 7221 900999
fritzxfelix.com
Kategorie: Restaurantbar

Drinks:	**46** I 50
Ambiente:	**20** I 20
Service:	**20** I 20
Sortiment:	**8** I 10
Gesamt:	94 I 100

Monte Christo

76530 Baden-Baden

Dios mio, wie man dieses Land vermisst, wenn man zum dritten Mal in der Woche in den Kalender schaut, und der Urlaub trotzdem nicht schneller kommt. Dann setzt man sich eben an die lange Tafel aus Holz, und spätestens nach dem zweiten Glas klappt auch das rollende R.
Schwerpunkt: Spanien

Eichstraße 5
+49 7221 393434
monte-christo-baden-baden.de
Kategorie: Weinbar im Restaurant

Weinangebot:	**44** I 50
Service	**18** I 20
Essen	**17** I 20
Ambiente:	**8** I 10
Gesamt:	87 I 100

Oleander-Bar

76530 Baden-Baden

Insbesondere nach dem internationalen Galopprennen ist diese äußert stilvolle Bar-Perle im Luxushotel Brenner's beliebter Treffpunkt der High Society. Benannt wurde die Oleander-Bar nach dem legendären Vollbluthengst aus dem Gestüt von Baron Schlenderhahn. Die Qualität der Drinks und das Ambiente sind herausragend.

Schillerstraße 4/6
+49 7221 900890
brenners.com
Kategorie: Hotelbar

Drinks:	**45** I 50
Ambiente:	**20** I 20
Service:	**20** I 20
Sortiment:	**9** I 10
Gesamt:	94 I 100

Roomers Bar

76530 Baden-Baden

In dieser Rooftop-Bar genießt man eine berauschende Aussicht über die Dächer Baden-Badens auf den Schwarzwald. Die Roomers Bar setzt Maßstäbe in vielerlei Hinsicht: Eine exklusive Whisk(e)y-Auswahl trifft auf exzellente Signature Drinks, das gut geschulte Personal berät kompetent und mit Witz.

Lange Straße 100
+49 7221 90193920
roomers-badenbaden.com
Kategorie: Hotelbar

Drinks:	**46** I 50
Ambiente:	**19** I 20
Service:	**17** I 20
Sortiment:	**8** I 10
Gesamt:	90 I 100

Maerz

74321 Bietigheim-Bissingen

Maerz und Maerz – zwei Brüder, die zu den Sternen wollten, diese dann aber doch lieber zu sich geholt haben. Zumindest einen. Erst mal. Und was nötig ist, um den zu erkochen, zeigt sich auch an der Bar. Präzision, Handwerk und Durchsetzungsfähigkeit. Aber eben auch Humor.
Schwerpunkt: international

Kronenbergstraße 14
+49 7142 42004
maerzundmaerz.de
Kategorie: Weinbar im Restaurant

Weinangebot:	**44** I 50
Service	**18** I 20
Essen	**18** I 20
Ambiente:	**8** I 10
Gesamt:	88 I 100

Bartenders

74564 Crailsheim

Eigentlich braucht es ja gar nicht viel. Ein bisschen Liebe für das Handwerk und das richtige Gespür für Menschen und dafür, was sie sich wünschen, ohne es unbedingt schon zu wissen. Okay, das ist doch recht viel. Umso schöner, dass es in Crailsheim einen Ort gibt, an dem das zusammenkommt. Und das noch dazu spielerisch.

Bergwerkstraße 2
+49 7951 4723283
meinbartenders.de
Kategorie: Loungebar

Drinks:	**45** I 50
Ambiente:	**17** I 20
Service:	**19** I 20
Sortiment:	**8** I 10
Gesamt:	89 I 100

Weinba(a)r

78166 Donaueschingen

Schnucklige Wein- und Cocktailbar im Drei-Sterne-Hotel Burg Aasen. Neben einer großen Auswahl an regionalen Weinen bietet die Karte Klassiker aus Frankreich, der Schweiz, Italien sowie ein breites Spirituosen-Sortiment. Fein abgestimmte Speisen runden das Angebot ab.
Schwerpunkt: international, ökologischer Anbau

Burgring 6
+49 771 17510050
burg-aasen.de
Kategorie: Klassische Weinbar

Weinangebot:	**45** I 50
Service	**18** I 20
Essen	**18** I 20
Ambiente:	**8** I 10
Gesamt:	89 I 100

Sardine

73061 Ebersbach an der Fils

Außergewöhnlich ist in diesem am Rande des Bohnenviertels befindlichen Lokal nicht nur das 250 Fischkonserven und über 100 Weine umfassende Angebot, sondern auch der Betreiber. Helmut Honold hat seine Liebe zum Essen und Trinken im Alter von 76 Jahren zum Beruf gemacht.
Schwerpunkt: Portugal, Deutschland

Tiergartenweg 14
+49 711 36087650
sardine-stuttgart.de
Kategorie: Weinbistro

Weinangebot:	**46** I 50
Service	**19** I 20
Essen	**17** I 20
Ambiente:	**9** I 10
Gesamt:	91 I 100

Drexlers Wein und Essen

79098 Freiburg im Breisgau

Man stelle sich vor: die Möglichkeit durch einen Weinkeller zu gehen und ein Schlückchen aus jeder Flasche zu nehmen, die sich einem darbietet. Dazu gibt es auch noch perfekt abgestimmte Gerichte, die sich nicht in den Vordergrund drängen, sondern den Wein begleiten.
Schwerpunkt: Deutschland, Frankreich

Rosastraße 9
+49 761 5957203
drexlers-restaurant.de
Kategorie: Weinbar im Restaurant

Weinangebot:	**46** I 50
Service	**18** I 20
Essen	**17** I 20
Ambiente:	**8** I 10
Gesamt:	89 I 100

Hemingway

79098 Freiburg im Breisgau

Es gibt sie noch: die Bars, an denen alles stimmt. Die Atmosphäre des ehemaligen Weinkellers, der süßliche Duft des Zigarrenrauchs. Und natürlich die Drinks. In Freiburg weiß jeder Gourmet, wo es hingeht, wenn das Leben ein Glas voll Genuss braucht. Bei dem Namensgeber wäre es sicher nicht bei einem Glas geblieben.

Eisenbahnstraße 54
+49 761 20734500
hotel-victoria.de
Kategorie: Hotelbar

Drinks:	**46** I 50
Ambiente:	**18** I 20
Service:	**19** I 20
Sortiment:	**9** I 10
Gesamt:	92 I 100

One Trick Pony
79098 Freiburg im Breisgau

Im Keller eines der ältesten Freiburger Bürgerhäuser befindet sich Badens wohl innovativste Bar. Mit dem namensgebenden »One Trick Pony« hat sie nichts zu tun: Die alkoholfreien Drinks sind genauso überzeugend wie die alkoholischen Kreationen. Im separaten Chin Chin Shop werden abgefüllte Cocktails verkauft.

Oberlinden 8
+49 761 61250351
onetrickpony.bar
Kategorie: American Bar

Drinks:	**47** I 50
Ambiente:	**18** I 20
Service:	**19** I 20
Sortiment:	**9** I 10
Gesamt:	93 I 100

Trotte
79098 Freiburg im Breisgau

Die Fallhöhe war riesig, als Friedrich und Vincent Keller eine eigene Weinbar eröffneten. Schließlich ist ihr Vater Fritz einer der bekanntesten Winzer und Gastronomen des Landes. Doch davon haben sie sich nicht beirren lassen und ihre Trotte zur festen Größe etabliert – knapp 500 Weine sprechen für sich.
Schwerpunkt: Deutschland, Frankreich

Fischerau 28
+49 761 51464680
trotte-weinbar.de
Kategorie: Klassische Weinbar

Weinangebot:	**47** I 50
Service	**18** I 20
Essen	**17** I 20
Ambiente:	**8** I 10
Gesamt:	90 I 100

Bent Bar
69117 Heidelberg

Man sitzt da wie ein Reptil im Glaskasten, aber das Schöne an Heidelberg ist: Sogar schöne Menschen sind weniger schön als die Stadt. Deshalb hat man seine Ruhe. Und die braucht man auch für die Drinks, die mit viel Leidenschaft so gerührt und geshakt werden, wie man das nur im Schatten eines Schlosses tun kann.

Leyergasse 2
+49 6221 7356848
bentbar.de
Kategorie: Loungebar

Drinks:	**45** I 50
Ambiente:	**18** I 20
Service:	**17** I 20
Sortiment:	**8** I 10
Gesamt:	88 I 100

NEO
69115 Heidelberg

Heidelberg wirkt wie eine Puppenstadt. Da passt es, dass sie auch Restaurants hat, in denen alles perfekt zusammenpasst wie in einem Puppenhaus. Der Service, die moderne Küche und natürlich: die Drinks. Mit ein bisschen Glück kann man draußen sitzen und erhascht einen Blick auf die fast kitschige Schönheit.

Zollhofgarten 2
+49 6221 7239099
neo-heidelberg.de
Kategorie: Loungebar

Drinks:	**45** I 50
Ambiente:	**19** I 20
Service:	**18** I 20
Sortiment:	**8** I 10
Gesamt:	90 I 100

Club Kaiser Skybar

74076 Heilbronn

Eine Skybar mit Kuhteppich! Dazu gibt es Sushi, ein verschmitztes Grinsen des Barmanns und eine Aussicht, bei der die Drinks noch besser schmecken als ohnehin schon. Der Stil der Bar zielt auf ein junges Publikum, erwischt dabei aber wie beiläufig Zeitlosigkeit. Da kann man es sich schmecken lassen.

Gottlieb-Daimler-Straße 9d
+49 7131 1376175
clubkaiser.de
Kategorie: Loungebar

Drinks:	**44** I 50
Ambiente:	**19** I 20
Service:	**18** I 20
Sortiment:	**8** I 10
Gesamt:	89 I 100

Aurum

76131 Karlsruhe

Das Badnerische der Karlsruher überdeckt es manchmal, aber an manchen Ecken ist die Stadt wirklich urban. Zum Beispiel im Aurum. Egal, ob man sich für einen der vielen Weine entscheidet oder für einen Drink, ein heiterer Abend ist in dieser stylishen Bar garantiert.
Schwerpunkt: Deutschland

Alter Schlachthof 45
+49 721 66499745
aurum-weinbar.de
Kategorie: Weinbar im Restaurant

Weinangebot:	**45** I 50
Service	**19** I 20
Essen	**18** I 20
Ambiente:	**8** I 10
Gesamt:	90 I 100

Carlos CocktailBar

76133 Karlsruhe

Goldene Wände und Accessoires, indirekte Beleuchtung und beigefarbene Möbel – Carlos CocktailBar verzaubert schon beim Eintreten und zählt dank seiner idyllischen Lage am Lidellplatz zu den beliebtesten Einrichtungen Karlsruhes – trotz oder gerade wegen seiner zweifelhaften Vergangenheit als Erotik-Etablissement.

Markgrafenstraße 32
+49 721 46719460
carloscocktailbar.de
Kategorie: American Bar

Drinks:	**45** I 50
Ambiente:	**18** I 20
Service:	**18** I 20
Sortiment:	**8** I 10
Gesamt:	89 I 100

Der KofferRaum 🍸🍸🍸

76133 Karlsruhe

Seit 2012 betreibt der gelernte Restaurantfachmann Roman Koffer seine gemütliche Cocktailbar nur wenige Gehminuten entfernt vom Stadtzentrum. Die bis zu 80 Gäste verwöhnt er mit frischen Zutaten und kreativen Rezepturen. Besonderes Augenmerk legt er auf sogenannten »Cocktail-Flights«, die aus je drei Drinks bestehen.

Hirschstraße 17	Drinks:	**45** | 50
+49 721 18054803	Ambiente:	**17** | 20
derkofferraum.de	Service:	**19** | 20
Kategorie: American Bar	Sortiment:	**9** | 10
	Gesamt:	90 | 100

Electric Eel 🍸🍸

76137 Karlsruhe

Schnuckliges Lokal an einem sonnigen Fleckchen am Werderplatz in der Karlsruher Südstadt. Entstanden aus einer Reihe halb legaler Partys verwandelt sich das Eel, das tagsüber mit Barista-Kreationen lockt, zu fortgeschrittener Stunde in eine pulsierende Cocktailbar. Betreiber Craig Judkins stammt aus Iowa in den USA.

Werderstraße 35	Drinks:	**45** | 50
+49 721 66992906	Ambiente:	**17** | 20
electriceelcafe.de	Service:	**18** | 20
Kategorie: American Bar	Sortiment:	**7** | 10
	Gesamt:	87 | 100

Guts & Glory 🍸🍸🍸

76133 Karlsruhe

Eine Bar mit ganz besonderem Flair: Atmosphärisch an einen Boxring angelegt, besticht dieses Lokal-Schmuckstück im Hirschhof mit sagenhaften Drinks und höchstem Qualitätsanspruch. Die regional-saisonale Karte bietet unter stetig wechselnden Mottos viel Abwechslung und macht jeden Besuch aufs Neue zu einem Erlebnis.

Hirschhof 5	Drinks:	**48** | 50
+49 721 90990045	Ambiente:	**19** | 20
gutsandglory.bar	Service:	**19** | 20
Kategorie: American Bar	Sortiment:	**8** | 10
	Gesamt:	94 | 100

Salon Ruppel 🍸🍸

76137 Karlsruhe

Der ehemalige Barchef des Guts & Glory, Mo Kaba, hat sich mit dieser Boutique-Bar im ehemaligen Friseursalon Ruppel 2021 den Traum von der Selbstständigkeit erfüllt. Dafür hat er eine Reihe geschmacklich hervorragender neuer Drinks kreiert, es gibt aber auch viele Klassiker. Die Weinauswahl zeugt von Kennerschaft.

Amalienstraße 49	Drinks:	**46** | 50
+49 178 8001040	Ambiente:	**17** | 20
salon-ruppel.com	Service:	**18** | 20
Kategorie: American Bar	Sortiment:	**8** | 10
	Gesamt:	89 | 100

Santo's Cocktailbar 🍸🍸🍸

76137 Karlsruhe

Seit 25 Jahren steht diese Einrichtung für Barkultur auf Hochniveau. 2022 wurde die Getränkekarte – bis dato annähernd so dick wie ein Telefonbuch – verschlankt und auf Zeitgeist getrimmt, ohne dass die Auswahl an Authentizität einbüßt. Sommers lockt die zum Santo-Hotel gehörende Lokalperle mit schnuckliger Terrasse.

Karlstraße 67–69	Drinks:	**46** I 50
+49 721 38370	Ambiente:	**18** I 20
cocktail-karlsruhe.de	Service:	**19** I 20
Kategorie: Hotelbar	Sortiment:	**9** I 10
	Gesamt:	92 I 100

The Curtain Bar 🍸🍸🍸

76227 Karlsruhe

Die schicke, 2019 eröffnete Lobbybar im Vier-Sterne-Hotel Blauer Reiter überzeugt mit erstklassigen Cocktails von Barchef Niklas Strohmenger und gemütlichem Wintergarten. An ausgewählten Tagen werden Cocktailkurse und eine Spezialkarte für Damen angeboten. Nicht mit dem Berliner Curtain Club zu verwechseln.

Amalienbadstraße 16	Drinks:	**47** I 50
+49 721 942660	Ambiente:	**18** I 20
hotelderblauereiter.de	Service:	**18** I 20
Kategorie: Hotelbar	Sortiment:	**8** I 10
	Gesamt:	91 I 100

The Door 🍸🍸🍸

76133 Karlsruhe

Atmosphärisch in einem alten Gewölbekeller liegt die mehrfach preisgekrönte Kult-Bar. Cocktails serviert das Betreiberpaar Claudia Álamo Masanet und Lennart Geist hier unter dem Stichwort »Liquid Kitchen«. Der Online-Shop bietet hauseigene Bottled Cocktails sowie ausgewählte Spirituosen. Im Sommer lockt ein Innenhof.

Hirschstraße 17	Drinks:	**45** I 50
+49 721 47001760	Ambiente:	**19** I 20
the-door.bar	Service:	**18** I 20
Kategorie: American Bar	Sortiment:	**8** I 10
	Gesamt:	90 I 100

Friedrichs 🍸🍸🍸

78467 Konstanz

Ein Friedrichs gibt es fast in jeder Stadt. Aber nicht überall begrüßt einen hinter der Bar der ehemalige Cocktail-Meister von Süddeutschland. Erim Türkmen shakt, rührt und mixt seine Gäste um den Verstand. Und trotzdem gehen sie danach schlauer aus seiner Bar. Das soll ihm erst mal einer nachmachen.

Reichenaustraße 17
+49 7531 12749777
restaurant-friedrichs.de
Kategorie: Hotelbar

Drinks:	**46** | 50
Ambiente:	**18** | 20
Service:	**19** | 20
Sortiment:	**8** | 10
Gesamt:	91 | 100

Hagestolz 🍸🍸🍸

68159 Mannheim

Mannheim ist, wie wenn man in einer Tasche voller Kleingeld ein 2-Euro-Stück sucht. Irgendwie gewinnt man immer, aber den Zwickel gibt's im Hagestolz. Es mag wirken wie Berlin, wenn man sonst keinen Vergleich hat. Sonst ist es eine Bar, die in jeder Stadt überzeugen würde. Was auf der Karte steht, ist Nebensache.

Jungbuschstraße 26

hagestolzbar.de
Kategorie: American Bar

Drinks:	**46** | 50
Ambiente:	**18** | 20
Service:	**18** | 20
Sortiment:	**8** | 10
Gesamt:	90 | 100

Ihro 🍸🍸🍸

68159 Mannheim

Wo es Drinks gibt, die »Fuji Apple/Vanilla/Soda« heißen, ist klar: Es wird ambitioniert. Aber nicht krampfig, sondern cool. Weil man nun mal weiß, was einen guten Cocktail ausmacht, und Spaß daran hat, Menschen damit eine Freude zu machen. Eine Mischung, die genauso selten ist wie Drinks auf diesem Niveau.

Kirchenstraße 28

ihro-bar.de
Kategorie: Loungebar

Drinks:	**47** | 50
Ambiente:	**19** | 20
Service:	**18** | 20
Sortiment:	**8** | 10
Gesamt:	92 | 100

Odeon Bar

68159 Mannheim

Das zur Bar gehörige Programmkino nebenan zeigt ausgewählte Filme. Aber auch hier kann man sich wie in einem Film fühlen. Wenn man am Tisch in der Ecke sitzt, draußen die Stadt in das hippe In-Viertel Jungbusch strömt, man es aber schön hat mit einem Whisky Sour. Den muss man natürlich trinken, wenn der Abend ein Klassiker sein soll.

G7 10
Kategorie: Restaurantbar

Drinks:	**46** I 50
Ambiente:	**19** I 20
Service:	**19** I 20
Sortiment:	**8** I 10
Gesamt:	92 I 100

Sieferle & KØ Bar

68159 Mannheim

In einem ehemaligen Lebensmittelladen im Stadtteil Jungbusch verbindet dieses einzigartige Konzept elegante Cocktailbar mit klassischem Herren-Barbier. Chef Paul Sieferle hat ein Musikstudium an der Popakademie Mannheim absolviert und einige Jahr in der Band von Max Giesinger gespielt, nun mischt er die Barszene auf.

Neckarvorlandstraße 17a
+49 621 44589434
sieferleundko.de
Kategorie: American Bar

Drinks:	**47** I 50
Ambiente:	**18** I 20
Service:	**19** I 20
Sortiment:	**9** I 10
Gesamt:	93 I 100

Haus Zauberflöte Bar

77652 Offenburg

Eine Bar, die auf alle Labels verzichtet, weil die Spirituosen und das, was die Barleute daraus machen, für sich sprechen. Und wenn man sich nach ein paar Drinks erst mal besinnen muss, dann kann man das zu später Stunde hier an der Bar sogar mit einer Zigarette. Hier stehen eindeutig alle Zeiger auf Kultbar.

Lindenplatz 12
+49 781 9666696
haus-zauberfloete.de
Kategorie: Hotelbar

Drinks:	**44** I 50
Ambiente:	**19** I 20
Service:	**18** I 20
Sortiment:	**8** I 10
Gesamt:	89 I 100

Schoellmanns

77652 Offenburg

Erstklassiges Bar-Restaurant von Gastro-Visionär Willi Schoellmann im Obergeschoss eines ehemaligen Modehauses mit Blick über Offenburg. Die Cocktails sind hochexperimentell, aber fantastisch, und werden beispielsweise mit regionalen Obstbränden gemixt. Die angebotenen Speisen sind von allerhöchster Produktqualität.

Hauptstraße 88
+49 781 9194999
schoellmanns.de
Kategorie: Restaurantbar

Drinks:	**49** I 50
Ambiente:	**18** I 20
Service:	**17** I 20
Sortiment:	**9** I 10
Gesamt:	93 I 100

Bar Buena Vista Club 77977 Rust

Im Europa-Park fühlt man sich ohnehin wie ein Riese, der mit wenigen Schritten ganze Länder durchquert. In der Bar Buena Vista Club des Vergnügungsparks fühlt man sich gigantisch. Das liegt an der charmanten Einrichtung genauso wie an den Drinks. Die sind eher verlässliches, ruhiges Fahrwasser als Achterbahnfahrt.

Europa-Park-Straße 4+6
+49 7822 776688
europapark.de
Kategorie: Hotelbar

Drinks:	**43** I 50
Ambiente:	**18** I 20
Service:	**19** I 20
Sortiment:	**9** I 10
Gesamt:	89 I 100

Bar Colosseo Europa-Park 77977 Rust

Hier hängt der Himmel nicht voller Geigen, sondern voller Motoren. Aber trotzdem gerät man ins Schwärmen in der Bar, die ein Flair versprüht wie ein Jazz-Club in New Orleans. Man hat einfach das Gefühl anzukommen. Nettes Personal und gute Drinks tragen das Ihre zu einem durchweg gelungenen Barerlebnis bei.

Europa-Park Straße 4+6
+49 7822 8605922
europapark.de
Kategorie: Restaurantbar

Drinks:	**44** I 50
Ambiente:	**18** I 20
Service:	**18** I 20
Sortiment:	**8** I 10
Gesamt:	88 I 100

Bar El Circo

77977 Rust

Ein wenig fühlt man sich hier wie in Herrmann Hesses »Magischem Theater«. Als wäre man der Welt mit ihren 24 Stunden und Sonnenauf- wie Untergängen für die Dauer von ein paar Drinks entkommen. Gedimmtes Licht, Manege frei: Dieser Zirkus überrascht mit extravaganten Kreationen, die witzig sind wie Clowns.

Europa-Park-Straße 4+6
+49 7822 776688
europapark.de
Kategorie: Restaurantbar

Drinks:	**44** | 50
Ambiente:	**18** | 20
Service:	**18** | 20
Sortiment:	**9** | 10
Gesamt:	89 | 100

Bar Eriksson

77977 Rust

Möglicherweise könnten Besucher dieser Bar in Versuchung geraten, das Fernglas zu zücken, um damit – wie der Namensgeber des Ladens – zu erkunden, was am Grund all der Flaschen hinter dem Tresen lauert. Aber das muss man nicht: Das freundliche Personal berät fachkundig – ein kleines Abenteuer erlebt man trotzdem.

Roland-Mack-Ring 3
+49 7822 8605922
europapark.de
Kategorie: Hotelbar

Drinks:	**43** | 50
Ambiente:	**19** | 20
Service:	**18** | 20
Sortiment:	**9** | 10
Gesamt:	89 | 100

Eatrenalin 🍸🍸🍸

77977 Rust

Wenn man das Leben nicht nur – nun – leben, sondern erleben möchte, dann ist man hier richtig. Das gustatorische Äquivalent zur Achterbahn wird hier nicht nur mit Drinks geliefert, die einen Loopings drehen lassen, sondern auch mit einem Acht-Gänge-Menü. Das weht einem die Haare aus der Stirn und schlackert einen durch.

Roland-Mack-Ring 5
+49 7822 776677
eatrenalin.de
Kategorie: Restaurantbar

Drinks:	**46** | 50
Ambiente:	**18** | 20
Service:	**18** | 20
Sortiment:	**8** | 10
Gesamt:	90 | 100

Spirit of St. Louis 🍸🍸

77977 Rust

Zum Europa-Park gehörende Bar im Superior-Hotel Bell Rock, die mit umfänglichem Whisk(e)y-Sortiment und Ambiente im Stil der 1920er besticht. Die Spirit of St. Louis Bar hat einen separaten Nichtraucherbereich. Im Sommer laden zahlreiche Sitzplätze auf der Terrasse zum Verweilen uns Genießen ein. Auch kleine Speisen sind im Angebot.

Peter-Thumb-Straße 6
+49 7822 8605922
europapark.de
Kategorie: Hotelbar

Drinks:	**45** | 50
Ambiente:	**17** | 20
Service:	**18** | 20
Sortiment:	**9** | 10
Gesamt:	89 | 100

die BAR ΥΥΥ

70178 Stuttgart

1997 entstand im Stuttgarter Westen etwas Einzigartiges – die BAR. Ein kultiges Lokal, in dem man Ruhe findet, dennoch leicht ins Gespräch kommt und noch leichter die Zeit vergisst. Ein Ort, dem eine gewisse Magie innewohnt und wo erstklassige Cocktails sowie liebevoll selektierte Single Malt Whisk(e)ys geboten werden.

Augustenstraße 81
+49 711 48988344
bar-stuttgart.com
Kategorie: American Bar

Drinks:	**46** I 50
Ambiente:	**18** I 20
Service:	**19** I 20
Sortiment:	**8** I 10
Gesamt:	91 I 100

Eduard's ΥΥΥ

70173 Stuttgart

Die Tages- und Cocktailbar, benannt nach dem Gründer der Luxus-Kaufhaus-Kette Breuninger, ist durch die große Fensterfront an der Flaniermeile ein Blickfang nach innen und außen. Durch die Nähe zum Shopping-Spot ist die Spritz-Auswahl groß, ansonsten viele Klassiker, interessante Shots und auch einige gute Weine.

Sporerstraße 16
+49 711 2112201
eduards-bar.de
Kategorie: American Bar

Drinks:	**46** I 50
Ambiente:	**19** I 20
Service:	**18** I 20
Sortiment:	**8** I 10
Gesamt:	91 I 100

Fou Fou ΥΥ

70182 Stuttgart

Es ist, als hätten die Aliens uns endlich gefunden und ihr UFO ausgerechnet in Stuttgart geparkt. Und um Leerraum zu vermeiden, findet sich hier eine Cocktail- und Champagnerbar, die einen Besuch wert ist. Nicht nur wegen der Innenarchitektur, sondern auch wegen dem, was sich in den Gläsern abspielt. Das ist galaktisch.

Leonhardstraße 13
+49 711 51891511
bar-foufou.de
Kategorie: American Bar

Drinks:	**45** I 50
Ambiente:	**19** I 20
Service:	**17** I 20
Sortiment:	**8** I 10
Gesamt:	89 I 100

Hanky Panky ΥΥΥ

70180 Stuttgart

Inspiriert von einem einjährigen Aufenthalt als Bartender in den USA hat Josef Rottenbücher in einem ehemaligen Restaurant seine American Bar gegründet. Die Terrasse ist ein Highlight, einzigartig aber ist der alte Gewölbekeller die Treppe runter. Sortiment mit vielen Klassikern, aber auch spannenden Signature Drinks.

Sophienstraße 3
+49 711 40791161
hanky-panky.net
Kategorie: American Bar

Drinks:	**48** I 50
Ambiente:	**18** I 20
Service:	**19** I 20
Sortiment:	**9** I 10
Gesamt:	94 I 100

High Fidelity

70182 Stuttgart

Vielfach ausgezeichnet, weil der ehemalige Sommelier und Inhaber, Bernd Kreis, etwas verstanden hat: Wenn man sich auf das besinnt, was man liebt, geht wenig schief. In seinem Fall sind das Weine und Musik. Die kommt hier stilecht vom Plattenspieler. Nerds mit Herz.
Schwerpunkt: international, Jahrgangstiefe, Deutschland

Brennerstraße 23
+49 711 2484330
highfidelity.bar
Kategorie: Klassische Weinbar

Weinangebot:	**48** I 50
Service	**19** I 20
Essen	**18** I 20
Ambiente:	**9** I 10
Gesamt:	94 I 100

Holzmaler Bar

70182 Stuttgart

Ein bisschen industriell, sehr verspielt: Es ist eine dieser Bars, an deren Tresen man sich setzt, und wie von selbst gehen Wünsche in Erfüllung. Der Barmann berät und findet das passende Getränk – den Johannes Mack Cocktail. Und als wäre tatsächlich ein Geist aus der Spritflasche gestiegen, spielt der perfekte Song.

Weberstraße 9
+49 1575 1185580
holzmaler.de
Kategorie: American Bar

Drinks:	**47** I 50
Ambiente:	**18** I 20
Service:	**18** I 20
Sortiment:	**8** I 10
Gesamt:	91 I 100

Jigger & Spoon

70174 Stuttgart

In einem stillgelegten Banktresor bleibt eigentlich auch jetzt, wo sie Drinks dort servieren, alles gleich wie zuvor: Hier werden Geheimnisse verhandelt, hier geht es um Liquidität, und es ist ein Ort, von dem viele Menschen träumen. Aber weil die Türen heute offen stehen, kann man alle Geheimnisse lüften. Zum Glück.

Gymnasiumstraße 33
+49 711 21952260
jiggerandspoon.de
Kategorie: American Bar

Drinks:	**48** I 50
Ambiente:	**19** I 20
Service:	**18** I 20
Sortiment:	**9** I 10
Gesamt:	94 I 100

L'Hommage

70182 Stuttgart

Was in Hamburg der Kiez ist, wird in Stuttgart als »s'Städtle« verniedlicht: der Rotlichtbezirk. Und genau hier, im Leonhardsviertel, liegt die exzellente Feinkostbar von Deniz Sever und Claudia Jais. Zum breiten Weinangebot werden hervorragende Snacks kredenzt.
Schwerpunkt: international

Leonhardstraße 6
+49 1522 8621303
lhommage-stuttgart.de
Kategorie: Klassische Weinbar

Weinangebot:	**48** I 50
Service	**20** I 20
Essen	**19** I 20
Ambiente:	**9** I 10
Gesamt:	96 I 100

Le Petit Coq 🍸🍸🍸

70178 Stuttgart

Da kräht kein Hahn mehr danach? Falsch gedacht. Denn eine Bar, die dem Gast ein Rundum-Wohlgefühl gibt, macht wirklich alles richtig. Die Barleute haben eine zurückhaltende Aufmerksamkeit, die Einrichtung ist zum Verlieben und die Drinks sind handwerklich fein konzipierte Erlebnisse.

Hauptstätter Straße 59
+49 152 33604352
lepetitcoq.de
Kategorie: American Bar

Drinks:	**46** I 50
Ambiente:	**19** I 20
Service:	**17** I 20
Sortiment:	**9** I 10
Gesamt:	91 I 100

o.T. Bar 🍸🍸

70173 Stuttgart

Wer sich noch nie einen »Star of Bombay« durch den Strohhalm gezogen hat, sollte das unbedingt tun. Schön zitronig und erfrischend, aber mit genug herben Elementen, um nicht zu vergessen, wie absurd die ganze Sache mit der Menschheit manchmal sein kann. Aber darüber helfen gute Drinks bekanntlich hinweg.

Kleiner Schlossplatz 1
+49 711 2804439
cube-restaurant.de
Kategorie: Loungebar

Drinks:	**43** I 50
Ambiente:	**19** I 20
Service:	**18** I 20
Sortiment:	**8** I 10
Gesamt:	88 I 100

Paul & George 🍸🍸

70182 Stuttgart

In feinem britischem Stil gestalte Kult-Bar in einer Seitenstraße im Leonhardsviertel. Die Karte enthält Highballs, Craftbeer und vor allem jede Menge Gin-, Rum- und Whisk(e)y-Sorten. Die Bartender tragen Hosenträger, zu den Drinks werden Oliven gereicht – Liebhaber guter alter Barkultur kommen hier voll auf ihre Kosten.

Weberstraße 3
+49 711 72695181
paulandgeorge.de
Kategorie: American Bar

Drinks:	**45** I 50
Ambiente:	**18** I 20
Service:	**18** I 20
Sortiment:	**8** I 10
Gesamt:	89 I 100

Schwarz Weiß Bar 🍸🍸🍸

70182 Stuttgart

Stilvolle Cocktailbar am Stuttgarter Wilhelmsplatz, in der Betreiber Knud Scheibelt kreative Rezepturen und hochwertige Spirituosen in den Vordergrund stellt. Bei der Einrichtung des nur 28 Quadratmeter großen Raums hat er sich vom amerikanischen Film noirs inspirieren lassen. 250 verschiedene Whisk(e)y-Sorten umfasst die Karte.

Wilhelmstraße 8a
+49 171 1288288
schwarz-weiss-bar.de
Kategorie: American Bar

Drinks:	**46** I 50
Ambiente:	**18** I 20
Service:	**18** I 20
Sortiment:	**9** I 10
Gesamt:	91 I 100

Sitt Wein 🍷🍷🍷

70178 Stuttgart

Erste »Self-Exploring Wine Experience Deutschlands« nennt Nicolas Sigloch seine Bar im Stuttgarter Süden. Das Konzept ist genial: 100 verschiedene Weine warten in Automaten darauf, per Knopfdruck probiert zu werden. Gezahlt wird mit einer zuvor aufgeladenen Karte.

Schwerpunkt: international

Tübinger Straße 91	Weinangebot: **47** I 50
+49 711 50475890	Service **18** I 20
sitt-wein.de	Essen **18** I 20
Kategorie: Weinbar in Vinothek	Ambiente: **7** I 10
	Gesamt: 90 I 100

Spelunkerei 🍷🍷🍷

70327 Stuttgart

Nicht immer hält der Name, was er verspricht – oder befürchten lässt: In der Spelunkerei kombinieren Michael Schokatz und Antonio Baratta eine lockere Atmosphäre mit superfreundlichem Service, sehr guter lokaler Hausmannskost und einer hervorragenden Weinauswahl.

Schwerpunkt: Deutschland

Wolfeggstraße 2	Weinangebot: **47** I 50
+49 178 6014336	Service **19** I 20
spelunke-stuttgart.de	Essen **19** I 20
Kategorie: Weinbar im Restaurant	Ambiente: **8** I 10
	Gesamt: 93 I 100

TA OS 🍷🍷🍷

70173 Stuttgart

Stilvoll eingerichtete Weinbar, mit der sich Ex-Musikproduzent Alexander Dohnt den Traum vom eigenen Lokal erfüllte. Wer besondere Weine und Spirituosen sucht, findet hier sein Glück. Auch die Speisekarte überzeugt: Das kurz gebratene Tatar ist in Stuttgart legendär.

Schwerpunkt: Deutschland

Bärenstraße 3	Weinangebot: **46** I 50
+49 711 242380	Service **18** I 20
ta-os-weinbar.de	Essen **18** I 20
Kategorie: Weinbar im Restaurant	Ambiente: **9** I 10
	Gesamt: 91 I 100

Walther 🍷🍷🍷

70173 Stuttgart

In der Walther Café Bar kommen neben heimischen auch ein Dutzend Rebenextrakte aus Frankreich, Österreich und Italien auf den Tisch. Mit Panini, Grissini, Parmesan, Oliven & Co sowie Kuchen kommt man in der hippen Szenelocation auch kulinarisch gut über die Runden.

Schwerpunkt: Italien, Deutschland, Frankreich

Calwer Straße 64	Weinangebot: **47** I 50
+49 151 41419227	Service **18** I 20
waltherweinhaus.de	Essen **17** I 20
Kategorie: Weinbistro	Ambiente: **8** I 10
	Gesamt: 90 I 100

Foto: OCCULAR STUDIO

Weinhaus Stetter 🍸🍸🍸

70182 Stuttgart

Nur fünf Gehminuten vom Hotel Zur Weinsteige entfernt, im Stuttgarter Bohnenviertel, liegt mit dem Weinhaus Stetter die älteste Weinhandlung der Stadt. Stolz ist man auf die Weinauswahl, die mit 450 verschiedenen Sorten keine Wünsche offenlässt.
Schwerpunkt: Regional, Deutschland, international

Rosenstraße 32
+49 711 240163
weinhaus-stetter.de
Kategorie: Weinbar im Restaurant

Weinangebot:	**47** | 50
Service	**18** | 20
Essen	**19** | 20
Ambiente:	**8** | 10
Gesamt:	92 | 100

apart 🍸🍸

79822 Titisee-Neustadt

Das ist schon etwas Besonderes. Im Wald zu sitzen und sich zu fühlen, als sei man in einer Metropole. Das liegt einerseits an der umfassenden Getränkekarte, anderseits daran, dass sich darin nichts Überflüssiges findet. Man bestellt sich also einen Manhattan, warum auch nicht, und schüttelt den Kopf über das Leben.

Parkstraße 4–6
+49 7651 8090
parkhotel-waldeck.de
Kategorie: Hotelbar

Drinks:	**43** | 50
Ambiente:	**18** | 20
Service:	**18** | 20
Sortiment:	**8** | 10
Gesamt:	87 | 100

Bartista 🍸🍸🍸

72070 Tübingen

Wenn eine Serie gut läuft – wie etwa »Game of Thrones« –, dann erscheint bald darauf ein Prequel, das erklärt, wie es überhaupt zu all dem kommen konnte. Für Fans ist das toll. Für Fans des Negroni heißt das: Zugticket nach Tübingen buchen, denn da erzählen ein paar Barkeeper von der Jugend des zeitlosen Klassikers.

Kirchgasse 19
+49 7071 9898919
bartista.de
Kategorie: Loungebar

Drinks:	**45** | 50
Ambiente:	**19** | 20
Service:	**19** | 20
Sortiment:	**9** | 10
Gesamt:	92 | 100

Liquid Kelter ꓲꓲꓲ

72070 Tübingen

Manolis Savvidis ist ein Liebhaber. Das sieht man ihm an, das hört man, wenn er von seinen Drinks spricht, und das schmeckt man auch. Denn hier sind nicht nur die Menüs auf dem Punkt, sondern eben auch das, was so einen kulinarischen Abend einrahmt: die Cocktails. Egal, ob Klassiker oder Eigenkreationen.

Schmiedtorstraße 17 +49 7071 551196 liquid-kelter.de **Kategorie: American Bar**	Drinks: Ambiente: Service: Sortiment:	**45** I 50 **18** I 20 **19** I 20 **8** I 10
	Gesamt:	90 I 100

Blaupause ꓲꓲ

89073 Ulm

Wenn man noch mal ganz neu anfangen könnte, würden dann Häuser so aussehen, wie sie es tun? Was ist mit Autos oder Frisuren? In der Blaupause wird über solche Fragen nicht viel Zeit verschwendet. Da wirft man Eis in den Shaker, kippt dazu, was dazu gehört, und serviert Drinks, die trotzdem alles auf den Kopf stellen.

Neue Straße 43 +49 731 9691824 **Kategorie: Loungebar**	Drinks: Ambiente: Service: Sortiment:	**45** I 50 **18** I 20 **18** I 20 **8** I 10
	Gesamt:	89 I 100

Mudita ꓲꓲꓲ

89073 Ulm

Buddhismus ist irgendwie 90er; aber die sind ja auch wieder da. Doch nicht nur deshalb funktioniert hier einiges in der schönen Bar mit den grünen Wänden. Sondern, weil man es hier gelassen angeht. Zum Beispiel bei einem »Strawberry Arkadas«, der ein Spiel aus Herbe und Frucht ist. Balance ist auch buddhistisch, oder?

Neue Straße 100 +49 176 13055132 mudita-bar.de **Kategorie: American Bar**	Drinks: Ambiente: Service: Sortiment:	**46** I 50 **18** I 20 **18** I 20 **8** I 10
	Gesamt:	90 I 100

Rosebottel ꓲꓲꓲ

89073 Ulm

Abseits des Ulmer Ausgehviertels liegt mit der Rosebottel (niederländisch für »Hagebutte«, deshalb wird der Name auch nicht Englisch ausgesprochen) eine der besten Bars Deutschlands. Neben erstklassigen Cocktails wird hier köstliche selbst gemachte Limonade geboten. Weiteres Highlight sind die regelmäßigen Gin-Tastings.

Zeitblomstraße 21 +49 731 80269425 rosebottel.de **Kategorie: American Bar**	Drinks: Ambiente: Service: Sortiment:	**46** I 50 **18** I 20 **19** I 20 **9** I 10
	Gesamt:	92 I 100

Dead End 🍸🍸

63739 Aschaffenburg

Whisk(e)y-Liebhaber fühlen sich in der preisgekrönten und abgerockten Bar wie zu Hause und können hier sogar einem Whisk(e)y-Club beitreten. Zu Rock- und Blues-Klängen aus den Boxen wird hausgemachtes Chili con Carne serviert. Der Großteil der über 500 Whisk(e)y-Sorten steht fein aufgereiht in Regalen mit Kronkorken-Dekor.

Kolbornstraße 5 +49 6021 362755 deadend.de **Kategorie: American Bar**	
Drinks:	**43** | 50
Ambiente:	**17** | 20
Service:	**18** | 20
Sortiment:	**10** | 10
Gesamt:	88 | 100

3M Bar im Maximilian's 🍸🍸🍸

86150 Augsburg

Adresse: das 5-Sterne-Traditionshotel Maximilian's an der belebten Maximilianstraße. Hermann Hesse, Giacomo Girolamo Casanova und Wolfgang Amadeus Mozart findet man als Signature Drinks auf der Karte des 3M. Unbedingt probieren sollte man den exklusiven Maximilian's Gin – eigener Bienenhonig trifft auf August Gin.

Maximilianstraße 40 +49 821 5036655 bar3m.de **Kategorie: Hotelbar**	
Drinks:	**46** | 50
Ambiente:	**18** | 20
Service:	**18** | 20
Sortiment:	**8** | 10
Gesamt:	90 | 100

Golden Glimmer Bar ŸŸ

86152 Augsburg

Neben Altbewährtem möchte die überschaubare Bar im minimalistisch-modernem Sixties-Stil mit innovativen Eigenkreationen herausfordern wie dem rauchig-fruchtigen »Asphalt Cowboy« mit Mezcal, Kaktusfeige, Salz und hausgemachtem Vanille-Tonka-Sirup. Zum Wochenende verwandelt sich die Location auch mal in ein Tanzlokal.

Schmiedberg 3

goldenglimmer.de

Kategorie: Loungebar

Drinks:	**44** | 50
Ambiente:	**18** | 20
Service:	**18** | 20
Sortiment:	**7** | 10
Gesamt:	87 | 100

Kork Genuss ŸŸ

86152 Augsburg

In der gemütlichen und einladenden Weinbar gibt es ausgewählte Tropfen – ausschließlich von kleinen Weinkellern, die Steffen Haase persönlich kennt. Bei regelmäßig stattfindenden Weinseminaren und Degustationen kann man sie in ihrer vollen Tiefe erleben.

Schwerpunkt: Österreich, Deutschland, Italien

Auf dem Kreuz 8
+49 172 8205636
kork-genuss.de

Kategorie: Klassische Weinbar

Weinangebot:	**43** | 50
Service	**18** | 20
Essen	**17** | 20
Ambiente:	**8** | 10
Gesamt:	86 | 100

nineOfive 🍷🍷🍷

86150 Augsburg

Daniel Hackbarth, einst in der Robotik tätig, führt nun die Pizzeria am malerischen Fuggerplatz. Im historischen Köpfhaus mit hohen Decken entstehen fluffige neapolitanische Pizzen, begleitet von einer Auswahl an Weinen aus Europa, den USA, Argentinien und Südafrika.
Schwerpunkt: Italien

Fuggerplatz 9
+49 821 50814365
nineofive.de
Kategorie: Weinbar im Restaurant

Weinangebot:	**47** | 50
Service	**18** | 20
Essen	**18** | 20
Ambiente:	**9** | 10
Gesamt:	92 | 100

Das schwarze Schaf 🍷🍷🍷

96049 Bamberg

In der wohnzimmerartigen Bar mixen der preisgekrönte Bartender Sven Goller und sein Team exzellente Drinks auch mal mit regionalen Zutaten wie Rauchbier, Saft von Streuobstwiesen oder Bamberger Süßholz. Die neue Extra-Karte »Taste of Bamberg« fängt verschiedene Orte der fränkischen Stadt in einem Drink ein.

Schranne 7
+49 1511 0251689
dasschwarzeschafbamberg.de
Kategorie: Loungebar

Drinks:	**45** | 50
Ambiente:	**18** | 20
Service:	**19** | 20
Sortiment:	**9** | 10
Gesamt:	91 | 100

East End 🍷🍷

96052 Bamberg

Sven Goller vom Schwarzen Schaf und Barchef Michael Rott präsentieren an ihrer neuen Adresse am anderen Ende der Stadt eine Palette biozertifizierter Drinks mit minimalem Abfall. Einer der vielen Signature Drinks: »Conor McGregor« mit irischem Whiskey, hausgemachtem Guinness-Sirup, Schlehenbitter und Süßholz-Rauch.

Zollnerstraße 36
+49 951 18084730
eastend-bamberg.de
Kategorie: Loungebar

Drinks:	**45** | 50
Ambiente:	**18** | 20
Service:	**17** | 20
Sortiment:	**9** | 10
Gesamt:	89 | 100

Weinraum 🍷🍷🍷 85221 Dachau

In intimer und herzlicher Atmosphäre serviert Chefkoch Ibrahim Genc täglich neue Köstlichkeiten auf den Tellern. Begleitet von ausgesuchten Weinen aus Österreich und Italien, reichen die Kreationen von Tagliolini mit Trüffel bis hin zum Wildfang-Steinbutt.
Schwerpunkt: Österreich, Italien

Klosterstraße 1a	Weinangebot: **46** I 50
+49 8131 3183874	Service **18** I 20
weinraum-dachau.de	Essen **18** I 20
Kategorie: Weinbar im Restaurant	Ambiente: **8** I 10
	Gesamt: 90 I 100

L'angolo Caffè & Vino Bar 🍷🍷 89257 Illertissen

Marco Arduini versorgt seine Gäste nicht nur mit perfektem Espresso, sondern auch mit feinen Köstlichkeiten seiner italienischen Heimat (empfehlenswert: die Pinsa!). Selbstverständlich sorgt auch die Weinauswahl für Italianità auf dem Marktplatz von Illertissen.
Schwerpunkt: Italien

Hauptstraße 11	Weinangebot: **43** I 50
+49 7303 1596740	Service **18** I 20
	Essen **18** I 20
Kategorie: Klassische Weinbar	Ambiente: **8** I 10
	Gesamt: 87 I 100

Weinraum 🍷🍷🍷 85049 Ingolstadt

Die Sommeliers Helga und Markus Munz führen 280 Tropfen aus Europa bis hin zum Libanon und Neuseeland. Die Genussreise wird durch eine feine Auswahl an Käse, Bruchschokolade und mehr begleitet. Weinproben und Austernabende runden das Weinerlebnis ab.
Schwerpunkt: international, Deutschland, Österreich

Bei der Schleifmühle 24	Weinangebot: **48** I 50
+49 841 12814634	Service **19** I 20
weinraum-ingolstadt.de	Essen **17** I 20
Kategorie: Klassische Weinbar	Ambiente: **8** I 10
	Gesamt: 92 I 100

Weinschmecker

85049 Ingolstadt

Eine maßgeschneiderte Weinempfehlung ist das Markenzeichen von Jürgen Nüssler und seinem Team. Die elegante Weinbar präsentiert über 600 sorgfältig ausgewählte Weine aus Deutschland, Österreich, Italien und Spanien. Dazu eine Auswahl an erlesener Feinkost.

Schwerpunkt: international, Deutschland

Friedrichshofener Straße 1
+49 841 99397901
weinschmecker-ingolstadt.de
Kategorie: Klassische Weinbar

Weinangebot:	**47** I 50
Service	**18** I 20
Essen	**17** I 20
Ambiente:	**9** I 10
Gesamt:	91 I 100

Portucalis

84028 Landshut

Minho, Douro, Bairrada, Lísboa, Setúbal und Alentejo – die Weinselektion stammt aus den besten Anbauregionen Portugals. Beim Portwein- und Weintasting kann man sich im sympathischen Laden durch erlesene Tropfen probieren und authentische Köstlichkeiten genießen.

Schwerpunkt: Portugal

Kirchgasse 229
+49 871 27549000
portucalis.de
Kategorie: Weinbistro

Weinangebot:	**43** I 50
Service	**18** I 20
Essen	**16** I 20
Ambiente:	**8** I 10
Gesamt:	85 I 100

Winzerkeller

97340 Marktbreit

In einem historischen Gewölbekeller vereinen Ronja und Franco Claudio Fusco gekonnt fränkische Weinkultur und italienische Lebensfreude. Abwechslungsreiche Themenabende, Weinproben und sogar Whisk(e)yverkostungen bereichern das Angebot.

Schwerpunkt: Deutschland, Regional

Pfarrgasse 11
+49 171 7033632
winzerkeller-marktbreit.com
Kategorie: Weinbar im Restaurant

Weinangebot:	**44** I 50
Service	**17** I 20
Essen	**16** I 20
Ambiente:	**9** I 10
Gesamt:	86 I 100

Auroom

80469 München

Seine Bar Auroom zu nennen und sie dann golden zu dekorieren, mag nicht besonders kreativ wirken; aber was auf der Karte und im Glas passiert, ist wahrlich wunderbar. Ob es der »Crème brulée Martini« oder der »Wasabi Lime Sour« ist – hier treffen gute Ideen auf solides handwerkliches Können.

Hans-Sachs-Straße 20
+49 89 20009090
auroom.de
Kategorie: American Bar

Drinks:	**45** / 50
Ambiente:	**18** / 20
Service:	**19** / 20
Sortiment:	**8** / 10
Gesamt:	90 / 100

Avin

80469 München

Das Avin zelebriert das Miteinander mit saisonal wechselnden Tapas zum Teilen. Die Junggastronomen Alexander Glocker und Lukas Stepper servieren gerne selbst – neben wohlkuratierten Weinraritäten aus der zehnseitigen Karte auch den Hauswein: einen leichten Pfälzer Riesling.
Schwerpunkt: international

Am Glockenbach 8
+49 89 28940791
avin.restaurant
Kategorie: Klassische Weinbar

Weinangebot:	**46** / 50
Service	**18** / 20
Essen	**18** / 20
Ambiente:	**8** / 10
Gesamt:	90 / 100

Bar Mural

80333 München

Es ist ein Segen für München, dass es die Murals gibt. Ob Mural, Mural Farmhouse oder eben Bar Mural: Überall erwarten einen wunderbare Weine fernab vom Standard, feines und überraschendes Barfood, das allein einen Besuch wert wäre, und äußerst engagiertes Personal.
Schwerpunkt: Raw/Natural Wine

Theresienstraße 1
+49 89 27373380
barmural.com
Kategorie: Weinbar im Restaurant

Weinangebot:	**45** / 50
Service	**18** / 20
Essen	**17** / 20
Ambiente:	**8** / 10
Gesamt:	88 / 100

Barroom

81667 München

Im Barroom von Emanuele Ingusci, der wahrscheinlich kleinsten Bar der Stadt, begibt man sich auf eine Reise in die Welt des Rums – von der Karibik und Latein-Amerika über Indien bis nach Australien. Zu Jazz aus vergangenen Zeiten und zwischen Hunderten Flaschen werden in intimer Atmosphäre aufregende Südsee-Cocktails kredenzt.

Milchstraße 17
+49 89 44142762
barroom-muenchen.de
Kategorie: American Bar

Drinks:	**46** / 50
Ambiente:	**19** / 20
Service:	**19** / 20
Sortiment:	**8** / 10
Gesamt:	92 / 100

Blaue Libelle 🍷🍷🍷

80469 München

Die Blaue Libelle startete als Weinbar und entfaltet sich zum Food-Tempel. Im modernen Ethno-Interieur erkundet man eine breit gefächerte Weinkarte mit Fokus auf junge, wilde Naturweine. Wer spontan einen Platz ergattert, kann von Glück sprechen – auch unter der Woche.
Schwerpunkt: Frankreich, international

Hans-Sachs Straße 3	Weinangebot:	**47** | 50
	Service	**17** | 20
blauelibelle.de	Essen	**18** | 20
Kategorie: Weinbar im Restaurant	Ambiente:	**9** | 10
	Gesamt:	**91** | 100

Boilerman 🍸🍸🍸

80335 München

Ein Leben an der Hotelbar. Ist das melancholisch, vielleicht gar einsam? Nö. Das ist aufgedreht wie Ventilatoren im Sommer. Und die haben noch etwas gemeinsam mit der Bar am Hauptbahnhof: Obwohl ständig rotiert wird, ist immer alles cool. Das liegt an den Zeitungen im Badezimmer, aber viel mehr noch an den Drinks.

Bahnhofplatz 1	Drinks:	**46** | 50
+49 89 9040010	Ambiente:	**18** | 20
boilerman-muenchen.de	Service:	**18** | 20
Kategorie: Hotelbar	Sortiment:	**9** | 10
	Gesamt:	**91** | 100

Call Soul 🍸🍸🍸

80802 München

Hier kippt man sich keinen hinter die Binde, sondern gluckert direkt in die Seele: Drinks, die so detailverliebt gestaltet sind, dass man sich tatsächlich im Labor der namensgebenden Fernsehserie wähnt. Tatsächlich ist man aber in München, der Stadt der guten Laune, die dank dieser Bar um eine Attraktion reicher ist.

Biedersteiner Straße 6	Drinks:	**45** | 50
+49 174 9201674	Ambiente:	**18** | 20
callsoul-breakingbar.de	Service:	**19** | 20
Kategorie: Restaurantbar	Sortiment:	**8** | 10
	Gesamt:	**90** | 100

Champagne Characters 🍷🍷

80339 München

In der Champagner-Boutique und Tagesbar mit Retro-Charme kann man sich Glas für Glas durch verschiedene Sorten probieren. Gründerin Nicola Neumann bietet Tastings und auch ein Abo an. Ihr Angebot ist nach Charakter sortiert: von kräftig und zupackend bis fein und elegant.
Schwerpunkt: Champagner

Alter Messeplatz 6	Weinangebot:	**48** | 50
+49 89 51996899	Service	**18** | 20
champagne-characters.com	Essen	**14** | 20
Kategorie: Klassische Weinbar	Ambiente:	**8** | 10
	Gesamt:	**88** | 100

Das Weinheim 🍷🍷 — 80796 München

Statt in 0,1- oder 0,2-Liter-Gläser werden die Weine hier in 0,15-Liter-Gläser eingeschenkt – laut Betreibern Andreas Glaubitz und Helmut Stör die ideale Probiermenge. Die Karte umfasst 20 monatlich wechselnde Weine von innovativen Jungwinzern aus Deutschland und Österreich.
Schwerpunkt: Österreich, Deutschland

Bauerstraße 2
+49 89 92655381
dasweinheim.de
Kategorie: Weinbistro

Weinangebot:	**45** I 50
Service	**18** I 20
Essen	**17** I 20
Ambiente:	**8** I 10
Gesamt:	88 I 100

Deck 21 🍸 — 80809 München

Das Motto der Bar lautet: »Better days on the Olympic rooftop.« Und schöner kann man es auch gar nicht ausdrücken, dieses Gefühl, mit einem Drink in der Hand auf die historische Spielstätte zu blicken, in der Ferne zeichnen sich die Alpen ab und ganz heimlich denkt man bei sich: München ist die schönste Stadt der Welt.

Olympiapark, Hans-Jochen-Vogel-Platz

coubertin-olympiapark.de
Kategorie: American Bar

Drinks:	**43** I 50
Ambiente:	**17** I 20
Service:	**16** I 20
Sortiment:	**7** I 10
Gesamt:	83 I 100

Die goldene Bar 🍸🍸🍸🍸 — 80538 München

Die Bar hinter dem Haus der Kunst ist eine sichere Nummer und trifft jeden Geschmack. Prächtige Wandmalereien auf goldenem Grund zeigen Landkarten, die von der Herkunft der einst ausgeschenkten Weine und Spirituosen erzählen. Heute kommen Klassiker mit Twist ins Glas, wie etwa der »Blood & Sand« mit Orangenschaum.

Prinzregentenstraße 1
+49 89 54804777
goldenebar.de
Kategorie: American Bar

Drinks:	**49** I 50
Ambiente:	**19** I 20
Service:	**19** I 20
Sortiment:	**9** I 10
Gesamt:	96 I 100

Dizzy Daisy

80337 München

Die Vision der Winzerin Nelly Fischer ist eine junge und frische Feinweinbar – und so ist auch das Publikum des Dizzy Daisy. Auf der Karte stehen neben Klassikern, Raritäten und dem Dizzy-Hauswein auch Feinkost-Sardinen aus der Dose mit Baguette – weniger ist mehr!

Schwerpunkt: international

Thalkirchner Straße 10
+49 89 23021645
dizzy-daisy.de
Kategorie: Weinbistro

Weinangebot:	**43** | 50
Service	**18** | 20
Essen	**16** | 20
Ambiente:	**9** | 10
Gesamt:	86 | 100

Eduard's Bar

80331 München

Das Eduard's München im neu eröffneten Kaufhaus Breuninger kündigt einen Hauch neuer Barkultur in der Stadt an. Für Shopping-Pausen und After-Work-Drinks kehrt man hier in schicker Kulisse für kreative Cocktails mit hausgemachten Zutaten ein, wie den »Willi Sour« mit Eduard Breuninger Williamsbirne und Birnenpüree.

Sendlinger Straße 3
+49 89 244422520
e-breuninger.de
Kategorie: Hotelbar

Drinks:	**45** | 50
Ambiente:	**18** | 20
Service:	**19** | 20
Sortiment:	**8** | 10
Gesamt:	90 | 100

Falk's Bar

80333 München

Eine Bar mit Geschichte. Die soll der Barmann erzählen. Hier sei auf das verwiesen, was sie zukunftsfähig macht: Drinks, die sogar die überzeugen, die beruflich eher die Stirn in Falten legen. Dazu kommt eine wirklich gelungene Melange aus historischem Charme und zeitgemäßen Elementen. Das allein ist einen Besuch wert.

Promenadeplatz 2–6
+49 89 2120956
bayerischerhof.de
Kategorie: Hotelbar

Drinks:	**47** | 50
Ambiente:	**19** | 20
Service:	**18** | 20
Sortiment:	**9** | 10
Gesamt:	93 | 100

Frank 🍷🍷🍷

80333 München

In der stimmungsvollen Weinlounge in der Residenz werden ausschließlich regionale Tropfen aus Jahrgängen bis 1988 ausgeschenkt. Dazu passt das Menü für den großen und kleinen Hunger mit Produkten von regionalen Bauern und Metzgern.

Schwerpunkt: Deutschland

Residenzstraße 1
+49 89 23237492
frank-weinbar.com
Kategorie: Weinbistro

Weinangebot:	**47** I 50
Service	**18** I 20
Essen	**18** I 20
Ambiente:	**8** I 10
Gesamt:	91 I 100

Gabányi 🍸🍸🍸

80336 München

Einst war Inhaber Stefan Gabányi Whisk(e)y-Experte und Bartender im Schumann's. Seine Bar empfängt seit über einem Jahrzehnt hungrige Nachtschwärmer, die gepflegtes Trinken zelebrieren. Im zeitlosen Ambiente wird neben makellosen Cocktails auch Barfood ohne Chichi bis in die Nacht kredenzt, wie das legendäre Gulasch.

Beethovenplatz 2
+49 89 51701805
bar-gabanyi.de
Kategorie: American Bar

Drinks:	**48** I 50
Ambiente:	**18** I 20
Service:	**18** I 20
Sortiment:	**10** I 10
Gesamt:	94 I 100

Garibaldi Marienplatz 🍷🍷🍷

80331 München

Nach Sanierungsarbeiten feiert der Laden beim alten Rathaus eine glanzvolle Wiedereröffnung mit Lichtinstallationen von Ingo Maurer. Garibaldi ist mit sechs Läden in der Stadt eine Institution für italienische Weine und bietet über 400 Tropfen und dazu passende Delikatessen.

Schwerpunkt: international, Deutschland, Italien

Burgstraße 2
+49 89 21667816
garibaldi.de
Kategorie: Weinbar in Vinothek

Weinangebot:	**47** I 50
Service	**17** I 20
Essen	**18** I 20
Ambiente:	**9** I 10
Gesamt:	91 I 100

Garçon 🍸🍸

80469 München

Ein verborgenes Juwel mitten in der Stadt. Die Bar ist leicht zu übersehen, ist sie doch so minimalistisch und unaufgeregt gehalten wie ihre Karte: Ausgeklügelte Drinks mit europäischen Spirituosen, ausgesuchte Weine und außergewöhnliche Spritz-Kreationen wie der »Novelle Spritz« mit Orangenbitter überzeugen auf ganzer Linie.

Utzschneiderstraße 4
bar-garcon.de
Kategorie: American Bar

Drinks:	**44** I 50
Ambiente:	**18** I 20
Service:	**18** I 20
Sortiment:	**8** I 10
Gesamt:	88 I 100

Geisel

80335 München

Zwischen Stachus und Hauptbahnhof liegt diese erstklassige Weinbar im Landhaus-Stil. Die Weinkarte umfasst 700 Flaschen aus aller Welt, ergänzt durch bayerisch-italienische Spezialitäten wie frisch aufgeschnittenen San-Daniele-Schinken und hausgemachte Pasta.
Schwerpunkt: international

Schützenstraße 11
+49 89 551377140
excelsior-hotel.de
Kategorie: Weinbar im Restaurant

Weinangebot:	**50** I 50
Service	**18** I 20
Essen	**18** I 20
Ambiente:	**9** I 10
Gesamt:	95 I 100

Grapes

80331 München

Süffiges, dazu Rares und Überraschendes im Glas kündigt die Weinbar im Cortiina Hotel an, und dieses Versprechen wird absolut eingehalten. Die Weinkarte ist erfrischend in jeder Hinsicht. In den Nebenrollen: kulinarische Highlights wie Lachsforelle, Tatar oder Flammkuchen.
Schwerpunkt: Deutschland

Ledererstraße 8
+49 89 242249504
grapes-weinbar.de
Kategorie: Weinbar im Restaurant

Weinangebot:	**48** I 50
Service	**19** I 20
Essen	**17** I 20
Ambiente:	**9** I 10
Gesamt:	93 I 100

Herzog

80333 München

Wer neue Wege geht, verläuft sich oft. Im Herzog gehen sie allerdings in die Zukunft, als sei sie eine gut befestigte Treppe. Das Interieur ist auf eine Art modern, die zugleich warm wirkt, die Speisekarte wagt Experimente, ohne sich zu verlieren, und die Drinks sind mit viel Liebe und Verstand kreiert.

Maxburgstraße 4
+49 89 29161029
herzog.bar
Kategorie: Restaurantbar

Drinks:	**45** I 50
Ambiente:	**18** I 20
Service:	**18** I 20
Sortiment:	**9** I 10
Gesamt:	90 I 100

Isarbar ☨☨☨

80335 München

In der Isarbar fühlt man sich wie im Inneren eines Goldbarrens. Und allein, weil alles so schön gülden ist, bestellt man sich natürlich einen Whisk(e)y. Irgendwas Torfiges, das zu den Ledersesseln passt. Ein Schluck genügt, und man fühlt sich bereit, einen Roman zu schreiben. Aber man lässt es, weil das Gefühl reicht.

Bayerstraße 12
+49 89 599480
sofitel-munich.com
Kategorie: Hotelbar

Drinks:	**46** / 50
Ambiente:	**18** / 20
Service:	**18** / 20
Sortiment:	**8** / 10
Gesamt:	90 / 100

James T. Hunt ☨☨

80799 München

Vom exzessiven Formel-1-Weltmeister inspiriert, ist das Hunt der Pit Stop, bevor man in die Clubs weiterzieht. Die kompakte Bar im NY-Style hat mehr Steh- als Sitzplätze und füllt sich schnell mit dem Querschnitt des Münchner Univiertels. Serviert werden sehr gute Highballs und moderne Klassiker – ohne langes Warten.

Schellingstraße 32
+49 89 27373038
jameshuntbar.com
Kategorie: Loungebar

Drinks:	**44** / 50
Ambiente:	**18** / 20
Service:	**17** / 20
Sortiment:	**8** / 10
Gesamt:	87 / 100

Jolandas Vinothek ☨☨

80339 München

Thomas Hertlein wird »die lebende Weinkarte« genannt und hat seinen Schwerpunkt auf Vintage-Weinen. Sein Keller beherbergt Tausende Flaschenschätze, die bis ins Jahr 1956 reichen. Speisen kann man, was der Markt so hergibt. Signature Dish: das Rindertatar.

Schwerpunkt: Jahrgangstiefe, international

Kazmairstraße 28
+49 89 20930569
jolandas.de
Kategorie: Weinbar in Vinothek

Weinangebot:	**46** / 50
Service	**17** / 20
Essen	**17** / 20
Ambiente:	**8** / 10
Gesamt:	88 / 100

Josefa ☨☨☨

80331 München

Es ist ja so: Bars sind Orte für Romantiker, für Träumer, für Lebenshungrige. Und deshalb zeichnet eine gute Bar aus, dass sie das weiß. Das spürt man für gewöhnlich schon beim Betreten des Barraums: Hier versteht man – auch, dass Hunger auf Leben oft mit Durst auf Drinks einhergeht.

Sparkassenstraße 10
+49 89 237030
platzl.de
Kategorie: Hotelbar

Drinks:	**44** / 50
Ambiente:	**18** / 20
Service:	**19** / 20
Sortiment:	**9** / 10
Gesamt:	90 / 100

Juliet Rose

81667 München

Gute Blumenhändler sind die, die einen nicht mit unnötigen Details verwirren, sondern verstehen, worum es bei dem Strauß gehen soll. So ähnlich machen die Jungs und Mädels das hier auch: Aus feinen Spirituosen komponieren sie gekonnt wunderbar blumige, fruchtige oder herbe Gesamtkunstwerke, die überzeugen.

Rosenheimer Straße 15
+49 89 48048717
julietrosebar.com
Kategorie: Restaurantbar

Drinks:	**46** | 50
Ambiente:	**19** | 20
Service:	**18** | 20
Sortiment:	**9** | 10
Gesamt:	92 | 100

Kaminbar

80335 München

Hier fackelt man nicht lang, sondern fackelt was an. Oder so ähnlich. Gemütlichkeit ist in München ein Riesenthema. Oft kommt das ein wenig gestrig daher. Hier aber nicht. Da sitzt man am Kamin und nimmt ein Schlückchen vom Champagner und kommt auf Ideen. Wie: Ein Feuer wärmt nur so stark, wie die Liebe in einem brennt.

Arnulfstraße 4
+49 89 55115
eden-hotel-wolff.de
Kategorie: Hotelbar

Drinks:	**44** | 50
Ambiente:	**18** | 20
Service:	**18** | 20
Sortiment:	**8** | 10
Gesamt:	88 | 100

Kubaschewski

80335 München

»Lob ist wie Champagner. Beides muss serviert werden, solange es perlt«, sagte Ilse Kubaschewski, Namensgeberin der Schaumweinbar. Zwischen Samt, Gold und Separees wählt man Favoriten aus der vielfältigen Sprudelkarte und den passenden Schmarrn in süß oder herzhaft.
Schwerpunkt: Schaumwein

Karlsplatz 5
+49 89 998208720
kubaschewski.bar
Kategorie: Klassische Weinbar

Weinangebot:	**47** | 50
Service	**19** | 20
Essen	**18** | 20
Ambiente:	**9** | 10
Gesamt:	93 | 100

Les Fleurs du Mal 🍸🍸🍸🍸 80539 München

Alles spielt sich am neun Meter langen Tisch ab, der aus einem einzigen Baum gefertigt ist. Im ersten Stock der Schumann's Bar findet man die versteckte Bar-in-der-Bar. Von hier aus beobachtet man durch Holzlamellen das gesellige Treiben in der unteren Etage und bestellt beim Bartender hochkarätige Drinks – was sonst?

Odeonsplatz 6–7
+49 89 229060
schumanns.de
Kategorie: American Bar

Drinks:	**50** I 50
Ambiente:	**19** I 20
Service:	**19** I 20
Sortiment:	**9** I 10
Gesamt:	97 I 100

Loretta Bar 🍸🍸🍸 80469 München

Hier kann man etwas lernen, muss man aber nicht. Und ist das nicht etwas Herrliches? Kris Krolo und Florian Rath führen den Gast gerne durch den Kräutergarten der 400 Amaroflaschen, die sich hinter der Bar aneinanderreihen oder schenken einen kroatischen Wein aus. Aber auch, wer es klassisch mag, findet hier, was er sucht.

Müllerstraße 50
+49 89 23077370
loretta-bar.de
Kategorie: Loungebar

Drinks:	**44** I 50
Ambiente:	**18** I 20
Service:	**19** I 20
Sortiment:	**9** I 10
Gesamt:	90 I 100

Lump, Stein und Küchenmeister 🍷🍷 80331 München

Das Konzept: zwei Weinbars, ein Weingarten, ein großer Eventsaal und jede Menge Herzlichkeit. Rund 100 Weine von fränkischen Winzern stehen auf der Karte – auch zum Mitnehmen. Zum knackigen Secco oder aromatischen Silvaner wird ehrliche und deftige Küche serviert.
Schwerpunkt: Deutschland

Alter Hof 3
+49 89 70950086
lump-die-weinbar.de
Kategorie: Weinbistro

Weinangebot:	**45** I 50
Service	**17** I 20
Essen	**15** I 20
Ambiente:	**8** I 10
Gesamt:	85 I 100

manu. weinbar & restaurant

80469 München

Es ist schwer vorstellbar, dass es in München eine lässigere Bar gibt als diese. Die französischen Ventilatoren, die Stühle aus Holz und das Essen sind das eine. Etwas anderes aber die unglaublichen Weine, von denen man jeden probieren darf – und auch sollte.

Schwerpunkt: Deutschland

Rumfordstraße 1	Weinangebot: **46** I 50
+49 89 26024174	Service **17** I 20
manu-muenchen.de	Essen **18** I 20
Kategorie: Weinbar im Restaurant	Ambiente: **8** I 10
	Gesamt: 89 I 100

Masi Wine Bar Munich

80539 München

Die Wein- und Genuss-Oase an der Maximilianstraße ist eine stilvolle Einladung, 52 feinste Tropfen des weltberühmten Amarone-Produzenten aus dem Valpolicella auch außerhalb Italiens zu erleben. Jeden Samstag wird ein italienischer Brunch mit Weinbegleitung geboten.

Schwerpunkt: international, Italien

Maximilianstraße 40	Weinangebot: **46** I 50
+49 89 23032565	Service **18** I 20
masi.it	Essen **18** I 20
Kategorie: Klassische Weinbar	Ambiente: **8** I 10
	Gesamt: 90 I 100

Negroni Bar

81667 München

Seit 1998 huldigt Michele Fiordoliva in seiner American Bar dem tiefroten Negroni, dem Hauptakteur der Karte, ob als makelloser Klassiker oder aufregende Eigenkreation. Dazu: Hunderte weitere Drinks von Sours bis Spritz. Als Begleitung gibt's italienische Küchengrüße wie Antipasto misto oder Negroni-Tiramisu.

Sedanstraße 9	Drinks: **46** I 50
+49 89 48950154	Ambiente: **18** I 20
negronibar.de	Service: **18** I 20
Kategorie: American Bar	Sortiment: **9** I 10
	Gesamt: 91 I 100

nineOfive

80803 München

Der Ursprung des Namens? 905 Fahrenheit ist die perfekte Temperatur für den Pizzateig mit 72-Stunden-Teigfermentierung. Zu den außergewöhnlich belegten neapolitanischen Pizzen kommen im minimalistisch-modernen Ambiente Hunderte Weine aus ganz Europa ins Glas.

Schwerpunkt: Italien, Deutschland

Herzogstraße 29	Weinangebot: **48** I 50
+49 89 54849556	Service **18** I 20
nineofive.de	Essen **18** I 20
Kategorie: Weinbar im Restaurant	Ambiente: **8** I 10
	Gesamt: 92 I 100

Ory ♆♆♆

80331 München

Die elegante Bar hat ihren eigenen Eingang im Mandarin Oriental. Das strahlende Zentrum bildet der Tresen im modernen Art-déco-Stil. Das Durchblättern der Karte ist eine wahre Freude mit ihren einfallsreichen Signature Drinks wie »Last Samurai« – eine Verbindung aus Whiskey, Yuzu, Tonkabohne und Trüffelhonig.

Neuturmstraße 1
+49 89 588054570
ory.bar
Kategorie: Hotelbar

Drinks:	**46** I 50
Ambiente:	**19** I 20
Service:	**19** I 20
Sortiment:	**9** I 10
Gesamt:	93 I 100

Pacific Times ♆♆♆

80469 München

In München stolpert man nicht in Bars, man segelt rein. Das passt zu einem Laden, in dem die Holzplanken gebohnert sind und die Drinks jeden Seemann aus den Timberlands schubsen – weil sie so gut sind, nicht weil man etwa schludern würde. Um nicht seekrank zu werden, empfiehlt sich trotzdem, aufs Maß zu achten.

Baaderstraße 28
+49 89 20239470
pacifictimes.de
Kategorie: Restaurantbar

Drinks:	**46** I 50
Ambiente:	**18** I 20
Service:	**18** I 20
Sortiment:	**9** I 10
Gesamt:	91 I 100

Pusser's New York Bar ♆♆♆

80331 München

Seit '74 gibt es den Laden, den damals Bill Deck eröffnete und der seitdem hält, was der Name verspricht: den Glamour der weiten Welt. Hier hat sich schon jeder einen Drink einverleibt. Zumindest jeder, der was auf sich hält. Und das ist in München ja irgendwie jeder. Das Klavier ist nicht nur Dekoration. Auch schön.

Falkenturmstraße 9
+49 89 220500
pussersbar.de
Kategorie: American Bar

Drinks:	**46** I 50
Ambiente:	**18** I 20
Service:	**19** I 20
Sortiment:	**9** I 10
Gesamt:	92 I 100

Roomers Bar ♆♆♆

80339 München

Dieser Laden ist fast schon eine Legende. Nicht nur die Popkultur saugt den Flair der Bar auf wie durch einen Strohhalm, sondern auch alle Gäste. Und das ist auch schon der Zauber: die perfekte Hotelbar. Ein Ort, an dem man sich selbst erst fremd werden kann, um sich dann neu kennenzulernen. Das geht nirgends besser als hier.

Landsberger Straße 68
+49 89 452202730
roomers-munich.com
Kategorie: Hotelbar

Drinks:	**46** I 50
Ambiente:	**19** I 20
Service:	**18** I 20
Sortiment:	**8** I 10
Gesamt:	91 I 100

Rose

80801 München

Die Philosophie von Martina Baumann: ausgesuchte Weine von kleinen, familiengeführten Weingütern. Über 50 Weine aus Deutschland, Österreich, Italien und Frankreich kommen ins Glas und dazu passende Brasserie-Gerichte wie geflämmter Saibling vom Schliersee auf den Teller.

Schwerpunkt: Deutschland, Italien, Österreich, Frankreich

Konradstraße 1
+49 89 44469186
rose-wein-brasserie.com
Kategorie: Weinbistro

Weinangebot:	**46** I 50
Service	**17** I 20
Essen	**17** I 20
Ambiente:	**8** I 10
Gesamt:	88 I 100

S.Zimmer

80469 München

Im Frühjahr 2023 kehrten Sascha Zimmer und Petra Grunder ins Glockenbachviertel zurück, nachdem sie ihr Lokal zwischenzeitlich untervermietet hatten. Der zweite Anlauf sitzt: Die Küche ist hervorragend, und das Sortiment an toskanischen Rotweinen beeindruckend.

Schwerpunkt: international

Ickstattstraße 21
+49 89 20207390
szimmer-glockenbach.de
Kategorie: Weinbar im Restaurant

Weinangebot:	**46** I 50
Service	**18** I 20
Essen	**18** I 20
Ambiente:	**8** I 10
Gesamt:	90 I 100

Schumann's Bar am Hofgarten

80539 München

Eigentlich wollte Charles Schumann ja Politik und Zeitungswissenschaften studieren, aber heute wisse er, dass er »nur Gastronomie kann«. Understatement gehört zu Deutschlands legendärstem Barbetreiber wie die weißen Kitteln zum Schuhmann's-Team. Man kann diese Bar nur lieben! Und wenn man es nicht tut, dann ist nicht die Bar, sondern man selbst das Problem.

Odeonsplatz 6–7
+49 89 229060
schumanns.de
Kategorie: Restaurantbar

Drinks:	**49** I 50
Ambiente:	**19** I 20
Service:	**19** I 20
Sortiment:	**9** I 10
Gesamt:	96 I 100

Schumann's Tagesbar 🍸🍸🍸 80333 München

Münchens interessantestes Schaufenster in der Innenstadt gehört nicht etwa einer Luxusboutique. Die Tagesbar ist eine Institution, in der es immer viel zu sehen gibt. Das anspruchsvolle Publikum ordert klassische Drinks und Speisen ohne viel Schnickschnack. Ein zeitloser Treffpunkt für Liebhaber des Wesentlichen.

Maffeistraße 6
+49 89 24217700
schumanns.de
Kategorie: Loungebar

Drinks:	**47** I 50
Ambiente:	**18** I 20
Service:	**18** I 20
Sortiment:	**8** I 10
Gesamt:	91 I 100

Sophia's Bar 🍸🍸 80333 München

In einer eleganten Bar mit hohen Decken und einem Flügel präsentiert sich ein acht Meter langer Granittresen. Hier werden 15 Signature Drinks angeboten, inspiriert vom angrenzenden Botanischen Garten und unterteilt in Kräuter, Gewürze und Gemüse. Die Lounge im marokkanischen Stil bietet einen eleganten Rückzugsort.

Sophienstraße 28
+49 89 5445551200
roccofortehotels.com
Kategorie: Hotelbar

Drinks:	**45** I 50
Ambiente:	**18** I 20
Service:	**18** I 20
Sortiment:	**8** I 10
Gesamt:	89 I 100

Tantris 🍸🍸🍸🍸 80805 München

Man kann sehr viel falsch machen. Die Wahl der Gläser, das Maß an Freundlichkeit, die Einrichtung. Umso überraschender ist es, wenn man sich an der Bar Tantris auf dem Stuhl zurechtruckelt, einen Schluck vom »Tantroni Americano« nimmt und sich ganz beseelt eingestehen darf: Hier passt wirklich alles.

Johann-Fichte-Straße 7
+49 89 3619590
tantris.de
Kategorie: Restaurantbar

Drinks:	**48** I 50
Ambiente:	**20** I 20
Service:	**19** I 20
Sortiment:	**8** I 10
Gesamt:	95 I 100

Terra

80469 München

In der ersten Bottled Cocktail Bar Deutschlands wird nie geshakt. Neun Flaschen sind die Basis für 26 Cocktails, die hinter dem Terracotta-Tresen kunstvoll inszeniert werden. Der »Fly Pink«, ein Daiquiri, verfeinert mit rotem Früchtetee vom Viktualienmarkt, wird mit Drachenfrucht-Espuma und Smoke-Bubble serviert.

Baaderstraße 1
terra-bar.de
Kategorie: Restaurantbar

Drinks:	**45** | 50
Ambiente:	**18** | 20
Service:	**18** | 20
Sortiment:	**8** | 10
Gesamt:	89 | 100

The Flushing Meadows

80469 München

Eine Bar, die so zurückhaltend eingerichtet ist, kann das vor allem dann verkraften, wenn sie mit dem, was die Barleute in die Gläser gießen, überzeugt. Und – mein Gott – das ist hier der Fall. Und das in allen Farben, die das Spektrum hergibt. Hier schmeckt wirklich alles, von den Klassikern bis zu den Eigenkreationen.

Fraunhoferstraße 32
+49 89 552791727
flushingmeadowshotel.com
Kategorie: Hotelbar

Drinks:	**44** | 50
Ambiente:	**19** | 20
Service:	**18** | 20
Sortiment:	**8** | 10
Gesamt:	89 | 100

The Foundry

80469 München

Der Name weist auf die Gießerei-Vergangenheit des Viertels hin – und auch das urbane Mural als Stilbruch zu in Gold gegossenen Wänden und Art-déco-Interieur. Für die anspruchsvolle Begleitung ordert man Klassiker mit Twist und Pickled Watermelon als Bar-Snack – serviert mit gestärkten Servietten und poliertem Besteck.

Müllerstraße 51
+49 89 21529517
foundry.bar
Kategorie: Restaurantbar

Drinks:	**46** | 50
Ambiente:	**19** | 20
Service:	**18** | 20
Sortiment:	**9** | 10
Gesamt:	92 | 100

The High 🍸🍸

80331 München

Die Großstadt ist ein Dschungel. Das kann man auch so sehen, wenn man zufälligerweise kein deutscher Singer-Songwriter mit albernem Hut ist. Vor allem, wenn man hier vor den Hängepflanzen an der Bar sitzt und sich einen Drink genehmigt, der so grün ist, wie er schmeckt: volle Power Basilikum. Einfach an der Bar fragen.

Blumenstraße 15
+49 89 089089

Kategorie: American Bar

Drinks:	**46** | 50
Ambiente:	**18** | 20
Service:	**17** | 20
Sortiment:	**8** | 10
Gesamt:	89 | 100

The Louis Sparkling Bar 🍸🍸

80331 München

Ein exklusiver Genussort für köstlich-prickelnde Drinks: Eine breite Palette an Champagnern und Schaumweinen aus Gebieten wie Kalifornien bis Georgien wird in unaufdringlicher Eleganz ausgeschenkt, mitunter begleitet von einem behaglichen Kaminfeuer. Ebenso unaufdringlich, aber äußerst freundlich: das versierte Barteam.

Viktualienmarkt 6
+49 89 4111908111
thelouisgrillroom.com

Kategorie: Hotelbar

Drinks:	**43** | 50
Ambiente:	**18** | 20
Service:	**18** | 20
Sortiment:	**8** | 10
Gesamt:	87 | 100

Trisoux 🍸🍸🍸

80469 München

Man fühlt sich wie in einer traumartigen Zwischenwelt. Also genau, wie man sich fühlen möchte, wenn das Glockenbachviertel einem wieder mal beweist, dass es nach all den Jahren immer noch wirklich alles kann. Das liegt daran, dass der Barmann einem beim Shaken zuzwinkert und am »La Sombra«, der im Glas landet.

Müllerstraße 41
+49 89 23027755
trisoux.com

Kategorie: American Bar

Drinks:	**47** | 50
Ambiente:	**19** | 20
Service:	**19** | 20
Sortiment:	**8** | 10
Gesamt:	93 | 100

Usagi 🍸🍸

80337 München

Eigentlich ist das Usagi die Anlaufstelle für ein bemerkenswertes Izakaya-Menü. Aber auch wenn der Durst im Vordergrund steht, wird man hier fündig: von japanischem Asahi-Bier über Qualitäts-Sake bis hin zu Drinks wie dem »Usagi's Whisky Sour« mit Yuzu-Sake. Der ideale Bar-Snack dazu: Popcorn mit Nussbutter und Furikake.

Thalkirchner Straße 16
+49 89 55293581
usagi.bar

Kategorie: Restaurantbar

Drinks:	**44** | 50
Ambiente:	**18** | 20
Service:	**18** | 20
Sortiment:	**8** | 10
Gesamt:	88 | 100

Valentin

80331 München

Die Bar am Platzl ist eine gelungene Hommage an den Humoristen Karl Valentin. Im kuriosen und geschmackvollen Setting mit grauer Fellwand, skurrilen Stühlen und lichtdurchflutetem Innenhof kommen Drinks von experimentierfreudigen Barkeepern ins Glas, wie der »Rocko Siffredi Punch« mit eigenem Valentin Cuvée Pinot.

Pfisterstraße 9+11
+49 160 96360332
barvalentin.de
Kategorie: Restaurantbar

Drinks:	**44** | 50
Ambiente:	**18** | 20
Service:	**18** | 20
Sortiment:	**8** | 10
Gesamt:	88 | 100

Zephyr

80469 München

Ungezwungen und rough ist die Atmosphäre in Lukas Motejziks »Cocktailkneipe«. Frischeste Zutaten vom Kräuter- und Gewürzgarten am Tresen landen in den ausgefallenen Kreationen von Barmann Lukas Habel und seinem Team. Highlight: der Gin-Cocktail »High on Hope«, der in einer Asia-Box mit Glückskeks serviert wird.

Baaderstraße 68
+49 171 3284040

Kategorie: American Bar

Drinks:	**48** | 50
Ambiente:	**18** | 20
Service:	**19** | 20
Sortiment:	**8** | 10
Gesamt:	93 | 100

Zum Wolf

80469 München

Eine Bar voller Whisk(e)y und Kuriositäten: In Wohnzimmeratmosphäre wartet eine umfangreiche Spirituosensammlung, die einige Highlights aus Kentucky und Tennessee bereithält. Zu Cocktails wie »Boston Sour« oder »Corpse Reviver #1« ordert man als Begleitung die beliebten Debreziner oder das Muffuletta-Sandwich.

Pestalozzistraße 22
+49 89 55278573
zumwolf.com
Kategorie: American Bar

Drinks:	**44** | 50
Ambiente:	**18** | 20
Service:	**18** | 20
Sortiment:	**9** | 10
Gesamt:	89 | 100

Hannes

63843 Niedernberg

Der Fokus der Hotelbar des Seehotels Niedernberg sind erlesene Whisk(e)ys und eine große Auswahl an Gin-Sorten aus der ganzen Welt. Das Cocktailangebot wird mit Klassikern und neuen Highlights aus dem Repertoire von Ran Hof aufgemischt. Starten kann man mit einem »Midori Spritz« mit Melonenlikör und der Vesperplatte.

Leerweg
+49 6028 9990
seehotel-niedernberg.de
Kategorie: Hotelbar

Drinks:	**43** | 50
Ambiente:	**18** | 20
Service:	**17** | 20
Sortiment:	**8** | 10
Gesamt:	86 | 100

achtzehn97 🍷🍷

90443 Nürnberg

Der Name verrät das Baujahr des Jugendstilhauses. Charmant vereint die Café-Weinbar Alt und Neu: Der Wein der Woche und abwechslungsreiche Mittagsgerichte erwarten die Gäste inmitten von rohen Backsteinwänden, jahrhundertealtem Stuck und modernem, geradlinigem Interior.

Schwerpunkt: Deutschland, Italien

Gostenhofer Hauptstraße 73
+49 911 66463990
achtzehn97.de
Kategorie: Weinbistro

Weinangebot:	**44** | 50
Service	**19** | 20
Essen	**17** | 20
Ambiente:	**8** | 10
Gesamt:	**88** | 100

Die Blume von Hawaii 🍸🍸🍸

90403 Nürnberg

Diese Tiki-Bar verspricht ein »Instant Paradise«: Rund ums Jahr flüchtet man sich hier in die Südsee mit Mini-Dschungel, Peacock Chairs und gutgelaunten Bartendern mit bunten Sommerhemden. Mit mehr als 160 Rums hat man die Wahl – oder man wagt sich an den feurigen Tiki-Drink »Fire & Nice« mit Jamaika-Rum und Mangopuree.

Weinmarkt 16
+49 151 42324806
blumevonhawaii.com
Kategorie: Loungebar

Drinks:	**46** | 50
Ambiente:	**19** | 20
Service:	**18** | 20
Sortiment:	**8** | 10
Gesamt:	**91** | 100

Europa Bar 🍸🍸🍸

90403 Nürnberg

Zurück in die Zukunft: Karel Jahns entführt Gäste mit dem Interior der Europa Bar in die Swinging Sixties. Die Entscheidung fällt schwer, wenn die Karte 250 Cocktails umfasst: von perfekt komponierten Klassikern wie dem »Gin Basil Smash« bis zu modernen Kreationen wie dem »Metropolitan Martini« mit einem Hauch Thymian.

Innere Laufergasse 31
+49 911 2355363
Kategorie: American Bar

Drinks:	**46** | 50
Ambiente:	**17** | 20
Service:	**19** | 20
Sortiment:	**8** | 10
Gesamt:	**90** | 100

Gelbes Haus

90419 Nürnberg

1989 eröffnete Oliver Kirschner die klassische und gemütliche Cocktailbar. Heute hat er sich seinem Lieblingsthema Obstbrände verschrieben und mit seiner Barchefin Sigi Klein Signature Drinks mit der oft vergessenen Spirituose erdacht. Verfeinert werden sie mit selbst gezogenen Kräutern vom eigenen Dachgarten.

Johannisstraße 40 +49 911 390390 gelbes-haus.de **Kategorie: American Bar**	Drinks: **45** I 50 Ambiente: **18** I 20 Service: **19** I 20 Sortiment: **9** I 10
	Gesamt: 91 I 100

Gin & Julep Bar

90403 Nürnberg

Gianni Ripas überschaubare Speakeasy-Bar betritt man durch eine Telefonzelle, bei der man sich hineinwählen muss. Hinter dem Tresen findet man zahlreiche Gin-Sorten vor – wie den hauseigenen Nvremberga. Die Karte wechselt mit den Jahreszeiten und setzt auf eine kleine, feine Auswahl an Classics und Signatures.

Bindergasse 12 +49 1525 9992374 ginandjulep.de **Kategorie: American Bar**	Drinks: **45** I 50 Ambiente: **18** I 20 Service: **18** I 20 Sortiment: **8** I 10
	Gesamt: 89 I 100

Heinrich's

90403 Nürnberg

Das Inhaberpaar Martin Diermeier und Agata Max will ein bisschen Dolce far niente an den Hauptmarkt bringen. Es gibt also keine falsche Zeit für diese Ganztagesbar. Im eleganten Ambiente kann man mit Espresso und Eggs Benedict starten und den Abend mit Heinrich's Champagner und Lachs- oder Rote-Bete-Tatar begrüßen.

Hauptmarkt 16 +49 911 21102244 heinrichs-bar.de **Kategorie: Restaurantbar**	Drinks: **45** I 50 Ambiente: **18** I 20 Service: **18** I 20 Sortiment: **8** I 10
	Gesamt: 89 I 100

Vineria

90408 Nürnberg

Einst Möbelmanufaktur, heute ein Paradies für Weinliebhaber: Neben einer Auswahl an 60 offenen Weinen bietet die Karte 800 Flaschen aus der ganzen Welt. Ein Highlight ist zudem das preisgekrönte mediterrane Menü – täglich mit frischem Fischangebot.

Schwerpunkt: Europa, Deutschland

Kleinreuther Weg 87 +49 911 935851265 vineria.de **Kategorie: Weinbar in Vinothek**	Weinangebot: **49** I 50 Service **18** I 20 Essen **19** I 20 Ambiente: **8** I 10
	Gesamt: 94 I 100

Vintage 🍸🍸🍸

90403 Nürnberg

Der Einlass erfolgt per Klingel: Die handverlesene Auswahl an über dreihundert Spirituosen – Whisk(e)y, Rum, Gin, Tequila, Mezcal, Vermouth und Amaro – bildet die Basis für faszinierende Cocktails aus der Ära von 1805 bis 1940. Für den einen oder anderen Cocktail wird schon mal das Eis aus ganzen Eisblöcken geschlagen.

Irrerstraße 5
+49 911 99287039
vintage-bar.de
Kategorie: American Bar

Drinks:	**46** I 50
Ambiente:	**18** I 20
Service:	**18** I 20
Sortiment:	**9** I 10
Gesamt:	91 I 100

Barock 🍸🍸

93047 Regensburg

Im tempelartigen Gewölbe des Barock bestellt man nicht nur Bottled Cocktails und präzise zubereitete Klassiker. Das Team rund um Thomas Schackmann hat in jeder neuen Saison die Chance, eigens kreierte Drinks in die Karte zu bringen. Das macht Lust auf Neues! Wie den »Insomnia«, der Tequila-Variante des »Espresso Martini«.

Krauterermarkt 2
+49 172 8442934
barock-bar.com
Kategorie: American Bar

Drinks:	**44** I 50
Ambiente:	**18** I 20
Service:	**19** I 20
Sortiment:	**8** I 10
Gesamt:	89 I 100

Chin Chin 🍷🍷

93047 Regensburg

In der Hausbar des Bohemian Hotels in der Altstadt werden etwa 30 offene Weine und Schaumweine serviert. Neben hauseigenen Sorten wie der Chin Chin Grauburgunder oder Riesling auch außergewöhnliche Optionen wie der G 700 Scheurebe, ein im Granit-Ei gereifter Wein.
Schwerpunkt: international, Deutschland

Gesandtenstraße 12
+49 941 46189630
chin-chin-bar.de
Kategorie: Klassische Weinbar

Weinangebot:	**45** I 50
Service	**18** I 20
Essen	**18** I 20
Ambiente:	**8** I 10
Gesamt:	89 I 100

KA5PER 🍸🍸

93047 Regensburg

Eine lässige Bar im historischen Ambiente: In den Gewölben einer einstigen Synagoge geht man auf Entdeckungsreise durch die Welt der Cocktails, bei denen es sich fast ausschließlich um Eigenkreationen handelt und die aus der hauseigenen Barkultur entstanden sind. Zum Wochenende hin wird die Musik lauter und die Stimmung ausgelassener.

Hinter der Grieb 5	Drinks: **45** | 50
+49 941 59579099	Ambiente: **18** | 20
ka5per.de	Service: **18** | 20
Kategorie: American Bar	Sortiment: **8** | 10
	Gesamt: 89 | 100

nineOfive 🍷🍷🍷

93055 Regensburg

Urbane Coolness prägt Oliver Michaelis' Pizzeria im Marina-Quartier. 72-Stunden-Teigruhe verleiht der üppig belegten Pizza Napoletana ihre Perfektion. Die Weinbegleitung reicht von Spitzenwinzern bis zu Neuentdeckungen – serviert glasweise oder in der Flasche.
Schwerpunkt: Italien, Deutschland

Babostraße 113	Weinangebot: **47** | 50
+49 941 60015656	Service **19** | 20
nineofive.de	Essen **18** | 20
Kategorie: Weinbar im Restaurant	Ambiente: **9** | 10
	Gesamt: 93 | 100

Palletti 🍸🍸🍸

93047 Regensburg

Wenn es nach dem Cappuccino weitergehen darf, ordert man beim sympathischen Service »Spritz Bergamotto« oder klingende Signatures wie den Quittengimlet mit hausgemachtem Gelee zum Daydrinking. Ein Geheimtipp ist das 4-Gänge-Menü am Mittwochabend, etwa mit Vitello tonnato, Pasta fresca al limone und Burrata.

Gesandtenstraße 6	Drinks: **44** | 50
+49 941 51593	Ambiente: **19** | 20
palletti-bar.de	Service: **19** | 20
Kategorie: Restaurantbar	Sortiment: **8** | 10
	Gesamt: 90 | 100

The Byrdcave 🍸🍸🍸

93047 Regensburg

Der Name ist inspiriert vom Gewölbe des Pelikanhauses und der Free-Jazz-Legende Charlie »Bird« Parker. In dieser geschmackvollen Location nimmt man auf Ledersesseln Platz und wählt zwischen besonders originellen Drinks. Etwa »Tom Kha«, eine würzig-frische Kreation mit vietnamesischem Flair, serviert in einer Schale.

Keplerstraße 11	Drinks: **46** | 50
+49 941 38207825	Ambiente: **18** | 20
thebyrdcave.de	Service: **19** | 20
Kategorie: American Bar	Sortiment: **8** | 10
	Gesamt: 91 | 100

Lausa 🍸🍸🍸

83022 Rosenheim

In Rosenheims Wohnzimmer wird ganz nach dem abgewandelten Motto »Lebe. Liebe. Lausa.« angestoßen: In ehrlichem Ambiente kommen Mules, Spritz-Kreationen und experimentelle Cocktails ins Glas – oder in den geeisten Bierkrug. Die, die es schärfer mögen, wagen sich an den »Sipping Samurai« mit Zitrone und Kaffir.

Kaiserstraße 5
+49 1577 1347667

Kategorie: Loungebar

Drinks:	**45** I 50
Ambiente:	**18** I 20
Service:	**19** I 20
Sortiment:	**8** I 10
Gesamt:	90 I 100

Milians 🍷🍷

94315 Straubing

»Jedem Gast seine Portion Aufmerksamkeit« ist das Credo des sympathischen Teams rund um Inhaberin Patricia Brücker und Sommelier Steffen Schubert. Das vielfältige Wein- und Delikatessen-Angebot – von Weinpaketen bis Jahrgangssardinen – ist auch online bestellbar.

Schwerpunkt: international

Fraunhoferstraße 22
+49 9421 9298317
milians.de
Kategorie: Weinbar in Vinothek

Weinangebot:	**46** I 50
Service	**18** I 20
Essen	**16** I 20
Ambiente:	**8** I 10
Gesamt:	88 I 100

Fahr Away 🍷🍷

97332 Volkach

Die charmante Weinbar ist im gleichnamigen Hotel inmitten der Fußgängerzone eingebettet. In kleinen Vitrinen präsentiert Familie Braun fränkische Sorten aus dem eigenen Familienweingut und Lieblinge aus der ganzen Welt. Dazu passen Delikatessen aus der Tapas-Theke.

Schwerpunkt: Franken

Hauptstraße 34
+49 9381 7174277
weinbar-fahraway.de
Kategorie: Klassische Weinbar

Weinangebot:	**45** I 50
Service	**18** I 20
Essen	**16** I 20
Ambiente:	**9** I 10
Gesamt:	88 I 100

glouglou 🍷🍷🍷

97070 Würzburg

Anne-Kathrin Lengemanns moderne und behagliche Weinbar lädt zum Genießen und geselligen Beisammensein ein. Die Weinauswahl ist mit Sorgfalt und Raffinesse kuratiert und harmoniert mit der gehobenen Bistroküche, die sich auf pure, hochwertige Zutaten konzentriert.

Schwerpunkt: international, Deutschland, Österreich

Karmelitenstraße 31
+49 931 45228568
glouglou.de
Kategorie: Weinbar in Vinothek

Weinangebot:	**47** I 50
Service	**19** I 20
Essen	**19** I 20
Ambiente:	**8** I 10
Gesamt:	93 I 100

Juliusspital Weingut

97070 Würzburg

Das zweitgrößte Weingut in Deutschland und größtes Silvaner-Weingut der Welt bietet das ganze Jahr über Kellerführungen und Schlenderweinproben an. Im dazugehörigenen Restaurant genießt man zum Glas mehrfach ausgezeichnete Fisch- und Wildspezialitäten.
Schwerpunkt: Franken, Deutschland

Klinikstraße 1
+49 931 3931400
juliusspital.de
Kategorie: Weinbar im Restaurant

Weinangebot:	**43** I 50
Service	**17** I 20
Essen	**18** I 20
Ambiente:	**9** I 10
Gesamt:	87 I 100

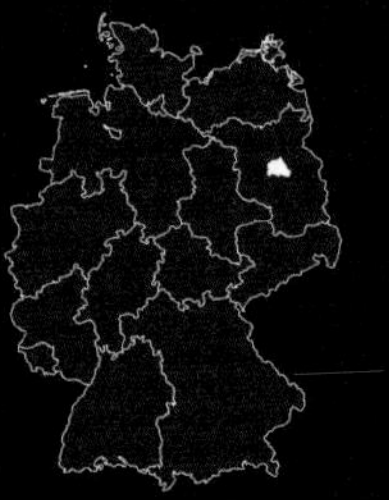

BERLIN

Adlon Lobby Bar

10117 Berlin

Das Wasser plätschert gemächlich vom imposanten Elefantenbrunnen, im Hintergrund stimmen Piano-Klänge auf den Abend ein. Es fühlt sich royal an im Adlon, und so sind auch die Drinks konzipiert. Wie etwa der »Adlon Spezial«, ein Mix aus Etter Framboise, Chambord, Brombeerpüree und Sekt, der den 30er-Jahren gewidmet ist.

Unter den Linden 77
+49 30 22611959
kempinski.com
Kategorie: Hotelbar

Drinks:	**46** I 50
Ambiente:	**20** I 20
Service:	**20** I 20
Sortiment:	**8** I 10
Gesamt:	94 I 100

Altrovino

10967 Berlin

Altrovino ist die führende Anlaufstelle für hervorragende Weine aus traditionellen italienischen Rebsorten in Berlin-Kreuzberg. Über 170 Weinsorten warten darauf, entdeckt zu werden. Neben bekannten Namen findet man auch faszinierende Neuentdeckungen aus kleinen Weingütern.
Schwerpunkt: Italien

Grimmstraße 17
+49 30 98323693
altrovino.de
Kategorie: Weinbar in Vinothek

Weinangebot:	**47** I 50
Service	**18** I 20
Essen	**16** I 20
Ambiente:	**8** I 10
Gesamt:	89 I 100

AMANO Bar 🍸🍸🍸

10119 Berlin

Über den Dächern Berlins mit einem einzigartigen Panoramablick wählt man in der Amano Rooftop-Bar aus einer kleinen, aber gut ausgewählten Cocktailkarte. Das Amano wurde mehrfach mit Bar-Awards ausgezeichnet. Kein Wunder, denn das Team mixt Cocktail-Klassiker ebenso erstklassig wie individuelle Drinks.

Auguststraße 43
+49 30 8094150
amanogroup.de
Kategorie: Hotelbar

Drinks:	**45** I 50
Ambiente:	**19** I 20
Service:	**18** I 20
Sortiment:	**8** I 10
Gesamt:	90 I 100

Apartment Bar 🍸🍸

10557 Berlin

Gedimmtes Licht, Möbel aus Messing und Samt, verspiegelte Wände: Die Apartment Bar besitzt Großstadt-Flair. Im Dachgeschoss des Amano Hotels direkt am Hauptbahnhof werden Cocktailklassiker wie Moscow Mule und Margarita gemixt. Im Hintergrund stimmen sanfte Beats vom DJ-Turntable auf das Wochenende ein.

Heidestraße 62
+49 152 32180907
amanogroup.de
Kategorie: Hotelbar

Drinks:	**44** I 50
Ambiente:	**18** I 20
Service:	**18** I 20
Sortiment:	**7** I 10
Gesamt:	87 I 100

Bademeister 🍸🍸

13088 Berlin

Ein wenig abseits vom Berliner Trubel findet man den Bademeister im ruhigen Stadtteil Weißensee. Die Bar zelebriert eine gehobene Trinkkultur, die den Kiez in Randlage belebt. Auf der Bar-Karte stehen Whisk(e)y-Sour- und Negroni-Twists wie der »Bademeister Sour«, ein Whisk(e)y-Sour mit Himbeeren, Rosmarin und Zitrone.

Bizetstraße 143
+49 30 92900040
bademeisterbar.de
Kategorie: American Bar

Drinks:	**44** I 50
Ambiente:	**18** I 20
Service:	**18** I 20
Sortiment:	**8** I 10
Gesamt:	88 I 100

Baden im Wein 🍷🍷

10435 Berlin

Kleine Weinbar mit familiärer Atmosphäre im Herzen von Berlin-Prenzlauer Berg. Hier können über 90 Weine von Winzern aus Deutschland sowie sortenreine Traubensäfte, exquisite Brände, Bier und kleine Schmankerl verkostet werden. Weine aus Übersee hingegen sucht man vergeblich.
Schwerpunkt: Deutschland

Schönhauser Allee 155
+49 172 1557465
badenimwein.de
Kategorie: Klassische Weinbar

Weinangebot:	**46** I 50
Service	**19** I 20
Essen	**15** I 20
Ambiente:	**8** I 10
Gesamt:	88 I 100

Bar am Steinplatz 🍸🍸🍸

10623 Berlin

Back to the roots geht's in der Bar am Steinplatz. Gin wurde kurzerhand durch Doppelwacholder ersetzt, die Cocktails sind optisch identisch und überzeugen ausschließlich durch ihre Aromenvielfalt. Barchef Christian Gentemann begeistert wieder durch seine Experimentierfreude. Highlight ist das großartige Barfood-Menü.

Steinplatz 4
+49 30 5544440
testing.barsteinplatz.com
Kategorie: Hotelbar

Drinks:	**47** I 50
Ambiente:	**18** I 20
Service:	**19** I 20
Sortiment:	**9** I 10
Gesamt:	93 I 100

Bar Tausend 🍸🍸

10117 Berlin

Versteckt hinter einer unscheinbaren Tür beim S-Bahnhof Friedrichstraße befindet sich ein Bar-Hotspot. Die Einrichtung erinnert an die Goldenen Zwanziger: Dunkle Wände, schwere Sessel, hell erleuchtete Lichttrichter und ein Dancefloor knüpfen an das alte Berlin an. Die Cocktailkarte liest sich kreativ und weltoffen.

Schiffbauerdamm 11
+49 30 27582070
tausendberlin.com
Kategorie: Club

Drinks:	**45** I 50
Ambiente:	**19** I 20
Service:	**17** I 20
Sortiment:	**8** I 10
Gesamt:	89 I 100

Bar Zentral 🍸🍸

10623 Berlin

Purismus in seiner schönsten Form: Mit Fokus auf das Wesentliche wurde die Bar Zentral in Charlottenburg vom Designstudio Hidden Fortress entworfen. Ein langer Holztresen, einige wenige Tische, schwarze Wände und schwarzer Marmor sowie markante Beleuchtungselemente laden auf klassische Shortdrinks ein.

Lotte-Lenya-Bogen 551
+49 30 37433079
barzentral.de
Kategorie: American Bar

Drinks:	**45** I 50
Ambiente:	**18** I 20
Service:	**18** I 20
Sortiment:	**8** I 10
Gesamt:	89 I 100

Beavis.Bar 🍸🍸

10119 Berlin

Die Spirituosen-Auswahl in der Beavies Bar kann sich sehen lassen: Rare Destillate findet man ebenso wie außergewöhnliche Liköre. Die Macher sind international unterwegs, um neue Spezialitäten kredenzen zu können. Cocktails mixen gehört auch zu ihren Talenten: Jeder Gast darf sich auf eine eigene Kreation freuen.

Veteranenstraße 11
+49 30 89545111
beavis.bar
Kategorie: Loungebar

Drinks:	**46** I 50
Ambiente:	**17** I 20
Service:	**17** I 20
Sortiment:	**8** I 10
Gesamt:	88 I 100

Becketts Kopf YYY

10437 Berlin

Die Sinne stimulieren mit den feinsten Drinks: Becketts Kopf ist bekannt für hochkreative Cocktailkreationen aus dem 18. und 19. Jahrhundert. Zwischen den Seiten eines Buchs vom Dramatiker Samuel Beckett findet man unter anderem englische Drinks aus den 20er-Jahren, die in historischen Gläsern gereicht werden.

Pappelallee 64
+49 30 44035880
becketts-kopf.de
Kategorie: American Bar

Drinks:	**48** | 50
Ambiente:	**18** | 20
Service:	**18** | 20
Sortiment:	**8** | 10
Gesamt:	92 | 100

Bijou Bar YY

10178 Berlin

Über den Dächern in Berlin-Mitte mit Blick auf Fernsehturm und Hackescher Markt serviert das Mixologen-Team der Bijou Bar im kleinen, aber feinen Monbijou Hotel Longdrinks und auswählte Cocktails, die in der Flagship-Bar Mimi's in London kreiert werden. Darüber hinaus wird hochwertiges Barfood gereicht.

Monbijouplatz 1
+49 30 61620300
monbijouhotel.com
Kategorie: Hotelbar

Drinks:	**43** | 50
Ambiente:	**18** | 20
Service:	**17** | 20
Sortiment:	**8** | 10
Gesamt:	86 | 100

Bonvivant Cocktail Bistro YYY

10781 Berlin

Im Bonvivant werden vegetarische Fine-Dining-Träume wahr: Zur anspruchsvollen Veggie-Küche werden Cocktailkreationen gereicht, die auf die einzelnen Gänge präzise abgestimmt sind. In den bunten Räumlichkeiten des Cocktail Bistros schlürft man Drinks, die aus Fruchtsäften, Kräutern und Gewürzen gemixt werden.

Goltzstraße 32
+49 176 61722602
bonvivant.berlin
Kategorie: Restaurantbar

Drinks:	**46** | 50
Ambiente:	**18** | 20
Service:	**18** | 20
Sortiment:	**8** | 10
Gesamt:	90 | 100

Booze Bar YYY

10245 Berlin

Die Booze Bar im Boxhagener Kiez hat schon einige Preise eingeheimst. Kaum verwunderlich, denn die Auswahl an Drink-Klassikern und neuen Kreationen kann sich sehen lassen. Unentschlossene können sich aber auch auf die gute Beratung der Mixologen verlassen, die mit Leidenschaft und Freude hinter dem Tresen mixen.

Boxhagener Straße 105
+49 30 95591145
boozebarberlin.business.site
Kategorie: Loungebar

Drinks:	**47** | 50
Ambiente:	**18** | 20
Service:	**18** | 20
Sortiment:	**8** | 10
Gesamt:	91 | 100

Briefmarken

10243 Berlin

Handverlesene und exzellente Pasta, dazu eine herausragende Auswahl an Weinen, die die Schönheit Norditaliens in ihrer ganzen Pracht widerspiegeln. Wirklich besonders: Das charmante Ambiente im ehemaligen Briefmarkenladen und italienische Schwarz-Weiß-Filme ohne Ton.
Schwerpunkt: Italien

Karl-Marx-Allee 99
+49 30 42025292
briefmarkenweine.de
Kategorie: Klassische Weinbar

Weinangebot:	**43** | 50
Service	**19** | 20
Essen	**17** | 20
Ambiente:	**8** | 10
Gesamt:	87 | 100

Bryk Bar

10405 Berlin

Tradition mit Innovation verbinden, das wird bei Bryk in Prenzlauer Berg gelebt. Bitter, Liköre und andere Premium-Spirits werden extra für die Bar hergestellt oder veredelt. In nachbarschaftlicher Atmosphäre lässt es sich hier den ganzen Abend verweilen, im Sommer auf der Sonnenterrasse, im Winter am Kamin.

Sredzkistraße 65
+49 30 22468055
bryk-bar.com
Kategorie: American Bar

Drinks:	**46** | 50
Ambiente:	**18** | 20
Service:	**18** | 20
Sortiment:	**9** | 10
Gesamt:	91 | 100

Buck and Breck

10119 Berlin

Eine unscheinbare Tür mitten in Mitte. Dahinter befindet sich das preisgekrönte Buck und Breck. Mit nur 14 Plätzen ist die Bar intim, die Musik dezent und der Fokus auf exzellenten Drinks, die vom Gastgeber Gonçalo de Sousa Monteiro mit Passion gemixt werden. Die Karte ist überschaubar, dafür aber umso ausgewählter.

Brunnenstraße 177
+49 30 40555994
buckandbreck.com
Kategorie: American Bar

Drinks:	**50** | 50
Ambiente:	**18** | 20
Service:	**18** | 20
Sortiment:	**9** | 10
Gesamt:	95 | 100

Bürkner Eck

12047 Berlin

Saloon-Vibes im szenigen Kreuzkölln: In entspannter Atmosphäre werden souveräne Drinks wie »Artist's Special«, eine Whisky-Sour Variante mit Scotch, Sherry, Johannisbeere und Zitrone, oder »Guggenheim«, ein feiner, würziger Drink aus Wermut gezaubert. Das Eck ist eine anspruchsvolle Nachbarschaftsbar.

Hobrechtstraße 39 buerkner-eck.de **Kategorie:** American Bar	Drinks: **46** I 50 Ambiente: **17** I 20 Service: **18** I 20 Sortiment: **8** I 10 Gesamt: 89 I 100

Château Royal Bar

10117 Berlin

Ende 2022 erst hat das Château Royal eröffnet – eines der angesagtesten Boutiquehotels, das Berlin zu bieten hat. An der Bar gibt es ein À-la-carte-Menü mit köstlichen kleinen Snacks. Die Cocktailkarte enthält eine gute Auswahl kreativ gemixter Drinks, angelehnt an die saisonalen und regionalen Speisen.

Mittelstraße 41 +49 30 330060760 chateauroyalberlin.com **Kategorie:** Hotelbar	Drinks: **44** I 50 Ambiente: **19** I 20 Service: **16** I 20 Sortiment: **7** I 10 Gesamt: 86 I 100

Die Apotheken Bar

10997 Berlin

Statt Medizin bekommt man in der ehemaligen Mariannen-Apotheke heute Drinks. Inspiriert von der pharmazeutischen Vergangenheit, werden hier Cocktails aus hausgemachten Zutaten kreativ gemixt und kredenzt. Die Mischung aus Apotheken-Flair mit loungigen Chesterfield-Sofas machen den Besuch zum Erlebnis.

Mariannenplatz 6 +49 30 69518108 apothekenbar.de **Kategorie:** American Bar	Drinks: **45** I 50 Ambiente: **18** I 20 Service: **18** I 20 Sortiment: **8** I 10 Gesamt: 89 I 100

Ezsra

12043 Berlin

»Wild Wines. Wild Food. Wild Times.« Victor Hausladen hat mit seinem Bistro Ezsra in Berlin-Neukölln einen Ort geschaffen, der sowohl Foodies als auch Freunde von Naturwein und regionalen Bieren glücklich macht. Alle Produkte sind mit viel Liebe ausgesucht. So geht Bistronomie.

Schwerpunkt: Piemont, Italien

Schönstedtstraße 14 +49 30 28633979 ezsra-berlin.com **Kategorie:** Weinbistro	Weinangebot: **45** I 50 Service **18** I 20 Essen **17** I 20 Ambiente: **7** I 10 Gesamt: 87 I 100

FABELEI Cocktailbar

10781 Berlin

Märchenabend mit guten Drinks: Das Fabelei sorgt für magische Momente mit regelmäßigen Vorlese-Events und dazu passenden Drinks. Erstklassige Cocktails bekommt man hier sieben Tage die Woche. Dienstags liegt der Fokus auf Cocktailklassikern, donnerstags ist Tatar-Abend und jeden zweiten Sonntag im Monat Brunch.

Kyffhäuserstraße 21
+49 30 20859200
fabelei.com
Kategorie: American Bar

Drinks:	**41** I 50
Ambiente:	**18** I 20
Service:	**19** I 20
Sortiment:	**8** I 10
Gesamt:	86 I 100

Fairytale Bar

10407 Berlin

Der Name ist Programm, in der Fairytale Bar spielen Fabeln die Hauptrolle. Die Barkarte duftet und wispert Märchentexte, die Cocktails nehmen Bezug auf Erzählungen wie »Mogli« oder »Alice im Wunderland«. Die dunklen Räumlichkeiten mit Kuriositäten an der Wand sorgen für eine heimelige und zugleich unheimliche Stimmung.

Am Friedrichhain 24
+49 170 2195155
fairytale.bar
Kategorie: American Bar

Drinks:	**47** I 50
Ambiente:	**19** I 20
Service:	**18** I 20
Sortiment:	**8** I 10
Gesamt:	92 I 100

Fifty Cocktail Heroes

10405 Berlin

50 ist die magische Zahl bei den Fifty Cocktail Heroes. Die Kreationen sind stimmig und auf das Wesentliche reduziert. Am Tresen bekommt man die gekonnten Handgriffe der Barkeeper in den schwarz und schlicht gehaltenen Räumlichkeiten mit. Neben klassischen Cocktails stehen auch kreative Mixturen auf der Karte.

Sredzkistraße 62
+49 30 32662595
fifty-cocktail-heroes.business.site
Kategorie: Loungebar

Drinks:	**45** I 50
Ambiente:	**18** I 20
Service:	**18** I 20
Sortiment:	**8** I 10
Gesamt:	89 I 100

Franzotti

10965 Berlin

Als eine der ersten italienischen Enotecas in Berlin eröffnete Ende der 80er-Jahre die Bar Franzotti. Moderne und klassische Cocktailkreationen stehen auf der Karte, daneben eine herausragende Spirituosenauswahl und verschiedene Destillate. In der separaten Zigarren-Lounge werden feinste Rauchwaren gereicht.

Kreuzbergstraße 71
+49 172 3935704
barfranzotti.de
Kategorie: American Bar

Drinks:	**46** I 50
Ambiente:	**19** I 20
Service:	**18** I 20
Sortiment:	**9** I 10
Gesamt:	92 I 100

Fredericks

13351 Berlin

In einer begrünten Seitenstraße findet man diese Weddinger Mischung aus Kiezcafé und hipper Studi-Bar mit Anspruch. Die Möbel sind schlicht, aber bequem, der Service duzt freundlich, die Getränkeauswahl zeigt sich gut kuratiert, vom süffigen Augustiner über gute Weine und einem kleinen, liebevoll gemixten Cocktailangebot.

Cornelius-Fredericks-Straße 10
+49 157 88162886
fredericks-cafe-bar.business.site
Kategorie: American Bar

Drinks:	45 | 50
Ambiente:	17 | 20
Service:	18 | 20
Sortiment:	8 | 10
Gesamt:	88 | 100

Frederick's

10785 Berlin

Exklusiver Spot am sonst eher faden Potsdamer Platz. Im edlen Saal des einstigen Hotel Esplanade setzen die Betreiber auf gelassenes Fine Dining, die Bar vereint luxuriöse Tradition mit modernem Design. Das zeigt sich auch bei den innovativen Cocktailkreationen des vielfach ausgezeichneten Mixologen Arnd Henning Heissen.

Bellevuestraße 1
+49 30 31196736
fredericksberlin.com
Kategorie: American Bar

Drinks:	47 | 50
Ambiente:	18 | 20
Service:	18 | 20
Sortiment:	10 | 10
Gesamt:	93 | 100

Freundschaft

10117 Berlin

Die Sommeliers Willi Schlögl und Johannes Schellhorn schmeißen die Bar Freundschaft in Berlin-Mitte. Auf der Weinkarte stehen mehr als 600 spannende Positionen. Reservieren kann man nicht, dafür gibt es eine kleine Speisekarte, dank der man »nicht zu schnell betrunken wird«.
Schwerpunkt: Deutschland

Mittelstraße 1
+49 30 80492444
istdeinbesterfreund.com
Kategorie: Klassische Weinbar

Weinangebot:	49 | 50
Service	19 | 20
Essen	18 | 20
Ambiente:	8 | 10
Gesamt:	94 | 100

Galander Charlottenburg

10627 Berlin

Wo einst der verruchte Nachtclub Mon Cheri residierte, ist heute eine moderne American Bar mit dunklem Holz und vielen liebevollen Details. Aus vorwiegend selbst hergestellten, gebrauten und vermutlich auch gehexten Liquids und Essenzen mischen die gutgelaunten Barmenschen großartige Drinks wie den »Gin Basil Smash«.

Stuttgarter Platz 15
+49 30 36465363
galander.berlin
Kategorie: American Bar

Drinks:	47 | 50
Ambiente:	18 | 20
Service:	19 | 20
Sortiment:	9 | 10
Gesamt:	93 | 100

Galander Haifischbar 🍸🍸🍸 — 10965 Berlin

Der Kreuzberger »Barpate« Dominik Galander hat sich vor mehr als fünf Jahren auch der legendären Haifischbar angenommen. Der einstigen Szenebar gelingt der sonst schwierige Spagat zwischen gehobenem Anspruch – mit gut gemixten Highballs, feinen Weinen und Craftbieren – und der gebotenen Lässigkeit eines Kieztreffs.

Arndtstraße 25
+49 30 6911352
galander.berlin
Kategorie: Loungebar

Drinks:	**46** | 50
Ambiente:	**18** | 20
Service:	**18** | 20
Sortiment:	**8** | 10
Gesamt:	90 | 100

Galander Kreuzberg 🍸🍸🍸 — 10965 Berlin

Drei in einem: ein fantastisch bestückter Liquor Store, eine lehrreiche Bar Academy und eine schöne American Bar, die eine prima Kulisse für einen Gangsterfilm mit Edward G. Robinson abgäbe. Aus besten lokalen, oft selbst gemachten Essenzen und internationalen Spirituosen zaubert das begabte Barteam tolle Cocktails.

Großbeerenstraße 54
+49 30 28509030
galander.berlin
Kategorie: American Bar

Drinks:	**46** | 50
Ambiente:	**18** | 20
Service:	**18** | 20
Sortiment:	**9** | 10
Gesamt:	91 | 100

George R 🍸🍸🍸 — 10551 Berlin

Schlichtes, aber gemütliches Ambiente, eine umfangreiche Getränkekarte und der Geist des Verbrechens, der in der Luft schwebt: Benannt nach dem Berliner George R(emus), der in der Prohibitionszeit in den USA ein erfolgreicher Alkohol-Schmuggler war, ist die Kiezkneipe eine echte Bereicherung für Moabit.

Wilhelmshavener Straße 57
+49 30 52666933
george-r.de
Kategorie: American Bar

Drinks:	**45** | 50
Ambiente:	**18** | 20
Service:	**18** | 20
Sortiment:	**9** | 10
Gesamt:	90 | 100

Gin Chilla Bar 🍸🍸

10243 Berlin

Wie vielfältig Gin sein kann, beweist die Gin Chilla Bar in Friedrichshain. Das Getränk, das einst als Pharmazeutikum eingesetzt wurde, spielt die Hauptrolle bei den Cocktailkreationen. Über 500 verschiedene Sorten stehen hier im Regal, die man auch bei regelmäßig stattfindenden Gin-Tastings probieren kann.

Warschauer Straße 33
+49 30 76748476
gin-chilla-bar.de
Kategorie: Loungebar

Drinks:	**45** I 50
Ambiente:	**18** I 20
Service:	**18** I 20
Sortiment:	**8** I 10
Gesamt:	89 I 100

Gin Chilla Selected 🍸🍸

10245 Berlin

Wer tiefer in die Welt des Gins eintauchen möchte, der bucht bei Gin Chilla Selected ein Deluxe-Tasting und darf die über 200 verschiedenen Gin-Sorten wie »Ginself« aus Mandarine, Orangenblüten und Bitterorangen kosten. Die Gin-Profis vor Ort unterstützen und beraten für ein perfektes Trink-Erlebnis.

Simplonstraße 23
+49 30 76748476
gin-chilla-selected.de
Kategorie: American Bar

Drinks:	**45** I 50
Ambiente:	**16** I 20
Service:	**18** I 20
Sortiment:	**9** I 10
Gesamt:	88 I 100

Goldfisch Bar 🍸🍸🍸

10245 Berlin

Kai und Roman, die Barmänner aus der Booze Bar, übernahmen die Goldfisch Bar und bereichern den Friedrichshain mit innovativen Cocktails für experimentierfreudige Gäste. Im abgedunkelten Ambiente genießt man Drinks wie den »Fish House Milk Punch«, ein Mix aus Cognac, Pfirsich, Zitrone, Zucker, Soja und gereiftem Rum.

Grünberger Straße 67

Kategorie: American Bar

Drinks:	**46** I 50
Ambiente:	**17** I 20
Service:	**19** I 20
Sortiment:	**8** I 10
Gesamt:	90 I 100

Golvet Restaurant 🍸🍸🍸

10785 Berlin

Die Bar, die zum Golvet Restaurant gehört, begeistert auch all jene, die nicht nur wegen des Essens hier sind. Barchef José Kolbe versteht es, auf die individuellen Wünsche seiner Gäste einzugehen und kombiniert Aromen so, dass daraus innovative Geschmackskompositionen entstehen. Kein Wunder, dass die Bar zu Berlins besten gehört.

Potsdamer Straße 58
+49 30 89064222
golvet.de
Kategorie: Restaurantbar

Drinks:	**46** I 50
Ambiente:	**19** I 20
Service:	**18** I 20
Sortiment:	**8** I 10
Gesamt:	91 I 100

Green Door 🍸🍸🍸

10781 Berlin

Als Urgestein der Berliner Barszene feiert die Green Door Bar fast 40-jähriges Jubiläum. Die wellenförmige Wand, das psychedelische Dekor und andere Kuriositäten ergänzen die kreative Barkarte. Saisonal wechselnde Drink-Eigenkreationen sind das Spezialgebiet von Barchefin Maria Gorbatschova und ihrem Team.

Winterfeldtstraße 50	Drinks: **48** I 50
+49 30 2152515	Ambiente: **18** I 20
greendoor.de	Service: **19** I 20
Kategorie: American Bar	Sortiment: **9** I 10
	Gesamt: **94** I 100

Habel 🍷🍷

10117 Berlin

Seit dem Jahr 1779 steht Das Habel am Reichstag für eine zeitlose Idee: gutbürgerlich-regionale Küche in unkompliziert-gastlicher Atmosphäre. Hinzu kommt eine sehr umfangreiche und gut sortierte Weinkarte mit über 100 Positionen. Der Geheimtipp: Weine aus der Türkei.

Schwerpunkt: Deutschland, international

Luisenstraße 19	Weinangebot: **45** I 50
+49 30 28098484	Service **18** I 20
wein-habel.de	Essen **18** I 20
Kategorie: Weinbar im Restaurant	Ambiente: **8** I 10
	Gesamt: **89** I 100

Hawker Bar & Kitchen 🍸🍸🍸

10625 Berlin

Kunst und Genuss vereinigen sich in dieser schönen Galeriebar. Kreativität sieht man an den Wänden ebenso wie auf dem Teller und im Glas. Moderne amerikanische Crossover-Küche wird ergänzt durch auch optisch überzeugende Cocktailkunst. Tipp: »Murphy's Law« auf Bourbonbasis mit brauner Butter und Eiweiß.

Schlüterstraße 75	Drinks: **47** I 50
+49 30 85608000	Ambiente: **17** I 20
hawkerbarandkitchen.com	Service: **18** I 20
Kategorie: Restaurantbar	Sortiment: **8** I 10
	Gesamt: **90** I 100

Hefner Bar 🍸🍸

10623 Berlin

Ob im Sommer draußen vor der Bar – mit Blick aufs bunte Treiben – oder im Winter hinter hohen Scheiben: Die entspannte Bar am belebten Savignyplatz bietet die beste Kulisse, um einen der feinen Cocktails zu genießen, die das coole Barteam kreiert – vom erfrischenden »Pink Flamingo« bis zum gehaltvollen »Black Sabbath«.

Kantstraße 146	Drinks: **43** I 50
+49 30 31017520	Ambiente: **19** I 20
hefnerbar.de	Service: **17** I 20
Kategorie: Loungebar	Sortiment: **9** I 10
	Gesamt: **88** I 100

Herr Lindemann 🍸🍸🍸

12055 Berlin

Drinnen eine coole Bar, draußen ein gemütlicher Bargarten mit Blick auf den dörflichen Anger des Richardplatzes. Urbane Neuköllner Hippness gemischt mit dörflichem Rixdorfer Charme, das ergibt feine Cocktails auf selbst gebrauter Kräuterbasis, die Herr Lindemann und seine Apothekencrew gekonnt mischen und servieren.

Richardplatz 16

herr-lindemann.de
Kategorie: American Bar

Drinks:	**47** | 50
Ambiente:	**18** | 20
Service:	**18** | 20
Sortiment:	**8** | 10
Gesamt:	**91** | 100

Hildegard 🍸🍸🍸

10789 Berlin

Eine Barperle mit dem schön-herben Charme der 1960er-Jahre. Chef Thomas Pflanz hat die besten Tresen der Stadt bespielt und mit der Hildegard Bar 2017 seine Hommage an die traditionelle Westberliner Barkultur eröffnet. Es wird geraucht, man spielt Vinyl und trinkt »Watermelon Man«, Pflanz' berühmte Eigenkreation.

Marburger Straße 3
+49 30 21963283
hildegardbar-berlin.de
Kategorie: Loungebar

Drinks:	**47** | 50
Ambiente:	**18** | 20
Service:	**18** | 20
Sortiment:	**8** | 10
Gesamt:	**91** | 100

Il Calice 🍷🍷🍷

10629 Berlin

Es gibt exquisite klassisch italienische Gerichte von Alessio Landi und seinem Küchenteam sowie eine große Vielfalt italienischer Weine von Sommelier Louis Bragato. Das Highlight: Weltklasse-Antipasti, frische Austern, herzhafte Suppen und Pasta in einem sehr schönen Ambiente.
Schwerpunkt: Italien

Walter-Benjamin-Platz 4
+49 30 3242308
enoiteca-il-calice.de
Kategorie: Weinbar im Restaurant

Weinangebot:	**45** | 50
Service	**18** | 20
Essen	**19** | 20
Ambiente:	**9** | 10
Gesamt:	**91** | 100

Immertreu 🍸🍸🍸

10405 Berlin

No Happy Hour! Kein WiFi! Cash only! – Dies ist eine richtige American Bar, und hierher kommt man, wenn man ernsthaft und mit Genuss trinken will. Barchef Ricardo Albrecht versorgt am langen Tresen rund 20 Auserwählte, die seine Cocktails und die großartige Whisk(e)yauswahl zu schätzen wissen.

Christburger Straße 6
+49 157 85921221
bar-immertreu.de
Kategorie: American Bar

Drinks:	**46** | 50
Ambiente:	**18** | 20
Service:	**18** | 20
Sortiment:	**8** | 10
Gesamt:	**90** | 100

JAJA

12043 Berlin

200 Naturweine von naturnah arbeitenden Winzern vor allem aus Frankreich, aber auch von kleinen Weingütern in ganz Europa. Das Ambiente ist modern und ziemlich hip. Der Fokus auf Regionalität und Saisonalität überzeugt. Die unkonventionelle Weinbar macht definitiv Spaß.
Schwerpunkt: Raw/Natural Wine

Weichselstraße 7
+49 30 52666911
jajaberlin.com
Kategorie: Weinbistro

Weinangebot:	**45** | 50
Service	**17** | 20
Essen	**17** | 20
Ambiente:	**8** | 10
Gesamt:	87 | 100

KaDeWe

10789 Berlin

Die KaDeWe-Weinbar ist eine eigene kleine Welt für sich. Zum Angebot gehören Weine aus etwa zehn Nationen und verschiedenen Preislagen: ältere Jahrgänge sowie Novitäten für Kenner, Entdeckungsfreudige und Neueinsteiger. Aber auch ausgewählte kleinere Winzer. Es lohnt sich.
Schwerpunkt: Deutschland, Frankreich

Tauentzienstraße 21–24
+49 30 21210
kadewe.de
Kategorie: Klassische Weinbar

Weinangebot:	**49** | 50
Service	**19** | 20
Essen	**17** | 20
Ambiente:	**10** | 10
Gesamt:	95 | 100

KANTE

10997 Berlin

Großstädtisch-elegant und zugleich kreuzbergerisch-ehrlich. Im Zero-Waste-Restaurant von Sylvan Drews und Jean-Michel Blattner wird unkompliziertes, bezahlbares Fine Dining serviert, in der zugehörigen Bar stehen ambitionierte Variationen von Barklassikern wie der »Cucumberita« oder ein »Maracuja Mai Thai« auf der Karte.

Skalitzerstraße 64
+49 171 8184591
kante.berlin
Kategorie: Restaurantbar

Drinks:	**45** | 50
Ambiente:	**18** | 20
Service:	**17** | 20
Sortiment:	**8** | 10
Gesamt:	88 | 100

Kauz und Kiebitz

12047 Berlin

Vorne zwitschert der Kiebitz, hinten grunzt vergnügt das Trüffelschwein: Ein klug konzeptionierter Hybrid aus nachhaltiger Kiezkneipe mit guter Küche zu Wein und Bier sowie einem veritablen Speakeasy, dem Truffle Pig im Hinterzimmer, mit Barklassikern wie Negroni oder trinkbaren Hommagen an Stars wie Sophia Loren.

Reuterstraße 47
+49 174 1916697
kauzundkiebitz.de
Kategorie: American Bar

Drinks:	**44** | 50
Ambiente:	**18** | 20
Service:	**18** | 20
Sortiment:	**7** | 10
Gesamt:	87 | 100

Kink 🍸🍸🍸

10119 Berlin

Angesagtes Restaurant mit junger, feiner Küche und zugehöriger Bar. Viel Handarbeit aus Fermentation und Destillation fließt in die hausgemachten Liquids, aus denen spezielle, sehr kreative Drinks wie »Curious Juno« (auf Gin-Basis) gezaubert werden. Der Hippness-Faktor bestimmt allerdings auch die Preise. Tolle Terrasse.

Schönhauser Allee 176	Drinks: **47** I 50
+49 30 41207344	Ambiente: **18** I 20
kink-berlin.de	Service: **18** I 20
Kategorie: Restaurantbar	Sortiment: **8** I 10
	Gesamt: **91** I 100

Konträr 🍷🍷🍷

10405 Berlin

Aus New York zurückgekehrt, holte sich der junge Berliner Koch Taran Schiffer die Welt in seinen Kiez, zum einen mit dem Freund und Kollegen Pablo Gomez aus L.A., zum anderen mit einer exquisiten, modernen Weltküche, zu der ausgesuchte Naturweine ausgeschenkt werden.
Schwerpunkt: Deutschland

Winsstraße 53	Weinangebot: **47** I 50
+49 30 98397466	Service **18** I 20
kontrar.de	Essen **17** I 20
Kategorie: Weinbistro	Ambiente: **8** I 10
	Gesamt: **90** I 100

Krass Böser Wolf 🍸🍸🍸

10245 Berlin

Bademeister, Lamm Bar, Butter & Korn und Krass Böser Wolf: Alle vier Bars werden von dem umtriebigen Duo Dustin Franke und Johann Lautenschlager betrieben, die es verstehen, die Barkultur in den unterschiedlichen Kiezen aufleben zu lassen. Bei Krass Böser Wolf stehen Cocktailklassiker und Eigenkreationen auf der Karte.

Markgrafendamm 36	Drinks: **49** I 50
+49 157 39662585	Ambiente: **18** I 20
krassboeserwolf.de	Service: **19** I 20
Kategorie: American Bar	Sortiment: **8** I 10
	Gesamt: **94** I 100

Küche Bar 🍸🍸🍸

10963 Berlin

»You will always find me in the kitchen at partys«: Jona Lewis' 80er-Jahre-Hit besingt, warum diese Bar etwas Besonderes ist. In der Gründerzeitkuche von Nina Zilvai, Barfrau des Jahres 2022, werden fantastische, fantasievolle Drinks gemischt, dazu gibt es passendes Barfood. Im Sommer ist es draußen mit Blick auf den Kanal besonders schön.

Tempelhofer Ufer 16	Drinks: **46** I 50
+49 30 23542926	Ambiente: **19** I 20
kueche-bln.com	Service: **18** I 20
Kategorie: Loungebar	Sortiment: **8** I 10
	Gesamt: **91** I 100

Kurpfalz Weinstuben

10629 Berlin

Der Anlaufpunkt für Fans deutscher Weine, allein die Schoppenkarte listet rund 50 Positionen – vom Rieslingklassiker bis zu VdP-Hochgewächsen. Dazu wird eine moderne Winzerküche serviert, die sich vor den Küchen in der jeweiligen Weinheimat nicht verstecken muss.
Schwerpunkt: Deutschland

Wilmersdorfer Straße 93
+49 30 8836664
kurpfalz-weinstuben.de
Kategorie: Weinbar im Restaurant

Weinangebot:	**46** | 50
Service	**17** | 20
Essen	**17** | 20
Ambiente:	**8** | 10
Gesamt:	88 | 100

Lamm Bar

10439 Berlin

Menschen treffen, ins Gespräch kommen und den Abend mit guten Drinks genießen, das ist die Mission von den Machern der Lamm Bar. Redebedarf gibt es vor allem über die experimentelle Barkarte. Den »Banana Split« aus Banana Milk-Washed Rum, Limettensaft, Zuckersirup und Chocolate Bitter sollte man unbedingt probieren.

Wisbyer Straße 1
+49 163 2212703
lammbar.de
Kategorie: American Bar

Drinks:	**47** | 50
Ambiente:	**19** | 20
Service:	**19** | 20
Sortiment:	**9** | 10
Gesamt:	94 | 100

Le Jardin

10178 Berlin

Barchef Yannik Walter hat bereits eine illustre Karriere hinter sich, die ihn von London in die Golvet Bar führte. Jetzt hat er eine glamouröse Bar mit exquisiten Drinks wie einer »Spicy Ayran Margarita« geschaffen. Keinesfalls entgehen lassen sollte man sich die experimentellen botanischen Drinks, für die er die Zutaten durch die Zentrifuge jagt.

Kleine Präsidentenstraße 4
lejardin-bar.de
Kategorie: American Bar

Drinks:	**47** | 50
Ambiente:	**19** | 20
Service:	**19** | 20
Sortiment:	**8** | 10
Gesamt:	93 | 100

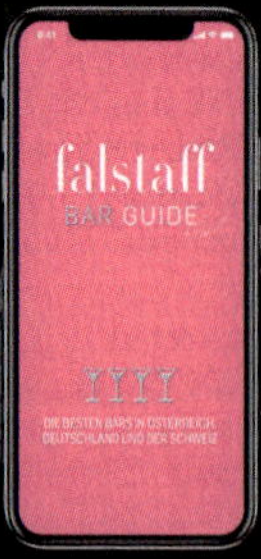

Liberate 🍸🍸

10178 Berlin

Fast 20 Meter Theke, goldene Sofas, grüner Samt: Beim Interieur der Bar hat man an nichts gespart, sie strahlt die reine Dekadenz der 20er-Jahre aus. Auch die Cocktailkarte bietet eine opulente Vielfalt an Klassikern und Twists. Wer einmal abtauchen will in die goldenen Zwanziger, sollte hier einen Besuch planen.

Kleine Präsidentenstraße 4
+49 30 88677778
theliberate.com
Kategorie: American Bar

Drinks:	**44** I 50
Ambiente:	**18** I 20
Service:	**18** I 20
Sortiment:	**8** I 10
Gesamt:	88 I 100

Liesl Weinwirtschaft 🍷🍷

12051 Berlin

Gemütliches Wirtshaus mit gutem Bier und nachhaltigen Naturweinen, die mit viel Charme vorgestellt werden. Dazu gibt es feine Vesper aus regionalen Produkten und in internationale Rezepte verwandelt – von Obazda über Biolandjäger bis zu Hummus, dazu bestes Sauerteigbrot.
Schwerpunkt: Raw/Natural Wine, Deutschland

Nogatstraße 30

Kategorie: Weinbar im Restaurant

Weinangebot:	**45** I 50
Service	**17** I 20
Essen	**16** I 20
Ambiente:	**7** I 10
Gesamt:	85 I 100

Limonadier 🍸🍸🍸

10961 Berlin

In der Limonadier Bar kommen alle auf ihre Kosten, denn neben klassischen Drinks gibt es nicht nur eine große Auswahl an spannenden Twists und eigenen Kreationen, sondern auch Limonade. Hier ist man dem Namen treu geblieben! Die Happy Hour zwischen 19 und 20 Uhr ist außerdem perfekt für einen Pre-Dinner Drink.

Nostitzstraße 12
+49 170 6012020
limonadier.de
Kategorie: Loungebar

Drinks:	**47** I 50
Ambiente:	**18** I 20
Service:	**19** I 20
Sortiment:	**8** I 10
Gesamt:	92 I 100

Lochner Weinwirtschaft 🍷🍷

10781 Berlin

Das Ehepaar Lochner hatte schon jahrelang Gastgebererfahrung, bevor es 2014 die Weinwirtschaft eröffnete. Das Lokal dreht sich rund um die Weinleidenschaft der beiden. Eine Besonderheit ist die spezielle Auswahl an gereiften deutschen Weinen, die auf der Karte stehen.
Schwerpunkt: Deutschland

Eisenacher Straße 86
+49 30 23005220
lochner-weinwirtschaft.de
Kategorie: Weinbar im Restaurant

Weinangebot:	**45** I 50
Service	**18** I 20
Essen	**18** I 20
Ambiente:	**8** I 10
Gesamt:	89 I 100

Lutter & Wegner 🍷🍷🍷

10117 Berlin

Traditionslokal am Gendarmenmarkt, das ein beliebter Treffpunkt nach dem Konzert ist. Serviert wird bodenständige Alpenküche auf hohem Niveau. In der benachbarten Weinhandlung genießt man Bestes aus deutschen und österreichischen Weinkellern und feine Essensbegleiter.
Schwerpunkt: Deutschland, Italien, Österreich

Charlottenstraße 56	Weinangebot: **45** I 50
+49 30 20295492	Service **18** I 20
l-w-weine.de	Essen **19** I 20
Kategorie: Weinbar in Vinothek	Ambiente: **9** I 10
	Gesamt: 91 I 100

Lützow Bar 🍸🍸

10785 Berlin

In der Bar lebt noch der Geist des alten Westberlins, obwohl sie in den letzten 30 Jahren den Besitzer gewechselt hat. Der aktuelle Gastgeber, Thomas Altenberger, ist, genau wie die Lützow Bar, eine Legende internationalen Ranges. Besonders seine ausgefallenen Highball-Kreationen genießen einen ausgezeichneten Ruf!

Lützowplatz 7	Drinks: **44** I 50
+49 30 53670094	Ambiente: **18** I 20
luetzow-bar.de	Service: **17** I 20
Kategorie: American Bar	Sortiment: **8** I 10
	Gesamt: 87 I 100

Mauerwinzer 🍷🍷

10435 Berlin

Guter Wein, ein bisschen Käse oder Schinken, gute Gesellschaft. Für so einen perfekten Abend gibt es keinen besseren Ort als der Mauerwinzer in Mitte. Einfach aus der Weinkarte mit 180 Positionen auswählen und genießen. Oder eine Flasche für Zu Hause einpacken. Prost!
Schwerpunkt: Deutschland

Wolliner Straße 20	Weinangebot: **45** I 50
+49 30 48491501	Service **18** I 20
mauerwinzer.de	Essen **17** I 20
Kategorie: Weinbistro	Ambiente: **8** I 10
	Gesamt: 88 I 100

meisterschueler 🍸🍸

10117 Berlin

In der meisterschueler Bar gibt es die wohl schönsten Sundowner der Stadt. Den Sonnenuntergang direkt über der Spree verfolgen und dazu qualitativ hochwertige Cocktailklassiker oder Eigenkreationen genießen – ein Traum! Auch das stilvolle Interieur der Bar kann an Regentagen punkten. Immer einen Besuch wert!

Friedrichstraße 105b	Drinks: **45** I 50
+49 30 22002288	Ambiente: **18** I 20
meisterschueler.bar	Service: **17** I 20
Kategorie: Loungebar	Sortiment: **8** I 10
	Gesamt: 88 I 100

Monkey Bar

10787 Berlin

Die Bar hat eine der beliebtesten Terrassen Berlins. Nicht ohne Grund, denn sie bietet aus dem 10. Stock einen unvergleichlichen Blick über das Affengehege des Zoos und den Tiergarten dahinter. Zudem gibt es spannende Klassiker mit Twist wie einen »Oriental Cobbler« und regelmäßig Events mit Livemusik. Ein Place to be!

Budapester Straße 40
+49 30 120221210
25hours-hotels.com
Kategorie: Hotelbar

Drinks:	**46** | 50
Ambiente:	**19** | 20
Service:	**18** | 20
Sortiment:	**8** | 10
Gesamt:	91 | 100

Mr. Susan

10115 Berlin

Im Zentrum des Bar-Erlebnisses im Mr. Susan steht das reine Vergnügen. Das heißt aber nicht, dass Barchefin Susan Choi bei den Cocktails auf Komplexität verzichtet. Hier treffen Klassiker wie Cosmopolitan und Margarita auf Kimchi, Gohchujang oder Aloe Vera. Das Menü wechselt mit den Jahreszeiten. Ein Wohlfühlort!

Krausnickstraße 1

mrsusan.com
Kategorie: Loungebar

Drinks:	**46** | 50
Ambiente:	**18** | 20
Service:	**19** | 20
Sortiment:	**8** | 10
Gesamt:	91 | 100

Neiro

10179 Berlin

Jazz trifft auf Highball mit getoastetem Jasmin und Kokoswasser: In der Bar Neiro spielt die Musik die Hauptrolle. Die Drinks sind stilistisch einfach gehalten, durch die vielen Aromen kommt der japanische Einfluss zur Geltung. Ein Abend hier ist ein Erlebnis, bei dem Klang und Cocktail-Kultur zueinanderfinden.

Ohmstraße 11

barneiro.com
Kategorie: American Bar

Drinks:	**44** | 50
Ambiente:	**19** | 20
Service:	**19** | 20
Sortiment:	**7** | 10
Gesamt:	89 | 100

Nö!

10117 Berlin

In der Nö! Weingalerie ist für Leib und Seele gesorgt: Mitten im Regierungsviertel befindet sich diese gemütliche Weinbar mit liebenswertem Service. Neben 150 verschiedenen Flaschen Wein gibt es hier auch einfach gute Gerichte von der Tageskarte. Ein Ort zum Verweilen!
Schwerpunkt: international

Glinkastraße 23
+49 30 2010871
cafe-noe.de
Kategorie: Weinbar im Restaurant

Weinangebot:	**45** | 50
Service	**17** | 20
Essen	**16** | 20
Ambiente:	**8** | 10
Gesamt:	86 | 100

Noble Rot

10245 Berlin

Die Noble Rot Weinbar in Friedrichshain kümmert sich um Weinneugierige und -kenner gleichermaßen. Den einen stehen sie beim Entdecken zur Seite, für die anderen holen sie besondere Schätze aus dem Keller. Auch Natur- und klassische Weine kommen hier zusammen. Schön!
Schwerpunkt: Deutschland

Gärtnerstraße 6
+49 30 22600377
weinbar-berlin.com
Kategorie: Klassische Weinbar

Weinangebot:	**46** | 50
Service	**19** | 20
Essen	**16** | 20
Ambiente:	**8** | 10
Gesamt:	89 | 100

Orania.Bar

10999 Berlin

Die Orania.Bar ist eine Hotelbar im besten Sinne: Elegant gestaltet bietet sie Hotel-Klassiker wie Livemusik und Barfood, die Drinks sind aber alles andere als verstaubt. Neben den üblichen Spirituosen kommen hier auch mal Shiitake-Pilze, Feta oder ein Sirup aus Basilikum und Olivenöl zum Einsatz.

Oranienplatz 17
+49 30 69539680
orania.berlin
Kategorie: Hotelbar

Drinks:	**46** | 50
Ambiente:	**18** | 20
Service:	**19** | 20
Sortiment:	**8** | 10
Gesamt:	91 | 100

Ottorink

10999 Berlin

Das Ottorink bietet nur wenige Minuten vom Kottbusser Tor einen kleinen und feinen Ort zum Einkehren. Eine fantastische Auswahl an klassischen und ausgefallen Weinen sowie erlesene Charcuterie und das herzliche Team liefern die Zutaten für einen gelungenen Abend.
Schwerpunkt: Deutschland

Dresdener Straße 124
+49 163 7068369
ottorink.de
Kategorie: Klassische Weinbar

Weinangebot:	**49** | 50
Service	**18** | 20
Essen	**16** | 20
Ambiente:	**9** | 10
Gesamt:	92 | 100

Pawn Dot Com

10115 Berlin

Wie in einem verlassenen Bahnhofsgebäude fühlt man sich im Pawn Dot Com. Graffitis und gedimmte Baulampen versprühen den »schmutzigen« Charme des wilden Berlin. Hinter dem Konzept stehen Dustin Render und Marius Döring, die bereits mit Bars wie dem Sharlie Cheen und Emi Wynehouse ihr Können unter Beweis stellten.

Torstraße 164
+49 30 62924947
pawndotcombar.berlin
Kategorie: American Bar

Drinks:	**46** | 50
Ambiente:	**18** | 20
Service:	**18** | 20
Sortiment:	**8** | 10
Gesamt:	90 | 100

Provocateur Bar

10707 Berlin

Die Bar versprüht das Flair der Goldenen Zwanziger: Durch rote Samtvorhänge vom Trubel des Ku'damm getrennt, kann man direkt an der Bar oder etwas intimer auf Samtsofas hochmoderne Drinks genießen. Für alle zwölf Bezirke Berlins hat das Barteam einen Drink entworfen! Für Urberliner und Besucher gleichermaßen ein Muss.

Brandenburgische Straße 21
+49 151 64625945
provocateur-hotel.com
Kategorie: Hotelbar

Drinks:	**46** | 50
Ambiente:	**20** | 20
Service:	**18** | 20
Sortiment:	**8** | 10
Gesamt:	92 | 100

Rhinoçéros

10437 Berlin

Tokio in Berlin: Im Rhinoçéros in Prenzlauer Berg wird japanische Barkultur gelebt. Wie in einer »Jazz Kissa« in Tokio steht die Musik im Vordergrund, die aus einer Vintage-Hi-Fi-Anlage strömt. Serviert werden klassische Cocktails und Eigenkreationen wie »Bernstein«, ein mit Oolong aufgegossener Bourbon.

Rhinower Straße 3
rhinoceros-berlin.com
Kategorie: Club

Drinks:	**45** | 50
Ambiente:	**18** | 20
Service:	**18** | 20
Sortiment:	**8** | 10
Gesamt:	89 | 100

Root Bar

10117 Berlin

Mit dem Telegraphenamt in Mitte hat Borchardt-Gründer Roland Mary das wohl modernste Hotel Berlins eröffnet. Einer der unbestreitbaren Höhepunkte des neobarocken Gebäudes ist die stilvolle Hotelbar, die mit DJ-Musik und soliden Drinks punktet. Nur eine Tür weiter bietet das gleichnamige Restaurant japanische Fusionsküche.

Monbijoustraße 11
+49 30 994059150
root-restaurant.com
Kategorie: Restaurantbar

Drinks:	**44** | 50
Ambiente:	**19** | 20
Service:	**17** | 20
Sortiment:	**7** | 10
Gesamt:	87 | 100

Rum Trader

10719 Berlin

Der Rum Trader ist eine Institution der Berliner Barkultur. Hat man bei der ältesten Bar Berlins geklingelt und Einlass erhalten, betritt man einen sehr eleganten Raum mit wenigen Tischen. Wie der Name schon verrät, werden hier viele Rumcocktails serviert, keinesfalls verpassen sollte man aber auch die Champagnercocktails.

Fasanenstraße 40
+49 30 8811428
rumtrader.com
Kategorie: American Bar

Drinks:	**47** | 50
Ambiente:	**18** | 20
Service:	**19** | 20
Sortiment:	**9** | 10
Gesamt:	93 | 100

Rutz – Zollhaus

10961 Berlin

Das Rutz Zollhaus bietet neben feinen Interpretationen klassischer Berliner Küche eine große Auswahl deutscher Spitzenweine. Die Terrasse des Lokals, das direkt am Landwehrkanal gelegen ist, lädt dazu ein, bei der einen oder anderen Flasche aus Großen Lagen zu versacken.
Schwerpunkt: Deutschland

Carl-Herz-Ufer 30
+49 30 233276670
rutz-zollhaus.de
Kategorie: Weinbar im Restaurant

Weinangebot:	**50** | 50
Service	**19** | 20
Essen	**19** | 20
Ambiente:	**9** | 10
Gesamt:	97 | 100

Salut! 🍸🍸🍸 10781 Berlin

Die Salut! Bar in Schöneberg punktet nicht nur mit einer gekonnten Mischung aus klassischen und außergewöhnlichen Drinks, sondern auch mit der Möglichkeit, sich dem People-Watching auf der Goltzstraße hinzugeben. Sei es in der gemütlichen Bar oder an Tischen auf der Terrasse – man hat stets alles im Blick.

Goltzstraße 7
+49 30 74698504
salut-berlin.de
Kategorie: American Bar

Drinks:	**46** | 50
Ambiente:	**18** | 20
Service:	**19** | 20
Sortiment:	**8** | 10
Gesamt:	**91** | 100

Saphire Bar 🍸🍸🍸 10407 Berlin

Die Saphire Bar ist für all jene, die sich durch eine ganze Reihe einzigartiger Drinks probieren wollen, der Spot schlechthin. An die 50 Eigenkreationen hat Barchef Roland Hoppenheit im Angebot, von Drinks wie »Metamorphose der Minze« bis »Männerfreundschaft« ist alles dabei. Kreativität durch und durch!

Bötzowstraße 31
+49 30 25562158
saphirebar.de
Kategorie: Loungebar

Drinks:	**46** | 50
Ambiente:	**18** | 20
Service:	**18** | 20
Sortiment:	**8** | 10
Gesamt:	**90** | 100

Schmidt Z&KO 🍷🍷🍷 12161 Berlin

Direkt aus den Weinregalen können sich die Gäste des Schmidt Z&KO nach Herzenslust Weine servieren lassen. Das Hauptaugenmerk liegt dabei auf deutschem Wein. Von bislang unbekannten bis zu prämierten Weingütern kommt alles ins Glas, was deutsche Reben zu bieten haben.
Schwerpunkt: international, Deutschland

Rheinstraße 45–46
+49 30 200039570
schmidt-z-ko.de
Kategorie: Weinbar im Restaurant

Weinangebot:	**47** | 50
Service	**19** | 20
Essen	**19** | 20
Ambiente:	**9** | 10
Gesamt:	**94** | 100

Schwarze Traube 🍸🍸

10997 Berlin

Schon seit 2012 gibt es die Bar im Wrangelkiez, ein echtes Urgestein der Kreuzberger Barszene. Dabei bleibt sie dennoch immer neu, denn Barchef Atalay Aktas hat jeden Abend drei bis vier Drink-Specials im Angebot, die er genau erklärt. So kann man nicht nur köstlich trinken, sondern auch einiges lernen.

Wrangelstraße 24
+49 30 23135569

Kategorie: American Bar

Drinks:	**45** | 50
Ambiente:	**18** | 20
Service:	**18** | 20
Sortiment:	**8** | 10
Gesamt:	89 | 100

Sharlie Cheen Bar 🍸🍸🍸

10119 Berlin

Die Sharlie Cheen Bar hat sich dem gepflegten Rausch verschrieben. Die Zutaten für die Drinks kommen aus eigener Produktion, die Spirituosen werden sorgsam ausgewählt. Das Barteam kümmert sich mit großem Einsatz um das Wohlbefinden der Gäste. Signature Drinks und Shots wie der »Magic Mike« tun ihr Übriges.

Brunnenstraße 196
+49 30 55527425
sharliecheenbar.berlin

Kategorie: Loungebar

Drinks:	**46** | 50
Ambiente:	**18** | 20
Service:	**18** | 20
Sortiment:	**8** | 10
Gesamt:	90 | 100

Sohnemann Bar 🍸🍸

10247 Berlin

Die Sohnemann Bar ist das verlängerte Wohnzimmer für viele Friedrichshainer. Hochwertige und selbst gemachte Zutaten sind die Basis für die mit Liebe kredenzten Klassiker und Eigenkreationen, die es allesamt auch in einer alkoholfreien Variante gibt. Selbst Gin, diverse Liköre und Tonics werden eigens hergestellt.

Niederbarnimstraße 23
+49 30 25783303
sohnemann-bar.de

Kategorie: American Bar

Drinks:	**44** | 50
Ambiente:	**17** | 20
Service:	**18** | 20
Sortiment:	**8** | 10
Gesamt:	87 | 100

Stagger Lee 🍸🍸🍸

10777 Berlin

Wer durch die Tür des Stagger Lee tritt, findet sich in einem waschechten Saloon wieder. Zu dieser einzigartigen Atmosphäre eines amerikanischen Westerns kommen spannende Classics und Twists, wie »Dark&Stormy«, Sours oder der berühmte »Stagger Lee Beer Old Fashioned«. Ein idealer Ort für eine filmreife Nacht!

Nollendorfstraße 27
+49 30 29036158
staggerlee.de
Kategorie: American Bar

Drinks:	**46** I 50
Ambiente:	**18** I 20
Service:	**18** I 20
Sortiment:	**8** I 10
Gesamt:	90 I 100

Stairs 🍸🍸🍸

10717 Berlin

Cooles Speakeasy mit beeindruckenden Signatures wie dem »Fruity Bambaataa« und handwerklich perfekten Klassikern. Eine Besonderheit für Zigarrenliebhaber und solche, die es werden wollen: Jeden zweiten Dienstag gibt es ein ausgewähltes Zigarren-Spirituosen-Pairing im Rahmen der sogenannten Cigar Society. Stilecht!

Uhlandstraße 133
+49 30 37467688
stairsbar-berlin.com
Kategorie: Loungebar

Drinks:	**47** I 50
Ambiente:	**18** I 20
Service:	**19** I 20
Sortiment:	**9** I 10
Gesamt:	93 I 100

Stue Bar 🍸🍸

10787 Berlin

Edles skandinavisches Design, ein ausgeklügeltes Lichtkonzept, smoother Jazz und urbane Lässigkeit geben den hyggen Takt vor in der Bar des Edelhotels. Mit handwerklichem Geschick entstehen hinter dem schicken Tresen vor allem Klassiker der Bargeschichte. Von der grünen Terrasse blickt man hinüber auf den Zoo.

Drakestraße 1
+49 30 3117220
so-berlin-das-stue.com
Kategorie: Hotelbar

Drinks:	**45** I 50
Ambiente:	**18** I 20
Service:	**18** I 20
Sortiment:	**8** I 10
Gesamt:	89 I 100

The Coven 🍸🍸

10178 Berlin

Stilvolle Queer-Club Bar gleich hinter dem Hackeschen Markt mit leicht martialischem Industrial Design – entworfen vom Berliner Architekten Thilo Reich – und einer ungezwungenen und doch raffinierten Atmosphäre. Serviert werden gut gemixte Drinks wie »Kiss & Tell« oder »The Great Gatsby«.

Kleine Präsidentenstraße 3
+49 151 14982524
thecovenberlin.com
Kategorie: American Bar

Drinks:	**45** I 50
Ambiente:	**18** I 20
Service:	**18** I 20
Sortiment:	**8** I 10
Gesamt:	89 I 100

THE GIN ROOM

10707 Berlin

Im Gin Room dreht sich natürlich fast alles um den Wacholder. Über 250 Sorten des aromatischen Klassikers sind im Angebot, von ausgesuchten Berlin-Gins bis zu exotischen Destillaten aus dem indischen Himalaya. Fragen hilft: Den erfahrenen Ginologen der Bar darf man angesichts der verwirrend großen Auswahl gerne vertrauen.

Pariser Straße 38	Drinks:	**45** | 50
+49 30 81307019	Ambiente:	**18** | 20
theginroom.de	Service:	**18** | 20
Kategorie: American Bar	Sortiment:	**8** | 10
	Gesamt:	89 | 100

The Grand Bar

10178 Berlin

Edler Genuss im Shabby Look: in der ehemaligen Armenschule setzt man lieber auf gutes Essen und Trinken als auf glatte Wände. Neben dem edlen Restaurant findet man die coole Bar, wo ein versiertes Team die Eiswürfel klingen lässt. Neben Klassikern wie »Side Car« oder »Sazerac« ist der »The Grand Mule« zu empfehlen.

Hirtenstraße 4	Drinks:	**46** | 50
+49 30 2789099555	Ambiente:	**19** | 20
the-grand-berlin.com	Service:	**18** | 20
Kategorie: Loungebar	Sortiment:	**8** | 10
	Gesamt:	91 | 100

The Hat Bar

10623 Berlin

Im Mittelpunkt steht der Jazz: Direkt unter den S-Bahn-Gleisen bietet die Bar jeden Abend eine Jazz-Jamsession, bei der sowohl gestandene Jazz- als auch talentierte Hobbymusiker mitwirken. Dazu reicht das Barteam flaschengereifte Drinks aus eigener Herstellung. Genießen wie im goldenen Zeitalter des Jazz!

Lotte-Lenya-Bogen 550	Drinks:	**45** | 50
	Ambiente:	**18** | 20
thehatbar.de	Service:	**18** | 20
Kategorie: American Bar	Sortiment:	**8** | 10
	Gesamt:	89 | 100

The Wash Bar 🍸🍸🍸

10119 Berlin

Die Discokugel über dem Eingang lässt schon vermuten, dass es sich hier um einen Tempel des Nachtlebens handelt. Serviert werden jede Menge bunte Cocktails, von giftgrün bis lila-türkis. Die Aromen sind ebenfalls experimentell: Im »Honey Drip« kommen Salbei, Honig, weißer Pfirsich und Cornichons zusammen. Ein Erlebnis!

Brunnenstraße 163
+49 30 26301372
thewashbar.berlin
Kategorie: American Bar

Drinks:	**46** | 50
Ambiente:	**18** | 20
Service:	**18** | 20
Sortiment:	**8** | 10
Gesamt:	90 | 100

Thelonious 🍸🍸🍸

12047 Berlin

»Drinks, Baby!« ist das Motto der sympathischen Bar in Neukölln. Im gemütlichen Halbdunkel mixt Chefin Laura Maria Masueschke hervorragende Classics und Eigenkreationen mit viel Herz und Können. Die Atmosphäre ist familiär, die Gäste können sich auf eine herausragende Beratung verlassen. Ein idealer Hangout-Spot!

Weserstraße 202
+49 30 55618232
thelonious-bar.de
Kategorie: American Bar

Drinks:	**47** | 50
Ambiente:	**18** | 20
Service:	**18** | 20
Sortiment:	**8** | 10
Gesamt:	91 | 100

TiER 🍸🍸🍸

12045 Berlin

Schon das mysteriös angehauchte Exterieur dieser mittlerweile legendären Bar macht neugierig auf das, was einen im Innern erwartet – denn eingerichtet ist sie weder richtig schick noch heruntergekommen: eine echte Berliner Mischung. In gemütlich-schummrigem Licht werden ausschließlich exquisite Drinks serviert.

Weserstraße 42

tier.bar
Kategorie: American Bar

Drinks:	**47** | 50
Ambiente:	**18** | 20
Service:	**18** | 20
Sortiment:	**8** | 10
Gesamt:	91 | 100

Tiger Bar

10785 Berlin

Genau wie das dazugehörige Oh Panama Restaurant liegt die Tiger Bar in einem Innenhof an der Potsdamer Straße. So ist man einerseits mittendrin, andererseits kann man tiefenentspannt auf der Terrasse herrlich erfrischende Drinks einnehmen. Ein Abstecher hierher lohnt sich immer, sei es für Aperitif oder Absacker.

Potsdamer Straße 91
+49 30 983208435
oh-panama.com
Kategorie: American Bar

Drinks:	**44** | 50
Ambiente:	**18** | 20
Service:	**18** | 20
Sortiment:	**7** | 10
Gesamt:	87 | 100

Timber Doodle

10245 Berlin

Wer hier die Karte in der Hand hält, erkennt sofort, wie viel Liebe in den Cocktails steckt. Jeder einzelne Drink wird mit einer Story eingeführt, zu entdecken gibt es zum Beispiel ein verlorenes Getränk: Charles Dickens hat vergessen, das Rezept zu notieren! Ein wilder, köstlicher Ritt durch Kultur- und Bargeschichte.

Wühlischstraße 37
+49 152 53133786
timberdoodle.de
Kategorie: American Bar

Drinks:	**46** | 50
Ambiente:	**18** | 20
Service:	**19** | 20
Sortiment:	**8** | 10
Gesamt:	91 | 100

Troya

10119 Berlin

Direkt am Rosenthaler Platz verwöhnt die Bar von Anna Müller ihre Gäste mit ausgewählten Signature Cocktails wie der »Botanical Lady« oder einem »Trojan Sun«. Zudem gibt es sowohl eine Tanzfläche samt DJ-Pult als auch einen großen Innenhof, der bis spät in den Abend geöffnet bleibt.

Brunnenstraße 10

troya-bar.de
Kategorie: American Bar

Drinks:	**44** | 50
Ambiente:	**18** | 20
Service:	**17** | 20
Sortiment:	**8** | 10
Gesamt:	87 | 100

Truffle Pig

12047 Berlin

Man muss den richtigen Riecher haben, um die Truffle Pig Bar im hinteren Teil des Kauz&Kiebitz zu finden. Ist man einmal dort hingelangt, findet man sich im angesagten Schuppen der Gastgeber Vito Nicotra und Giacommo Gaggero wieder, die stylishe Signature Drinks wie »Goodfellas« oder »Dolce&Banana« servieren.

Reuterstraße 47
+49 174 191 66 97
trufflepigberlin.de
Kategorie: American Bar

Drinks:	**46** | 50
Ambiente:	**18** | 20
Service:	**18** | 20
Sortiment:	**8** | 10
Gesamt:	90 | 100

Velvet YYYY

12043 Berlin

Die Bar ist eine Institution des Berliner Nachtlebens. Nirgendwo sonst werden mit solcher Liebe zum Detail so spannende Drinks gemixt. Das Team begibt sich immer wieder auf die Suche nach saisonalen Zutaten wie Feigenblättern oder Spargel, die dann in der Zentrifuge zu köstlichen Drinks verarbeitet werden. Ein Muss!

Ganghoferstraße 1

velvet-bar-berlin.de
Kategorie: American Bar

Drinks:	**50** | 50
Ambiente:	**19** | 20
Service:	**19** | 20
Sortiment:	**10** | 10
Gesamt:	98 | 100

Vesper Bar YY

10709 Berlin

Eine Bar ganz im Zeichen von 007 – die Vesper Bar ist nicht umsonst nach einem legendären Bond-Girl benannt, denn hier steht James Bonds legendärer Martini im Mittelpunkt. Gentlemen können aus vier verschiedenen Martini-Twists wählen, auf der Karte finden sich aber auch noch zahlreiche weitere Signatures und Klassiker.

Kurfürstendamm 160
+49 30 85606356
vesper-bar.de
Kategorie: American Bar

Drinks:	**45** | 50
Ambiente:	**18** | 20
Service:	**18** | 20
Sortiment:	**8** | 10
Gesamt:	89 | 100

Victoria Bar YYY

10785 Berlin

Seit über 20 Jahren ist die Bar ein Schlaraffenland für Anhänger des gepflegten Trinkens. Jeder Spirituose sind hier zahlreiche Drinks gewidmet, allein 25 Champagnercocktails stehen auf der Karte. 2023 hat das Interieur der Bar eine Generalüberholung bekommen, die elegante Barkultur lebt hier aber wie eh und je!

Potsdamer Straße 102
+49 30 25759977
victoriabar.de
Kategorie: American Bar

Drinks:	**47** | 50
Ambiente:	**18** | 20
Service:	**19** | 20
Sortiment:	**9** | 10
Gesamt:	93 | 100

Vox Bar

10795 Berlin

Whisk(e)y-Liebhaber kommen hier auf ihre Kosten, denn im Vox hat man der edlen Spirituose eine eigene Karte gewidmet. Eine große Auswahl an Whisk(e)y-Raritäten begeistert genauso wie das darauf abgestimmte Angebot an hochwertigen Zigarren. Auch die Signature Drinks und Classics können sich sehen lassen. Darauf chin-chin!

Marlene-Dietrich-Platz 2
+49 30 25531772
vox-restaurant.de
Kategorie: Hotelbar

Drinks:	**45** | 50
Ambiente:	**18** | 20
Service:	**18** | 20
Sortiment:	**8** | 10
Gesamt:	89 | 100

Weinlobbyist

10827 Berlin

Mit über 600 verschiedenen Positionen umfasst die Karte von Weinlobbyist und Sommelier Serhat Aktas 70 Winzersekte, wofür Aktas die Auszeichnung für die beste Sektkarte Deutschlands erhalten hat. Neben klassischen Bar-Speisen gibt es zwei verschiedene 4-Gänge-Menüs.
Schwerpunkt: Österreich, Deutschland

Kolonnenstraße 62
+49 30 30640772
derweinlobbyist.de
Kategorie: Weinbistro

Weinangebot:	**47** | 50
Service	**18** | 20
Essen	**17** | 20
Ambiente:	**8** | 10
Gesamt:	90 | 100

Windhorst

10117 Berlin

Ein Gastgeber mit Witz: Günter Windhorst sorgt für gute Drinks und Stimmung. Seit den 90er-Jahren zählt die Bar an der Friedrichstraße zu einer festen Institution Berlins. Neben Klassikern überrascht der Bar-Chef mit neuen Cocktailvariationen. Passende Bar-Happen und Jazz-Klänge perfektionieren den Abend.

Dorotheenstraße 65
+49 177 2392908
windhorst-bar.de
Kategorie: American Bar

Drinks:	**46** | 50
Ambiente:	**18** | 20
Service:	**18** | 20
Sortiment:	**8** | 10
Gesamt:	90 | 100

Würgeengel

10999 Berlin

Die kleine Bar, die ihren Namen einem Film von Luis Bunuel, dem Vater des surrealistischen Kinos Spaniens, zu verdanken hat, bietet eine feine Auswahl an Cocktailklassikern, Wein und Bier. Wie es in Spanien üblich ist, kommt herrlich viel Wermut zum Einsatz. Ein Tapas-Teller rundet das spanische Barerlebnis ab.

Dresdener Straße 122
+49 30 6155560
wuergeengel.de
Kategorie: Loungebar

Drinks:	**45** | 50
Ambiente:	**18** | 20
Service:	**18** | 20
Sortiment:	**8** | 10
Gesamt:	89 | 100

Zyankali Bar 🍸🍸

10961 Berlin

Im »Labor« hinter der Theke werden schräge Cocktails mit schrägen Namen zusammengebraut, die nebenbei köstlich schmecken und den Horizont erweitern. »Menace to Sobriety« heißt ein Drink mit Absinth, der Spirituose, auf die sich die Zyankali Bar spezialisiert hat. Oder darf es ein hausgemachter Likör sein?

Gneisenaustraße 17
+49 30 68830170
zyankalibar.chayns.site
Kategorie: Loungebar

Drinks:	**45** | 50
Ambiente:	**17** | 20
Service:	**17** | 20
Sortiment:	**9** | 10
Gesamt:	88 | 100

BRANDENBURG

Greenhouse 🍸🍸

16548 Glienicke/Nordbahn

Es duftet nach Blumen und frischem Grün. Kein Wunder, denn im ehemaligen Gewächshaus am Berliner Stadtrand blüht so manch unerwartete kulinarische und mixologische Überraschung: abwechslungsreiche Tex-Mex-Küche mit Fleisch aus artgerechter Haltung und gut gemischte Drinks wie der farblich passende »Green Summer Fizz«.

Oranienburger Chaussee 10–11
+49 33056 246800
greenhouse-california.de
Kategorie: Restaurantbar

Drinks:	**44** | 50
Ambiente:	**18** | 20
Service:	**18** | 20
Sortiment:	**8** | 10
Gesamt:	88 | 100

Bar Fritz'n 🍸🍸🍸

14467 Potsdam

Die Dortustraße hat sich im Lauf der Jahre zu einer kleinen Barmeile entwickelt. Das ist sicher mit das Verdienst der fleißigen Bar-Fritz'n, die dort seit Jahren beste Cocktails in stilsicherem Ambiente anbieten. Der »Gentlemen's Gin & Tonic« mit einem Slash Ardbegh ist der ideale Einstieg (oder Ausstieg) einer feinen Bar-Tour.

Dortustraße 6
+49 173 2479353
barfritzn.de
Kategorie: Loungebar

Drinks:	**46** | 50
Ambiente:	**18** | 20
Service:	**19** | 20
Sortiment:	**8** | 10
Gesamt:	91 | 100

Lewy Wein-Bistro

14467 Potsdam

Eine Perle in der Potsdamer Innenstadt mit ausgezeichneten deutschen, italienischen und französischen Weinen. Neben der freundlichen Beratung von Chefin Lesya Richter überzeugt die Bistrokarte mit feinen Weinbegleitern wie Tiroler Speck oder italienischen Käsesorten.
Schwerpunkt: Frankreich, Italien, Deutschland

Dortustraße 17
+49 331 2008802
lewy-potsdam.de
Kategorie: Weinbar im Restaurant

Weinangebot:	**44** I 50
Service	**19** I 20
Essen	**16** I 20
Ambiente:	**8** I 10
Gesamt:	87 I 100

Schech's

14467 Potsdam

Das Schech's ist im quirligen Kiez der Bar-Meile Dortustraße ein fixer Anlaufpunkt. Jeden Monat wird die sowieso schon kreative Barkarte um den »Drink des Monats« erweitert. Das kann an der Obstsaison liegen (»Better Bramble« mit Waldbeeren) oder an aktuellen Ereignissen – im Juni tranken alle »Barbie Spritz«.

Dortustraße 68
+49 331 58392666

Kategorie: Loungebar

Drinks:	**44** I 50
Ambiente:	**17** I 20
Service:	**19** I 20
Sortiment:	**8** I 10
Gesamt:	88 I 100

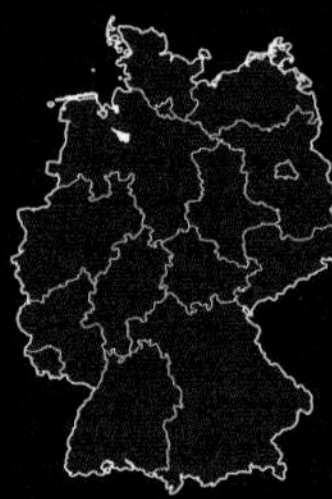

BREMEN

Blauer Fasan

28195 Bremen

Lässige Atmosphäre ist in der Szenebar Programm. Bei den Drinks geht es hochkonzentriert und besonders zu. So kommen beim »Red Pepper Smash« frische Paprika, Rote Bete und Szechuan-Pfeffer im Zusammenspiel mit Gin zum Einsatz. Wie der perfekte Cocktail geschüttelt wird, zeigt das Team in beliebten Mixkursen.

Böttcherstraße 3–5
+49 421 40896781
blauerfasan.de
Kategorie: Loungebar

Drinks:	**46** I 50
Ambiente:	**18** I 20
Service:	**19** I 20
Sortiment:	**8** I 10
Gesamt:	91 I 100

Bobby Lane Bar

28209 Bremen

Der Straßen-Wachmann ist Namensgeber. Speakeasy-Ambiente im gemütlichen Kellergewölbe und Drinks mit einem Twist erwarten die Gäste. »Bobby's Garden Salad« kombiniert Grünzeug im Drink mit Gin, Bitter und Ginger Beer, für das intensive Aroma des »Rosemary French 47« macht der Rosmarin Begegnung mit dem Bunsenbrenner.

Wachmannstraße 47
+49 421 5178885
bobby-lane.de
Kategorie: American Bar

Drinks:	**46** | 50
Ambiente:	**18** | 20
Service:	**18** | 20
Sortiment:	**9** | 10
Gesamt:	91 | 100

Engel Weincafé

28203 Bremen

Himmlisch geht's im Weincafé Engel zu, auch wenn der Namensgeber keine Flügel, sondern eine Apotheke hatte. Ab 10 Uhr wird in der gemütlichen Location gefrühstückt, variationsreich der Mittagstisch, und der Übergang zum Aperitivo wird mit prickelnden Tropfen leicht gemacht.
Schwerpunkt: Deutschland, international

Ostertorsteinweg 31/33
+49 421 69642390
engelweincafe-bremen.de
Kategorie: Weinbar im Restaurant

Weinangebot:	**46** | 50
Service	**18** | 20
Essen	**17** | 20
Ambiente:	**9** | 10
Gesamt:	90 | 100

Lemon Lounge

28195 Bremen

Viel Platz für Freunde der Barkultur gibt es in der schönen Location mit dem zentralen Tresen. Gut gemixte Drinks, interessant sortiert nach Entstehungsjahr(hundert). Wer tiefer in die Welt der Mixologie eintauchen möchte, vertraut sich einem der vier Bar-Dozenten an und versucht sich in der Extra-Location in Mixkursen am Bar-Handwerk.

Am Wall 177
+49 421 57705364
lemonlounge.de
Kategorie: Loungebar

Drinks:	**44** | 50
Ambiente:	**18** | 20
Service:	**18** | 20
Sortiment:	**9** | 10
Gesamt:	89 | 100

Ludwig's

28209 Bremen

Das Weinbistro von Bobby-Lane-Macher Clemens Rippe begeistert mit 30 offenen Positionen und flaschenweisen Entdeckungen aus aller Welt. Feine Speisenauswahl zum Wein wie Austern, spanische Sardinen, Quiche Lorraine oder geräuchertes Kikok-Hähnchen mit Linsen-Salat.
Schwerpunkt: international

Wachmannstraße 47
+49 421 5178885
ludwigs-weinbar.de
Kategorie: Klassische Weinbar

Weinangebot:	**46** | 50
Service	**19** | 20
Essen	**18** | 20
Ambiente:	**9** | 10
Gesamt:	92 | 100

Olive – Brot und Wein

28205 Bremen

Mediterrane Idylle mit der Olive als zentralem Thema: als hochwertiges Öl zum köstlichen Brot auf Olivenholz-Brettchen, als Olivenblättertee, selbst der sizilianische Espresso wird auf Olivenholz geröstet. Vielfältige Weinauswahl mit Europa-Schwerpunkt, dazu Perlen und Port.
Schwerpunkt: Europa, Italien

Hamburger Straße 189
+49 421 22297588
olive-weinbar.de
Kategorie: Klassische Weinbar

Weinangebot:	**44** | 50
Service	**17** | 20
Essen	**15** | 20
Ambiente:	**8** | 10
Gesamt:	84 | 100

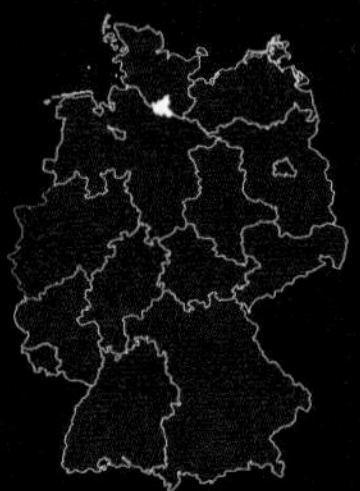

HAMBURG

Amaranto

22085 Hamburg

Die abwechslungsreichen, hausgemachten Tapas sind grandios, die schöne Auswahl spanischer Weine wird durch internationale Trauben komplettiert. Die Gäste schätzen die opulente Wohnzimmeratmosphäre des Iberers mit herrlichem Blick aus dem Hochparterre und grüner Terrasse.
Schwerpunkt: international, Spanien

Winterhuder Weg 146
+49 40 22691111
amaranto.de
Kategorie: Weinbistro

Weinangebot:	**44** | 50
Service	**18** | 20
Essen	**16** | 20
Ambiente:	**7** | 10
Gesamt:	85 | 100

Bar du Nord

22301 Hamburg

Eine echte Bar-Institution mit zeitlosem Ambiente im quirligen Winterhude. Beliebt ab den frühen Abendstunden und perfekt als sanfter Einstieg für alle Nachtschwärmer. In der gemütlichen Bar wird getrunken, gelacht und getanzt. Die versierte Tresencrew mixt gekonnt Longdrinks und Cocktails und hat ein Faible für Highballs.

Dorotheenstraße 33
+49 172 4195608
bardunord.de
Kategorie: American Bar

Drinks:	**43** | 50
Ambiente:	**18** | 20
Service:	**17** | 20
Sortiment:	**8** | 10
Gesamt:	86 | 100

Bar Noir

20355 Hamburg

Eine Schildkröte weist den Weg ins angesagte Hotel Tortue mit seinen schicken Restaurants und Bars. In der stylishen Bar Noir gibt es ab 17 Uhr Spannendes ins Glas, die Barkarte ist vielfältig, Besonderes wie der »La lumière« begeistert. Schöne Innenhofterrasse mit Paris-Flair und Asien im JIN GUI nur einen Tisch entfernt.

Stadthausbrücke 10
+49 40 33441400
tortue.de
Kategorie: Hotelbar

Drinks:	**46** | 50
Ambiente:	**20** | 20
Service:	**19** | 20
Sortiment:	**9** | 10
Gesamt:	94 | 100

Berglund

22303 Hamburg

Vom fruchtigen »Sipsmith Strawberry Smash Gin« bis zu rauchigen Whisk(e)y-Drinks erfüllt die freundliche Crew alle Wünsche. Die gemütliche Bar in Winterhude mit der schönen Beleuchtung zelebriert internationale Cocktails und Drinks, aber auch schwedische Traditionen wie Kräftskiva, das Krebsessen zum Ende des Sommers.

Gertigstraße 14
+49 40 60430208
berglund-bar.com
Kategorie: American Bar

Drinks:	**45** | 50
Ambiente:	**18** | 20
Service:	**18** | 20
Sortiment:	**8** | 10
Gesamt:	89 | 100

Berliner Bahnhof 🍸🍸🍸

20095 Hamburg

Zu Hause in den Deichtorhallen, setzt sich das Thema Kunst im Berliner Bahnhof mit seinem schick-retromodernen Ambiente fort. In die Gläser kommen perfekt ausbalancierte Cocktails und gute Weine sowie Biere, hübsch die Rubrik »Weine mit Tieretiketten«. Dazu eine spannende Speisekarte mit Pasta, Salaten und belegten Broten.

Deichtorstraße 1–2	Drinks:	**47** | 50
+49 40 20982392	Ambiente:	**19** | 20
berlinerbahnhof.com	Service:	**17** | 20
Kategorie: Restaurantbar	Sortiment:	**8** | 10
	Gesamt:	91 | 100

Black Forest Bar 🍸🍸🍸

20251 Hamburg

Drinks und Food sind vom Schwarzwald inspiriert, auf Kitsch oder Torte hat man hier klugerweise verzichtet. Tobias Henn interpretiert die traditionellen Spezialitäten seiner Heimat. Ein Muss sind seine »Black Forest Cocktails« auf Basis von Obstbrand und -geist. Perfekt dazu badische Tapas wie Schinken-Tatar und Maultäschle.

Curschmannstraße 9	Drinks:	**46** | 50
+49 40 30031400	Ambiente:	**19** | 20
blackforest-bar.de	Service:	**18** | 20
Kategorie: American Bar	Sortiment:	**8** | 10
	Gesamt:	91 | 100

Boilerman 🍸🍸🍸

20253 Hamburg

Das perfekte Glas mit dem perfekten Eis ist das Markenzeichen der gemütlichen Boilerman Bar mit der Ziegelwand im New-York-Style. Hier, im Herzen Eppendorfs, dreht sich alles um Whisk(e)y und um Geschwindigkeit, die die letzte Komponente für einen wirklich authentischen Highball ist. Gute Cocktails ganz ohne Schnickschnack.

Eppendorfer Weg 211	Drinks:	**46** | 50
+49 40 42102135	Ambiente:	**18** | 20
boilermanbar.net	Service:	**19** | 20
Kategorie: American Bar	Sortiment:	**9** | 10
	Gesamt:	92 | 100

Boilerman 🍸🍸🍸

20457 Hamburg

Die ambitionierte Crew von Nico Grote heizt in bester Boilerman-Manier Einheimischen und Reisenden ein. Während in der Eppendorfer Schwester-Bar Whisk(e)y im Mittelpunkt steht, dreht sich in der HafenCity alles um Rum. Große Auswahl an besonderen Rum-Sorten und spezielle Rum-Highballs, die ganz ohne Shaker und Eis gezaubert werden.

Osakaallee 12	Drinks:	**45** | 50
+49 40 555575440	Ambiente:	**18** | 20
boilerman-hafenamt.de	Service:	**19** | 20
Kategorie: Hotelbar	Sortiment:	**9** | 10
	Gesamt:	91 | 100

Bootshaus 🍸🍸🍸

20457 Hamburg

Die wellenförmige Decke in Bootsplanken-Look spiegelt die Elbe, die Bar empfängt mit einladend inszenierter Getränkewand. Ambitionierte Küche mit aromatisch geschmackvollen Speisen, auf den Grill kommen Prime-Steaks. Schöne Auswahl an Weinen, Drinks und Spirituosen. Unbedingt probieren: Special Drinks wie »Kirke« im »Pelikan-Schnabel«.

Am Kaiserkai 19
+49 40 33473744
bootshaus-hafencity.de
Kategorie: Restaurantbar

Drinks:	**45** I 50
Ambiente:	**19** I 20
Service:	**18** I 20
Sortiment:	**8** I 10
Gesamt:	90 I 100

Botanic District 🍸🍸🍸

20251 Hamburg

Abtauchen in den Großstadtdschungel mit Highballs, Tapas, Burger und Bowls. Die Gäste genießen in der Bar in Eppendorf bis spät in die Nacht hervorragende Drinks. Spezialität sind die mit verschiedenen Kräutern angesetzten Spirits für neue botanische Geschmackswelten. Für den nächtlichen Hunger gibt's hausgemachte Currywurst und Fries.

Hegestraße 14–16
+49 40 46095310
botanic-district.de
Kategorie: American Bar

Drinks:	**46** I 50
Ambiente:	**18** I 20
Service:	**18** I 20
Sortiment:	**8** I 10
Gesamt:	90 I 100

Botanist Bar 🍸🍸

20354 Hamburg

Ein Streifzug durch die Natur des Genusses mit Kräuterkunde im Glas. Das Barteam verbindet wohlschmeckende Kräuter, frische Obstsorten, farbenprächtige Blumen und exotische Gewürze mit hochwertigen Spirituosen. Gelungenes Konzept in stylishem Ambiente! Gelungene Kombi: Die Drinks werden auch in der [m]eatery zum Essen serviert.

Drehbahn 49
+49 40 30999595
meatery.de
Kategorie: Restaurantbar

Drinks:	**44** I 50
Ambiente:	**18** I 20
Service:	**18** I 20
Sortiment:	**8** I 10
Gesamt:	88 I 100

Brooklyn BBQ Bar

22765 Hamburg

Im Hafen legen die Transatlantikschiffe ab, in der Burger Bar in Ottensen ist New York ganz nah. Der hauseigene Smoker sorgt für den authentischen BBQ-Taste und Meat Platters, Chicken Wings sowie natürlich Burger und Pastrami-Sandwiches bringen US-Stimmung. Perfekt dazu American Beer und coole Drinks mit hausgemachten Zutaten.

Bahrenfelder Straße 221
+49 40 60792430
brooklynbbqbar.de
Kategorie: Restaurantbar

Drinks:	**43** I 50
Ambiente:	**18** I 20
Service:	**18** I 20
Sortiment:	**8** I 10
Gesamt:	87 I 100

Brooklyn Burger Bar

20457 Hamburg

Old School oder New School Drinks und Craftbeer aus aller Welt in Kombination mit Burgern frisch vom Grill mit ordentlich Wumms gefällig? Die Szenebar in der City lässt nichts anbrennen, die Spirituosen-Auswahl und gut gemixte Drinks kühlen jeden Gaumen, und Bier geht immer. Unbedingt probieren: Drink und Bier des Monats.

Alter Fischmarkt 3
+49 40 34994866
brooklynburgerbar.de
Kategorie: American Bar

Drinks:	**44** I 50
Ambiente:	**17** I 20
Service:	**18** I 20
Sortiment:	**8** I 10
Gesamt:	87 I 100

Carls Weinbar

20457 Hamburg

Très magnifique: ein Stückchen Frankreich in der HafenCity direkt neben der Elphi. Das Duett aus französischen Spezialitäten und den passenden edlen Tropfen aus der »Grande Nation« haben Thomas Martin und seine Crew richtig gut drauf. Unbedingt probieren: die Käseauswahl!
Schwerpunkt: Frankreich

Am Kaiserkai 69
+49 40 300322400
carls-brasserie.de
Kategorie: Weinbistro

Weinangebot:	**43** I 50
Service	**17** I 20
Essen	**17** I 20
Ambiente:	**8** I 10
Gesamt:	85 I 100

Christiansen's

20359 Hamburg

Uwe Christiansen ist Schauspieler, Autor und Moderator und vor allem hochtalentierter Barkeeper, seit er in der elterlichen Kellerbar Drinks mixte und die Profiausbildung in Kapstadt abschloss. Seit rund 25 Jahren sorgt er für perfekte Drinks in seiner Bar auf St. Pauli, und selbst Barkenner überrascht er mit Kreationen, die einem staunen lassen.

Pinnasberg 60
+49 40 3172863
christiansens.de
Kategorie: American Bar

Drinks:	**47** I 50
Ambiente:	**18** I 20
Service:	**19** I 20
Sortiment:	**10** I 10
Gesamt:	94 I 100

Ciu' 🍸🍸

20095 Hamburg

Mit ihrem wunderschönen Blick auf die Innenalster, großzügigem Ambiente und der versierten Crew ist die Bar seit vielen Jahren angesagter Treff im Herzen Hamburgs. »Oreo Colada«, »Dark & Stormy« oder »Espresso Herbtini«, die Barkeeper mixen abwechslungsreich auf hohem Niveau. Ein Hingucker sind die Showeinlagen an der Bar.

Ballindamm 14–15
+49 40 32526060
ciudiebar.de
Kategorie: American Bar

Drinks:	**44** | 50
Ambiente:	**18** | 20
Service:	**17** | 20
Sortiment:	**9** | 10
Gesamt:	**88** | 100

Clockers 🍸🍸🍸

22767 Hamburg

Mitten in St. Pauli ist die Paul-Roosen-Straße bekannt für besondere Konzepte, ein Abstecher in die angesagte Bar gehört dazu. Idyllisches Waldambiente und im oberen Stock ein zersägtes Piano als Bar. Klassiker und der hauseigene Gin kommen ins Glas, etwa beim »Mrs. Garfield« mit Himbeere und Roter Bete. Am Wochenende legen DJs auf.

Paul-Roosen-Straße 27
clockers.hamburg
Kategorie: American Bar

Drinks:	**47** | 50
Ambiente:	**18** | 20
Service:	**19** | 20
Sortiment:	**8** | 10
Gesamt:	**92** | 100

Clouds 🍸🍸🍸

20359 Hamburg

107 Meter über der Elbe und 23 Etagen über der Reeperbahn ist man dem Barhimmel ganz nah am 15 Meter langen Tresen, noch näher im darüberliegenden Heaven's Nest Rooftop. Zum Start darf es Champagner sein, gefolgt von »Casino Royal« mit Goldstaub, beim »Porn Star Martini« geht es kiezig zur Sache. Angesagte Partys und DJ-Sets.

Reeperbahn 1
+49 40 30993280
clouds-hamburg.de
Kategorie: Restaurantbar

Drinks:	**46** | 50
Ambiente:	**19** | 20
Service:	**19** | 20
Sortiment:	**8** | 10
Gesamt:	**92** | 100

DaCaio im Hotel The George 🍸🍸🍸

22087 Hamburg

Vom italienischen Espresso nach dem Lunch über Afternoon Tea bis zu legendären Martinis am Abend. Ein Besuch in der preisgekrönten Bar DaCaio lohnt immer, sie ist quirliger Mittelpunkt im angesagten The George Hotel. Legendäre Longdrinks und Cocktails, abwechslungsreiche Barkarte als spannende Lektüre mit hübschen Illustrationen.

Barcastraße 3
+49 40 2800301810
thegeorge-hotel.de
Kategorie: Hotelbar

Drinks:	**48** | 50
Ambiente:	**18** | 20
Service:	**19** | 20
Sortiment:	**9** | 10
Gesamt:	**94** | 100

Die alte Druckerei 🍷🍷🍷

20095 Hamburg

Valerie Kauffeldt hat Die alte Druckerei von ihren Eltern übernommen und sie mit coolem Industrial Design zu einem angesagten Treffpunkt auch für jüngere Weinfans gemacht. Schöne Details wie Druckerplatten als Karten. Sehr interessante Weinauswahl und kleine Snacks.
Schwerpunkt: international

Kattrepel 2	Weinangebot: **46** | 50
+49 170 7013786	Service **17** | 20
die-alte-druckerei.de	Essen **18** | 20
Kategorie: Klassische Weinbar	Ambiente: **9** | 10
	Gesamt: **90** | 100

Drilling 🍸🍸🍸

22763 Hamburg

Aller guten Dinge sind drei: Café, Bar und Destillerie im Kesselhaus der ehemaligen Marzipanfabrik in Bahrenfeld. In der Bar mixen die Clockers-Macher aus St. Pauli. Praktisch, der hauseigene Clockers-Gin und der hauseigene Herb-Kräuterlikör werden in der Destillerie hergestellt und am Tresen handwerklich perfekt zu Drinks und Cocktails verarbeitet.

Friesenweg 4	Drinks: **47** | 50
+49 179 9769435	Ambiente: **18** | 20
drilling.hamburg	Service: **19** | 20
Kategorie: American Bar	Sortiment: **8** | 10
	Gesamt: **92** | 100

Dripbar 🍸🍸🍸

20359 Hamburg

Von Gewürzen wie Chili oder Spekulatius über exotische Gemüse- und Obstsorten: Der Geschmacksfantasie sind keine Grenzen gesetzt. Die Flüssigkeiten »drippen« für die perfekte Aromenentfaltung nach dem Slow-Drip-Verfahren bis zu 17 Stunden durch einen Filter. Gedimmte Wohnzimmeratmosphäre mitten auf dem Kiez.

Antonistraße 4	Drinks: **47** | 50
	Ambiente: **18** | 20
	Service: **18** | 20
Kategorie: Loungebar	Sortiment: **8** | 10
	Gesamt: **91** | 100

Fabbro 🍷🍷

20253 Hamburg

Wunderschöne Enoteca mit Stuckdecke und Terracottafliesen als perfekte Mischung aus Weinkeller und Restaurant. Italienische Antipasti, mediterrane Speisen, Pinsa und Pasta »fatto in casa« treffen auf feine Weine vor allem aus Italien. Dolce Vita im Generalsviertel.
Schwerpunkt: Italien

Eppendorfer Weg 176	Weinangebot: **45** | 50
+49 40 87098849	Service **17** | 20
dalfabbrowinebar.de	Essen **18** | 20
Kategorie: Weinbar im Restaurant	Ambiente: **8** | 10
	Gesamt: **88** | 100

Fontenay Bar 🍸🍸🍸

20354 Hamburg

Das 320°-Panorama bietet einen phänomenalen Alster-Blick, die Dachterrasse ist spektakulär. Die Bar unter der Leitung von Rocco Tolomeo ist beliebt bei Hanseaten und Gästen, auch Promis sieht man hier öfter. Champagnercocktails passen perfekt hierher, man weiß aber auch Besonderes wie Wermut zu zelebrieren. Stimmungsvoll mit Livemusik.

Fontenay 10
+49 40 60566050
thefontenay.com
Kategorie: Hotelbar

Drinks:	**47** / 50
Ambiente:	**20** / 20
Service:	**18** / 20
Sortiment:	**9** / 10
Gesamt:	94 / 100

Freudenhaus 🍸🍸🍸

20359 Hamburg

Wer auf St. Pauli bei Freudenhaus an Rotlicht denkt, liegt oft richtig. Hier jedoch geht es um gute deutsche Küche wie bei Muttern, die in diesem Haus Freude macht. Und um eine riesige Auswahl an Spirituosen mit 170 Gins, 260 Rums, 570 Whisk(e)ys und gerade mal einem Wodka. Spannend: Sazerac als Old-Fashioned-Variation.

Hein-Hoyer-Straße 7–9
+49 40 314642
stpauli-freudenhaus.de
Kategorie: Restaurantbar

Drinks:	**44** / 50
Ambiente:	**18** / 20
Service:	**19** / 20
Sortiment:	**10** / 10
Gesamt:	91 / 100

Heritage Rooftop Bar 🍸🍸

20099 Hamburg

Coole Crowd, feinste Drinks, sagenhafte Aussicht aus bodentiefen Fenstern auf Alster, City und den Sonnenuntergang. Im Sommer trifft man sich bis spät in die Nacht auf dem Rooftop, angesagt sind die After-Work-Partys und Livemusik. Spaß machen Drinks wie »Si Señor« mit Rum, Single Malt und Hibiskus oder »Black Bird« mit Bourbon und Kohle.

An der Alster 52–56
+49 40 21001070
heritage-restaurant.de
Kategorie: Restaurantbar

Drinks:	**45** / 50
Ambiente:	**18** / 20
Service:	**18** / 20
Sortiment:	**8** / 10
Gesamt:	89 / 100

HYGGE 🍸🍸🍸

22607 Hamburg

Skandinavien in den gediegenen Elbvororten, Bar und Brasserie sind längst urbaner Hotspot. Im ehemaligen Pferdestall mit gemütlichem Ambiente und offenem Kamin ist die Getränkeauswahl zusätzlicher Magnet zur exzellenten Küche. 250 Spirituosen werden von Barmanager Timo Wessels zu Drinks und Cocktails verarbeitet.

Baron-Voght-Straße 179
+49 40 82274160
hygge-hamburg.de
Kategorie: Restaurantbar

Drinks:	**46** / 50
Ambiente:	**19** / 20
Service:	**18** / 20
Sortiment:	**9** / 10
Gesamt:	92 / 100

Jahreszeiten Bar

20354 Hamburg

Größte Klassik auf kleinstem Raum über zwei Etagen in der Hotelbar des Traditionshauses. Rund siebzig Whisk(e)y-Sorten und 25 Gins kommen ins Glas. Beverage Manager Enrico Wilhelm beherrscht sein Handwerk virtuos. Von den Rolls-Royce-Ledersitzen geht der Blick auf den erleuchteten Tresen und die Innenalster. Hamburg pur.

Neuer Jungfernstieg 9–14
+49 40 34943302
fairmont-hamburg.com
Kategorie: Hotelbar

Drinks:	**48** | 50
Ambiente:	**19** | 20
Service:	**19** | 20
Sortiment:	**9** | 10
Gesamt:	**95** | 100

Kinfelts Kitchen & Wine

20457 Hamburg

Quasi in Hörweite der Elbphilharmonie hat sich Kirill Kinfelt mit seiner französisch inspirierten, feinen Küche ins Herz der Hamburger gekocht. Kenntnisreich führt Sommelier Maximilian Wilm durch die umfangreiche Weinselektion mit 350 Positionen. Weingenuss auch für Barhocker.
Schwerpunkt: Deutschland, international

Am Kaiserkai 56
+49 40 30068369
kinfelts.de
Kategorie: Weinbistro

Weinangebot:	**48** | 50
Service	**19** | 20
Essen	**18** | 20
Ambiente:	**9** | 10
Gesamt:	**94** | 100

Kleines Phi

20357 Hamburg

Kleines Phi, großer Spaß ist Programm in der szenigen Bar mit den gut gelaunten Bartendern, die ihr Handwerk beherrschen. Vor dem gemütlichen, dunkel gehaltenen Ambiente stechen die kreativen Drinks in allen Farben heraus, dazu kleine Gerichte wie Tacos oder Ceviche. Das bunte Karoviertel von seiner besten Seite.

Feldstraße 42
kleinesphi.eatbu.com
Kategorie: American Bar

Drinks:	**44** | 50
Ambiente:	**18** | 20
Service:	**18** | 20
Sortiment:	**8** | 10
Gesamt:	**88** | 100

Le Lion ΥΥΥΥ

20095 Hamburg

Sein »Gin Basil Smash« hat die Welt erobert. Die angesagte Bar unweit des Rathauses empfängt mit wohltuender Eleganz. Jörg Meyer und seine Löwen begeistern mit exquisiten Kreationen und Klassiker-Interpretationen. Rum- und Champagnerdrinks stehen auf der Karte ebenso wie Whisk(e)y-Varianten wie der »Masataka Swizzle«.

Rathausstraße 3
+49 40 334753780

Kategorie: American Bar

Drinks:	**49** I 50
Ambiente:	**19** I 20
Service:	**18** I 20
Sortiment:	**9** I 10
Gesamt:	95 I 100

Liquid Garden ΥΥΥ

20095 Hamburg

Bei den versierten Mixologen Charles Kanteh und Conor Furphy kommen die Gärten der Welt ins Glas. Aromenprofile weisen den Weg rund um den Globus und reichen von herb-impressiv über frisch-fruchtig bis exotisch wie beim »Mi Ne Ko – Ceremony of a Geisha« mit japanischem Gin, weißer Schokolade, Bergamotte und Reis. Sehr besonders!

Mohlenhofstraße 6

liquidgarden.de
Kategorie: American Bar

Drinks:	**47** I 50
Ambiente:	**19** I 20
Service:	**18** I 20
Sortiment:	**8** I 10
Gesamt:	92 I 100

MASH Hamburg ΥΥΥ

22767 Hamburg

Dänen zeigen, wie gut US-Steakhouse-Kultur nach Hamburg passt. Auf die Teller kommen große Steaks in verschiedenen Cuts von einigen der besten Rinder der Welt. Dazu kalifornische Weine und Tropfen aus »good old Europe«. Wer es Hochprozentiger mag, bestellt »MASH Old Fashioned« mit Ahornsirup oder »MASH Dry Martini« mit Eukalyptus.

Große Elbstraße 148
+49 40 809008111
mashsteak.de
Kategorie: Restaurantbar

Drinks:	**46** I 50
Ambiente:	**18** I 20
Service:	**18** I 20
Sortiment:	**8** I 10
Gesamt:	90 I 100

Nakama ΥΥ

20457 Hamburg

Zur Begrüßung in dem stylishen Restaurant winken die Glückskatzen. Der erste Drink zaubert ein ähnliches Lächeln aufs Gesicht der Gäste. Klassiker werden mit einem japanischen Twist interpretiert und bekommen klingende Namen wie »Lunch in Fukuoka«. Schöne Auswahl an Sakes, vom freundlichen Service passend zum Food empfohlen.

Willy-Brandt-Straße 51
+49 40 49205111
nakama-hamburg.de
Kategorie: Restaurantbar

Drinks:	**44** I 50
Ambiente:	**18** I 20
Service:	**18** I 20
Sortiment:	**8** I 10
Gesamt:	88 I 100

Neumanns Bistro

20146 Hamburg

Gleich an zwei Standorten werden sorgfältig ausgewählte Weine ins Glas gefüllt. Probierspaß mit rund 50 Positionen im offenen Ausschank, bei Tastings lässt sich Neues entdecken. Dazu Weinsnacks wie »Gourmet Dosenfutter«, auch für den größeren Appetit gibt es Passendes.
Schwerpunkt: Deutschland, international

Grindelhof 77	Weinangebot:	**45** I 50
+49 40 38076567	Service	**17** I 20
neumanns-bistro.de	Essen	**17** I 20
Kategorie: Weinbistro	Ambiente:	**8** I 10
	Gesamt:	87 I 100

Nikkei Nine

20354 Hamburg

Design, Vibes und Fusion machen das Restaurant zu einer Sensation, ebenso spektakulär ist die Bar des Nikkei Nine. Am goldenen Herzstück werden ausgefallene japanisch-peruanische Cocktailkreationen wie »Japanese Bellini« mit Pfirsich-Sake und »Fujiyama Mule« mit Wasabi-Soda gemixt. DJ-Beats für Extra-Glamour am Wochenende.

Neuer Jungfernstieg 9–14	Drinks:	**47** I 50
+49 40 34943399	Ambiente:	**18** I 20
nikkei-nine.de	Service:	**18** I 20
Kategorie: Restaurantbar	Sortiment:	**8** I 10
	Gesamt:	91 I 100

Poletto Winebar

20251 Hamburg

Beeindruckende 900 Positionen zählt die Weinkarte der Extraklasse, darunter viele Klassiker und spannende Neuentdeckungen. Remigio Poletto pflegt in seiner schicken Institution Weinwissen und italienische Lebensart, die sich in den Köstlichkeiten aus der Küche wiederfindet.
Schwerpunkt: Italien

Eppendorfer Weg 287	Weinangebot:	**46** I 50
+49 40 38644700	Service	**18** I 20
poletto-winebar.de	Essen	**18** I 20
Kategorie: Klassische Weinbar	Ambiente:	**8** I 10
	Gesamt:	90 I 100

Puzzle Bar

20457 Hamburg

Ausnahmekoch Kevin Fehling hat seine Vorstellung der perfekten Bar in die Tat umgesetzt und in Dennis Illies den kongenialen Mixologie-Partner gefunden. Raffiniert fürs Glas interpretierte Food-Klassiker wie der »Tom Kha Gai Milkpunch« und Lieblingsdrinks wie der Negroni mit einem Waldbeer-Twist. Absolute Spitzenklasse!

Versmannstraße 2	Drinks:	**49** I 50
+49 40 32082838	Ambiente:	**20** I 20
puzzle-bar.de	Service:	**18** I 20
Kategorie: American Bar	Sortiment:	**9** I 10
	Gesamt:	96 I 100

Skyline Bar 20up

20359 Hamburg

Am besten schmeckt die Aussicht in 90 Metern Höhe zu einem gut gemixten Drink von Barmanager Norman Pohl und Köstlichkeiten von Sushi-Meisterin Chantira Tuk Bedick. Die stylishe Bar überzeugt mit Eigenkreationen wie »Mai Tai Sankt Pauli Style« und Lieblingscocktails wie »Gin Basil Smash«. Einfach grandios: Cocktail zum Sonnenuntergang.

Bernhard-Nocht-Straße 97
+49 40 3111970470
empire-riverside.de
Kategorie: Hotelbar

Drinks:	**46** I 50
Ambiente:	**20** I 20
Service:	**18** I 20
Sortiment:	**8** I 10
Gesamt:	92 I 100

Standard

22767 Hamburg

Aperitivo-Kultur in Hamburg mit hervorragenden Bitter, Spritz, Negroni und Weinen, begleitet von köstlichen »Stuzzichini«. Dolce Vita an der Großen Freiheit mit jungem, gut gelauntem Publikum! Chin-chin heißt es regelmäßig beim »Mega Intimo Dinner«, wenn die Küche zaubert und Schätze aus dem Weinkeller hervorgeholt werden.

Große Freiheit 90
+49 40 36946633
standard.hamburg
Kategorie: American Bar

Drinks:	**47** I 50
Ambiente:	**19** I 20
Service:	**18** I 20
Sortiment:	**9** I 10
Gesamt:	93 I 100

The Bohemian Bar

20459 Hamburg

Hunderte Lichter weisen den Weg ins Barglück, wo die verrückt-kreativen Drinkideen des Inhaberquartetts zu Höchstform auflaufen. »Michelangelo« kommt mit drei Farbpürees und Aromen-Pinsel zum Auswaschen im Drink. Instagrammable ist »Lego Movie« mit kleiner Spielzeugwelt. Heiß begehrt sind die vier Tresensitzplätze auf der Bar-Empore.

Deichstraße 36
+49 40 36098439
thebohemian.de
Kategorie: American Bar

Drinks:	**47** I 50
Ambiente:	**18** I 20
Service:	**18** I 20
Sortiment:	**9** I 10
Gesamt:	92 I 100

The Chug Club

20359 Hamburg

Tequila und Mezcal spielen hier die erste Geige. Perfekt für Experimentierfreudige: Dank der Chug-Miniformate kann man sie in vielen Variationen probieren oder in Cocktailgröße genießen. In der coolen Bar auf St. Pauli, in der auch geraucht werden darf, sorgen zudem Agavenspirituosen und klassische Cocktails für erfrischende Stimmung.

Taubenstraße 13
+49 40 35735130
thechugclub.bar
Kategorie: American Bar

Drinks:	**48** I 50
Ambiente:	**17** I 20
Service:	**19** I 20
Sortiment:	**9** I 10
Gesamt:	93 I 100

The Local 🍸🍸🍸

22767 Hamburg

Coole Symbiose aus Nachbarschaftsbar und Casual Fine Drinking. Barinhaber Oliver Singh und sein Team zaubern klassische Drinks und originelle Kreationen wie »Miami Nice« oder »Packelwudding« auf Gin-Basis mit Waldmeister, Himbeer, Maraschino und Aloe Vera. Wer mag, kriegt einfach ein frisch gezapftes Bier mit dem Kultkurzen Helbing.

Wohlers Allee 10	Drinks:	**46** | 50
+49 40 52166821	Ambiente:	**18** | 20
thelocal.bar	Service:	**19** | 20
Kategorie: Loungebar	Sortiment:	**8** | 10
	Gesamt:	91 | 100

The Rabbithole 🍸🍸🍸

22767 Hamburg

»No bunny knows« ist nur eine der zahlreichen Eigenkreationen im Hasenbau. Die Hasenherzen schlagen zur Freude von Fans besonders für Whisk(e)y und Rum. Und auch der Hausshot »Carrot Cake« auf Akvavit- und Karottensirup-Basis ist ein Muss! Zigarrenfans dürfen hier rauchen und genießen ein abgestimmtes Zigarrenmenü.

Kleine Freiheit 42	Drinks:	**47** | 50
+49 40 75364333	Ambiente:	**18** | 20
the-rabbithole.de	Service:	**18** | 20
Kategorie: American Bar	Sortiment:	**8** | 10
	Gesamt:	91 | 100

Tipsy Baker Bar 🍸🍸

20354 Hamburg

Das Herrengedeck is back. Zu Bier und Schnaps gibt es eine Brotzeit mit Butter und Gewürzgurken. In die Gläser kommen Peroni vom Fass und Limoncello oder »Drunk by Chocolate« mit schokoladigem Porter-Bier und Dactari Cacao, aber auch klassische Cocktails. Schöner Hingucker: die denkmalgeschützten Wandmalereien.

Esplanade 29/30	Drinks:	**44** | 50
	Ambiente:	**17** | 20
tipsy-baker.de	Service:	**18** | 20
Kategorie: American Bar	Sortiment:	**8** | 10
	Gesamt:	87 | 100

TWOSIX 🍸🍸

20355 Hamburg

Hamburgs höchstgelegene Weinbar im 26. Stock in 118 Meter Höhe ist nichts für schwache Nerven, belohnt dafür mit Rundum-Blick über Alster, City und Hafen. Sehr schöne Auswahl an Gins und Weinen, perfekt dazu kleine Speisen, die man im Sommer auf der Terrasse genießt. Für Romantiker: Picknick im Strandkorb reservieren.

Congressplatz 2	Drinks:	**45** | 50
+49 40 35023826	Ambiente:	**18** | 20
twosix.hamburg	Service:	**18** | 20
Kategorie: Hotelbar	Sortiment:	**7** | 10
	Gesamt:	88 | 100

W die Weinbar

22299 Hamburg

W wie »wohin mit dem hervorragenden Wein«? Natürlich glasweise oder in ganzen Flaschen zu den Gästen. Mehr als 500 Tropfen namhafter Weingüter aus aller Welt. Bekannte Anbaugebiete, aber auch Länder wie Mazedonien, Israel oder Georgien. Schöne Karte für den Weinhunger.
Schwerpunkt: international, Jahrgangstiefe

Dorotheenstraße 180
+49 40 87973368
w-die-weinbar.de
Kategorie: Klassische Weinbar

Weinangebot:	**48** I 50
Service	**18** I 20
Essen	**17** I 20
Ambiente:	**8** I 10
Gesamt:	91 I 100

Weinladen St. Pauli

22767 Hamburg

Wein ohne Dresscode ist das Erfolgsrezept des Weinladens auf St. Pauli, der längst eine Institution ist. Bestens sortierte Weinwelt, unkomplizierte Beratung und angesagte Tastings wie die »Wein-Battles« und »Schluck für Schluck schlauer«. Unbedingt in die »Ultra Karte« schauen!
Schwerpunkt: Deutschland, international

Paul-Roosen-Straße 29
+49 40 22859407
weinladen.de
Kategorie: Weinbar in Vinothek

Weinangebot:	**47** I 50
Service	**18** I 20
Essen	**17** I 20
Ambiente:	**8** I 10
Gesamt:	90 I 100

Foto: © Matthias Stoewer

Witwenball

20357 Hamburg

Die Goldenen Zwanziger lassen grüßen. Zum schicken Interieur gibt es Kreatives auf den Teller und Feines ins Glas. Mehr als 350 Tropfen werden zu Erbsen-Pannacotta, Rotbarsch und sonntags zu Wiener Schnitzel serviert. Die Barkeeper mixen virtuos »Jungle Bird« und »Mohn Chéri«.
Schwerpunkt: international, Österreich, Deutschland, Frankreich

Weidenallee 20
+49 40 53630085
witwenball.com
Kategorie: Weinbar im Restaurant

Weinangebot:	**47** I 50
Service	**18** I 20
Essen	**17** I 20
Ambiente:	**9** I 10
Gesamt:	91 I 100

Soul4Drinks

61231 Bad Nauheim

Die gemütliche Bar in der Jugendstil-Kulisse der Trinkkuranlage gehört seit Jahren zu den kulinarischen Hotspots Bad Nauheims. Hier gibt es leichte und gesunde Kost, frische Salate und Kuchen in wechselnder Auswahl. Wer nur einen Drink, Cocktail oder ein Craftbier trinken möchte, ist ebenfalls herzlich willkommen.

Ernst-Ludwig-Ring 1
+49 6032 6070536
soul4drinks.de
Kategorie: Loungebar

Drinks:	**45** I 50
Ambiente:	**19** I 20
Service:	**18** I 20
Sortiment:	**8** I 10
Gesamt:	90 I 100

Vinocentral

64293 Darmstadt

Der Name ist Programm, rund 1500 verschiedene europäische Weine hat das Handelshaus im ehemaligen Jugendstil-Bahnhofshotel in petto. Da ist für jeden Geschmack und jeden Geldbeutel der richtige Wein dabei. Dazu gibt es ausgesuchte Feinkost zu moderaten Preisen.
Schwerpunkt: international, Deutschland, Frankreich

Platz der Deutschen Einheit 21
+49 6151 80940
vinocentral.de
Kategorie: Weinbar in Vinothek

Weinangebot:	**47** I 50
Service	**18** I 20
Essen	**17** I 20
Ambiente:	**8** I 10
Gesamt:	90 I 100

Y Wine & Kitchen

65343 Eltville am Rhein

Großartig, was Simone Schiller und Ahmet Yildirim auf die Beine gestellt haben. In der durchgestylten, modernen Wine Bar kommt ihre eigene Wein-Kollektion zu Ehren: ausdrucksstarke Gewächse in modernem Gewand. Dazu werden gute Appetizer angeboten, alles vom Feinsten.
Schwerpunkt: Rheingau, Deutschland

Rheingauer Straße 22	Weinangebot:	**47** I 50
+49 6123 7096563	Service	**17** I 20
y-wineandkitchen.com	Essen	**19** I 20
Kategorie: Weinbar im Restaurant	Ambiente:	**9** I 10
	Gesamt:	92 I 100

22nd Lounge & Bar

60311 Frankfurt am Main

Hoch hinaus geht es im Eurotheum, in der 22. Etage des Hotels Innside findet man die schicke Bar mit einem großartigen Blick auf die Frankfurter Skyline. Reservieren sollte man auf jeden Fall, um in den Genuss der attraktiven Drinks zu kommen, die hier professionell gemixt werden. Achtung: Dresscode ist Smart Casual.

Neue Mainzer Straße 66–68	Drinks:	**43** I 50
+49 69 21088350	Ambiente:	**19** I 20
22nd-frankfurt.de	Service:	**17** I 20
Kategorie: Hotelbar	Sortiment:	**8** I 10
	Gesamt:	87 I 100

Balthasar Ress

60311 Frankfurt am Main

Die kleine, stimmungsvolle Weinbar inmitten der wiederaufgebauten Frankfurter Altstadt hat einiges zu bieten. An sieben Tagen werden hier Balthasar Ress' Weine sowie ausgesuchte Gewächse befreundeter Weingüter, Champagner und kreativ gemixte Drinks ausgeschenkt.
Schwerpunkt: Deutschland, Rheingau, ökologischer Anbau

Am Markt 13	Weinangebot:	**44** I 50
+49 69 87208956	Service	**18** I 20
balthasar-ress.de	Essen	**16** I 20
Kategorie: Weinbar in Vinothek	Ambiente:	**9** I 10
	Gesamt:	87 I 100

Blumen

60316 Frankfurt am Main

Ein Dinner an der Bar zu genießen, hat im Blumen besonderen Charme. Denn das Speisenangebot ist attraktiv und abwechslungsreich, ebenso die Drinks, die das kompetente Barteam zum mehrgängigen Menü anbietet. Nicht verpassen sollte man den »Pornstar Martini«, gemixt aus Wodka, Maracuja, Limette, Vanille und Crémant.

Rotlintstraße 60	Drinks:	**44** I 50
+49 69 49086510	Ambiente:	**18** I 20
blumen.restaurant	Service:	**19** I 20
Kategorie: Restaurantbar	Sortiment:	**7** I 10
	Gesamt:	88 I 100

Die Rote Bar

60311 Frankfurt am Main

Im schicken Vintagedekor eingerichtet, hat Edward Bellen seine kleine Bar zu einem Hotspot der Frankfurter Szene gemacht. Helden sind hier die Cocktails, mal klassisch zubereitet, mal mit Fantasie und Kreativität der freundlichen Barkeeper ins Glas gebracht. Daneben gibt es eine kleine Auswahl an Bieren und Weinen.

Mainkai 7
+49 69 293533
rotebar.com
Kategorie: American Bar

Drinks:	**45** | 50
Ambiente:	**18** | 20
Service:	**18** | 20
Sortiment:	**8** | 10
Gesamt:	89 | 100

Drinksmith Bar

60594 Frankfurt am Main

Mitten in Sachsenhausen ist diese Neighbourhood Bar von Zachary Smith ein angesagter Szenetreff und eine gelungene Mischung zwischen Kneipe und Bar. Bewährtes und Neues aus der angelsächsischen und amerikanischen Barkultur kommt hier in die Gläser, erstklassige Cocktails, Longdrinks und Rye Whisk(e)ys sind hier Programm.

Wallstraße 14
drinksmithbar.com
Kategorie: American Bar

Drinks:	**44** | 50
Ambiente:	**18** | 20
Service:	**19** | 20
Sortiment:	**8** | 10
Gesamt:	89 | 100

East Grape

60314 Frankfurt am Main

In der stylishen Weinbar im Frankfurter Ostend treffen sich Kenner und solche, die es werden wollen, denn Ralf Müller-Arnold bietet seinen Gäste ein durchdachtes und umfangreiches Angebot an Gewächsen aller Rebsorten und Preisklassen. Dazu snackt man hausgemachte Tapas.
Schwerpunkt: Deutschland

Louis-Appia-Passage 12
+49 69 17526232
eastgrape.de
Kategorie: Klassische Weinbar

Weinangebot:	**48** | 50
Service	**19** | 20
Essen	**15** | 20
Ambiente:	**8** | 10
Gesamt:	90 | 100

Embury

60311 Frankfurt am Main

Dominik Falger führt die zeitlos schicke und hochwertig ausgestattete Bar mit Geschick und Kompetenz, der erfahrene Barmann bietet ein attraktives Angebot an Drinks, das zu den besten in Frankfurt gehört. Alles, was in der internationalen Barszene Rang und Namen hat, wird hier gekonnt gemixt und serviert.

Kirchnerstraße 6–8
+49 1515 1793046
embury.bar
Kategorie: American Bar

Drinks:	**48** | 50
Ambiente:	**19** | 20
Service:	**19** | 20
Sortiment:	**10** | 10
Gesamt:	96 | 100

Frank W. 🍷🍷 60329 Frankfurt am Main

»Wein und Essen« heißt das Programm der puristisch eingerichteten Bar, die hält, was sie verspricht. Europas Weinelite steht dabei ebenso auf der Karte wie ambitionierte Newcomer und spannende Entdeckungen. Dazu gibt es immer die passenden Speisen, alles vom Feinsten!
Schwerpunkt: international

Gutleutstraße 15	Weinangebot: **46** I 50
+49 178 2974842	Service **18** I 20
gutleut15.de	Essen **17** I 20
Kategorie: Klassische Weinbar	Ambiente: **8** I 10
	Gesamt: 89 I 100

Harry's New York Bar 🍸🍸🍸 60594 Frankfurt am Main

In der Frankfurter Barszene längst ein Klassiker, trifft man sich hier vor dem Start ins Nachtleben oder zum Absacker. Die Auswahl an Cocktails in der gemütlichen, holzgetäfelten Location mit ihren gepolsterten Ledersesseln ist attraktiv und lässt in Sachen Klassiker und Eigenkreationen kaum Wünsche offen. Livemusik.

Walther-von-Cronberg-Platz 1	Drinks: **45** I 50
+49 69 664014000	Ambiente: **18** I 20
lindner.de	Service: **19** I 20
Kategorie: Hotelbar	Sortiment: **8** I 10
	Gesamt: 90 I 100

Heimat I Essen & Weine 🍷🍷🍷🍷 60311 Frankfurt am Main

Alle Gerichte auf der kleinen Speisekarte werden frisch zubereitet, hausgemachte Qualität, wie sie besser nicht sein könnte. Dazu passen die ausgesuchten Weine, die unaufdringlich-kompetent empfohlen werden. Ein unbedingter »place to be« in der Mainmetropole.
Schwerpunkt: Deutschland, Europa

Berliner Straße 70	Weinangebot: **48** I 50
+49 69 29725994	Service **19** I 20
heimat-restaurant.de	Essen **20** I 20
Kategorie: Weinbar im Restaurant	Ambiente: **9** I 10
	Gesamt: 96 I 100

Hunky Dory 🍸🍸🍸 60329 Frankfurt am Main

Einfach schön und stilvoll, das Ambiente der angesagten Bar ist einzigartig und in jedem Fall erlebenswert. Gute Stimmung ist hier garantiert, denn das Barteam ist ausgesprochen kompetent und einfallsreich, neben Klassikern der Cocktailszene kommen auch bemerkenswerte Signature Drinks ins Glas. Einfach Klasse!

Baseler Straße 10	Drinks: **47** I 50
+49 69 27240111	Ambiente: **19** I 20
hunkydorybar.com	Service: **19** I 20
Kategorie: American Bar	Sortiment: **8** I 10
	Gesamt: 93 I 100

Kinly Bar

60329 Frankfurt am Main

René Soffner und sein Team sind echte Profis, was sie ihren Gästen anbieten, geht deutlich über das Standardmaß hinaus. Natürlich werden in der kultigen Bar auch Klassiker gemixt, dennoch sollte man Kreationen wie »Butterfly Mojito« oder »King Clear I.« keinesfalls verpassen. Bezahlt wird übrigens nur mit Bargeld!

Elbestraße 29
+49 69 27107670
kinlybar.com
Kategorie: American Bar

Drinks:	**49** | 50
Ambiente:	**18** | 20
Service:	**19** | 20
Sortiment:	**9** | 10
Gesamt:	95 | 100

Logenhaus

60322 Frankfurt am Main

Im gediegenen Ambiente des Logenhauses wird klassische Barkultur vom Feinsten gepflegt. Tim Junker und sein Team sorgen mit Engagement für das Wohl der Gäste, die hier nicht nur bekannte und bewährte Drinks und Eigenkreationen der Barkeeper genießen können, sondern auch die Wahl zwischen rund 80 Gin-Sorten haben.

Finkenhofstraße 17
+49 69 84775743
logenhaus-bar.com
Kategorie: American Bar

Drinks:	**46** | 50
Ambiente:	**19** | 20
Service:	**18** | 20
Sortiment:	**8** | 10
Gesamt:	91 | 100

Omonia

60318 Frankfurt am Main

Mediterraner Charme mitten in Frankfurt. Das kleine, sympathische griechische Restaurant überzeugt mit einer umfassenden Speisekarte, die klassische Gerichte aus dem Mittelmeerraum bietet. Dazu werden die passenden Weine serviert, die Auswahl ist bemerkenswert gut.
Schwerpunkt: Deutschland, Griechenland

Eckenheimer Landstraße 126
+49 69 593314
restaurant-omonia.de
Kategorie: Weinbar im Restaurant

Weinangebot:	**45** | 50
Service	**19** | 20
Essen	**17** | 20
Ambiente:	**9** | 10
Gesamt:	90 | 100

Paris' Bar

60596 Frankfurt am Main

Die gemütlich eingerichtete Bar in Sachsenhausen ist seit rund 20 Jahren ein beliebter Treffpunkt für alle, die gerne ausgesuchte Weine aus aller Welt trinken. Dazu genießen die Gäste kleine, leckere, warme und kalte Snacks zu moderaten Preisen. Ein tolles Konzept!

Schwerpunkt: Frankreich

Oppenheimer Landstraße 27
+49 69 96233811
parisbar-frankfurt.de
Kategorie: Weinbistro

Weinangebot:	**47** I 50
Service	**18** I 20
Essen	**17** I 20
Ambiente:	**9** I 10
Gesamt:	91 I 100

Pearly Gates

60313 Frankfurt am Main

Großstadtfeeling inklusive. In der angesagten Szenebar, inspiriert von den 1920er-Jahren, triumphiert der gute Geschmack. Auch das Getränkeangebot spielt ganz vorne mit, bewährte Cocktailklassiker sind hier ebenso gesetzt wie außergewöhnliche und spannende Eigenkreationen. Gute Auswahl an Spirituosen und Weinen.

Kleine Hochstraße 20
+49 69 96869683
pearlygates-bar.de
Kategorie: American Bar

Drinks:	**46** I 50
Ambiente:	**18** I 20
Service:	**17** I 20
Sortiment:	**9** I 10
Gesamt:	90 I 100

Raum & Wein

60316 Frankfurt am Main

Das Angebot des gut sortierten Handelshauses umfasst Weine aus deutschen und europäischen Anbaugebieten in gängigen Rebsorten und vielen Preisklassen. In der Vinothek stehen die meisten Gewächse zur Verkostung, die Beratung ist ausgesprochen kompetent.

Schwerpunkt: international, Raw/Natural Wine

Friedberger Landstraße 86
+49 69 95644216
raumundwein.de
Kategorie: Weinbar in Vinothek

Weinangebot:	**45** I 50
Service	**18** I 20
Essen	**16** I 20
Ambiente:	**8** I 10
Gesamt:	87 I 100

Roomers Bar

60329 Frankfurt am Main

Der burleske Charme der Bar ist einzigartig und macht die mit Geschmack inszenierte Location zu einer der schönsten Bars weit und breit. Ein Frankfurter Publikumsmagnet, der noch dazu mit einem erstklassigen Angebot trumpft. Dazu gehören auch die Signature Drinks wie »Wolpertinger« und »Shahmaran«, die immer eine gute Wahl sind.

Gutleutstraße 85
+49 69 271342815
roomers-frankfurt.com
Kategorie: Hotelbar

Drinks:	**47** I 50
Ambiente:	**19** I 20
Service:	**18** I 20
Sortiment:	**8** I 10
Gesamt:	92 I 100

Rot & Vogel
60316 Frankfurt am Main

»Feines Trinken« heißt das Motto der puristisch in Blautönen eingerichteten Bar im Frankfurter Nordend. Frische und selbst gemachte Zutaten sind die Basis der meisten Cocktails, die hier zur Grundausstattung gehören. Aber auch Longdrinks und Highballs haben die Bartender im Programm, gemixt mit individuellem Touch.

Rotlintstraße 28
+49 176 42734998
rotundvogel-frankfurt.de
Kategorie: Loungebar

Drinks:	**44** I 50
Ambiente:	**16** I 20
Service:	**18** I 20
Sortiment:	**8** I 10
Gesamt:	86 I 100

Seven Swans & The Tiny Cup
60311 Frankfurt am Main

Nur wenige Quadratmeter groß ist die Bar, minimalistisch eingerichtet mit nur 15 Sitzplätzen. Die sind schnell vergeben, denn das Angebot an klassischen Drinks und Cocktails ist alles andere als klein. Zutaten von bester Qualität sind die Basis der empfehlenswerten Kreationen, die das Barteam in die Gläser zaubert.

Mainkai 4
+49 178 8539718
thetinycup.de
Kategorie: Loungebar

Drinks:	**48** I 50
Ambiente:	**19** I 20
Service:	**19** I 20
Sortiment:	**8** I 10
Gesamt:	94 I 100

Shuka Bar
60329 Frankfurt am Main

Schon lange kein Geheimtipp mehr, ist die asiatisch-orientalisch inspirierte Bar dennoch ein verstecktes Juwel, in das man durch eine Hintertür gelangt. Was hier in die Gläser kommt, hat Klasse und ist von kompetenter Hand zubereitet: ob Longdrinks oder Signature Cocktails wie »Pandan Motion«, »Dragon's Juice« oder »Iwasaki«.

Niddastraße 56
+49 69 2566772280
barshuka.com
Kategorie: Restaurantbar

Drinks:	**47** I 50
Ambiente:	**18** I 20
Service:	**18** I 20
Sortiment:	**8** I 10
Gesamt:	91 I 100

Sullivan

60311 Frankfurt am Main

Von außen eher schlicht, bietet das Interieur eine klassisch eingerichtete Bar mit entspannter Wohlfühlatmosphäre. Am langen Tresen bestellt man als Einstieg ein Bier vom Fass, beliebt sind hier auch die Cocktailvarianten: mal klassisch zubereitet, mal kreativ aufgepeppt. Dazu kann man kleine Bar-Snacks bekommen.

Kaiserstraße 12
+49 69 92884900
sullivan-bar.de
Kategorie: American Bar

Drinks:	**44** | 50
Ambiente:	**18** | 20
Service:	**18** | 20
Sortiment:	**8** | 10
Gesamt:	88 | 100

VAIVAI

60322 Frankfurt am Main

Im neuen, frischen Look erstrahlt die Location nach aufwendigen Renovierungsarbeiten. Geblieben ist die Qualität des Angebots, das gilt für Antipasti, Pasta und die Grill-Spezialitäten ebenso wie für das gut sortierte Programm an italienischen Weinen. Immer ein Plus verdient der freundliche und kompetente Service.

Grüneburgweg 16
+49 69 90559305
vaivai.de
Kategorie: Restaurantbar

Drinks:	**45** | 50
Ambiente:	**19** | 20
Service:	**18** | 20
Sortiment:	**8** | 10
Gesamt:	90 | 100

Westlage

60323 Frankfurt am Main

Bis 22 Uhr kann man im Herzen des Frankfurter Westends entspannt und in aller Ruhe Weine genießen. Denn in der schick-gemütlichen Location von Andreas Georg Dresch werden seit mehr als zehn Jahren Pfälzer Weine kredenzt, vom einfachen Schoppen bis zum edlen Gewächs.
Schwerpunkt: Pfalz

Grüneburgweg 92
+49 69 95509470
westlage-frankfurt.de
Kategorie: Klassische Weinbar

Weinangebot:	**46** | 50
Service	**18** | 20
Essen	**15** | 20
Ambiente:	**9** | 10
Gesamt:	88 | 100

Yaldy

60329 Frankfurt am Main

Vor rund drei Jahren eröffnet, hat sich die Szenebar schnell zu einem Frankfurter Hotspot entwickelt. Das liegt nicht nur an den gut zubereiteten Speisen, die hier angeboten werden. Vor allem die Getränkekarte bietet eine gute Auswahl an klassischen Drinks und roten und weißen Weinen aus europäischen Anbauregionen.

Moselstraße 15
+49 69 24005716
yaldy.bar
Kategorie: Loungebar

Drinks:	**48** | 50
Ambiente:	**19** | 20
Service:	**19** | 20
Sortiment:	**9** | 10
Gesamt:	95 | 100

Orientierbar

65719 Hofheim am Taunus

Eine ideenreiche »Cocktailküche« vom Feinsten: Was hier über die Theke geht, hat Qualität und Klasse. Die vielen Eigenkreationen werden mit besonderen Zutaten aufgepeppt, etwa der Cocktail »Elvis Parsley« mit hausgemachtem Petersilien-Gin. Abgefahren gut! Die Auswahl ist riesig, ein Dorado für Kenner und Einsteiger!

Kirschgartenstraße 15
+49 6192 9772374
orientierbar-hofheim.de
Kategorie: Loungebar

Drinks:	**46** | 50
Ambiente:	**17** | 20
Service:	**19** | 20
Sortiment:	**8** | 10
Gesamt:	90 | 100

Bar Seibert

34117 Kassel

Richtig heimelig und ansprechend gemütlich ist das Ambiente der stylishen Location, hier wird Barkultur vom Feinsten gekonnt inszeniert. Seiberts Klassiker und neue Kreationen wie »Bella Bella« und »Santa Maria« sind immer eine gute Wahl. Daneben gibt es Cocktailkurse, Varieté und ein Showprogramm mit Klasse.

Friedrich-Ebert-Straße 47
+49 561 69022715
barseibert.de
Kategorie: Loungebar

Drinks:	**47** | 50
Ambiente:	**18** | 20
Service:	**19** | 20
Sortiment:	**9** | 10
Gesamt:	93 | 100

drei/galerie – store – bar

34117 Kassel

Angesagte Musik und ausgewählte Kunst sind zwei Bestandteile der Bar. Zentral in der City gelegen, pflegt man hier eine besondere Trinkkultur mit viel Spannung im Glas. Aus ausgesuchten Spirituosen und besten Zutaten entstehen Drinks und Cocktails vom Feinsten. Unterhaltsame Tastings gibt es auf Nachfrage.

Theaterstraße 3
+49 176 89072900
drei-bar.de
Kategorie: American Bar

Drinks:	**44** | 50
Ambiente:	**18** | 20
Service:	**18** | 20
Sortiment:	**8** | 10
Gesamt:	88 | 100

King Schulz Bar

34117 Kassel

Das urige Interieur ist Kult, die Atmosphäre angenehm locker, die Musik angesagt und das Publikum bunt gemischt. Ein echter Hotspot in der Kasseler Szene, der im Glas fast alles bietet, was die internationale Barkultur hergibt. Wünsche werden von den entspannten Barkeepern gerne berücksichtigt, einfach fragen.

Weigelstraße 14
+49 561 50347565
kingschulz.de
Kategorie: American Bar

Drinks:	**46** | 50
Ambiente:	**18** | 20
Service:	**18** | 20
Sortiment:	**8** | 10
Gesamt:	90 | 100

Foto: Sandra Fehr; Heroes of Riesling

Fine Sparklings

65399 Kiedrich

Im Rheingauer Weinort Kiedrich betreibt Sabine Ratzer ihre Sparkling-Bar, eine gemütliche Location mit familiärem Ambiente in einer ehemaligen Scheune, die auch für Events gebucht werden kann. Ein liebenswerter Ort, an dem sehr gute und beste Schaumweine ausgeschenkt werden, in der Regel ist ab Donnerstag geöffnet.

Aulgasse 10
+49 172 6138566
fine-sparklings.de
Kategorie: American Bar

Drinks:	43 | 50
Ambiente:	18 | 20
Service:	18 | 20
Sortiment:	8 | 10
Gesamt:	87 | 100

5 Jahreszeiten

35037 Marburg

Unterhaltung, Lifestyle und Gemütlichkeit sind hier garantiert, dafür sorgt nicht nur das Ambiente der Location, sondern auch das gut sortierte Angebot an Drinks und Cocktails. Zu den Must-haves zählen natürlich Cubra Libre, Mango Frozen Margarita und Moscow Mule. Bei gutem Wetter wird auf der Dachterrasse serviert.

Reitgasse 5
+49 6421 8868988
das5.de
Kategorie: Restaurantbar

Drinks:	44 | 50
Ambiente:	19 | 20
Service:	18 | 20
Sortiment:	8 | 10
Gesamt:	89 | 100

Villa Biedermeier

35037 Marburg

Zum gemütlichen Ambiente passt der freundliche Service, der die Gäste unaufdringlich-kompetent berät und mit seinen Empfehlungen mit auf eine kulinarische Reise nimmt. Die hausgemachten Cocktails habe immer eine besondere Klasse und Pfiff, die eine oder andere Eigenkreation hat das Zeug zum Klassiker. Ein »place to be«!

Gerhard-Jahn-Platz 3
+49 6421 1769698

Kategorie: Loungebar

Drinks:	44 | 50
Ambiente:	18 | 20
Service:	18 | 20
Sortiment:	8 | 10
Gesamt:	88 | 100

Breuer's Rüdesheimer Schloss 🍷🍷🍷

65385 Rüdesheim am Rhein

Seit vielen Jahren ist das Gasthaus der Familie Breuer ein Hort der guten Weine. Hier werden nicht nur eigene Gewächse aus Rüdesheimer Lagen ausgeschenkt, in die Gläser kommen auch Kreszenzen von renommierten Rheingauer Winzern. Großartig ist die Auswahl an Raritäten!
Schwerpunkt: Rheingau, Deutschland

Steingasse 10	Weinangebot: **49** | 50
+49 6722 90500	Service **18** | 20
ruedesheimer-schloss.com	Essen **17** | 20
Kategorie: Weinbar im Restaurant	Ambiente: **8** | 10
	Gesamt: 92 | 100

Balthasar Ress 🍷🍷

65183 Wiesbaden

In der gut sortierten Vinothek werden an sechs Tagen Balthasar Ress' Weine und ausgesuchte Gewächse von befreundeten Gütern glasweise ausgeschenkt. Dazu genießt man kleine Snacks und Speisen, alles hausgemacht. Flaschenweine können zum Gutspreis mitgenommen werden.
Schwerpunkt: Deutschland, Rheingau

Mauergasse 10	Weinangebot: **44** | 50
+49 611 5058469	Service **18** | 20
balthasar-ress.de	Essen **16** | 20
Kategorie: Weinbar in Vinothek	Ambiente: **8** | 10
	Gesamt: 86 | 100

Lenz – Genuine Drinks 🍸🍸

65183 Wiesbaden

Mit seiner erstklassigen Auswahl an Cocktails und Drinks hat Sascha Lenz seine Bar als feste Größe im Wiesbadener Nachtleben etabliert. Ein guter Einstieg ist der Hauscocktail »Lenzinger« aus Gin, frischem Gurkensaft, Holunderblüten und Dry Tonic. Bestens sortiert ist Lenz auch in Sachen Whisk(e)y und Rum. Klasse!

Wagemannstraße 17	Drinks: **44** | 50
+49 611 88003931	Ambiente: **17** | 20
lenz-genuine-drinks.de	Service: **18** | 20
Kategorie: Loungebar	Sortiment: **8** | 10
	Gesamt: 87 | 100

Manoamano 🍸🍸🍸

65183 Wiesbaden

»Psycho Killer« und »Legend of the Hidden Temple« heißen zwei der ideenreichen Special Drinks, die in der schicken Bar angeboten werden. Cocktails aus der Klassik-Abteilung gibt es auch, dazu einiges an Longdrinks, Spirituosen, Bieren und Weinen. Dazu wird Pizza aus dem Ofen serviert, Genuss vom Allerfeinsten.

Taunusstraße 31	Drinks: **46** | 50
+49 611 17245818	Ambiente: **18** | 20
manoamano-bar.de	Service: **19** | 20
Kategorie: Loungebar	Sortiment: **8** | 10
	Gesamt: 91 | 100

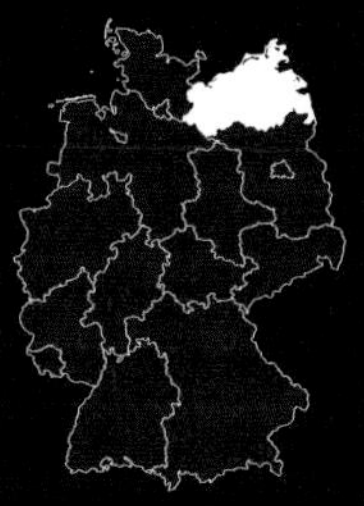

MECKLENBURG-VORPOMMERN

#Bornbar 🍸🍸 — 17094 Groß Nemerow

Im Wellnesshotel am Tollensee setzt man auf nachhaltige lokale Zutaten. Die verwendet Barchef Sami Fathallah auch für seine kreativen und sehr wohlschmeckenden Cocktails. Empfehlung: der ginbasierte »Catch Me If You Can« mit Aromen von Honigmelone, Limetten, Litschis, Thymian – im verrückten Kranichglas.

Bornmühle 35
+49 39605 600
bornmuehle.de
Kategorie: Hotelbar

Drinks:	**44** | 50
Ambiente:	**17** | 20
Service:	**18** | 20
Sortiment:	**8** | 10
Gesamt:	87 | 100

Weinander 🍷🍷 — 17424 Heringsdorf

Chefin Rita Beller hat ungarische Wurzeln, so findet man im gut bestückten Weinladen auf Usedom neben deutschen Rebsorten auch unbekannte gute Tropfen aus Osteuropa sowie klassische und exotische Destillate. Im Weinbistro werden passende kleine Gerichte dazu serviert.
Schwerpunkt: Ungarn, Deutschland, Frankreich

Friedenstraße 13
+49 177 8667035
weinander.de
Kategorie: Klassische Weinbar

Weinangebot:	**44** | 50
Service	**19** | 20
Essen	**16** | 20
Ambiente:	**8** | 10
Gesamt:	87 | 100

Weinander 🍷🍷 — 17033 Neubrandenburg

Ausgesuchte deutsche und europäische Weine, auch aus Osteuropa, sowie Spirituosen aus aller Welt findet man bei der Weinexpertin Rita Beller am Ende des Boulevards der Vier-Tore-Stadt. Im Weinbistro kann man vieles davon direkt probieren, inklusive kleiner Snacks.
Schwerpunkt: Ungarn, Deutschland

Turmstraße 26
+49 1573 5854446
weinander.de
Kategorie: Weinbar in Vinothek

Weinangebot:	**45** | 50
Service	**18** | 20
Essen	**16** | 20
Ambiente:	**8** | 10
Gesamt:	87 | 100

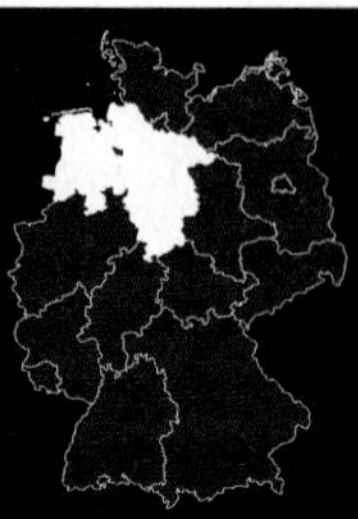

NIEDERSACHSEN

Geeske & der swarte Roelf — 26757 Borkum

Die üppig belegten Fischbrötchen und die Sanddorn-Currywurst mit Fritten sind in der Location an Borkums Strandpromenade ebenso Kult wie die legendäre Auswahl an Korn. Dazu bestellt man bei der freundlichen Crew hausgemachte Cocktails, erfrischende Drinks, den Hauswein Burgundula, oder auch einen richtig guten Kaffee.

Jann-Berghaus-Straße 1
+49 162 4691488
diegeeske.de
Kategorie: Restaurantbar

Drinks:	**44** I 50
Ambiente:	**19** I 20
Service:	**17** I 20
Sortiment:	**7** I 10
Gesamt:	87 I 100

Monkey Rosé — 38100 Braunschweig

Ein abwechslungsreiches Angebot an Abenden rund um den Wein gehört zum Standardprogramm der angesagten Braunschweiger Weinbrasserie, die längst Kultstatus genießt. Auch mit dem Angebot aus der Küche punktet die gemütlich-schicke Location, alles natürlich hausgemacht.
Schwerpunkt: Deutschland, international

Altstadtmarkt 1
+49 531 28793388
monkey-rose.de
Kategorie: Weinbistro

Weinangebot:	**45** I 50
Service	**17** I 20
Essen	**18** I 20
Ambiente:	**9** I 10
Gesamt:	89 I 100

Vielharmonie — 38100 Braunschweig

Was die neue deutsche Küche auf der Pfanne hat, dazu Gerichte aus regionalen und saisonalen Produkten, kommt in der gemütlichen Location bestens zubereitet auf die Tische. Die Getränke sind internationaler, rund 80 Sorten Gin stehen ebenso auf der Karte wie klassische Cocktailkreationen, Highballs und Longdrinks.

Bankplatz 7
+49 531 41611
vielharmonie-bs.de
Kategorie: Restaurantbar

Drinks:	**44** I 50
Ambiente:	**18** I 20
Service:	**18** I 20
Sortiment:	**9** I 10
Gesamt:	89 I 100

Esprit 🍸🍸🍸

37073 Göttingen

Die ganze Woche über geöffnet, startet der Tag in der ansprechenden Location mit dem morgendlichen Kaffee, der aus der bekannten roastfactory von Thomas Brinkmann kommt. In den Abendstunden verwandelt sich das Café in eine Bar und bietet ein erstklassiges Programm an Drinks und Cocktails von klassisch bis modern.

Lange-Geismar-Straße 19
+49 551 50766600
cafe-bar-esprit.de
Kategorie: Loungebar

Drinks:	**46** I 50
Ambiente:	**18** I 20
Service:	**18** I 20
Sortiment:	**8** I 10
Gesamt:	90 I 100

Herbarium Bar 🍸🍸🍸🍸

37073 Göttingen

Frische Kräuter für die Drinks wachsen direkt am vertikalen Kräuterbeet der Rückwand der Bar, ein einzigartiger Hingucker in der modern-schicken Location. Die freundlichen Bartender zeigen sich kreativ und auf der Höhe der Zeit, 16 Signature Drinks haben sie im Programm, dazu viele Klassiker und Newcomer aus der Szene.

Berliner Straße 30
+49 551 999530
freigeist-goettingen.de
Kategorie: Hotelbar

Drinks:	**48** I 50
Ambiente:	**19** I 20
Service:	**19** I 20
Sortiment:	**9** I 10
Gesamt:	95 I 100

Aresto 🍷🍷🍷

30159 Hannover

Genuss wird hier großgeschrieben, das stilvoll eingerichtete Restaurant bietet eine ganze Reihe mediterran geprägter Köstlichkeiten für jeden Geschmack. Dazu die passenden Weine aus dem bestens sortierten Keller, in dem auch legendäre Raritäten schlummern.
Schwerpunkt: Deutschland

Klostergang 2
+49 511 323759
aresto.de
Kategorie: Weinbar im Restaurant

Weinangebot:	**49** I 50
Service	**18** I 20
Essen	**18** I 20
Ambiente:	**8** I 10
Gesamt:	93 I 100

Bukowski's 🍸🍸

30175 Hannover

Die stylishe Bar mit ihrem schummrigen Ambiente im Industriestil ist ein angesagter Treffpunkt für den Start in die Nacht oder den obligatorischen Absacker. Über 70 Sorten Gin sind die Basis vieler Drinks, zu den Spezialitäten der Barkeeper zählen neben Eigenkreationen vor allem Old Fashioneds und Negronis.

Königstraße 45
+49 511 86641950
bukowskis-hannover.de
Kategorie: American Bar

Drinks:	**45** I 50
Ambiente:	**17** I 20
Service:	**18** I 20
Sortiment:	**7** I 10
Gesamt:	87 I 100

Kröpcke

30159 Hannover

Feine Kuchen und Torten aus der eigenen Bäckerei zum Frühstück, herzhafte regionale Küche zum Lunch oder Dinner. Das gemütlich ausstaffierte Restaurant hat einiges an Kulinarik zu bieten, dazu werden rund 30 nationale und internationale Weine offen ausgeschenkt.
Schwerpunkt: Deutschland

Georgstraße 35
+49 511 32628445
cafe-kroepcke.com
Kategorie: Weinbar im Restaurant

Weinangebot:	**47** | 50
Service	**17** | 20
Essen	**18** | 20
Ambiente:	**8** | 10
Gesamt:	90 | 100

Lieblingsbar

30419 Hannover

Die mehrfach ausgezeichnete Bar am Herrenhäuser Markplatz ist längst ein »place to be«, wenn es um professionell zubereitete Drinks und Cocktails geht. An sieben Tagen die Woche kommen hier Eigenkreationen wie »Nekorni« oder »Appletini« ins Glas, aber auch bewährte Klassiker wie Boulevardier, Aviation und Singapore Sling.

Herrenhäuser Markt 5
+49 511 76809126
lieblingsbar.de
Kategorie: Restaurantbar

Drinks:	**45** | 50
Ambiente:	**18** | 20
Service:	**18** | 20
Sortiment:	**9** | 10
Gesamt:	90 | 100

Little H

30167 Hannover

Die gemütliche Location im Herzen der Nordstadt bietet neben besten Kaffee-Spezialitäten auch frisch gezapftes Bier und eine ganze Reihe ausgesuchter Weine aus Österreich, Deutschland und Portugal. Dazu gibt es kleine Snacks, Käse und Antipasti-Variationen.
Schwerpunkt: Österreich, Deutschland, Portugal

Callinstraße 10
+49 511 21584013
little-h.cafe
Kategorie: Klassische Weinbar

Weinangebot:	**44** | 50
Service	**18** | 20
Essen	**17** | 20
Ambiente:	**8** | 10
Gesamt:	87 | 100

Lucky 7

30161 Hannover

Im Obergeschoss der Spielbank Hannover gelegen, gibt es an der langen Bartheke nur Gewinner. Denn das professionelle Team hat rund 80 verschiedene Drinks im Angebot, darunter Cocktailklassiker aus aller Welt. Wer einen Signature Drinks der Bartender sucht, sollte den erstklassigen »Hannover Royale« bestellen. Great!

Raschplatz 5
+49 511 23557812
lucky7-bar.de
Kategorie: Loungebar

Drinks:	**45** | 50
Ambiente:	**18** | 20
Service:	**18** | 20
Sortiment:	**8** | 10
Gesamt:	89 | 100

Mon Bonheur

30163 Hannover

Französisch inspirierte Genüsse stehen im Mittelpunkt der schönen Bar, die zu herzhaften und delikaten Brasserie-Gerichten die passenden Weine, exklusive Champagner, französische Biere und eine gut sortierte Auswahl an vorwiegend klassischen Cocktails wie French Mule oder French Apple Daiquiri anbietet.

Voßstraße 53	Drinks:	**43** | 50
+49 511 53078717	Ambiente:	**18** | 20
monbonheur.de	Service:	**18** | 20
Kategorie: Loungebar	Sortiment:	**7** | 10
	Gesamt:	86 | 100

Pelikan Bar im Sheraton Hotel

30177 Hannover

Cocktailkurs gefällig? In der stilvollen Bar wird er angeboten, ebenso das Cocktail-Hopping und natürlich attraktive Tastings. Die Getränkekarte ist bestens sortiert, exotisch ist der Cocktail mit Sepia-Tinte, klassisch der Cosmopolitan. Wer möchte, kann sich hier auch seinen eigenen Longdrink zubereiten.

Pelikanplatz 31	Drinks:	**45** | 50
+49 511 9093899	Ambiente:	**18** | 20
pelikanbar.de	Service:	**18** | 20
Kategorie: American Bar	Sortiment:	**8** | 10
	Gesamt:	89 | 100

Tropeano Di-Vino

30559 Hannover

Biagio Tropeano ist ein leidenschaftlicher Gastgeber, die Küche in seinem eleganten Restaurant ist natürlich klassisch italienisch ausgerichtet. Mit viel Kompetenz hat der engagierte Gastronom seine umfangreiche Weinkarte zusammengestellt, die kaum Wünsche offenlässt.
Schwerpunkt: Italien

Kleiner Hillen 4	Weinangebot:	**47** | 50
+49 511 3533138	Service	**18** | 20
restaurant-tropeano.de	Essen	**19** | 20
Kategorie: Weinbar im Restaurant	Ambiente:	**8** | 10
	Gesamt:	92 | 100

VINCE Vinoteca

30159 Hannover

Klassisches Design in Schwarz und Gold, schick und gemütlich. In der bestens sortierten Bar ist die Auswahl an Champagnern besonders breit gefächert, dazu gibt es ausgesuchte Weine aus aller Welt und für jeden Geschmack. Das Ganze begleitet von erstklassigem Barfood.
Schwerpunkt: Italien, Deutschland, Frankreich

Theaterstraße 1	Weinangebot:	**47** | 50
+49 511 89784405	Service	**18** | 20
vince-weinbar.de	Essen	**17** | 20
Kategorie: Weinbar im Restaurant	Ambiente:	**8** | 10
	Gesamt:	90 | 100

Weinperle

26465 Langeoog

Weine aus aller Welt bietet die bestens sortierte Insel-Vinothek von Bernd Frech, der als gelernter Winzer hier seinen Heimathafen gefunden hat. Seinem Rat kann man getrost folgen, ein Blick in die Raritätenkiste, in der so manches Schätzchen schlummert, lohnt immer.
Schwerpunkt: international, Deutschland

Barkhausenstraße 7
+49 174 3828958
weinperle-langeoog.de
Kategorie: Weinbar in Vinothek

Weinangebot:	**46** I 50
Service	**18** I 20
Essen	**17** I 20
Ambiente:	**10** I 10
Gesamt:	91 I 100

Milchbar Norderney

26548 Norderney

Der Blick auf die Nordsee ist gratis und eine schöne Zugabe zu den heißen und kühlen Drinks und Snacks aus der legendären Bar, die es seit rund 100 Jahren gibt. Das Glas Milchshake, »Sanddorn Ipanema« oder »Lazy Life« sind drei der Klassiker, dazu bestellt man den passenden Milchreis oder Pfannkuchen mit Puderzucker.

Damenpfad 33
+49 4932 927344
milchbar-norderney.de
Kategorie: Restaurantbar

Drinks:	**44** I 50
Ambiente:	**19** I 20
Service:	**18** I 20
Sortiment:	**8** I 10
Gesamt:	89 I 100

NORDRHEIN-WESTFALEN

Gin Library Bar

52062 Aachen

Wenn man an einem Ort nach dem »Gin des Lebens« suchen kann, dann wohl in Aachen. Der Name ist hier jedenfalls Programm: In der liquiden Buchhandlung treffen innovative und kreative Eigenkreationen auf Cocktailklassiker. In gemütlicher Wohnzimmeratmosphäre finden jeden zweiten Samstag im Monat Gin-Tastings statt.

Am Büchel 11
+49 160 94454665
theginlibrary.de
Kategorie: American Bar

Drinks:	**46** I 50
Ambiente:	**17** I 20
Service:	**18** I 20
Sortiment:	**9** I 10
Gesamt:	90 I 100

Spirit of India 🍸🍸🍸

32105 Bad Salzuflen

Der Name ist Programm: Exotische Dekorationen, warme Farbtöne und das große Meerwasseraquarium entführen zumindest gedanklich in das ferne Land. Mit dem »Spirit of India Colada« wird die Illusion am Teutoburger Wald nahezu perfekt. Die indischen Geheimnisse werden in Cocktailkursen und Tastings weitergegeben.

Schießhofstraße 20
+49 5222 534534
spirit-of-india.de
Kategorie: Hotelbar

Drinks:	**45** / 50
Ambiente:	**18** / 20
Service:	**18** / 20
Sortiment:	**9** / 10
Gesamt:	90 / 100

LIV 🍸🍸

33607 Bielefeld

»Leben« wird hier nicht nur großgeschrieben, sondern auch gebührend zelebriert. Jeden Freitag und Samstag gibt's Drinks und Pizza. Wem es dann immer noch zu ruhig zugeht, kann im Hinterzimmer Club bis in die frühen Morgenstunden tanzen. Dazu werden neben Klassikern, Signature Drinks wie »Kuchen & Milch« gemixt.

Boulevard 1
+49 177 5471776
liv-bielefeld.de
Kategorie: American Bar

Drinks:	**45** / 50
Ambiente:	**18** / 20
Service:	**17** / 20
Sortiment:	**8** / 10
Gesamt:	88 / 100

VIN PUR 🍷🍷

33615 Bielefeld

Wer die Welt der Naturweine entdecken möchte, ist bei Torben Bunte in besten Händen. Die Weinauswahl ist erstaunlich und gespickt mit den angesagten Orange-Weinen, zu denen der engagierte Händler viel erzählen kann. Dazu: Sauerbiere und Cidre. Regelmäßige Tastings.
Schwerpunkt: Raw/Natural Wine

Rolandstraße 20
+49 521 89724499
vinpur.de
Kategorie: Weinbar in Vinothek

Weinangebot:	**46** / 50
Service	**17** / 20
Essen	**17** / 20
Ambiente:	**8** / 10
Gesamt:	88 / 100

Barzani 🍸🍸🍸

44787 Bochum

Sie ist die Perle des Bochumer Bermuda3ecks. Hier wird ganz klassisch gerührt und geschüttelt – aber auch gegossen, geblendet und wild experimentiert. Eigens komponierter Gin ergänzt die abwechslungsreiche Cocktailkarte – Stammgäste empfehlen »Frangelico Sour« oder »Parma Negroni«.

Kortumstraße 3
+49 162 6974413
barzani.bar
Kategorie: American Bar

Drinks:	**46** / 50
Ambiente:	**18** / 20
Service:	**18** / 20
Sortiment:	**8** / 10
Gesamt:	90 / 100

Yamas Mezé

44787 Bochum

Ohrwurm gefällig? Griechischer Wein ist ... mehr als nur Retsina und ein einzigartiges Geschmackserlebnis. Dazu gibt es griechische Mezédes in Tapasform – perfekt zum Teilen – und das einzigartige Gefühl, statt im Ruhrgebiet auf einer griechischen Insel zu sitzen.
Schwerpunkt: Griechenland

Massenbergstraße 1
+49 234 5309643
yam.as
Kategorie: Weinbar im Restaurant

Weinangebot:	**45** I 50
Service	**18** I 20
Essen	**18** I 20
Ambiente:	**8** I 10
Gesamt:	89 I 100

Kinkel-Stuben

53227 Bonn

Seit 1979 steht das Ehepaar Bärbel und Lothar Schrempp für exquisiten Weingenuss in Bonn. In der heimeligen Weinstube werden nicht nur Weinraritäten aus Spitzengewächsen getrunken, sondern es wird gerne auch mal ausgiebig über sie philosophiert. Dazu Speisen wie von Oma.
Schwerpunkt: Süßwein, Deutschland

Kinkelstraße 1
+49 228 441558
kinkelstuben.de
Kategorie: Weinbistro

Weinangebot:	**48** I 50
Service	**19** I 20
Essen	**17** I 20
Ambiente:	**9** I 10
Gesamt:	93 I 100

Shaker's

53111 Bonn

Bei 400 Cocktails, 100 Whisk(e)y-, 50 Rum- und 40 Wodka-Sorten kann man schon mal den Überblick verlieren. Zum Glück steht einem das fachkundige Personal mit Rat und Tat zur Seite. Sowohl die Qualität als auch das Ambiente stimmt – vor allem im Sommer zieht es die Gäste auf die Terrasse. Am Wochenende DJ-Beats.

Bornheimer Straße 26
+49 228 9814490
Kategorie: American Bar

Drinks:	**44** I 50
Ambiente:	**18** I 20
Service:	**17** I 20
Sortiment:	**9** I 10
Gesamt:	88 I 100

The Old Jacob

53111 Bonn

Das viktorianische Zeitalter trifft auf einen Hauch Bud Spencer. Whisk(e)y und Gin stehen im Zentrum des Geschehens. Neben Kölsch gehören auch andere charaktervolle Biere zum Repertoire. Vom nostalgischen Flair distanzieren sich allerdings die Cocktails: Ästhetischer hat man sie noch nie über den Tresen wandern gesehen.

Kesselgasse 1a
theoldjacob.com
Kategorie: Loungebar

Drinks:	**46** I 50
Ambiente:	**18** I 20
Service:	**18** I 20
Sortiment:	**9** I 10
Gesamt:	91 I 100

Balke

44139 Dortmund

Fußballer, Models, Zivilisten: In diese frühere Bäckerei kommen sie alle. Fein balancierte Sours folgen auf den hauseigenen Balke-Gin. Alle Wissensdurstigen erfahren in spannenden Tastings die neuesten Geheimnisse aus der Spirituosenwelt. Nicht verpassen: die Damentoilette – immer zu zweit, versteht sich!

Hohe Straße 127
+49 231 22611022
fussballermodelszivilisten.de
Kategorie: American Bar

Drinks:	**45** | 50
Ambiente:	**17** | 20
Service:	**18** | 20
Sortiment:	**8** | 10
Gesamt:	88 | 100

Cabernet & Co.

44139 Dortmund

Weinflaschen, so weit das Auge reicht! Neben einer großen Auswahl an portugiesischen Weinen besticht das Cabernet & Co. vor allem mit Weinen von Saar und Mosel. Mit den Weingütern wird eng zusammengearbeitet – Vinophile erfahren mehr bei den monatlichen Winzerabenden.
Schwerpunkt: Saar, Mosel, Portugal

Essener Straße 13
+49 231 1206420
cabernet-und-co.de
Kategorie: Klassische Weinbar

Weinangebot:	**46** | 50
Service	**19** | 20
Essen	**14** | 20
Ambiente:	**8** | 10
Gesamt:	87 | 100

Vida

44229 Dortmund

Wenn »Liquid Kitchen« auf ausgezeichnete Kochkünste trifft, entsteht dabei das Vida. Barchef Roland Kulik ist verantwortlich für Kreationen wie den »Angostura Colada« oder »Orange Basil Smash« (alkoholfrei). Ergänzt wird durch feines Barfood. Nicht verpassen: Austern oder die beliebte Currywurst by Dyllong.

Hagener Straße 231
+49 231 95009940
vida-dortmund.com
Kategorie: Restaurantbar

Drinks:	**46** | 50
Ambiente:	**18** | 20
Service:	**18** | 20
Sortiment:	**7** | 10
Gesamt:	89 | 100

20° Restobar

40213 Düsseldorf

»Para los amigos« heißt nicht nur der erste Cocktail auf der Karte, auch das Ambiente ist »für Freunde« des mallorquinischen Flairs gestaltet. Ob vielfältige Digestifs oder Signature Drinks – Kreationen wie »Santas Pornstar« mit Crème de Cacao, Passionsfruchtpüree und Mandel-Espuma entführen direkt auf die Mittelmeerinsel.

Mutter-Ey-Platz 3
+49 172 8902320
20grad.com
Kategorie: Restaurantbar

Drinks:	**43** | 50
Ambiente:	**18** | 20
Service:	**18** | 20
Sortiment:	**8** | 10
Gesamt:	87 | 100

Alexander

40219 Düsseldorf

Eine Cocktailbar wie ein zweites Wohnzimmer. Mixology-Einsteiger werden mit dem »Cocktail Flight« – vier kleine Probiercocktails zum Kennenlernpreis – in einer Stunde auf Kurs gebracht oder können ihr Wissen in unterhaltsamen Schulungen vertiefen. Die Highlights: molekulare Cocktails und wechselnde Barkeeper-Specials.

Düsselstraße 71
+49 211 8763759
bar-alexander.com
Kategorie: American Bar

Drinks:	**44** | 50
Ambiente:	**18** | 20
Service:	**19** | 20
Sortiment:	**9** | 10
Gesamt:	**90** | 100

BEUYS Bar

40213 Düsseldorf

So schrill wie die Werke des Namensgebers Joseph Beuys geht es hier nicht zu, kreativ aber allemal. Die Drinks kommen wie kleine Kunstwerke daher – auch an die Outdoor-Theke – und sind wahre Raritäten. Ein kleiner Vorgeschmack: Ein Stück Ibérico-Schinken schwimmt hier im Whisk(e)y oder ein Skelettblatt im »Kräuter & Fenchel Negroni«.

Neubrückstraße 2
+49 173 7633337
beuys-bar.com
Kategorie: American Bar

Drinks:	**45** | 50
Ambiente:	**18** | 20
Service:	**18** | 20
Sortiment:	**8** | 10
Gesamt:	**89** | 100

Boothby's

40215 Düsseldorf

Namensgeber und Autor William Thomas Boothby hätte es hier gefallen: Raffinierte Klassiker treffen auf kreative Specials, und das in einem Ambiente, das gemütliche Wohnzimmeratmosphäre mit Speakeasy-Flair vereint. »Boothby's Herrengedeck«, »Kentucky Cooler« oder »Eastern Mule« lassen Experten nicht langweilig werden.

Hüttenstraße 44
+49 211 15811495
boothbys-bar.com
Kategorie: American Bar

Drinks:	**45** | 50
Ambiente:	**18** | 20
Service:	**18** | 20
Sortiment:	**8** | 10
Gesamt:	**89** | 100

Bouchon

40477 Düsseldorf

Genießen auf Französisch. Ob Wein, Crémant oder Champagner, im Le Bouchon wird nach dem Vorbild unserer Nachbarn gelebt und gespeist. Egal, ob zum Lunch oder Dinner, hier herrscht einfach Wohlfühlatmosphäre. Regelmäßige Kochkurse von Chefkoch Patrick Zielonka.
Schwerpunkt: Frankreich

Blücherstraße 70
+49 211 97713417
lebouchon-duesseldorf.de
Kategorie: Klassische Weinbar

Weinangebot:	**44** | 50
Service	**19** | 20
Essen	**18** | 20
Ambiente:	**8** | 10
Gesamt:	**89** | 100

Concept Riesling 🍷🍷🍷

40213 Düsseldorf

Halb Weinbar, halb Vinothek – aber 100 Prozent kulinarischer Hotspot mitten auf dem Carlsplatz in Düsseldorf. Ob Neuheit oder Rarität, zur Shopping-Pause, After-Work-Drink oder Riesling-Vertikalverkostung, diese Holzbude auf dem Wochenmarkt macht alles möglich.

Schwerpunkt: Riesling, Deutschland

Carlsplatz, Stand A5
+49 151 16587478
conceptriesling.com
Kategorie: Weinbar in Vinothek

Weinangebot:	**48** I 50
Service	**19** I 20
Essen	**15** I 20
Ambiente:	**8** I 10
Gesamt:	90 I 100

Eiskeller 🍷🍷🍷🍷

40213 Düsseldorf

In diesem restaurierten Backsteingewölbe findet sich sowohl der Weinlaie als auch der Weinkenner spielerisch zurecht. Rund 300 Positionen aus Europa umfasst das Sortiment, 45 davon im offenen Ausschank, ein Großteil ist biologisch oder biodynamisch produziert.

Schwerpunkt: Deutschland, Frankreich

Eiskellerberg 1–3
+49 211 20052686
eiskellerbar.de
Kategorie: Klassische Weinbar

Weinangebot:	**49** I 50
Service	**20** I 20
Essen	**17** I 20
Ambiente:	**9** I 10
Gesamt:	95 I 100

Elephant Bar 🍸🍸

40213 Düsseldorf

Eine Zeitreise in die 60er-Jahre – Sean Connery wäre hier ein und aus gegangen. Cocktails mit selbst gemachten Sirups, allerlei Sours und Mules und das Highlight: die eigene Gin-Tonic-Kreation, zusammengestellt aus der umfangreichen Gin-Karte und den verschiedensten Tonic Waters. Für das Ambiente sorgen wechselnde DJs.

Kurze Straße 3
+49 1520 2000409

Kategorie: American Bar

Drinks:	**45** I 50
Ambiente:	**18** I 20
Service:	**18** I 20
Sortiment:	**8** I 10
Gesamt:	89 I 100

Finns Wine & Kitchen 🍷🍷🍷

40476 Düsseldorf

Diese moderne Weinbar gibt jungen, kreativen Winzern aus Europa die Bühne, die sie verdienen. Über 30 Likörweine machen darüber hinaus Lust auf mehr – vor allem kulinarisch. Spitzenkoch Sven-Niklas Nöthel serviert hier neben klassischem Barfood auch Sterneküche.

Schwerpunkt: Österreich, international, Deutschland

Tannenstraße 23a
+49 211 20081860
finnswinebar.de
Kategorie: Weinbistro

Weinangebot:	**45** I 50
Service	**19** I 20
Essen	**18** I 20
Ambiente:	**8** I 10
Gesamt:	90 I 100

Galerie am Karlplatz

40213 Düsseldorf

Wenn man selbst kein Weinexperte ist, hat man Freunde, die es sind. So kam es auch bei Julia und Dieter Ahrweiler. Durch sie entstand die ansehnliche Weinkarte mit über 150 Positionen. Empfehlenswert sind die Flights: drei Weine einer Kategorie, ein fairer Preis.
Schwerpunkt: Deutschland

Benrather Straße 6b
+49 211 86399990
galerie-am-karlplatz.de
Kategorie: Klassische Weinbar

Weinangebot:	**46** I 50
Service	**18** I 20
Essen	**18** I 20
Ambiente:	**8** I 10
Gesamt:	90 I 100

Hideaway

40215 Düsseldorf

Wer sich mit seinen Cocktail-Wünschen Yuto Nagasawa anvertraut, bekommt das Beste vom Besten ins Glas. Der talentierte Bartender und freundliche Gastgeber ist ein guter Grund, die schicke Location in Düsseldorfs Zentrum aufzusuchen. Ein Hotspot für internationale, aber auch für traditionelle japanische Barkultur.

Jahnstraße 6
+49 211 15854853
bar-hideaway.de
Kategorie: American Bar

Drinks:	**47** I 50
Ambiente:	**17** I 20
Service:	**18** I 20
Sortiment:	**8** I 10
Gesamt:	90 I 100

LiQ

40477 Düsseldorf

Eine Bar erwacht aus ihrem Dornröschenschlaf. Der Fokus liegt in der LiQ Bar, wie bei ihrer großen Schwester, der Square Bar, auf hausgemachten Cordials, Likören und Zutaten – die Klassiker werden aber keineswegs vernachlässigt. Die Musik: Pop aus den 80er- und 90er-Jahren. Das Ambiente: ein leuchtender Mikrokosmos.

Parkstraße 26

Kategorie: American Bar

Drinks:	**48** I 50
Ambiente:	**17** I 20
Service:	**17** I 20
Sortiment:	**8** I 10
Gesamt:	90 I 100

Mojito's Fine Cocktailbar 40219 Düsseldorf

Die Cocktailkarte hat zwar noch einiges mehr zu bieten, aber: eine Sünde, wenn man nicht den Namensgeber probiert! Das Team hinter der Bar mixt den berühmtesten kubanischen Drink nach dem Originalrezept aus Havanna: milde Minze, bester Rum, Limettensaft, Rohrzucker und Soda. Gutes kann so einfach sein.

Hammer Straße 29–31
+49 211 1682210
mojitos.net
Kategorie: American Bar

Drinks:	**42** I 50
Ambiente:	**18** I 20
Service:	**18** I 20
Sortiment:	**8** I 10
Gesamt:	86 I 100

Parlin 40213 Düsseldorf

»Parlin« kommt heraus, wenn Paris auf Berlin tritt – und das mitten in der Düsseldorfer Altstadt. Wem die Weinauswahl schon die Sprache verschlägt, der sollte besser nicht an die Decke schauen. Unter der wohl ältesten Stuckdecke lässt es sich vorzüglich essen und trinken.
Schwerpunkt: Frankreich, Deutschland

Altestadt 12–14
+49 211 87744595
parlin-weinbar.de
Kategorie: Weinbistro

Weinangebot:	**46** I 50
Service	**18** I 20
Essen	**18** I 20
Ambiente:	**9** I 10
Gesamt:	91 I 100

Petit Punch 40477 Düsseldorf

Namensgeber für die Bar ist ein Drink, der von der Inselgruppe der französischen Antillen stammt und so viel heißt wie kleiner Punsch. Den bekommt man in Form von Rum und Co. zumindest ausreichend – rund 50 Sorten stehen auf der Karte. Nicht verpassen: die unnachahmlichen Daiquiris – gerne mal mit Safran infusioniert.

Jülicher Straße 9
+49 174 8631219

Kategorie: American Bar

Drinks:	**46** I 50
Ambiente:	**19** I 20
Service:	**18** I 20
Sortiment:	**8** I 10
Gesamt:	91 I 100

Qomo 40221 Düsseldorf

Zum Sundowner oder Aperitif – auf 172,5 Meter Höhe wachsen auch die Ansprüche in die Luft. Enttäuscht wird man keineswegs: Klassiker sucht man auf der Karte vergebens, dafür findet man selbst kreierte Signature Drinks, Gins, Whisk(e)ys und eine stattliche Auswahl an Sake. Nicht nur kulinarisch fühlt man sich wie in Japan.

Stromstraße 20
+49 211 86320018
qomo-restaurant.com
Kategorie: Restaurantbar

Drinks:	**45** I 50
Ambiente:	**20** I 20
Service:	**18** I 20
Sortiment:	**8** I 10
Gesamt:	91 I 100

RheinTon

40479 Düsseldorf

Ein kleines, feines Wohnzimmerlokal für Weinfans. Zum edlen Tropfen gesellen sich Brot und Oliven, eine abgestimmte Käseauswahl – oder für den großen Hunger eine kleine Auswahl an saisonalen und regionalen Hauptgerichten. Regelmäßige Weinproben locken Vinophile.
Schwerpunkt: Frankreich

Gartenstraße 28
+49 179 7512046
wein-rheinton.de
Kategorie: Klassische Weinbar

Weinangebot:	**46** | 50
Service	**18** | 20
Essen	**15** | 20
Ambiente:	**8** | 10
Gesamt:	87 | 100

Rocaille

40476 Düsseldorf

Das Konzept als Café, Bistro und Weinbar ist schon deswegen über den ganzen Tag hinweg erfolgreich, weil die Qualität des gesamten Angebots unzweifelhaft gut ist. Rund 1000 Weine aus der ganzen Welt können hier geordert werden. Eine großartige Auswahl!
Schwerpunkt: Italien, Österreich, international

Weißenburgstraße 19
+49 211 97711737
rocaille.de
Kategorie: Weinbistro

Weinangebot:	**50** | 50
Service	**18** | 20
Essen	**19** | 20
Ambiente:	**8** | 10
Gesamt:	95 | 100

Saittavini

40545 Düsseldorf

La Dolce Vita am Rhein. Längst ist das Saittavini zu einer wahren Institution in Düsseldorf geworden. Michelangelo Saittas Liebe zum Wein ist ansteckend. Erlesene Tropfen aus ganz Europa zieren den Laden, und mehr als 10.000 Flaschen verstecken sich im Weinkeller.
Schwerpunkt: Italien

Luegallee 79
+49 211 57797918
saittavini.de
Kategorie: Weinbar in Vinothek

Weinangebot:	**50** | 50
Service	**18** | 20
Essen	**18** | 20
Ambiente:	**9** | 10
Gesamt:	95 | 100

Sir Walter 🍸🍸

40213 Düsseldorf

Mit 434 Quadratmetern direkt gegenüber der Deutschen Oper macht »Sir Walter« seiner Nachbarbühne ordentlich Konkurrenz. Das Publikum: vom Genussmenschen bis hin zum Liebhaber der gepflegten Barkultur. Das Ambiente: kosmopolitisch und künstlerisch. Exzellent gemixte Drinks treffen auf eine umfangreiche Weinkarte.

Heinrich-Heine-Allee 12
+49 174 7117154

Kategorie: Club

Drinks:	**45** | 50
Ambiente:	**18** | 20
Service:	**17** | 20
Sortiment:	**8** | 10
Gesamt:	88 | 100

Squarebar 🍸🍸🍸

40476 Düsseldorf

Seit zehn Jahren betreibt David Rippen auf nur 30 Quadratmetern die Squarebar in Derendorf. Er versteht sich weniger auf Glitzer-Cocktails denn auf anspruchsvolle Drinks wie »Cypress Dill« oder »Pimms my Ride«. Bei ihm wandern immer wieder selbst hergestellte Ingredienzien ins Glas.

Collenbachstraße 57
+49 211 93078770
squarebar.online
Kategorie: American Bar

Drinks:	**48** | 50
Ambiente:	**18** | 20
Service:	**19** | 20
Sortiment:	**8** | 10
Gesamt:	93 | 100

The Paris Club 🍸🍸🍸

40211 Düsseldorf

Durch die Panoramafenster hat man eine atemberaubende Aussicht über Düsseldorf, die Decken sind bis zu sieben Meter hoch, und natürlich fühlt man sich hier wie in der Hauptstadt Frankreichs. Kann die Getränkekarte da mithalten? Bien sûr! Verführerische Highballs treffen auf Spitzenweine und Top-Champagner. Santé!

Louis-Pasteur-Platz 1
+49 211 900910263
25hours-hotels.com
Kategorie: Hotelbar

Drinks:	**45** | 50
Ambiente:	**20** | 20
Service:	**18** | 20
Sortiment:	**8** | 10
Gesamt:	91 | 100

The View

40221 Düsseldorf

Die Inspirationsquelle: die alten Klassiker. Was The View im 16. Stockwerk über Düsseldorf daraus macht: Signature Drinks wie »Innside the Strudel« – der wahr gewordene Traum der Generation Z – oder »Martinez«, hocharomatisch und bittersüß. Dazu eine kleine, aber anspruchsvolle Auswahl an Barsnacks.

Speditionstraße 9
+49 211 447171665
theview-duesseldorf.de
Kategorie: Hotelbar

Drinks:	**43** | 50
Ambiente:	**18** | 20
Service:	**18** | 20
Sortiment:	**8** | 10
Gesamt:	87 | 100

Venerie

40479 Düsseldorf

Vom Flüsterkneipencharme ihrer großen Schwester, der Square Bar, ist die Venerie Bar weit entfernt. Im MUZE Boutiquehotel entführt sie in die 50er-Jahre – und wirkt trotzdem extrem modern. Das spiegelt sich auf der Getränkekarte wider: Eine selektierte Weinauswahl trifft auf lokale Craftbiere und Eigenkreationen.

Prinz-Georg-Straße 126
+49 211 3611560
muzehotel.de
Kategorie: Hotelbar

Drinks:	**49** | 50
Ambiente:	**18** | 20
Service:	**18** | 20
Sortiment:	**8** | 10
Gesamt:	93 | 100

Williams Bar & Kitchen

40217 Düsseldorf

Eine Symbiose aus gehobener Barkultur und kreativer Küche im alten Szeneliebling Mengwasser. Hier herrscht echtes Großstadtflair, wie man es aus Berlin, Paris oder London kennt. Dass Letzteres eine kleine, große Inspirationsquelle ist, lässt sich nicht leugnen. Empfehlung: der Signature Drink »Vicious Rumours«.

Friedrichstraße 115 a
+49 211 93372800
williams-bar.com
Kategorie: Restaurantbar

Drinks:	**44** | 50
Ambiente:	**19** | 20
Service:	**18** | 20
Sortiment:	**8** | 10
Gesamt:	89 | 100

Emma 2 🍷🍷🍷

45130 Essen

Bei dem Angebot von über unglaublichen 800 Weinen wird Vinophilen schon vor dem ersten Schluck ganz schummrig. Gerettet werden sie von toskanischer Salami, bretonischen Sardinen oder Tiroler Bergkäse. In gemütlicher Atmosphäre wird hier Gemeinschaft zelebriert.
Schwerpunkt: Frankreich, Italien, Deutschland, Österreich

Emmastraße 2
+49 201 74927278
emma2.de
Kategorie: Klassische Weinbar

Weinangebot:	**49** I 50
Service	**18** I 20
Essen	**16** I 20
Ambiente:	**9** I 10
Gesamt:	92 I 100

Richter's Bar 🍸🍸🍸

32052 Herford

Die Theke ist ganz klar das Herzstück der Bar. Hinter ihr offenbart sich ein wahr gewordener Traum für alle Mixologen: Fast 400 Flaschen stehen an der Radewiger Brücke bereit. Heraus kommen Kreationen wie der »Cuba Libre 3.0«, aber auch raffinierte Klassiker. Regelmäßige Specials wie die Ladies Night am Donnerstag.

Radewiger Straße 28
+49 5221 1760840

Kategorie: American Bar

Drinks:	**45** I 50
Ambiente:	**18** I 20
Service:	**18** I 20
Sortiment:	**9** I 10
Gesamt:	90 I 100

Botanik 🍸🍸🍸

50676 Köln

Die elfte Etage des Wasserturms verbindet die Kunst des Destillierens mit botanischem Ambiente. Der 360-Grad-Blick gilt auch für die Barkarte: Klassiker und Eigenkreationen decken das gesamte Spektrum der Geschmacksrichtungen ab. Besonders köstlich: der »Bar Botanik Gin Tonic«, gepaart mit verschiedenen Sharing Dishes.

Kaygasse 2
+49 221 20080
wasserturm-hotel-cologne.com
Kategorie: Hotelbar

Drinks:	**45** I 50
Ambiente:	**19** I 20
Service:	**18** I 20
Sortiment:	**8** I 10
Gesamt:	90 I 100

Crevette Rosé 🍸🍸

50825 Köln

Austern schlürfen in Ehrenfeld? Mais oui! Wem der Sinn allerdings nicht nach bezahlbarem Seafood steht, der wird definitiv mit Rosé, Steak frites oder Burrata glücklich. Auf der Getränkekarte dürfen Klassiker wie der Raspberry Thyme oder Gin Basil Smash nicht fehlen – und selbst mit dem Kölsch fühlt man sich wie in Frankreich.

Venloer Straße 437
+49 173 3935331

Kategorie: American Bar

Drinks:	**44** I 50
Ambiente:	**18** I 20
Service:	**18** I 20
Sortiment:	**8** I 10
Gesamt:	88 I 100

Die hängenden Gärten von Ehrenfeld 🍸🍸 50823 Köln

Kein babylonischer Mythos: In dieser Eckkneipe wachsen scheinbar Rosen aus der Decke – und echte spätestens nach dem dritten »Eichhörnchen«. Der Haselnussschnaps schmeckt auf den plüschigen Sofas oder in den urigen Ohrensesseln am besten – die stattliche Bierauswahl holt ihre Gäste in die Kölner Realität zurück.

Vogelsangerstraße 140	Drinks: 44 | 50
+49 221 5892338	Ambiente: 17 | 20
haengendegaerten.de	Service: 18 | 20
Kategorie: Loungebar	Sortiment: 7 | 10
	Gesamt: 86 | 100

Friesen Barkultur 🍸🍸🍸 50670 Köln

Klassische Chesterfield-Sofas, dazu schummriges Licht aus antiken Lampen – so stellt man sich eine echte Cocktailbar vor. Am Wochenende verwandelt sich die Bar in einem Nachtclub mit sensationellem DJ-Aufgebot. Die Cocktails überzeugen mit frischen Kräutern und hausgemachten Sirups und Pürees. Das Motto: Cheers & Dance!

Friesenstraße 41	Drinks: 47 | 50
+49 177 4140802	Ambiente: 18 | 20
friesen-bar.com	Service: 18 | 20
Kategorie: American Bar	Sortiment: 9 | 10
	Gesamt: 92 | 100

Harry's New York Bar 🍸🍸🍸 50667 Köln

Die Bar im Dorint Hotel ist mit der wohl längsten Theke Kölns schon fast zu einer Institution geworden. Jeden Freitag und Samstag gibt es Livemusik. Dazu mixen die Bartender etwa 150 unterschiedliche Cocktails. Komplexe und ausbalancierte Drinks wie der »Smoky Berry« mit Thymian suchen ihresgleichen.

Pipinstraße 1	Drinks: 45 | 50
+49 221 280601210	Ambiente: 18 | 20
hotel-koeln-city.dorint.com	Service: 18 | 20
Kategorie: Hotelbar	Sortiment: 9 | 10
	Gesamt: 90 | 100

HENNE.Weinbar 🍷🍷🍷

50672 Köln

Die Karte – unterteilt in die drei Kategorien »Classic«, »Freakshow« und »Icons« – erleichtert die Entscheidung ungemein. Wer dennoch ratlos bleibt, begibt sich vertrauensvoll in die Hände des Personals. Zu den edlen Tropfen gesellen sich kulinarische Köstlichkeiten.
Schwerpunkt: international, Frankreich, Österreich

Pfeilstraße 31
+49 221 34662647
henne-weinbar.de
Kategorie: Weinbar im Restaurant

Weinangebot:	**48** | 50
Service	**18** | 20
Essen	**19** | 20
Ambiente:	**9** | 10
Gesamt:	94 | 100

Little Link 🍸🍸🍸🍸

50672 Köln

Irgendwo zwischen klassisch und modern, edel und lässig findet man sich in dieser Cocktailbar im Belgischen Viertel wieder. Neben Klassikern stehen auch avantgardistische Eigenkreationen auf der Karte. Sie schaffen den »Link« zur Küche: Kürbis, Steinpilze, Brombeerkaviar oder Safran kommen hier in die Drinks.

Maastrichter Straße 20
+49 162 7833366
littlelink.de
Kategorie: American Bar

Drinks:	**49** | 50
Ambiente:	**18** | 20
Service:	**19** | 20
Sortiment:	**9** | 10
Gesamt:	95 | 100

Lorbass 🍸🍸

50672 Köln

Das New York der 20er-Jahre trifft hier auf rheinländischen Charme. 50 Sorten Gin stehen auf der Karte – davon ein hausgemachter. Wer es außergewöhnlich mag, bekommt eine Eigenkreation gemixt, schließlich ist das Lorbass genau dafür bekannt. In einem der Cocktailkurse lernt man die Tipps und Tricks der Bartender.

Antwerpener Straße 34
+49 173 2777797
lorbass-bar.de
Kategorie: American Bar

Drinks:	**45** | 50
Ambiente:	**18** | 20
Service:	**18** | 20
Sortiment:	**8** | 10
Gesamt:	89 | 100

Maulvoll 🍷🍷

50678 Köln

Die Message war klar: Im Weinladen Südstadt gab es Wein – und was für einen. Die gute Nachricht: Es gibt ihn immer noch, nur unter anderem Namen. Maulvoll heißt das Weinparadies nun und versammelt weiterhin Neuentdeckungen, alte Hasen und alles, was dazwischen liegt.
Schwerpunkt: Deutschland

Im Ferkulum 30
+49 221 16852257
Kategorie: Weinbar in Vinothek

Weinangebot:	**47** | 50
Service	**18** | 20
Essen	**15** | 20
Ambiente:	**8** | 10
Gesamt:	88 | 100

Ona Mor Bar Köln 🍸🍸

50674 Köln

Das Motto: die Kunst der feinen Getränke. Der Name: zum einen »der Liebling der Götter« (Ona), zum anderen »ausgefallen und hervorragend« (Mor). Eine perfekte Zusammenfassung der Cocktailkarte: Klassiker und exotische Neukreationen finden hier Platz. Noch mehr lernt man in den Cocktailkursen, Tastings und Workshops.

Roonstraße 94
+49 221 16874524
onamor.de
Kategorie: American Bar

Drinks:	**45** I 50
Ambiente:	**18** I 20
Service:	**18** I 20
Sortiment:	**8** I 10
Gesamt:	89 I 100

Piano Bar 🍸🍸🍸

50667 Köln

Ein Barklassiker, wie er im Buche steht. Sanfte Pianoklänge, prickelnder Champagner und erstklassige Cocktails treffen auf eine erlesene Weinkarte, auf der sich so manche Rarität findet. Tagsüber genießt man Kaffee- und Teespezialitäten sowie hausgemachte Patisserie und Kuchen. Stilechter Genuss am Fuße des Doms.

Trankgasse 1–5
+49 221 2701
excelsiorhotelernst.com
Kategorie: Hotelbar

Drinks:	**46** I 50
Ambiente:	**18** I 20
Service:	**18** I 20
Sortiment:	**9** I 10
Gesamt:	91 I 100

Rosebud 🍸🍸

50674 Köln

Erst mal 'n Kölsch – und danach einen »Ginger Basil Smash«. Im Rosebud ist alles für jeden möglich, und das spürt man auch. Alkoholfrei bedeutet hier nicht langweilige Saftmischung, sondern raffinierte Drinks, die kurz sprachlos machen. Wer Inspiration sucht, der findet sie hier allemal. Die Stimmung ist ansteckend.

Heinsbergstraße 20
+49 221 27207412
rosebudbar.de
Kategorie: Loungebar

Drinks:	**45** I 50
Ambiente:	**18** I 20
Service:	**18** I 20
Sortiment:	**8** I 10
Gesamt:	89 I 100

Seiberts YYYY

50672 Köln

Willkommen in der hochprämierten Liquid Kitchen. Ein Besuch gleicht einer Reise durch die Cocktailwelt: Von raffiniert gemixten Klassikern bis hin zu nie dagewesenen Kreationen – selbst verarbeitete Zutaten stehen hier im Mittelpunkt. Mit dem wunderschönen Innenhof eine wahre Oase mitten in der Innenstadt.

Friesenwall 33
+49 221 30195013
seiberts-bar.com
Kategorie: American Bar

Drinks:	**50** | 50
Ambiente:	**19** | 20
Service:	**19** | 20
Sortiment:	**9** | 10
Gesamt:	97 | 100

Spirits YYY

50674 Köln

Unter der Woche perfekt für den entspannten Bar-Abend, am Wochenende die Szenebar schlechthin. Lokale DJ-Größen sorgen hier für ein abwechslungsreiches Musikprogramm von Jazz bis House. Die Karte: klassisch, aber nicht zu unterschätzen – ergänzt wird sie mit Champagnercocktails und perfekt gemixten Sours.

Engelbertstraße 63
+49 221 20538044
spiritsbar.de
Kategorie: American Bar

Drinks:	**47** | 50
Ambiente:	**18** | 20
Service:	**19** | 20
Sortiment:	**9** | 10
Gesamt:	93 | 100

Suderman YYYY

50670 Köln

Hochwertige Barkultur trifft auf lässige Veedelkneipen-Attitüde. Gemütliche Sofas und dunkle Farben laden zum Verweilen ein. Zeit, die man braucht, um die circa 300 Spirituosen unter die Lupe zu nehmen. Aus ihnen werden nicht nur die Klassiker gemixt. Zudem: diverse Craftbiere und kleine Speisen.

Sudermanplatz 3
+49 221 96265506
sudermanbar.de
Kategorie: American Bar

Drinks:	**47** | 50
Ambiente:	**19** | 20
Service:	**19** | 20
Sortiment:	**10** | 10
Gesamt:	95 | 100

Tanica YYY

50674 Köln

Der Inbegriff, wenn vom Lieblingsitaliener ums Eck die Rede ist. Raffinierte Crossover-Küche gesellt sich im Mauritiusviertel zu einer hochwertigen Auswahl für Weinkenner und Cocktailfreunde. Die liebevolle Atmosphäre ist ansteckend – ein Ort mit Genussgarantie.

Schwerpunkt: international

Engelbertstaße 31a
+49 221 2405271
rosticceria-massimo.de
Kategorie: Weinbar im Restaurant

Weinangebot:	**44** | 50
Service	**18** | 20
Essen	**19** | 20
Ambiente:	**9** | 10
Gesamt:	90 | 100

The Grid Bar 🍸🍸🍸 50670 Köln

Eine Bar zum Abschalten und Träumen. In diesem Refugium für Genussmenschen mit goldener Decke und Tresen in Bernsteinoptik entstehen Aromakombinationen mit vielversprechenden Namen wie »Queen of Bounce« oder »Ms. Fat Booty«. DJs am Wochenende. Nicht vergessen, vor dem Betreten die Klingel zu drücken.

Friesenstraße 62	Drinks:	**46** | 50
+49 221 99875058	Ambiente:	**18** | 20
thegridbar.de	Service:	**19** | 20
Kategorie: American Bar	Sortiment:	**9** | 10
	Gesamt:	92 | 100

Toddy Tapper 🍸🍸🍸🍸 50670 Köln

Der Star des Abends: Arrak, ein vergorener Palmnektar aus Sri Lanka, mitten im Agnesviertel in Köln. Der sri-lankische Touch ist überall zu spüren, besonders in den edlen Cocktails. Ihre Aromen schicken unsere Geschmacksknospen auf eine Reise in die Ferne. Laue Sommernächte verbringt man auf der gemütlichen Terrasse.

Schillingstraße 27	Drinks:	**49** | 50
+49 221 44707408	Ambiente:	**19** | 20
toddytapper.de	Service:	**19** | 20
Kategorie: Loungebar	Sortiment:	**9** | 10
	Gesamt:	96 | 100

Woods 🍸🍸🍸 50670 Köln

In diesem Wald lauert keine böse Hexe, dafür hinter der Bar umso mehr gute Feen. Eine davon heißt Simon Bach. Der Barchef serviert nicht drei, sondern gleich 21 eigene Cocktailkreationen, die alle ihr eigenes Märchen erzählen. Wie wäre es mit einem flüssigen »Wilhelm Tell«? Große und kleine Tastings.

Friesenstraße 49	Drinks:	**46** | 50
+49 221 42336672	Ambiente:	**19** | 20
woods-cologne.de	Service:	**19** | 20
Kategorie: American Bar	Sortiment:	**8** | 10
	Gesamt:	92 | 100

Bungertshof Weinstube 🍷🍷 53639 Königswinter

Weingenuss in gehobenem, aber nicht abgehobenem Ambiente. Die Weinstube des Bungertshof vereint herzhaft-bodenständige Gerichte mit einer Weinkarte, die ihresgleichen sucht. Mitten in den Weinbergen von Oberdollendorf gelegen, lädt die Terrasse zum Verweilen ein.
Schwerpunkt: Riesling, Deutschland

Heisterbacher Straße 149	Weinangebot:	**46** | 50
+49 2223 3010	Service	**17** | 20
bungertshof.com	Essen	**15** | 20
Kategorie: Weinbar im Restaurant	Ambiente:	**9** | 10
	Gesamt:	87 | 100

Lux YY

48143 Münster

Barkultur trifft im LWL-Museum für Kunst und Kultur auf wahre Grillkunst vom Josper-Buchenholzkohlegrill. Die Bar ergänzt mit innovativen Highballs, hochwertigen Spirituosen und einer Auswahl an nationalen und internationalen Craftbieren. Die Sonnenterrasse ist stadtbekannt – ein Highlight: der Champagner-Tuesday.

Domplatz 10
+49 251 98161030
das-lux.de
Kategorie: Restaurantbar

Drinks:	**45** / 50
Ambiente:	**18** / 20
Service:	**17** / 20
Sortiment:	**8** / 10
Gesamt:	88 / 100

Goldstück YYY

45657 Recklinghausen

Im Recklinghäuser Westviertel findet jeder sein zweites Wohnzimmer. Zwangloser Genuss steht hier im Vordergrund, egal, ob mit Wein, Bier, Cocktailklassikern oder spontanen Eigenkreationen. Die gemütliche und herzliche Atmosphäre versammelt alle: vom Stammgast bis zum Besucher der Ruhrfestspiele.

Reitzensteinstraße 58–60
+49 2361 8484906
goldstück-recklinghausen.de
Kategorie: Loungebar

Drinks:	**45** / 50
Ambiente:	**18** / 20
Service:	**18** / 20
Sortiment:	**9** / 10
Gesamt:	90 / 100

RHEINLAND-PFALZ

Der große Gatsby YYY

55131 Mainz

Die Goldenen Zwanziger prägen das schicke Interieur der angesagten Bar, die nur freitags und samstags geöffnet hat, aber auch als Eventlocation gemietet werden kann. Genau der richtige Platz für einen entspannten Cocktailabend mit Eigenkreationen der Barkeeper. Dazu ist die Auswahl an Gins und Tonics bemerkenswert.

Drususstraße 1
+49 6131 3399270
gatsby-mainz.de
Kategorie: American Bar

Drinks:	**46** / 50
Ambiente:	**19** / 20
Service:	**19** / 20
Sortiment:	**9** / 10
Gesamt:	93 / 100

Favorite

55131 Mainz

Längst ein Klassiker, ist das Hotel der Familie Barth Anziehungspunkt für Gäste aus nah und fern. Vor allem die gemütliche Bar ist ein beliebter Treffpunkt, hier gibt zu einer guten Auswahl an nationalen und internationalen Weinen auch herzhafte Snacks vom Feinsten.
Schwerpunkt: Deutschland

Karl-Weiser-Straße 1
+49 6131 8015477
favorite-mainz.de
Kategorie: Weinbar im Restaurant

Weinangebot:	**47** I 50
Service	**18** I 20
Essen	**18** I 20
Ambiente:	**9** I 10
Gesamt:	92 I 100

Ladendorfs Weinhaus

55116 Mainz

Zur regionalen Küche werden im modernen Ambiente die passenden Gewächse geboten, kompetent ausgesucht und immer mit vinologischen Überraschungen gespickt. Das gut sortierte Angebot reicht denn auch vom einfachen Gutswein bis zum Großen Gewächs renommierter Güter.
Schwerpunkt: Deutschland

Gaustraße 73
+49 6131 2493609
ladendorfs-weinhaus.com
Kategorie: Weinbar im Restaurant

Weinangebot:	**46** I 50
Service	**19** I 20
Essen	**18** I 20
Ambiente:	**8** I 10
Gesamt:	91 I 100

Laurenz

55118 Mainz

Mit einem breit aufgestellten, sehr guten Weinsortiment punktet das kleine Restaurant in einem Mainzer Wohnviertel. Im gemütlichen Ambiente werden dazu fein gemachte, teils regional ausgerichtete Speisen serviert, die Weine können auch mit nach Hause genommen werden.
Schwerpunkt: Frankreich, Deutschland

Gartenfeldstraße 9
+49 6131 2168660
laurenz-mainz.de
Kategorie: Klassische Weinbar

Weinangebot:	**46** I 50
Service	**18** I 20
Essen	**18** I 20
Ambiente:	**9** I 10
Gesamt:	91 I 100

M-Lounge & Bar

55116 Mainz

Das schick eingerichtete Hotel mit Lounge und Bar an der Rheinpromenade ist der ideale Ort, um echtes Flussfeeling zu erleben. Dazu bietet die Weinkarte eine erstklassige Auswahl von einfachen Gewächsen bis zu Top-Weinen. Klassische Drinks, Spirituosen und hausgemachte Cocktails sind hier ebenfalls empfehlenswert.

Templerstraße 6
+49 6131 7311537
hyattrestaurants.com
Kategorie: Hotelbar

Drinks:	**44** I 50
Ambiente:	**18** I 20
Service:	**18** I 20
Sortiment:	**8** I 10
Gesamt:	88 I 100

Rheinhattan Bar 🍸🍸🍸 55116 Mainz

Markus Schuler ist ein wahrer Meister der Cocktailkunst, sein Angebot ist vielseitig, ideenreich und vor allem erstklassig. Spezialität sind die Liquid Art Cocktails, die Auswahl an Spirituosen ist bemerkenswert. Barkultur vom Feinsten, inszeniert in einem stilvollen, entspannten Ambiente zwischen Gründerzeit und Moderne.

Neutorstraße 8 +49 176 46062291 rheinhattanbar.de **Kategorie: Loungebar**	Drinks: **48** / 50 Ambiente: **18** / 20 Service: **19** / 20 Sortiment: **8** / 10 Gesamt: 93 / 100

Spiritus 🍸🍸🍸 55116 Mainz

Täglich ab 18 Uhr geöffnet, ist die Cocktailbar mit ihrem urigen, rustikalen Ambiente ein beliebter Ort für den Start in die Nacht – oder den Absacker. Professionell gemixt werden Klassiker ebenso wie einfallsreiche Eigenkreationen aus besten natürlichen Zutaten, für individuelle Wünsche ist das gesamte Team offen.

Neutorstraße 5–7 +49 151 21269573 spiritus-mainz.de **Kategorie: American Bar**	Drinks: **48** / 50 Ambiente: **18** / 20 Service: **19** / 20 Sortiment: **9** / 10 Gesamt: 94 / 100

Interieur No. 253 🍷🍷🍷

53424 Remagen

Untergebracht im historischen Bahnhof Remagen, ist die sehenswerte Location eine gelungene Mischung aus Weinbar, Bistro und Restaurant. Entsprechend abwechslungsreich und attraktiv ist das kulinarische Angebot, die Weinkarte ist dazu bestens und kompetent bestückt.
Schwerpunkt: Deutschland

Hans-Arp-Allee 1	Weinangebot: **46** | 50
+49 2228 911111	Service **18** | 20
interieur-no253.de	Essen **17** | 20
Kategorie: Weinbar im Restaurant	Ambiente: **10** | 10
	Gesamt: 91 | 100

Das Weinhaus 🍷🍷🍷

54290 Trier

Aktuelle Jahrgänge sind in dem renommierten Familienbetrieb, zu dem auch ein Restaurant gehört, ebenso zu finden wie reife Weine und Raritäten. Ein Dorado für alle, die freundlich und kompetent beraten werden möchten. Weinproben vor Ort oder online gehören zum Angebot.
Schwerpunkt: Mosel, Saar, Ruwer

Brückenstraße 7	Weinangebot: **49** | 50
+49 651 1704924	Service **18** | 20
weinhaus-trier.de	Essen **17** | 20
Kategorie: Weinbar in Vinothek	Ambiente: **8** | 10
	Gesamt: 92 | 100

Oechsle 🍷🍷

54290 Trier

Liebenswerte Gastlichkeit, fangfrische Fische und Meerestiere und ein durchdachtes Sortiment bester Weine von Mosel, Saar und Ruwer. Seit vielen Jahren ist das sympathische Haus ein verlässlicher Hort des guten Geschmacks, immer auf der kulinarischen Höhe der Zeit.
Schwerpunkt: Mosel, Saar, Ruwer

Palaststraße 5–7	Weinangebot: **45** | 50
+49 651 9917555	Service **17** | 20
oechsle-weinhaus.de	Essen **16** | 20
Kategorie: Weinbistro	Ambiente: **7** | 10
	Gesamt: 85 | 100

Verzauber Bar 🍸🍸

54290 Trier

Magische Cocktails sind in der heimeligen Bar an der Tagesordnung, gemixt wird mit viel Passion und immer mit einem Schuss Einfallsreichtum und Kreativität. Für Extrawünsche hat das freundliche und engagierte Barteam ein offenes Ohr, doch am besten vertraut man den Profis und genießt ihre Klassiker und Newcomer.

Saarstraße 90
+49 176 32213281
verzauber.bar
Kategorie: American Bar

Drinks:	**46** / 50
Ambiente:	**18** / 20
Service:	**18** / 20
Sortiment:	**7** / 10
Gesamt:	**89** / 100

Weinbar Trier 🍷🍷

54290 Trier

Auf zwei Etagen stehen in der bestens sortierten Bar rund 230 Weine aus Europa und Übersee in allen Geschmacksrichtungen und Qualitäten zur Wahl. Herausragend ist das Angebot an erstklassigen Mosel-Gewächsen, viele davon werden zur Verkostung im offenen Ausschank angeboten.
Schwerpunkt: Mosel, Deutschland

Simeonstraße 12
+49 651 99466955
weinbar-trier.de
Kategorie: Weinbar in Vinothek

Weinangebot:	**47** / 50
Service	**18** / 20
Essen	**15** / 20
Ambiente:	**8** / 10
Gesamt:	**88** / 100

EINRAUM 🍸🍸🍸

67547 Worms

Immer wieder sind in der kleinen Location angesagte Barkeeper aus der Szene zu Gast und bieten attraktive Tastings mit Klassikern und Eigenkreationen. Dazu gibt es in der gemütlichen Bar auch ein gutes Weinangebot, einmal im Monat stehen ein Stammessen und das Hinterhofgrillen mit Streetfood auf dem Programm.

Weckerlingplatz 1
+49 6241 4961959
einraum.bar
Kategorie: American Bar

Drinks:	**47** I 50
Ambiente:	**18** I 20
Service:	**19** I 20
Sortiment:	**8** I 10
Gesamt:	92 I 100

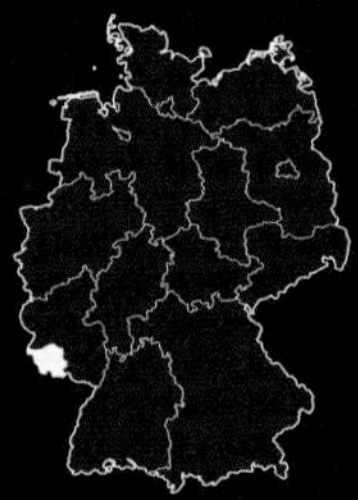

SAARLAND

Vindumi 🍷🍷

66459 Kirkel

Von hier ist es ein Katzensprung nach Frankreich – das schmeckt man. Bei Vin-du-Mi(-di) gibt es, wie es der Name schon verrät, Weine aus dem Süden unseres Nachbarlandes. Familie Hock kennt all ihre Winzer persönlich. Am besten besucht man eine ihrer Weinproben.
Schwerpunkt: Frankreich

Hauptstraße 39
+49 6841 9590680
vindumi.de
Kategorie: Weinbar in Vinothek

Weinangebot:	**44** I 50
Service	**18** I 20
Essen	**17** I 20
Ambiente:	**7** I 10
Gesamt:	86 I 100

Marie-Luise & Jypsie's 🍷🍷

66625 Nohfelden

Weine aus heimischen Anbaugebieten von ausgewählten Winzern. Dazu saisonal wechselnde kleine kulinarische Köstlichkeiten, die man in der Weinstube oder bei schönem Wetter auf der Terrasse oder Dachterrasse genießen kann. Ein kleines Juwel im tiefsten Saarland.
Schwerpunkt: Deutschland

Brühlstraße 6b
+49 6852 4859922
vinothek-marie-luise.de
Kategorie: Weinbar in Vinothek

Weinangebot:	**44** I 50
Service	**17** I 20
Essen	**17** I 20
Ambiente:	**8** I 10
Gesamt:	86 I 100

Louis Bar

66740 Saarlouis

Das Interieur, die Farben, das Licht – der besondere Blick für Details: Genießer fühlen sich in der Louis Bar ab Sekunde eins pudelwohl. Bar und Bibliothek gehen Hand in Hand – Stunden vergehen hier wie im Flug. Aperitif, Cocktail oder Digestif, die Barkarte ist ebenfalls ein Rendezvous zwischen Tradition und Moderne.

Prälat-Subtil-Ring 22
+49 6831 89440440
lamaison-hotel.de
Kategorie: Hotelbar

Drinks:	**44** I 50
Ambiente:	**18** I 20
Service:	**18** I 20
Sortiment:	**8** I 10
Gesamt:	88 I 100

Dresden Gin House

01067 Dresden

Der Wacholder steht hier im Getränkemenü im Mittelpunkt. Umrahmt werden die Spielarten und Variationen, die im edlen Interieur der Goldenen Zwanzigerjahre serviert werden, von weiteren hochwertigen alkoholischen Destillaten wie Rum und Tequila. Ein weiteres Highlight sind die Longdrinks von Barchef Wilhelm Streich.

An der Frauenkirche 13
+49 351 417270
dresden-ginhouse.de
Kategorie: Hotelbar

Drinks:	**45** I 50
Ambiente:	**18** I 20
Service:	**18** I 20
Sortiment:	**9** I 10
Gesamt:	90 I 100

Frank's Bar 🍸🍸

01099 Dresden

Eine Zeitreise in die 90er-Jahre. Im Herzen der Dresdner Neustadt schafft Barchef Frank Ulbricht einen intimen Raum für den Cocktail-Durst. Die 45 Plätze sind schnell besetzt, Zigarettenqualm erfüllt den Raum, und Gäste studieren die Karte mit dem vielfältigen Angebot von mehr als 200 Drinks zu den Klängen von Jazz.

Alaunstraße 80	Drinks:	**45** I 50
+49 351 65888380	Ambiente:	**18** I 20
franksbar.de	Service:	**18** I 20
Kategorie: American Bar	Sortiment:	**8** I 10
	Gesamt:	**89** I 100

Herz American Bar 🍸🍸🍸

01097 Dresden

Die American Bar mit ihrer langen Theke ist ein echter Geheimtipp unter den Dresdner Bars. Hier kreiert Chef Stephan Herz grandiose Cocktails aus feinsten Spirituosen seiner anspruchsvoll gefüllten Bar. Heiß begehrt sind im Sommer die Plätze im Innenhof. Besonders sind die intime Atmosphäre und die Longdrinks.

Wallgässchen 4	Drinks:	**46** I 50
+49 351 85096108	Ambiente:	**18** I 20
herz.bar	Service:	**18** I 20
Kategorie: American Bar	Sortiment:	**8** I 10
	Gesamt:	**90** I 100

Pinta Cocktailbar 🍸🍸🍸

01099 Dresden

Freunde der traditionellen Barkultur sind in der Pinta gut aufgehoben. Die älteste Cocktailbar im Szeneviertel Neustadt segelt auf den Spuren des Entdeckers Kolumbus und verfügt über ein 200 Sorten umfassendes Rum-Sortiment. Auch die experimentierfreudigen Tagesangebote animieren dazu, den Entdeckergeist zu erwecken.

Louisenstraße 49	Drinks:	**44** I 50
+49 351 8106761	Ambiente:	**18** I 20
pinta-cocktailbar.de	Service:	**18** I 20
Kategorie: American Bar	Sortiment:	**10** I 10
	Gesamt:	**90** I 100

SonderBar 🍸🍸

01187 Dresden

Inhaber Jens Lukas findet, gerade Einfaches sei schwer perfekt zu machen. Aber selbst die Klassiker sind in dieser American Bar ein Highlight. Die Cocktailkarte ist in Basiskategorien wie »intensiv und würzig« oder »übel und unanständig« gegliedert. Gute Drinks und leichte Snacks ergänzen sich perfekt im hippen Gastraum.

Würzburger Straße 40	Drinks:	**45** I 50
+49 351 4719595	Ambiente:	**18** I 20
sonderbar.de	Service:	**18** I 20
Kategorie: American Bar	Sortiment:	**8** I 10
	Gesamt:	**89** I 100

Twist Bar 🍸🍸🍸

01067 Dresden

Der schöne Blick von der Hotelbar auf die Stadt verbindet sich exzellent mit dem modernen Mobiliar und den klassischen Drinks, die hier von Marlon Kutschke und seinem Team gemixt werden. Hinzu kommen Snacks und experimentelle Cocktails wie der fantasievolle und zugleich selbstironische »Dill The End of Time«.

Salzgasse 4
+49 351 795150
ven-dresden.de
Kategorie: Hotelbar

Drinks:	**45** I 50
Ambiente:	**19** I 20
Service:	**18** I 20
Sortiment:	**9** I 10
Gesamt:	91 I 100

Wein | Kultur | Bar 🍷🍷🍷🍷

01277 Dresden

Silvio Nitzsche betreibt seit Jahren eine der besten Weinbars der Stadt. Mit breiter Kenntnis und gutem Geschmack hat er ein Weinsortiment aufgebaut, das Hunderte internationale Sorten umfasst. Kleine Snacks korrespondieren mit den Gewächsen und dem urigen Interieur.

Schwerpunkt: Deutschland, international

Wittenberger Straße 86
+49 351 3157917
weinkulturbar.de
Kategorie: Klassische Weinbar

Weinangebot:	**50** I 50
Service	**20** I 20
Essen	**16** I 20
Ambiente:	**9** I 10
Gesamt:	95 I 100

Weinzentrale 🍷🍷🍷

01099 Dresden

Mehr als 400 Sorten umfasst das aufregende Weinsortiment der Weinbar, die von Sommelier Jens Pietzonka liebevoll und vor allem mit fachmännischem Wissen geführt wird. Unprätentiös lässt sich hier der Wein genießen – besonders die französischen Tropfen sind Highlights.

Schwerpunkt: Europa, Deutschland

Hoyerswerdaer Straße 26
+49 351 89966747
weinzentrale.com
Kategorie: Klassische Weinbar

Weinangebot:	**47** I 50
Service	**19** I 20
Essen	**17** I 20
Ambiente:	**9** I 10
Gesamt:	92 I 100

Herder Zehn 🍷🍷

09599 Freiberg

Die vielfältige Weinauswahl ermöglicht eine geschmackliche Reise durch ganz Europa. Das wird durch eine kleine und zugleich aufregende Speisekarte ergänzt. Besonders die deutschen Gewächse sind gut, hinzu kommen Neuentdeckungen und Klassiker. Das Interieur ist urig.

Schwerpunkt: Deutschland, Burgund

Herderstraße 10
+49 3731 23013
herder10.com
Kategorie: Weinbar in Vinothek

Weinangebot:	**45** I 50
Service	**18** I 20
Essen	**17** I 20
Ambiente:	**8** I 10
Gesamt:	88 I 100

Brick's

04109 Leipzig

Im Keller geht hier im Herzen von Leipzig die Post ab. Wer die Wendeltreppe gefunden hat, steigt in ein Universum der köstlichen Drinks hinab: Die Auswahl an Cocktails ist riesig, der Barkeeper versteht sein Metier, und nach dem zweiten Drink entfalten auch die Musikvideos aus den Achtzigern eine hypnotische Wirkung.

Am Brühl 52
+49 341 9614327
Kategorie: Loungebar

Drinks:	**44** I 50
Ambiente:	**17** I 20
Service:	**18** I 20
Sortiment:	**8** I 10
Gesamt:	87 I 100

Falco

04105 Leipzig

Vom 27. Stock des Hotels aus liegt einem Leipzig zu Füßen, und Sternekoch Peter Maria Schnurr kocht mit Weitblick exzellente Fusion. Hinter dem Tresen und im stylishen Gastraum kreiert Barchef Lars Keding innovative Drinks und Klassiker. Zum Sonnenuntergang passen besonders der »Cosmopunch1947« und der »Golden Hour Royal«.

Gerberstraße 15
+49 341 9882727
falco-leipzig.de
Kategorie: Restaurantbar

Drinks:	**44** I 50
Ambiente:	**20** I 20
Service:	**18** I 20
Sortiment:	**9** I 10
Gesamt:	91 I 100

Imperii Bar

04109 Leipzig

Die Bar trägt ihren antiken Namen, weil sich hier die Handelsstraßen Via Regia und Via Imperii gekreuzt haben. André Pintz hat seine Bar zu einem stylishen Imperium für gute Drinks gemacht, die durch eine exzellente Küche begleitet werden. Man sitzt auf minimalistischen Möbeln und genießt die Cocktailneuschöpfungen.

Brühl 72
+49 341 96283789
imperii.de
Kategorie: Loungebar

Drinks:	**46** I 50
Ambiente:	**18** I 20
Service:	**19** I 20
Sortiment:	**9** I 10
Gesamt:	92 I 100

Le Grand Bar

04109 Leipzig

Der Lichthof des besten Hauses am Platz ist der perfekte Ort für eine mondäne Cocktailbar, die neben den großen Klassikern auch ausgefallene Signature Cocktails serviert. Mit einem kleinen, aber umso aufregenderen Speisenangebot und exzellentem Service schmecken die Drinks noch besser. Das edle Hotel ist ein Weltstadtort.

Salzgässchen 6
+49 341 3505810
steigenberger.com
Kategorie: Hotelbar

Drinks:	**46** I 50
Ambiente:	**18** I 20
Service:	**18** I 20
Sortiment:	**8** I 10
Gesamt:	90 I 100

Le Grand Brasserie 🍷🍷🍷

04109 Leipzig

Im besten Haus am Platz zelebriert die mondäne und zugleich stylishe Bar mit imposantem Atrium den Cocktail. Neben der grandiosen französischen Küche bietet die Bar des berühmten Hotels Cocktailklassiker und experimentelle Neuentdeckungen – wie den »Ennio Morricone«.

Schwerpunkt: international

Salzgässchen 6	Weinangebot:	**46** I 50
+49 341 3505810	Service	**18** I 20
steigenberger.com	Essen	**17** I 20
Kategorie: Weinbar im Restaurant	Ambiente:	**9** I 10
	Gesamt:	90 I 100

Renkli 🍷🍷🍷

04107 Leipzig

Nach der umfassenden Beratung gibt es im minimalistischen Ambiente und unter den durchdesignten Lampen Rioja aus Spanien, der ein echtes Highlight ist. Dazu kommen exzellente Speisen und Hunderte andere internationale Sorten, die mit Leidenschaft kuratiert sind.

Schwerpunkt: Deutschland

Karl-Liebknecht-Straße 2	Weinangebot:	**46** I 50
	Service	**19** I 20
	Essen	**17** I 20
Kategorie: Klassische Weinbar	Ambiente:	**8** I 10
	Gesamt:	90 I 100

Rorschach 🍸🍸

04275 Leipzig

2016 hat Maurice Le Petit seine avantgardistische Cocktailstube eröffnet. Im kleinen Raum mit warmem Licht und geschmackvoller Spirituosenauswahl wird die klassische Barkultur von Aviation und Old Fashioned bis hin zu neuen Kreationen zelebriert. Liebhaber des Biers finden ebenfalls eine feine Auswahl vor.

Arndtstraße 44	Drinks:	**46** I 50
+49 341 3038691	Ambiente:	**17** I 20
rorschach-bar.de	Service:	**18** I 20
Kategorie: American Bar	Sortiment:	**8** I 10
	Gesamt:	89 I 100

Gräfe's Wein & Fein 🍷🍷🍷

01445 Radebeul

Über 500 Weinsorten mit deutschem Schwerpunkt und erlesene Champagnerjahrgänge bietet der Weinfachhandel an. Im angeschlossenen Bistro kann man aus etwa 20 offenen Weinen oder aus dem prall gefüllten Weinregal. Zudem brillieren die kleinen Speisen als Begleitung wählen.

Schwerpunkt: Deutschland

Hauptstraße 19	Weinangebot:	**48** I 50
+49 351 8365540	Service	**19** I 20
graefes-weinundfein.de	Essen	**18** I 20
Kategorie: Weinbar in Vinothek	Ambiente:	**8** I 10
	Gesamt:	93 I 100

Kult-Hippo-Bar

02681 Schirgiswalde-Kirschau

Im spanisch-maurischen Ambiente, das den Gastraum prägt, werden die Gäste mit Drinks, Musik und Licht in ein Märchen aus Tausendundeiner Nacht entführt. Es gibt plüschige Separees und einladende Kissen. Zu den klassischen Drinks und innovativen Neuschöpfungen gibt es Shishas und kleine Snacks aus dem Nahen Osten.

Bautzener Straße 74
+49 3592 5200
bei-schumann.de
Kategorie: Hotelbar

Drinks:	**45** I 50
Ambiente:	**19** I 20
Service:	**17** I 20
Sortiment:	**9** I 10
Gesamt:	90 I 100

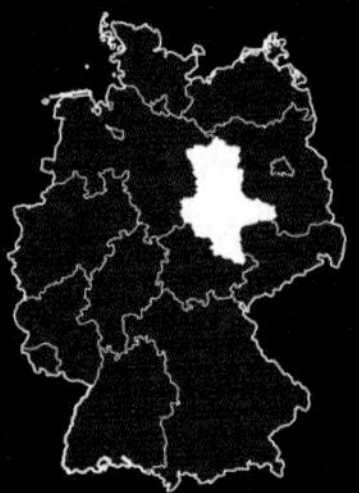

SACHSEN-ANHALT

51°

06632 Freyburg (Unstrut)

Die minimalistische Eleganz einer hippen Cocktailbar trifft hier auf die urige Gemütlichkeit des Burgenlandkreises. Neben den innovativen Drinks brilliert die Bar, gegründet von einer Pfälzerin und einem Westfalen, mit gutem Essen, erstklassigen Zutaten und lässigem Service.
Schwerpunkt: Deutschland, international

Schützenstraße 9
+49 34464 359390
51grad.ursprung.de
Kategorie: Weinbar im Restaurant

Weinangebot:	**46** I 50
Service	**18** I 20
Essen	**18** I 20
Ambiente:	**9** I 10
Gesamt:	91 I 100

Lujah

06108 Halle

Die lang gestreckte Bar und die Lounge sind in warme Töne und dezentes Licht getaucht und laden zu den exzellenten Drinks ein, die hier mit viel Fachwissen gemixt werden. Auch die kleine, aber immer besondere Weinauswahl ist beeindruckend. Hinzu kommt ein spannendes Angebot an Snacks, frischen Salaten und Pastagerichten.

Kleine Ulrichstraße 36
+49 345 4789900
lujah.de
Kategorie: Loungebar

Drinks:	**46** I 50
Ambiente:	**19** I 20
Service:	**18** I 20
Sortiment:	**9** I 10
Gesamt:	92 I 100

Mo's Daniel's

06108 Halle

Internationale Küche wie Burger, Pasta und Pelmeni trifft auf exzellente Drinks in einem stylishen Gastraum. Die Bar im Zentrum von Halle glänzt mit ihrem erstklassigen Service und den ausgefallenen Mojitos. Besonders die karibischen und südamerikanischen Drinks sind die Highlights, aber auch Klassiker wie Gin Tonic.

Bernburger Straße 1
+49 345 6869800
mosdaniels.de
Kategorie: American Bar

Drinks:	**44** | 50
Ambiente:	**18** | 20
Service:	**18** | 20
Sortiment:	**8** | 10
Gesamt:	88 | 100

Charles Bar

06886 Lutherstadt Wittenberg

Inmitten der Wittenberger Altstadt mixt Barchef Martin Kramer die besten Drinks der Stadt. Die Bar mit ihrem hölzernen Innenraum ist ein Juwel für Liebhaber von ausgefallenen und popkulturell angehauchten Cocktails mit Programm. Jede Woche gibt es Tastings und Angebote. Exzellent ist besonders der Gin Basil Smash.

Markt 7
+49 151 20765107
charlesbar.de
Kategorie: American Bar

Drinks:	**48** | 50
Ambiente:	**18** | 20
Service:	**19** | 20
Sortiment:	**9** | 10
Gesamt:	94 | 100

SCHLESWIG-HOLSTEIN

Banmaai

24105 Kiel

Das schön gestaltetete Interior bietet die perfekte Bühne für den freundlichen Service, der moderne Thaiküche garniert mit raffinierten Drinks serviert. »Deeppurple« bringt Musik, aber vor allem Farbe ins Glas mit Blüteninfusion und Lavendel. Feine Auswahl an Gin und Rum, gekonnt vom Barchef zu Drinks und Cocktails verarbeitet.

Brunswicker Straße 24
+49 431 58780978
banmaai.de
Kategorie: Restaurantbar

Drinks:	**42** | 50
Ambiente:	**17** | 20
Service:	**18** | 20
Sortiment:	**7** | 10
Gesamt:	84 | 100

Chaplin's

24103 Kiel

Die Kunstwerke an der Wand und im Glas kreiert Inhaber Paolo Lascari. Die nur 80 Quadratmeter große Bar begeistert mit Wohnzimmeratmosphäre und coolen Drinks, das perfekte Eis ist seine Passion. Den ersten Cocktail mixte der kleine Paolo auf Sizilien, eine Limoncello Granita. Im Heimathafen Kiel zaubert er das Beste aus aller Welt.

Waisenhofstraße 5a
+49 431 92610
chaplinsbar-kiel.de
Kategorie: Loungebar

Drinks:	**44** | 50
Ambiente:	**17** | 20
Service:	**17** | 20
Sortiment:	**7** | 10
Gesamt:	85 | 100

D.O. Weinbar Kiel

24105 Kiel

Mit »moin lekker Wein« bringt die Weinbar ihr Konzept auf gut Norddeutsch knapp auf den Punkt: gute Tropfen aus Spanien und Südafrika sowie Namibia, wo die Inhaber Carsten Pieper und Patrick Thoms gelebt haben. »Lekker« zum Wein: Tapas und luftgetrocknetes Biltong Beef.
Schwerpunkt: Südafrika, international, Spanien

Holtenauer Straße 160
+49 152 26650762
kiel.do-weinbar.de
Kategorie: Klassische Weinbar

Weinangebot:	**46** | 50
Service	**18** | 20
Essen	**17** | 20
Ambiente:	**8** | 10
Gesamt:	89 | 100

Deck 8

24103 Kiel

Ozeandampfer-Feeling auf dem Atlantic-Oberdeck mit herrlichem Blick auf die Kieler Förde. Barchef Ravindra Silva und sein Team mixen einmal rund um die Welt, immer wieder auch mit nordischen Einflüssen wie Anadalö-Sanddorn im erfrischenden »Yellow Fizz« und »Skål«. Besonders schön zur blauen Stunde auf einen Sundowner.

Raiffeisenstraße 2
+49 431 37499576
atlantic-hotels.de
Kategorie: Hotelbar

Drinks:	**43** | 50
Ambiente:	**19** | 20
Service:	**19** | 20
Sortiment:	**8** | 10
Gesamt:	89 | 100

Moralist 🍸🍸🍸

24105 Kiel

Leben ohne Gin? Sinnlos. Riesige Auswahl an Gin-Sorten, darunter seltene Gin-Liköre oder gesüßte Gins, in Eichenfässern Gelagertes wie der »Spitzmund Reserve« aus Kiel oder »Demmler's Baltic Sea Gin« aus einer Privatdestillerie. Mitmachen empfohlen bei den informativ-unterhaltsamen Gin-Tastings. Auch Cocktails mixt das Barteam virtuos.

Holtenauer Straße 59
+49 431 12817440
moralist-bar.de
Kategorie: Loungebar

Drinks:	46 | 50
Ambiente:	18 | 20
Service:	18 | 20
Sortiment:	9 | 10
Gesamt:	91 | 100

Seebar 🍸🍸

24105 Kiel

Wellenplätschern unter den Füßen, das Meer im Blick und Drinks in der Hand für maximales Beachbar-Feeling. Perfekt für den nordischen Sommer ist die kleine, feine Auswahl an Cocktails und Drinks, dazu Frisches vom Grill und Pizza aus dem Steinofen. Wer mag, springt ins kühle Nass, dreht eine SUP-Runde und genießt coole DJ-Beats.

Kiellinie 130
+49 431 34185
seebad-duesternbrook.com
Kategorie: American Bar

Drinks:	44 | 50
Ambiente:	19 | 20
Service:	17 | 20
Sortiment:	7 | 10
Gesamt:	87 | 100

Dietrich's Luebeck 🍸🍸🍸

23552 Lübeck

Barchef Clemens Dietrich hat mit seiner erstaunlichen Spirituosensammlung, die allein 300 Gin-Sorten umfasst, ordentlich was zu bieten. Seine Bar ist gemütlicher Treffpunkt bis spät in die Nacht. Klassiker und Eigenkreationen zum Genießen. Tipp: den hauseigenen Gin gibt's im Dietrich's Spirit Store auch für zu Hause.

An der Untertrave 108
+49 1590 1447454
dietrichs-luebeck.de
Kategorie: American Bar

Drinks:	47 | 50
Ambiente:	18 | 20
Service:	18 | 20
Sortiment:	9 | 10
Gesamt:	92 | 100

Bar im Severin's 🍸🍸🍸

25980 Sylt (Keitum)

Die Bar im Severin's ist an eleganter Coziness nicht zu überbieten. Und auch die Barkultur ist vom Feinsten. Die freundlichen Bar-Profis schütteln und mixen, was rund um den Globus erdacht wurde. Auch Eigenkreationen wie der »Cranberry Storm« mit Cranberry-Rum erfreuen sich nicht nur bei Sturm größter Beliebtheit.

Am Tipkenhoog 18
+49 4651 460660
severins-sylt.de
Kategorie: Hotelbar

Drinks:	**46** | 50
Ambiente:	**19** | 20
Service:	**18** | 20
Sortiment:	**8** | 10
Gesamt:	91 | 100

Sansibar 🍷🍷🍷🍷

25980 Sylt (Rantum)

Sylt ohne Sansibar? Undenkbar! Ein Besuch auf der Insel ohne Abstecher zu Herbert Secklern ist nur das halbe Vergnügen. Die Weinkarte sucht ihresgleichen. Klassiker wie Aperol Spritz, Hugo und Erdbeerbowle schmecken mit Nordseeluft besonders gut. Hervorragende Wohlfühlgerichte.
Schwerpunkt: international

Hörnumer Straße 80
+49 4651 964647
sansibar.de
Kategorie: Weinbar im Restaurant

Weinangebot:	**50** | 50
Service	**19** | 20
Essen	**18** | 20
Ambiente:	**9** | 10
Gesamt:	96 | 100

Miles 🍸🍸🍸

25980 Sylt (Tinnum)

Die gekonnt gestylte Bar von Holger Bodendorf strahlt guten Geschmack auf allen Ebenen aus. Kunst von Namensgeber Devin Miles an den Wänden, stylishes Design fürs Auge und Hervorragendes im Glas. Longdrinks mit 20 auch alkoholfreien Gin-Sorten, große Auswahl an Cognacs und hervorragende, exzellent zubereitete Cocktails.

Boy-Nielsen-Straße 10
+49 4651 88990
landhaus-stricker.com
Kategorie: Hotelbar

Drinks:	**46** | 50
Ambiente:	**18** | 20
Service:	**18** | 20
Sortiment:	**9** | 10
Gesamt:	91 | 100

Hardy's

25980 Sylt (Westerland)

Genussvielfalt ist in dem schicken Hotel mitten in Westerland Programm, auch in der schön gestylten Bar. Klassische Drinks aus den 20er-Jahren wie Lynchburg Lemonade und Hanky Panky treffen auf moderne Interpretationen wie den »Hardy's Basil Paradise« als Frozen-Hommage an den legendären Smash. Einfach grandios!

Strandstraße 2
+49 4651 8580
hotelstadthamburg.com
Kategorie: Hotelbar

Drinks:	**46** | 50
Ambiente:	**18** | 20
Service:	**19** | 20
Sortiment:	**8** | 10
Gesamt:	91 | 100

Vitis Sylt

25980 Sylt (Westerland)

Wein »hinter Gittern« an der Westerländer Flaniermeile. Die stylishe Weinwelt von Sven Wiezorek und Christian Gehrke hat 30 Weine im Offenausschank und unzählige in der Flasche – in zehn Minuten auf Trinktemperatur gekühlt. Für Mitglieder der WineBank sogar rund um die Uhr.
Schwerpunkt: international, Deutschland, Schaumwein

Boysenstraße
+49 4651 8358571
vitis-sylt.de
Kategorie: Weinbistro

Weinangebot:	**46** | 50
Service	**17** | 20
Essen	**16** | 20
Ambiente:	**8** | 10
Gesamt:	87 | 100

Weinraum Sylt

25980 Sylt (Westerland)

Olaf Mauksch ist mit seinem Weinraum umgezogen. Seinen klaren und unaufgeregten Stil hat er behalten. Kenntnisreich empfiehlt er ausgesuchte Gewächse und kleine Köstlichkeiten als Begleitung. Neu ist eine schöne Auswahl an Feinkost »to go«, Accessoires und bunte Hemden.
Schwerpunkt: Deutschland, international

Bismarckstraße 12
+49 4651 9676336
weinraum.co
Kategorie: Klassische Weinbar

Weinangebot:	**48** | 50
Service	**18** | 20
Essen	**17** | 20
Ambiente:	**8** | 10
Gesamt:	91 | 100

Hemingway 🍸🍸🍸 99084 Erfurt

Amerika trifft Afrika und Thüringen. Der lange Tresen in dem urigen Gastraum ist umgeben von Holz, Antilopengeweihen und eleganten Ledersesseln. In gemütlicher Atmosphäre serviert das Team des traditionsreichen Platzhirschen kernige Cocktails und mehr als 100 Gin- und 200 Rum-Sorten. Hinzu kommen ausgewählte Snacks.

Michaelisstraße 45
+49 361 5519944
hemingway-erfurt.de
Kategorie: American Bar

Drinks:	**46** I 50
Ambiente:	**18** I 20
Service:	**18** I 20
Sortiment:	**9** I 10
Gesamt:	91 I 100

Modern Masters 🍸🍸🍸 99084 Erfurt

Das Interieur ist stylish. Die Cocktails sind kompositorische Überraschungen. Inhaber Torsten Spuhn hat inmitten von Erfurt eine Bar geschaffen, die Weltstadt-Niveau hat. Seine Kenntnisse, gerade des klassischen Drinkrepertoires, sind atemberaubend. Der Service ist zuvorkommend, und besonders die Longdrinks sind gut.

Michaelisstraße 48
+49 361 5507255
modern-masters.de
Kategorie: American Bar

Drinks:	**47** I 50
Ambiente:	**18** I 20
Service:	**18** I 20
Sortiment:	**9** I 10
Gesamt:	92 I 100

nineOfive 🍷🍷🍷 07743 Jena

Neapels Esskultur hat in Jena einen wunderbaren Ort in der Altstadt gefunden. Die neapolitanische Pizza mit frischen Belägen und Kräutern aus dem eigenen Garten im Hinterhof und der sizilianische Wein korrespondieren besonders gut. Zu empfehlen ist der Occhipinti.
Schwerpunkt: Italien, Deutschland

Löbdergraben 7
+49 3641 7968844
nineofive.de
Kategorie: Weinbar im Restaurant

Weinangebot:	**47** I 50
Service	**18** I 20
Essen	**19** I 20
Ambiente:	**8** I 10
Gesamt:	92 I 100

Wein-Tanne 🍷🍷 07743 Jena

Danny Müller und Marco Kühl sind echte Weltenbummler, und das spiegelt sich auch in der exzellenten internationalen Weinauswahl der Bar wider. Inmitten eines mittelalterlichen Gemäuers hat sich hier ein zeitgenössisches Gasthaus etabliert, in dem innovative Cocktails zusammen mit ausgefallenen Speisen serviert werden.

Jenergasse 13
+49 3641 7968702
weintanne-jena.de
Kategorie: Restaurantbar

Drinks:	**44** I 50
Ambiente:	**17** I 20
Service:	**19** I 20
Sortiment:	**8** I 10
Gesamt:	88 I 100

Weinbar Weimar 🍷🍷🍷 99423 Weimar

Ein Weltort inmitten der Klassikerstadt mit mehr als 100 Weinsorten und Schwerpunkt auf Deutschland und Österreich. Im stylishen und zugleich hölzern-urigen Ambiente schmecken die Tropfen besonders. Dazu gibt es schmackhafte Snacks und ausgefeilte kleine Gerichte.
Schwerpunkt: international, Deutschland, Osterreich

Humboldtstraße 2
+49 3643 4699533
weinbar-weimar.de
Kategorie: Weinbistro

Weinangebot:	**48** I 50
Service	**18** I 20
Essen	**18** I 20
Ambiente:	**9** I 10
Gesamt:	93 I 100

Illustration: Marcus Wiesner

DIE BESTEN
BARS UND WEINBARS IN

ÖSTERREICH

TOP-BEWERTUNGEN

Dino's Apothecary Bar	1010 Wien	Seite 219	96 Punkte
Tür 7	1080 Wien	Seite 262	96 Punkte
Halbestadt	1090 Wien	Seite 263	95 Punkte
Josef Cocktailbar	1010 Wien	Seite 225	95 Punkte
The Sign	1090 Wien	Seite 265	95 Punkte
The Bank Bar	1010 Wien	Seite 234	95 Punkte
Hammond Bar	1020 Wien	Seite 240	94 Punkte
Englhof Cocktailbar	6277 Zell am Ziller	Seite 353	94 Punkte
D-bar	1010 Wien	Seite 218	93 Punkte
Dunlin	6020 Innsbruck	Seite 341	93 Punkte
Liquid Diary	6020 Innsbruck	Seite 342	93 Punkte
Bar Campari	1010 Wien	Seite 214	93 Punkte
Bruder	1060 Wien	Seite 249	93 Punkte
Burdock	5020 Salzburg	Seite 328	93 Punkte
Fabios	1010 Wien	Seite 220	93 Punkte

Die Reihung ergibt sich aus der Gesamtpunktzahl und der Getränkebewertung.

ABSOLUT
VANILIA
VANILLA FLAVORED VODKA
ABSOLUT®
ESPRESSO
MARTINI
BORN TO MIX
GENIESSE ABSOLUT VERANTWORTUNGSVOLL.

Foto: Philipp Blickfang Photography

Gastgeber des Jahres

KAN ZUO, THE SIGN, WIEN

Wasser-Service vom Chef persönlich? Keine Frage! Mit dem neuen Garten wurde wieder offenbar, was den Mixologen von der Liechtensteinstraße neben unglaublichen Aromen-Verbindungen auszeichnet: Freundlichkeit an der Bar, für die er gern das Wort »Gastgebrigkeit« verwendet – und die lebt Kan Zuo Abend für Abend in seinem Lokal.

Foto: Sebastian Stahlschmidt

Barfrau des Jahres

AYLIN STADLWIESER, TRUTH & DARE, WIEN

Aus Tirols Saison-Betrieben ging es in die Wiener City: Nach kurzlebigen Bars und großen, eingespielten Teams wie zuletzt im Roberto's hat Aylin Stadlwieser nun zur kleinen Bar-Familie in der Schönlaterngasse gefunden. Und hier zeigt sich ihre Kreativität nicht nur bei den wöchentlichen »Minis« dieser wunderbaren Trinkstätte.

WIENER
LEBENS
LUST.
Original
Wiener
Wermut
Original
Sissi
Wermut
18% vol. | 500 ml
Weiß
Franz
Wermut
18% vol. | 500 ml
Rot
PUR
EIN GENUSS.
GEMIXT
EIN ERLEBNIS.
WIENER-WERMUT.AT

Foto: beigestellt

Bartender des Jahres

HEINZ KAISER, DINO'S APOTHECARY BAR, WIEN

Es ist die Bar, die sich verändert hat, nicht der Mann dahinter: 28 Jahre wirkt Heinz Kaiser nun schon in der Dino's. Und mit dem »Barmazeut« als Chef zog die südamerikanische Leidenschaft nicht nur bei den Drinks mit Jungle Juice ein – dank Garten und jungem Team erlebt Kaisers Weg des Bartendings eine neue Blütezeit.

Foto: © DasPosthotel GmbH I ZillerSeasons, in 6280 Zell am Ziller

Innovativster Bartender

ALEXANDER MORGENSTERN, EDEN BAR, ZELL AM ZILLER

Es gibt MalisGarten und dann noch den Garten Eden für Cocktailfreunde im Hotel der Familie Binder-Egger. Vom Whisk(e)y-Glas bis zur Tequila-Auswahl überlässt Alexander Morgenstern nichts dem Zufall – und hat trotzdem noch Zeit, sich mit einem eigenen Award der Förderung des Nachwuchses zu widmen. Solche Leute braucht die Branche!

Naked
Malt
BLENDED MALT SCOTCH WHISKY
Naked
EXTRA MATURED IN
NAKED FIRST-FILL
SHERRY CASKS
LAYERS OF RICH & FRUITY FLAVOUR CRAFTED BY
The spirit of freedom
...ENJOY WHISKY YOUR WAY!
Naked
Malt
OFFICIAL SCOTCH PARTNER OF
THE WORLD'S 50 BEST BARS
www.nakedmalt.com
GENIESSEN SIE ALKOHOL VERANTWORTUNGSVOLL

SIEGER

Foto: beigestellt

Rookie-Bartender des Jahres

SELINA ZESAR, NEUE HOHEIT, WIEN

Die Neue Hoheit präsentiert jedes Bundesland Österreichs mit einem Signature Cocktail, und zwar basierend auf Destillaten lokaler Brennereien. Selina Zesar war trotz ihres jungen Alters von Anfang 20 bereits an der Mixology beteiligt und ist mittlerweile zu einem wichtigen Mitglied im Barteam avanciert. Und das gleich bei ihrer ersten Station hinter dem Tresen.

Foto: NIKOLKUS MAUTNER MARKHOF

Barteam des Jahres

KLEINOD-GRUPPE, WIEN

Der offizielle GmbH-Name »Kleinod Überall« spricht eigentlich Bände: Die Bar-Welt von David Schober und Oliver Horvath ist ein kleines Imperium – am Laufen gehalten von langjährigen Fans und handverlesenen Youngsters. Selbst g'standene Barmänner heuern für die sommerliche Arbeit im Pop-up an – kein schlechtes Zeichen!

Schweppes
whisk(e)y
sloe gin
Schweppes
WHITE PEACH
wermut
wodka
tequila
UNSER NEUES
MULTITALENT
IN JEDER KOMBINATION
EIN PRICKELNDER GENUSS
WWW.SCHWEPPES.AT
@SCHWEPPES_AT #SCHWEPPES

SIEGER

Foto: ulius Hirtzberger

American Bar

TÜR 7, WIEN

Ist eine Bar so prägend in Service- und Drink-Qualität, gibt es meist auch Signature Cocktails. Doch das Carte-blanche-Konzept von Geri Tsai verlässt sich nicht auf Routinen. Mit dem Gast entsteht die Idee eines maßgeschneiderten Getränks, die im Josefstädter Cocktail-Wohnzimmer »à la minute« umgesetzt wird. *Unique!*

Foto: NIKOLKUS MAUTNER MARKHOF

American Bar

DINO'S APOTHECARY BAR, WIEN

Wer in Wien einen Ti Punch oder gar den Derby Cocktail sucht, ist hier richtig. Gediegen wie ein Schrankkoffer ist die Einrichtung, die Krawatten sitzen vielleicht locker, die Drinks aber sind hochseriös. Wobei: Für etwas Latino-Lebensfreude (»The Mexican Cucumber Pot«, sagen wir nur ...) ist ebenfalls immer Platz.

Foto: Niko Mautner Markhof

Restaurantbar

KLEINOD STADTGARTEN, WIEN

Pizza vom Feinsten gab es schon vor Jahren im Stadtgarten, die Cocktails vom Kleinod sind auch keine Neuheit im frühlingshaften Pop-up – doch das Zusammenspiel flutscht so richtig. Ob nur mit Snacks zu Barbie Girl bzw. Pornstar Martini oder gleich ein Abend mit vollem Menü: Wien entdeckt hier seine südliche Seite.

Foto: Alexander Müller

Hotelbar

WAGEMUT KAVALIERBAR IM GRAND HOTEL, WIEN

Lange war die schön aus der Zeit gefallene Loge im ersten Stock verwaist, doch der Neuanfang glückte fulminant. Nicolas Krögers Spirituosen-Wissen ist stupend, sein Signature Manhattan so spektakulär wie geschmacklich tiefgründig. Und die Gastgeber-Qualitäten des Teams sind so »old school«, dass man sich sofort wohlfühlt.

Burschik's
VERMOUTH
WIEN
Burschik's
ROSÉ
VERMOUTH
enjoy!
SEIT 1891
www.burschik.com
#burschiksvermouth

Foto: Nina Binder

Neueröffnung des Jahres

PANI, WIEN

Endlich! Marco Pani hat seine eigene Bar eröffnet und nicht nur für seinen legendären Thai Massage eine Heimat geschaffen. Vinyl und Vintage-Drinks im 9. Bezirk verantwortet der Meister gemeinsam mit der versierten Alex Bisanz. Wer Londons Happiness Forgets liebte, kommt nun in die Rossauer Lände: Dive Bar mit viel Soul.

Foto: Amir Kaufmann

Bar-Juwel

STAGE BAR, INNSBRUCK

Fünf Jahre bereichert die Hotelbar in ebenso zentraler wie versteckter Lage die Innsbrucker Szene schon. Mit Barfood und zwölf explizit alkoholarmen Drinks haben Claudia Tschallener und ihr Team die Karte erneut erweitert. Vom Espresso im Hof über »day drinking« bis zum Tiki-Drink vor dem Schlafengehen ein Garant für eine gute Zeit!

Foto: beigestellt

Speakeasy

THE CHAPEL, WIEN

Der Reiz des Eingang-Suchens nutzt sich mit der Zeit ab. Richtig angekommen ist ein Speakeasy, wenn es ganz selbstverständlich die Zugrouten der Barfliegen bereichert. In diesem Fall sind die »sündigen« Drinks der Grund, die neben Insta-Tauglichem auch Optionen für bekennende Trink-Konservativlinge (Vieux Carré) bieten.

Foto: Lucija Novak

Tagesbar des Jahres

BAR AMOURO, GRAZ

Woran erkennt man eine erfolgreiche Tagesbar? Die Einkaufstaschen der mondänsten Geschäfte der Stadt, die neben dem Champagnerkühler parken, sind ein gutes Zeichen! Woran erkennt man die Qualität einer Tagesbar? An der zeitlos gemütlichen Einrichtung und der makellosen Qualität der Drinks – etwa Hans Prommers Whisk(e)y Sour.

Foto: beigestellt

Rooftop-Bar des Jahres

STEINTERRASSE, SALZBURG

Die Festung am anderen Salzach-Ufer ist in luftiger Höhe zum Greifen nah, wenn man nicht jede freie Hand für Kreationen wie French Paloma oder Brad Pitts Gin The Gardener bräuchte. Dass dieser Einser-Platz, kulinarisch kuratiert von Top-Chef Andi Senn, auch im Winter offen hat, sagt im kühlen Salzburg viel aus.

Foto: beigestellt

Barkarte des Jahres

D-BAR, WIEN

Schau mal in den Spiegel! Der Gast hat die Wahl zwischen Drink-Klassikern und solchen mit Twist durch Florian Steflitschs Team. Die Abwandlungen verbergen sich aber hinter Spiegelschrift. Vorfreude darauf machen Carmen Maria Albers Zeichnungen. Spätestens beim Servieren weiß man: Das »D« der Bar steht für »Discovery« – Entdeckung.

Foto: beigestellt

Neues Produkt des Jahres

FEHLER & LIEBE

Es muss nicht immer Prosecco sein: Daniel »Dany« Hubmann und Marcel Katzer setzen bei ihrem »bottled drink« aus Bartender-Hand auf Weißwein aus Frauenkirchen, der mit Kohlensäure versetzt wird. Zugleich liefert der Italo-Klassiker im Großformat eine Antwort auf den großen Aperitivo-Durst.

Foto: beigestellt

Brand des Jahres

WIENGIN

Mitten im Prater oder in der Gin-Straßenbahn – den mittlerweile vier Kreationen der »Kesselbrüder« entgeht man in Wien nicht. Was vor zwölf Jahren als Hobby begann, wurde zu einer der stabilsten Marken des mittlerweile schwächelnden Gin-Segments. Aber wie sagt das Brenner-Trio aus Wien 21 so schön? »Gin Tonic geht immer!«

TOP-BEWERTUNGEN

Die Weinbank – Wirtshaus 8461 Ehrenhausen	Seite 291	96 Punkte
Kork & Gloria 5611 Großarl	Seite 325	96 Punkte
Palais Coburg Weinbar 1010 Wien	Seite 230	96 Punkte
Wein & Co Stephansplatz 1010 Wien	Seite 237	96 Punkte
Heunisch & Erben 1030 Wien	Seite 243	96 Punkte
MAST Weinbistro 1090 Wien	Seite 264	96 Punkte
Döllerers Enoteca 5431 Kuchl	Seite 326	95 Punkte
Pub Klemo 1050 Wien	Seite 247	95 Punkte
Magazin 5020 Salzburg	Seite 331	95 Punkte
O boufés 1010 Wien	Seite 230	95 Punkte
Wein & Co Mariahilfer Straße 1070 Wien	Seite 259	94 Punkte
Selektion Vinothek Burgenland 7000 Eisenstadt	Seite 287	94 Punkte
Ursprung 6561 Ischgl	Seite 346	94 Punkte
Wein & Co Hietzing 1130 Wien	Seite 267	93 Punkte
Wein & Co Naschmarkt 1060 Wien	Seite 254	93 Punkte

Die Reihung ergibt sich aus der Gesamtpunktzahl und der Getränkebewertung.

SIEGER

Foto: Maximilian Röder

Sonderpreis Special Selection

LE CRU, WIEN

Die Dichte an Champagner-Spezialisten ist in den letzten Jahren gestiegen, doch das Comptoir de Champagne in Wien 1 ist der Platzhirsch. 16 Jahre Vorarbeit in Sachen glas- und flaschenweiser Konsum in relaxter Atmosphäre machen sich bezahlt. 500 Etiketten vom Aperitif-Champagner bis zur absoluten Rarität allerdings auch.

Foto: Thomas Wurz

Neueröffnung Weinbar

CAPRA, ST. VALENTIN

Mut kann man nicht kaufen, dachte sich Helena Jordan und eröffnete in der Heimat eine Weinbar. Wer mit der weitgereisten Top-Sommelière über Naturwein fachsimpeln will, hat lange Gesprächsstoff auf hohem Niveau. Wer ein Frühstück mit lokalen Zutaten oder Antipasti genießen möchte, wird ebenso glücklich. Eine echte Bereicherung!

SIEGER

Foto: beigestellt

Klassische Weinbar

PUB KLEMO, WIEN

In einer Woche Brunelli aus den 1990ern, heimische Merlots und eine Jura-Horizontale anzubieten, schafft nur Robert Brandhofer – bescheiden in der Art und mit Understatement, wie es die Haus-Pasta pflegt, die längst keine schnöde Unterlage für Weinfreaks mehr ist, und dabei unerreicht bei der glasweisen Auswahl, vor allem an Gereiftem.

Foto: Werner Streitfelder

Weinbar in einer Vinothek

LOISIUM WINE BAR, EHRENHAUSEN

Am Schlossberg regiert eine fürstliche Auswahl an steirischem Wein – mit der hauseigenen Vinothek als Basis schöpft die Weinbar dabei aus dem Vollen. Passend zur Location wird aber auch die Aperitivo-Kultur gepflegt, mitunter schon am Pool beginnend, wo der Winzer-Trailer tagsüber die Loisium-Weinkompetenz repräsentiert.

Foto: Stefan Wolfsteiner

Weinrestaurant/-bistro

HASCHKA WEINBAR, LINZ

Fünf Jahre führt Fabian Haschka den etablierten Vinotheken-Standort nun unter seinem eigenen Namen. Und auch auf der Weinkarte geizt man nicht mit großen Namen; Sine Qua Non, Giscours, Opus One oder Comtes Lafon ergänzen die heimischen Weine, auf dass Einsteiger ebenso wie Connaisseurs ihre Freude haben. Dazu gibt's Pizza – als Understatement.

SIEGER

Foto: Gerhard Wasserbauer

Natural Wine Bar

O BOUFÉS, WIEN

Alles von Andert bis Zillinger – das Wein-ABC des Bistros von Konstantin Filippou spricht aber nicht nur österreichisch. Wie bei den Snacks (Karpfen-Tarama!) blickt man gerne in die weite Welt hinaus. Minimal invasive Weinbereitung alias »Natural« bekommt hier nicht nur einen coolen, sondern einen gar köstlichen Anstrich.

Foto: Stefan Feichtinger

Größte Auswahl in einer Weinbar

WEIN & CO WEINBARS

Das Versprechen ist vollmundig: die begehbare Weinkarte Österreichs. Die Umsetzung, hinter der quasi als Senior Editor Willi Klinger steht, überzeugt aber in allen Punkten. Top-Weine gibt es glasweise, über 1500 Etiketten warten in perfekter Konditionierung. So ist man bei Wein Nahversorger und Hyper-Markt in einem.

b.gin – puristischer Genuss aus dem Traisental

Laut präsentiert sich der vielprämierte b.gin aus dem Traisental:Handverlesen und strauchfrisch landen nur die besten regionalen Botanicals in diesem puristischen London Dry Gin

Laut präsentiert sich der vielprämierte b.gin aus dem Traisental. Handverlesen und strauchfrisch landen nur die besten regionalen Botanicals in diesem puristischen London Dry Gin: Rosmarin, Zitrone, Lavendel und Hagebutte verleihen ihm den typischen Charakter. Destilliert wird schonend im 80-Liter-Kupferkessel bevor per Hand in Tonflaschen abgefüllt wird. Hier reift der Gin nach und entfaltet seine unzähligen Aromen. Das Ergebnis: feinster, regionaler Premium-Gin – anspruchsvoll und ausgewogen.
Purer »geiler Scheiß«! »Urlaub zum Einschenken« verspricht die erfrischende Variante aus der b-Gin Familie, der b.gin fresh. In der weißen Tonflasche treffen Klänge von Zitrusfrüchten auf die typischen Botanicals aus dem Traisental.
Ganz in Gold präsentiert sich der b.winner-gin – für echte Siegertypen. Jede Flasche wird vom Olympiasieger Benjamin Karl handsigniert. Das perfekte Geschenk für wahre Gewinner.

WORLD SPIRITS AWARD 2023 – Spirit of the Year
FALSTAFF SPIRITS TROPHY 2021 – 92 Punkte
FRANKFURT INTERNATIONAL TROPHY – Grand Gold 2022

home of b.gin
Bernhard D. & Bernhard S. | Pointweg 10, 3125 Kuffern
facebook: bgin.traisental | Instagram: _b.gin | www.b-gin.at

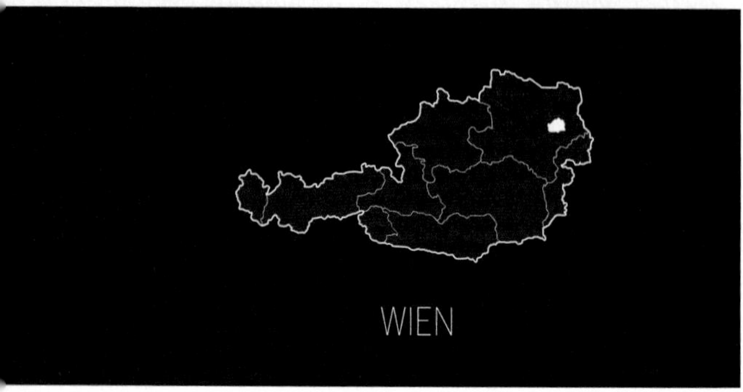

Agrodolce 🍷🍷

1010 Wien

Im Alimentari deckt man sich mit Köstlichkeiten aus Bella Italia ein. Verkostet werden Prosciutto, Antipasti und ausgewählte warme Speisen aber am besten vor Ort, sie sind schließlich die idealen Begleiter für alle flüssigen Herrlichkeiten von Pinot Grigio bis Grappa.
Schwerpunkt: Italien

Hoher Markt 4
+43 664 1010444
agrodolce.at
Kategorie: Klassische Weinbar

Weinangebot:	**43** I 50
Service	**19** I 20
Essen	**17** I 20
Ambiente:	**8** I 10
Gesamt:	87 I 100

Atmosphere Rooftop Bar

1010 Wien

Am Dach des altehrwürdigen Hotels befindet sich diese einzigartige Rooftop-Bar mit atemberaubendem Ausblick. Das stylishe Interieur und die feinen Cocktails verleihen der Bar eine besondere Note und die erstklassige Atmosphäre. Alles in allem ein Ort, der definitiv zu den Top-Adressen Wiens gehört!

Schubertring 5–7
+43 1 31188616
ritzcarlton.com
Kategorie: Hotelbar

Drinks:	**46** I 50
Ambiente:	**20** I 20
Service:	**18** I 20
Sortiment:	**8** I 10
Gesamt:	92 I 100

Bar Campari

1010 Wien

Viva l'Italia! Hier spürt man italienisches Lebensgefühl vom ersten Betreten der Bar bis zum letzten Schluck. Mit perfekter Innenstadtlage und einzigartigem Straßenflair ist die Bar DER Anlaufpunkt für laue Sommerabende. Neben den Campari-Klassikern ist das In-Lokal bekannt für die wohl besten Negronis der Stadt!

Seitzergasse 6
+43 1 5323553
barcampari.at
Kategorie: Loungebar

Drinks:	**47** I 50
Ambiente:	**19** I 20
Service:	**19** I 20
Sortiment:	**8** I 10
Gesamt:	93 I 100

Foto: FOTOGRAFIE FREI

Béla's Wohnzimmer & Bar 1010 Wien

Der perfekte Ort für einen Aperitif vor dem Dinner oder einen entspannten Tagesausklang. Die elegante und moderne Einrichtung schafft die gewünschte Wohnzimmeratmosphäre und ist ein gelungener Kontrast zum historischen Standort. Das Barteam versteht sein Handwerk – einzigartige Signature Drinks und interessante Zutaten!

Herrengasse 10
+43 1 534040
hrewards.com
Kategorie: Loungebar

Drinks:	**43** | 50
Ambiente:	**19** | 20
Service:	**18** | 20
Sortiment:	**8** | 10
Gesamt:	88 | 100

BILLA Corso Weinbar 1010 Wien

Schon die feine Auswahl an exquisiten Lebens- und Genussmitteln von Kaviar bis Champagner ist einen Besuch wert. Die riesige Weinabteilung zeigt sich in der Bar von ihrer besten Seite – durchprobieren und dazu feine Häppchen aus nicht minder feinen Zutaten schlemmen!
Schwerpunkt: Österreich, international

Hoher Markt 12, 2. Stock
+43 800 242400
billa.at
Kategorie: Klassische Weinbar

Weinangebot:	**48** | 50
Service	**19** | 20
Essen	**17** | 20
Ambiente:	**8** | 10
Gesamt:	92 | 100

Bonbonniere 1010 Wien

Die nostalgische Tagesbar entführt einen auf eine Reise in längst vergangene Zeiten. Mit ihren roten Wänden, Plüschsofas und dem authentischen Jugendstilambiente schafft sie eine einzigartige Atmosphäre. Die entspannende Pianomusik und ein Glas Champagner machen den Besuch zu einem unvergesslichen Barerlebnis.

Spiegelgasse 15
+43 1 5126886

Kategorie: Loungebar

Drinks:	**41** | 50
Ambiente:	**18** | 20
Service:	**17** | 20
Sortiment:	**7** | 10
Gesamt:	83 | 100

Bristol Bar 🍸🍸

1010 Wien

Wohl eine der bekanntesten Bars Wiens, die auf eine 130-jährige Geschichte zurückblickt. Hier haben schon renommierte Persönlichkeiten ihre Drinks genossen. Das Ambiente im charmanten Dandy-Stil passt perfekt zu einem Glas Champagner oder einem exzellenten Cocktail. Eine Institution für gepflegte Barkultur!

Kärntner Ring 1
+43 1 51516546
bristol-lounge.at
Kategorie: Hotelbar

Drinks:	**43** I 50
Ambiente:	**19** I 20
Service:	**18** I 20
Sortiment:	**8** I 10
Gesamt:	88 I 100

burg.ring 1 🍸🍸

1010 Wien

Zu jeder Tageszeit sehr beliebt, bietet das Lokal ein Rundum-Verwöhnprogramm für alle Kulinarikliebhaber. Top Speisenangebot und ein ebensolcher Ausblick: Mit exotischem Cocktail, klassischem Longdrink oder einem »BURG.RING1-Spritzer« (mit Hollunder-Petersilie-Sirup!) in der Hand ist der Blick auf den Ring gleich nochmal aufregender!

Burgring 1
+43 1 5811393
burgring.at
Kategorie: Restaurantbar

Drinks:	**43** I 50
Ambiente:	**18** I 20
Service:	**18** I 20
Sortiment:	**7** I 10
Gesamt:	86 I 100

Cantina Osteria Friulana 🍷🍷🍷 1010 Wien

Aus der Liebe zu den Weinen und der Küche des Friaul, hat Gerhard Rauscher die Idee der Cantina geboren. Weißweine stehen im Fokus, aber auch die Rotweinkarte kann sich sehen lassen. Egal, ob glasweise oder in größeren Gebinden, man sollte sich durchs Sortiment kosten!
Schwerpunkt: Friaul

Bartensteingasse 3
+43 1 8906496
cantinafriulana.at
Kategorie: Weinbar im Restaurant

Weinangebot:	**47** | 50
Service	**18** | 20
Essen	**18** | 20
Ambiente:	**8** | 10
Gesamt:	91 | 100

Capsule 🍷🍷🍷 1010 Wien

Im »Salon de Champagne« wird Lebensfreude und Genuss ausgeschenkt. Jede Flasche wurde persönlich und mit den höchsten Qualitätsansprüchen ausgewählt. Immer perfekt gelagert, richtig temperiert und präsentiert, wird jeder Schluck zu einem prickelnden Trinkvergnügen.
Schwerpunkt: Champagner

Tiefer Graben 9
+43 650 2334544
capsule-champagne.com
Kategorie: Klassische Weinbar

Weinangebot:	**48** | 50
Service	**19** | 20
Essen	**17** | 20
Ambiente:	**9** | 10
Gesamt:	93 | 100

Casino Bar 🍸🍸 1010 Wien

Einen After-Dinner-Cocktail genießen und einen kulinarischen Gewinn verbuchen. In der glitzernden Welt des Innenstadt-Casinos gehört ein Barbesuch einfach dazu. Neben einer tollen Auswahl an Weinen ist der Espresso Martini ein absolutes Highlight, das perfekt zum Erlebnis passt. Hier geht bestimmt niemand leer aus!

Kärntner Straße 41
+43 1 512483621500
wien.casinos.at
Kategorie: American Bar

Drinks:	**43** | 50
Ambiente:	**18** | 20
Service:	**18** | 20
Sortiment:	**8** | 10
Gesamt:	87 | 100

Chill Out Lounge

1010 Wien

Der Name ist Programm – in der Chill Out Lounge ist Entspannung garantiert und der Alltagsstress schnell vergessen. Bei einem Gin Fizz, Mojito oder Moscow Mule kann man herrlich relaxen und sich auf den gemütlichen Couches wie im eigenen Wohnzimmer fühlen. Der Signature Drink »Caramel-Popcorn Shot« ist ein Erlebnis!

Salvatorgasse 6	Drinks:	**43** I 50
+43 1 5351213	Ambiente:	**18** I 20
chillout-lounge.at	Service:	**18** I 20
Kategorie: Loungebar	Sortiment:	**8** I 10
	Gesamt:	87 I 100

Civediamo

1010 Wien

Mitten in der Innenstadt kommt ins Glas, was sonst oft übersehen wird: Der Schwerpunkt auf autochthonen Sorten sorgt dafür, dass auch ausgewiesene Italienexperten immer wieder Neues entdecken. Der Prosecco fließt aus dem Fass, Antipasti vollenden das Aperitivo-Gefühl.
Schwerpunkt: Italien

Köllnerhofgasse 6	Weinangebot:	**45** I 50
+43 660 1515300	Service	**19** I 20
civediamo.at	Essen	**16** I 20
Kategorie: Weinbar in Vinothek	Ambiente:	**8** I 10
	Gesamt:	88 I 100

Comida y Ron

1010 Wien

Das Comida y Ron Restaurant und Cocktailbar versprüht lateinamerikanische Lebensfreude und Temperament! Hier erlebt man karibische Küche, coole Drinks und sonnige Klänge wie unter Palmen. Besonders im Fokus stehen die Rum-Cocktails, bei denen die Auswahl des Zuckerrohr-Elixiers einfach sagenhaft ist.

Stubenring 20	Drinks:	**45** I 50
+4315124024	Ambiente:	**18** I 20
comida.at	Service:	**18** I 20
Kategorie: Restaurantbar	Sortiment:	**9** I 10
	Gesamt:	90 I 100

D-bar

1010 Wien

Glamouröse Bar in einem der renommiertesten Häuser der Stadt. Hier verschmelzen Kulinarik und Kreativität zu einzigartigen Fusion-Cocktails. Mal dampfend mit Trockeneis, mal dekorativ aufdrapiert oder mit einzigartigen Zutaten. Der Showfaktor ist unübertroffen und jedes Getränk wird zum kunstvollen Meisterwerk.

Schubertring 5–7	Drinks:	**48** I 50
+43 1 31188	Ambiente:	**18** I 20
ritzcarlton.com	Service:	**19** I 20
Kategorie: Hotelbar	Sortiment:	**8** I 10
	Gesamt:	93 I 100

Dany's Weincabinet 🍷 1010 Wien

Danka »Dany« Oprchalová verwöhnt ihre Gäste mit köstlichen Antipasti und einer erlesenen Auswahl an österreichischen Qualitätsweinen, Schnäpsen und Sekt. Die Bar bietet auch saisonale Getränke, darunter eine besondere Empfehlung für den Sommer: der »Élyse Rosé-Sprizz«.
Schwerpunkt: Österreich

Göttweihergasse 1
+43 670 4063014
danys.at
Kategorie: Klassische Weinbar

Weinangebot:	**44** I 50
Service	**18** I 20
Essen	**14** I 20
Ambiente:	**8** I 10
Gesamt:	84 I 100

Dino's Apothecary Bar 1010 Wien

Bei der riesigen Auswahl an Cocktails sollte man sich unbedingt von den erfahrenen Barkeepern beraten lassen. Der lange Tresen, die Flaschenwand, das viel verwendete Holz und das gedimmte Licht schaffen eine authentische Baratmosphäre. Die köstlichen Barsnacks ergänzen das Getränkeangebot perfekt.

Salzgries 19
+43 1 5357230
dinos.at
Kategorie: American Bar

Drinks:	**49** I 50
Ambiente:	**19** I 20
Service:	**19** I 20
Sortiment:	**9** I 10
Gesamt:	96 I 100

Dosage 1010 Wien

»Champagne every day« lautet das Motto der charmanten Bar am Fleischmarkt, denn hier dreht sich alles um den Genuss. Neben Prickelndem gibt es auch eine Auswahl an begleitenden Antipasti und frischen Austern. Alles von höchster Qualität und sorgfältig ausgewählt.
Schwerpunkt: Champagner

Fleischmarkt 16
+43 664 1327263
dosage.at
Kategorie: Klassische Weinbar

Weinangebot:	**49** I 50
Service	**19** I 20
Essen	**16** I 20
Ambiente:	**9** I 10
Gesamt:	93 I 100

Émile im Hilton Vienna Plaza 1010 Wien

Die Bar im renommierten Hilton Hotel beeindruckt mit ihrem französischen Dandy-Look und versprüht einen Hauch von Eleganz und Stil. Hier werden Signature Cocktails wie der »Golden Shaker« oder der »Champs Elysee« in kunstvoller Weise präsentiert und von professionellen Bartendern fachmännisch gemixt. Très chic!

Schottenring 11
+43 1 3139022402
emile-plaza.at
Kategorie: Hotelbar

Drinks:	**45** I 50
Ambiente:	**18** I 20
Service:	**18** I 20
Sortiment:	**8** I 10
Gesamt:	89 I 100

Enrico Panigl

1010 Wien

In der netten kleinen Weinbar in der Innenstadt geht es italienisch zu, wohin man auch schaut: vom sympathischen Chef Toni über feine Antipasti (sehr guter Prosciutto!) und Panini bis zur großen Wein-Auswahl mit Toskana-Schwerpunkt. Auch die Musik sorgt für Fernweh.
Schwerpunkt: Toskana, Burgenland

Schönlaterngasse 11
+43 664 2224666
enricopanigl.at
Kategorie: Weinbistro

Weinangebot:	**44** | 50
Service	**18** | 20
Essen	**16** | 20
Ambiente:	**8** | 10
Gesamt:	86 | 100

Everybody's Darling

1010 Wien

Vom stylishen Ort für Kaffee und kleinen Lunch wechselt man hier nahtlos Richtung Afterwork und darüber hinaus. Entsprechend finden sich auf der Karte auch angenehm leichte Daytime Drinks. Sommerliche Kreationen wie der »Basil Watermelon Cooler« schaffen aber das Kunststück, zu jeder Tageszeit zu passen.

Tuchlauben 22
+43 664 1050550
everybodysdarling.at
Kategorie: American Bar

Drinks:	**46** | 50
Ambiente:	**19** | 20
Service:	**19** | 20
Sortiment:	**8** | 10
Gesamt:	92 | 100

Fabios

1010 Wien

Im bekanntesten Italiener der Stadt geht es nicht nur kulinarisch exklusiv zu. Die Bar glänzt mit viel Style und ist zudem exzellent bestückt. Dabei dürfen längst nicht nur die italienischen Klassiker ins Glas, ähnlich gute Drinks, in denen Prosecco, Amaretto und Co. die Hauptrolle spielen, sind aber eine Seltenheit.

Tuchlauben 4–6
+43 1 5322222
fabios.at
Kategorie: Restaurantbar

Drinks:	**47** | 50
Ambiente:	**19** | 20
Service:	**19** | 20
Sortiment:	**8** | 10
Gesamt:	93 | 100

Fino
1010 Wien

In dieser lebhaften Weinbar ist immer etwas los! Man bekommt eine vielfältige Auswahl an italienischem Prosecco, köstliche Delikatessen und klassische Weine. Für den kleinen Hunger empfiehlt sich die Fino-Platte und eine feine Selektion an Antipasti-Spezialitäten.
Schwerpunkt: Frankreich, Österreich, Italien

Kleeblattgasse 5
+43 676 845034811
finowien.com
Kategorie: Weinbistro

Weinangebot:	**45** | 50
Service	**19** | 20
Essen	**17** | 20
Ambiente:	**8** | 10
Gesamt:	89 | 100

First American Bar
1010 Wien

Wer den rauchigen Haus-Whisk(e)y-Sour namens »The Ed« bestellt, ist vermutlich Stammgast. Alle anderen staunen über dieses Kleinod: Seit 1996 versorgen Zoran Djurovic und »Baba« Sy die City mit klassischer Cocktailkunst vom Feinsten. Herrliche Spirituosen-Auswahl (z. B. 80 Rums, 50 Gins) und stilvoller Soundtrack – mehr braucht es nicht!

Schulerstraße 16
+43 1 5132207
firstamericanbar.at
Kategorie: Loungebar

Drinks:	**44** | 50
Ambiente:	**18** | 20
Service:	**19** | 20
Sortiment:	**9** | 10
Gesamt:	90 | 100

First Floor
1010 Wien

Gut versteckt im 1. Stock wartet eine Bar der besonderen Art. Das riesige Aquarium hinter dem Tresen taucht den Raum in ein beruhigendes Ozeanblau. Das Mobiliar der 30er-Jahre und die schlichte Deko harmonieren blendend dazu. Und die Drinks sind genauso cool – hier werden wahre Meisterwerke gemixt!

Seitenstettengasse 5
+43 1 5321165
firstfloorbar.at
Kategorie: American Bar

Drinks:	**45** | 50
Ambiente:	**18** | 20
Service:	**18** | 20
Sortiment:	**9** | 10
Gesamt:	90 | 100

Fräuleins fabelhafter Sommergarten
1010 Wien

Im urbanen Biergarten trifft Gemütlichkeit auf Donaukanal-Trubel. Zwar liegt der Fokus auf bayerischem Bier, aber auch Freunde leichter Mixgetränke werden hier glücklich. Spritzervariationen und die kleine Longdrink- und Highball-Auswahl sind jedenfalls die idealen Begleiter für laue, gern auch lange Sommernächte.

Donaukanal, Rotenturmufer 1890/3
+43 699 10413092
fräuleins.at
Kategorie: Loungebar

Drinks:	**43** | 50
Ambiente:	**18** | 20
Service:	**18** | 20
Sortiment:	**8** | 10
Gesamt:	87 | 100

Glückskind 🍸🍸🍸

1010 Wien

Cocktail trifft Kitchen trifft Club, und all das in luxuriöser Ausführung – es ist schon eine Ansage, was da seit Neuestem im ersten Bezirk vor sich geht. Aber Marcus Philipp weiß zum Glück, was er hinter der Bar tut. Der »Rickstar Martini« tritt mit der Kombi aus Passionsfrucht und Vanillearomen den Beweis an.

Habsburgergasse 4
+43 1 3660404
dasglueckskind.at
Kategorie: Club

Drinks:	**46** | 50
Ambiente:	**19** | 20
Service:	**18** | 20
Sortiment:	**8** | 10
Gesamt:	91 | 100

Golser 🍷

1010 Wien

Die Biere aus der Privatbrauerei Gols sind unter Kennern nicht umsonst beliebt und kommen hier in erfreulicher, auch saisonal abgestimmter Vielfalt über den Tresen. Auch beim Wein und den deftigen Schmankerln kann man sich genussvoll durch das Burgenland schlemmen.
Schwerpunkt: Burgenland

Mahlerstraße 13
+43 664 88345156
pannonisch.at
Kategorie: Klassische Weinbar

Weinangebot:	**43** | 50
Service	**18** | 20
Essen	**15** | 20
Ambiente:	**8** | 10
Gesamt:	84 | 100

Grüner Kakadu 🍸🍸

1010 Wien

»Cocktails leben und erleben« heißt es im Grünen Kakadu. Neben klassischen Cocktails gibt es kreative Specials, denn es wird mit ungewöhnlichen Zutaten wie Tamarinde, Parmigiano oder verschiedenen Bittersorten experimentiert. Wirklich einzigartige Geschmackskombinationen und eine ganz besondere Cocktailerfahrung.

Marc-Aurel-Straße 10
+43 664 1360501
gruenerkakadu.com
Kategorie: Restaurantbar

Drinks:	**43** | 50
Ambiente:	**18** | 20
Service:	**18** | 20
Sortiment:	**8** | 10
Gesamt:	87 | 100

Haas&Haas

1010 Wien

Im Herzen von Wien, tief unter der Erde, verbirgt sich eine einzigartige Weinbar mit atemberaubendem Kellergewölbe. Familie Haas hat Sinn für guten Geschmack: Hier gibt es eine erlesene Auswahl an Rot-, Weiß-, Schaum- und Süßweinen. Ein unterirdisches Genussparadies!
Schwerpunkt: Österreich

Ertlgasse 4
+43 1 53333534
wein-feinkost.at
Kategorie: Weinbar in Vinothek

Weinangebot:	**44** I 50
Service	**19** I 20
Essen	**17** I 20
Ambiente:	**9** I 10
Gesamt:	89 I 100

Hannelore

1010 Wien

In der Mixtur aus Club, Bar und Lounge wird edler Chic mit ein wenig Hippness versehen und das Ganze dann mit ein bisschen Kolonial-Deko aufgepeppt. Das funktioniert genauso gut wie die Arbeit hinter der Bar: Die Drinks sind wahlweise gekonnt-klassisch oder kreativ und frisch, der Champagner ist reichlich vorhanden.

Dorotheergasse 6–8
+43 676 5610262
hannelore-vienna.com
Kategorie: Loungebar

Drinks:	**44** I 50
Ambiente:	**19** I 20
Service:	**18** I 20
Sortiment:	**8** I 10
Gesamt:	89 I 100

Hausbar

1010 Wien

Jung, hip und dabei auf angenehmste Art unprätentiös – so geht die Hausbar im Souterrain des Künstlerhauses nun bereits in ihr viertes Jahr. Die famosen Drinks eignen sich dabei entweder als perfekte Begleitung zum ausgezeichneten, vornehmlich vegetarischen Menü, sind aber auch für sich einen Besuch mehr als wert.

Karlsplatz 5
+43 664 75010417
hausbar-wien.at
Kategorie: American Bar

Drinks:	**46** I 50
Ambiente:	**19** I 20
Service:	**18** I 20
Sortiment:	**8** I 10
Gesamt:	91 I 100

Ignacio Vinos e Ibéricos

1010 Wien

Ibérico-Schinken, Gemüse aus Navarra, Sardellen aus dem kantabrischen Meer – ob für zu Hause oder in feine Tapas verwandelt. Diese Köstlichkeiten aus ganz Spanien sind die idealtypische Begleitung für die nicht minder gut sortierte Auswahl an spanischen Weinen. *Salud!*
Schwerpunkt: Spanien

Salztorgasse 7
+43 1 9220851
ignacio.at
Kategorie: Weinbistro

Weinangebot:	**46** I 50
Service	**18** I 20
Essen	**17** I 20
Ambiente:	**8** I 10
Gesamt:	89 I 100

Imperial Bar Wien 🍸🍸 1010 Wien

Mehr als nur ein Café! Abends verwandelt sich dieser Ort in einen prunkvollen Raum, in dem man die Zeit verstreichen lassen und ein gutes Glas Wein genießen kann. Das Ambiente ist klar imperial, mit viel Gold und Samt – ein absolutes Erlebnis mit monarchischem Touch! Immer wieder gibt es musikalische Events!

Kärntner Ring 16
+43 1 50110339
imperial-bar.at
Kategorie: Hotelbar

Drinks:	**42** I 50
Ambiente:	**19** I 20
Service:	**18** I 20
Sortiment:	**8** I 10
Gesamt:	87 I 100

Joma 🍸🍸 1010 Wien

Eine Brasserie aus dem Hause Figlmüller klingt zunächst nach Widerspruch, doch das nette Lokal in bester Lage beweist, dass auch hier der Genuss an oberster Stelle steht. Ob man den ganzen Tag vertrödelt oder erst abends zur feinen Auswahl an Spirits und Cocktails vorbeischaut: Das Angebot stimmt immer.

Hoher Markt 10
+43 1 5321032
joma-wien.at
Kategorie: Restaurantbar

Drinks:	**43** I 50
Ambiente:	**18** I 20
Service:	**18** I 20
Sortiment:	**8** I 10
Gesamt:	87 I 100

Josef Cocktailbar

1010 Wien

Als erste Anlaufstation für Freunde der gepflegten Cocktailkunst hat sich Philipp M. Ernst mit seiner schicken und doch angenehm entspannten Bar längst einen Namen gemacht. So werden denn auch alle Register der Mixology gezogen und neben elaborierten Cocktails kommen auch lässige Highballs ins Glas.

Sterngasse 1
+43 1 5322044
josef-bar.at
Kategorie: American Bar

Drinks:	**49** | 50
Ambiente:	**18** | 20
Service:	**20** | 20
Sortiment:	**8** | 10
Gesamt:	95 | 100

Josef Highball Bar

1010 Wien

Andrea Hörzer und Philipp Ernst sind Gastgeber aus Leidenschaft. Qualität steht an oberster Stelle, daher dürfen nur die besten Zutaten in Highball-Drinks und Cocktails – und der Hollywood Stil der 60er-Jahre motzt alles nochmal auf! Für den Genuss zu Hause gibt es auch eine Auswahl an exquisiten »Bottled Cocktails«.

Sterngasse 3
+43 1 2951515
josef-bar.at
Kategorie: American Bar

Drinks:	**47** | 50
Ambiente:	**19** | 20
Service:	**19** | 20
Sortiment:	**8** | 10
Gesamt:	93 | 100

Kleinod

1010 Wien

Ein Kleinod der Freude! Wow-Faktor mit modern-mondänem Ambiente – hier kann man es sich beispielsweise auf eleganten Ledercouches im Chesterfield-Look gemütlich machen. Der Blickfang ist der lange Bartresen, an dem man dem fachkundigen Personal über die Schulter schauen kann, während es meisterhafte Cocktails zaubert.

Singerstraße 7
+43 1 5120325
kleinod.wien
Kategorie: American Bar

Drinks:	**47** | 50
Ambiente:	**19** | 20
Service:	**19** | 20
Sortiment:	**8** | 10
Gesamt:	93 | 100

Kleinod Prunkstück 🍸🍸🍸 1010 Wien

Die Bar besticht mit einem Ambiente fast wie aus einem Film. Die warme Atmosphäre mit Holz, Leder und Marmor schafft genau das richtige Feeling. Im Fokus stehen natürlich die erstklassigen Drinks – jeder Tropfen ist ein Prunkstück in bester Qualität. Ein absolutes Wow-Erlebnis für alle Bar-Liebhaber.

Bäckerstraße 4
+43 664 1221992
kleinod-prunkstueck.wien
Kategorie: American Bar

Drinks:	**46** | 50
Ambiente:	**19** | 20
Service:	**18** | 20
Sortiment:	**8** | 10
Gesamt:	91 | 100

Kleinod Stadtgarten 🍸🍸 1010 Wien

Cocktails in Wiens schönstem Innenstadtpark – laue Sommerabende mit DJ-Klängen und dazu eine knusprige Pizza aus dem Steinofen. Im Sommer lassen sich herrliche Margaritas oder erfrischende Spritzer-Variationen (selbst gemachte Sirupe!) unter freiem Himmel genießen. Alles in allem eine perfekte Kombination!

Johannesgasse 33
+43 664 9277592
kleinod-stadtgarten.wien
Kategorie: American Bar

Drinks:	**44** | 50
Ambiente:	**19** | 20
Service:	**18** | 20
Sortiment:	**8** | 10
Gesamt:	89 | 100

KLYO

1010 Wien

Im Herzen des hippen Geschehens lässt man sich sommers auf Dachterrasse oder Steg nieder und genießt Bowle, Spritzervariationen oder die Sternzeichen-Cocktails, die geschickt an die Jahreszeit angepasst sind und auch ohne Astrologieglauben munden: Für drei Sorten Rum, Chili-Honig und Frucht muss man kein »Löwe« sein.

Uraniastraße 1
+431 7105946
klyo.at
Kategorie: Restaurantbar

Drinks:	**43** | 50
Ambiente:	**19** | 20
Service:	**18** | 20
Sortiment:	**7** | 10
Gesamt:	87 | 100

Kornat

1010 Wien

Das gemütliche Fischrestaurant ist nicht nur für die erstklassigen Speisen bekannt. Im Untergeschoß kann man die Vielfalt und Qualität der kroatischen Weine entdecken. Von Istrien bis nach Dalmatien – die Aromen der Weinregionen sind abwechslungsreich und spannend.
Schwerpunkt: Österreich, Kroatien

Marc-Aurel-Straße 8
+431 5356518
kornat.at
Kategorie: Weinbar im Restaurant

Weinangebot:	**46** | 50
Service	**18** | 20
Essen	**18** | 20
Ambiente:	**8** | 10
Gesamt:	90 | 100

Kruger's Bar

1010 Wien

Das Motto der American Bar ist wohl »Altes bewahren, Neues schaffen«. Hier werden nicht nur klassische Rezepturen perfektioniert, sondern auch neu interpretiert. Das Resultat sind einzigartige Kreationen, die den Getränkehorizont erweitern. Typisch amerikanisch ist der Manhattan, den man unbedingt probieren muss!

Krugerstraße 5
+43115122455
krugers.at
Kategorie: American Bar

Drinks:	**45** | 50
Ambiente:	**19** | 20
Service:	**17** | 20
Sortiment:	**9** | 10
Gesamt:	90 | 100

Lamée Rooftop

1010 Wien

Eine urbane Oase hoch über den Dächern der Stadt! Die knallbunte Rooftop-Bar bietet nicht nur einen spektakulären Panoramablick, sondern auch eine großartige Auswahl an Drinks, Snacks und coolen Beats. Tagsüber die Sonne genießen und nach dem Sonnenuntergang das Glitzern der Stadt bewundern. Reservierung empfohlen!

Lichtensteg 2
+43 1 5322240
lameerooftop.com
Kategorie: Hotelbar

Drinks:	**42** | 50
Ambiente:	**19** | 20
Service:	**18** | 20
Sortiment:	**8** | 10
Gesamt:	87 | 100

Le Cru

1010 Wien

Die Champagnerbar ist ein Ort der sprudelnden Lebensfreude. Hier trifft man auf eine Fachhandlung mit exzellenter Beratung, die einem die Vielfalt der Champagnerwelt näherbringt. Bei den professionellen Verkostungen kann man den Trinkgenuss zelebrieren und Neues kennenlernen.
Schwerpunkt: Schaumwein

Petersplatz 8
+43 1 5334260
lecru.at
Kategorie: Weinbar in Vinothek

Weinangebot:	**48** | 50
Service	**18** | 20
Essen	**14** | 20
Ambiente:	**8** | 10
Gesamt:	88 | 100

Leo Hillinger Wineshop & Bar

1010 Wien

Auch im 33. Jahr seines Bestehens keltert das inzwischen riesige Weingut Hillinger süffige Weiße, durchaus charakterstarke Rote und die eine oder andere besondere Lagenrarität. In der beliebten Mischung aus Shop und Bar werden dazu feine Snacks und Antipasti serviert.
Schwerpunkt: Burgenland

Wollzeile 25
+43 1 9662121
leo-hillinger.com
Kategorie: Weinbar in Vinothek

Weinangebot:	**44** | 50
Service	**19** | 20
Essen	**18** | 20
Ambiente:	**9** | 10
Gesamt:	90 | 100

Loos Bar

1010 Wien

Die Loos Bar ist ein absolutes Must-visit für alle, die auf der Suche nach dem gewissen Wow-Faktor sind. Im atemberaubenden Art-déco-Design ist sie ein Erlebnis für alle Sinne. Hier trifft Wiener Tradition auf hippen Zeitgeist. Einfach in eine geheimnisvolle Welt eintauchen und Espresso Martini genießen.

Kärntner Durchgang 10
+43 1 5123283
loosbar.at
Kategorie: American Bar

Drinks:	**45** | 50
Ambiente:	**20** | 20
Service:	**18** | 20
Sortiment:	**8** | 10
Gesamt:	91 | 100

Needle Vinyl Bar

1010 Wien

Bei den Klängen von Pink Floyd und Jimi Hendrix einen exzellenten Gin Tonic zu genießen, ist ein absolutes Highlight. Die Dekoration ist einzigartig und besteht aus einem faszinierenden Sammelsurium an Antiquitäten und Kunstobjekten, die sogar von der Decke hängen. Es gibt viel zu sehen und zu verkosten!

Färbergasse 8
+43 660 5352325
needlevinylbar.com
Kategorie: Loungebar

Drinks:	**44** | 50
Ambiente:	**18** | 20
Service:	**18** | 20
Sortiment:	**8** | 10
Gesamt:	88 | 100

Neue Hoheit

1010 Wien

Die edle Adresse mit klassischem Chic ist zwar eine Hotelbar, aber längst nicht nur was für Touris: Mit den Signatures tritt man eine Reise durch ganz Österreich an. Für jedes Bundesland ein Drink auf Basis eines dort beheimateten Edelbrandes. Auch die Klassiker zeugen von großer Kunst hinter dem Tresen.

Petersplatz 7
+43 1 79998888770
rosewoodhotels.com
Kategorie: Hotelbar

Drinks:	**45** | 50
Ambiente:	**19** | 20
Service:	**18** | 20
Sortiment:	**9** | 10
Gesamt:	91 | 100

NeunDreiviertel

1010 Wien

Harry-Potter-Fans wissen, dass sich unter diesem Namen nur Magisches verbergen kann: Hier ein Schaum, dort ein Gel, dazu ein geklärter Drink und dazwischen ein sphärisierter Shot – lustvoll wird im schicken Lokal in der ganzen Trickkiste der Molekularküche gewühlt. Unterhaltsam und ausgefallen ist das allemal.

Karlsplatz 2
+43 664 9141476
neundreiviertel.at
Kategorie: American Bar

Drinks:	**46** | 50
Ambiente:	**19** | 20
Service:	**18** | 20
Sortiment:	**8** | 10
Gesamt:	91 | 100

Nightfly's American Bar

1010 Wien

Seit ihrer Gründung im Jahr 1993 ist die American Bar ein Hotspot der Stadt. Das Whisk(e)y-Sortiment wird kontinuierlich um neue und seltene Raritäten erweitert. Die Karte bietet viel Wissenswertes über Spirituosen und die Geschichte des Hauses. So macht es einfach Spaß, durch die umfangreiche Karte zu blättern!

Dorotheergasse 14
+43 699 17128767
nightflys.at
Kategorie: American Bar

Drinks:	**46** | 50
Ambiente:	**19** | 20
Service:	**18** | 20
Sortiment:	**9** | 10
Gesamt:	92 | 100

O boufés

1010 Wien

Reduziert und durch und durch stylish ist das Ambiente, aus der Küche Filippous kommt gewohnt Sensationelles in großer und kleinerer Ausführung. Kenner und Freunde des Naturweins jubeln freilich am lautesten über die gewaltige und nicht minder geschmackvolle Selektion.
Schwerpunkt: Raw/Natural Wine

Dominikanerbastei 17
+43 1 512222910
konstantinfilippou.com
Kategorie: Weinbistro

Weinangebot:	**49** | 50
Service	**18** | 20
Essen	**20** | 20
Ambiente:	**8** | 10
Gesamt:	95 | 100

Organics Sky Garden

1010 Wien

Die mit stylishen Designermöbeln ausgestattete Rooftop-Location in bester Lage lädt bei Schönwetter zu ausgedehntem Afterwork – dank allem, was die Red-Bull-Organics-Familie so hergibt, ist dabei auch für die nötige Energie gesorgt und die Vielfalt an Highballs groß. Dazu Snacks und Leichtes aus der Italo-Küche.

Wipplingerstraße 2
+43 681 10485806
organicsskygarden.com
Kategorie: Restaurantbar

Drinks:	**43** | 50
Ambiente:	**19** | 20
Service:	**18** | 20
Sortiment:	**8** | 10
Gesamt:	88 | 100

Palais Coburg Weinbar

1010 Wien

Hier wird Wein zum Erlebnis! In sechs Kellern lagern über 60.000 Flaschen edelster Tropfen aus aller Herren Länder. Eine Führung durch die Gewölbe wird zu einer Reise mit allen Sinnen. Das kulinarische Angebot von Silvio Nickol ist ebenso vielfältig wie exquisit.
Schwerpunkt: Jahrgangstiefe, Süßwein, Champagner, international

Coburgbastei 4
+43 1 51818130
palais-coburg.com
Kategorie: Klassische Weinbar

Weinangebot:	**50** | 50
Service	**18** | 20
Essen	**18** | 20
Ambiente:	**10** | 10
Gesamt:	96 | 100

Pastamara YYY

1010 Wien

Das Zwei-Sterne-Restaurant ist für seine Qualität bekannt, und diese spiegelt sich auch in der Getränkeauswahl wider. Als Aperitivo-Hotspot wartet das Lokal mit exzellenten Drinks sowie kulinarischen Köstlichkeiten auf. Besonders beeindruckend sind die perfekt zubereiteten Negroni-Kreationen.

Schubertring 5–7
+43 1 31188150
pastamara.com
Kategorie: Hotelbar

Drinks:	**45** | 50
Ambiente:	**19** | 20
Service:	**19** | 20
Sortiment:	**8** | 10
Gesamt:	91 | 100

Planter's Club Bar YYY

1010 Wien

Die Bar im Kolonialstil entführt einen in eine längst vergangene Zeit. Mit der Einrichtung eines englischen Herrenclubs und dem beeindruckenden Weinkeller würde man sie als »very British« bezeichnen. Hier findet man eine beeindruckende Auswahl an Single Malt Whisk(e)ys, Rum, Cognac und mehr. Nostalgie pur!

Zelinkagasse 4
+43 1 533339315
plantersclub.com
Kategorie: American Bar

Drinks:	**44** | 50
Ambiente:	**19** | 20
Service:	**18** | 20
Sortiment:	**10** | 10
Gesamt:	91 | 100

Q'ero YYY

1010 Wien

Ein peruanisches Restaurant bzw. Bar ist in Wien selten zu finden. Getränketechnisch steht natürlich der Pisco im Mittelpunkt, ein traditioneller Weinbrand aus Peru. Klassisch als Sour zubereitet, aber es gibt noch viele weitere kreative Variationen dieses köstlichen Getränks. Auch pur ein Hochgenuss!

Börsegasse 9
+43 1 5320395
qero-viena.at
Kategorie: Restaurantbar

Drinks:	**44** | 50
Ambiente:	**18** | 20
Service:	**19** | 20
Sortiment:	**9** | 10
Gesamt:	90 | 100

Red Room YYY

1010 Wien

Oben sorgen die farbenfrohen Wände für Karibikgefühl, im unteren Stock warten in modernem Interieur sage und schreibe 300 Rum-Sorten aus aller Welt darauf, verkostet zu werden – ob pur, auf Eis oder in kundiger Symbiose in Form feiner Cocktails. Wer hier nicht in Urlaubsschwärmerei verfällt, macht etwas falsch.

Stubenring 20
+43 1 5124024
comida.at
Kategorie: Club

Drinks:	**46** | 50
Ambiente:	**18** | 20
Service:	**18** | 20
Sortiment:	**9** | 10
Gesamt:	91 | 100

Roberto 🍸🍸🍸

1010 Wien

Roberto Pavlović-Hariwijadi lebt seinen Traum mit der berühmten American Bar, tatkräftig unterstützt von seiner Frau Alexandra. Hier werden Champagner und Co. der Extraklasse serviert. Die Cocktail-Auswahl ist riesig und es gibt viele Eigenkreationen, die auch schon am Opernball serviert wurden.

Bauernmarkt 11–13
+43 1 5350647
robertosbar.com
Kategorie: American Bar

Drinks:	**47** I 50
Ambiente:	**18** I 20
Service:	**19** I 20
Sortiment:	**8** I 10
Gesamt:	92 I 100

Roberto American Bar 🍸🍸🍸

1010 Wien

Die American Bar beeindruckt mit über 93 verschiedenen Cocktails und einer exzellenten Auswahl an Champagner. Roberto Pavlović-Hariwijadi versteht und lebt die Barkultur in jeder Hinsicht. Obwohl nicht ganz günstig, ist das Ambiente und die Qualität jeden Cent wert. Hier wird man mit erstklassigem Service verwöhnt.

Jasomirgottstraße 7
+43 1 5322646
robertosbar.com
Kategorie: American Bar

Drinks:	**47** I 50
Ambiente:	**19** I 20
Service:	**19** I 20
Sortiment:	**8** I 10
Gesamt:	93 I 100

Ron con Soda 🍸🍸

1010 Wien

Ein Stück Kuba mitten in Wien: von der Atmosphäre bis zum Sound, von den Snacks über die Zigarren bis zu den Drinks. Letztere fokussieren naturgemäß auf Rum: Cuba Libre und Daiquiris beherrscht man aus dem Effeff, der Mojito ist preisgekrönt, kommt hier aber auch in spannenden Abwandlungen über den Tresen.

Seitenstettengasse 5
+43 650 3192184
ronconsoda.at
Kategorie: American Bar

Drinks:	**44** I 50
Ambiente:	**18** I 20
Service:	**18** I 20
Sortiment:	**7** I 10
Gesamt:	87 I 100

Sacher Blaue Bar 🍸🍸

1010 Wien

Das Sacher ist nicht nur für Kaffeehauskultur bekannt. Die gediegene und mondäne Atmosphäre der Bar, verleiht dem Raum eine besondere Eleganz. Unter funkelnden Kristalllustern einen Aperitif oder einen erfrischenden Gin Tonic genießen – rundum ein erstklassiges Getränkeerlebnis. Ein Ort, der Stil und Genuss vereint!

Philharmonikerstraße 4
+43 1 514560
sacher.com
Kategorie: Hotelbar

Drinks:	**43** I 50
Ambiente:	**19** I 20
Service:	**18** I 20
Sortiment:	**8** I 10
Gesamt:	88 I 100

SHIKI Bar 🍸🍸🍸

1010 Wien

Wo es so sensationell gutes Sushi gibt, kann eine feine Bar nicht weit sein – der Beweis dafür liegt mitten im ersten Bezirk. Gemixt wird gern mit Sake, Roku Gin, Jasmin Vodka und japanischem Whisky, ähnlich geschmackvoll austarierte Kombinationen aus bekannten und neuen Aromen wird man anderswo vergeblich suchen.

Krugerstraße 3
+43 1 5127397
shiki.at
Kategorie: Restaurantbar

Drinks:	**46** I 50
Ambiente:	**19** I 20
Service:	**18** I 20
Sortiment:	**8** I 10
Gesamt:	91 I 100

Sky 🍸🍸🍸

1010 Wien

Die Sky Bar über den Dächern der Stadt ist der perfekte Ort, um nach einer ausgiebigen Shoppingtour ebenso stilvolle Drinks zu genießen. Es warten Lifestyle-Getränke wie der erfrischende »Sky Garden Sprizz« oder unzählige Spirits in the Sky sowie eine Vielzahl von Mocktails und alkoholfreien Kreationen.

Kärntner Straße 19
+43 1 5131712
skybox.at
Kategorie: Loungebar

Drinks:	**45** I 50
Ambiente:	**19** I 20
Service:	**19** I 20
Sortiment:	**9** I 10
Gesamt:	92 I 100

Sputnik Bar 🍸🍸🍸

1010 Wien

Puristisch, modern, reduziert das Interieur, für die Drinks greifen Laura Peez und Simon Oberschick am liebsten zu Wodka und gleichzeitig tief in die Trickkiste: Der »Smoke on the Vodka« verdankt seine Tiefe Zirbenrauch und Fichtennadellikör, für den »Shashlik Highball« trifft Whisk(e)y Soda auf Würzsauce und Schweinejerky.

Börsegasse 13
Kategorie: Loungebar

Drinks:	**45** I 50
Ambiente:	**18** I 20
Service:	**19** I 20
Sortiment:	**8** I 10
Gesamt:	90 I 100

Stadtcafe

1010 Wien

Das moderne und stilvolle Innenstadtlokal bietet eine umfangreiche Barkarte mit allen Cocktailklassikern, die dazugehören: Von Gin über Wodka, Rum und Tequila ist alles dabei! Ein absolutes Highlight ist der Espresso Martini, der mit hauseigenem geröstetem Kaffee zubereitet wird. Quality Drinks für Quality Time!

Freyung 1
+431 205353
stadtcafe-wien.at
Kategorie: Loungebar

Drinks:	**43** | 50
Ambiente:	**18** | 20
Service:	**19** | 20
Sortiment:	**8** | 10
Gesamt:	88 | 100

The Bank Bar

1010 Wien

Stark aufgestelltes Team und ein Menu, das mit den »Futures« ein weiteres Investment-betontes Thema in den Mittelpunkt stellt: In der ehemaligen Bank versteht man sich auf die Handhabung exotischer Brände im Shaker ebenso wie auf die pur ausgeschenkten Preziosen wie Louis-XIII-Cognac. City-Clublokal der Connaisseurs!

Bognergasse 4
+431 227401236
restaurant-thebank.at
Kategorie: Hotelbar

Drinks:	**48** | 50
Ambiente:	**19** | 20
Service:	**19** | 20
Sortiment:	**9** | 10
Gesamt:	95 | 100

Treehaus

1010 Wien

Eine Bar kann jeder, aber ein »Cocktail Playground« will schon was heißen. Aber es ist ja auch Daniel Schober, der hinter der Bar werkt – und das tut er mit gewohnt viel Geschmack und Stil. Verlassen sollte man den Spielplatz jedenfalls nicht ohne einen der Champagnercocktails oder Signatures, denn: »Delicious.«

Johannesgasse 14/1
+431 2958733
treehaus.at
Kategorie: American Bar

Drinks:	**46** | 50
Ambiente:	**19** | 20
Service:	**18** | 20
Sortiment:	**8** | 10
Gesamt:	91 | 100

Truth & Dare 🍸🍸🍸

1010 Wien

Zum Einstieg nimmt man am besten den »Mini of the Week«, einen Shortdrink, der wöchentlich die Kreativität des kleinen Teams fordert. Kenner fragen nach dem »Silky Sheets« oder lassen sich von den Barchefs Dominik und David etwas empfehlen. Damit liegt man in der Regel richtig im kuscheligen Zimmer oder an der Bar.

Schönlaterngasse 4

truthanddare.bar

Kategorie: American Bar

Drinks:	**47** I 50
Ambiente:	**19** I 20
Service:	**19** I 20
Sortiment:	**8** I 10
Gesamt:	93 I 100

Unger und Klein 🍷🍷🍷

1010 Wien

Es gibt kaum Wiener Wein-Fans, die in den letzten 20 Jahren nicht schon mal schnell »auf ein Glas« gekommen und doch den ganzen Abend geblieben wären. So läuft das in einer der sympathischsten Weinbars der Stadt mit ihrem erlesenen Angebot. Möge das immer so bleiben!

Schwerpunkt: Österreich

Gölsdorfgasse 2
+43 1 5321323
ungerundklein.at

Kategorie: Weinbar in Vinothek

Weinangebot:	**49** I 50
Service	**19** I 20
Essen	**17** I 20
Ambiente:	**8** I 10
Gesamt:	93 I 100

Vino 🍷🍷

1010 Wien

Wein- und Genuss-Hotspot mit einer umfangreichen Auswahl an nationalen und internationalen Tropfen. Das elegante Ambiente und die moderne Einrichtung lenken nicht vom Hauptprotagonisten ab. Ein Ort wie geschaffen für Weinliebhaber und solche, die es noch werden wollen.

Schwerpunkt: Wien

Lichtenfelsgasse 3
+43 1 8903986
vino-wien.com

Kategorie: Weinbistro

Weinangebot:	**45** I 50
Service	**18** I 20
Essen	**16** I 20
Ambiente:	**8** I 10
Gesamt:	87 I 100

Vinogin Gin-Bar & Gin-Gallery 🍸🍸 1010 Wien

Die Wein- und Gin-Bar bietet eine beeindruckende Auswahl an über 500 Gin-Sorten. Zitrone, Gurke, Pfeffer? Das Personal kennt sich bestens aus und weiß genau, welche Zutaten und welches Tonic zu jedem Drink passen. Wer regelmäßig vorbeischaut, sollte den Gin-Pass erwerben und wird dann auch mal auf ein Glas eingeladen.

Fleischmarkt 28
+43 699 18128373
vinogin.at
Kategorie: Loungebar

Drinks:	**42** | 50
Ambiente:	**19** | 20
Service:	**18** | 20
Sortiment:	**8** | 10
Gesamt:	87 | 100

vis-a-vis 🍸🍸🍸 1010 Wien

Die herrlich bodenständige Weinbar wird ob ihrer überschaubaren Größe allzu leicht übersehen, doch das ist ein grober Fehler: Feine Tropfen aus Österreich erscheinen in Begleitung kleiner Schmankerln aus der Vitrine, Schmäh und Gastfreundlichkeit gibt's obendrauf.
Schwerpunkt: Österreich

Wollzeile 5/Durchgang
+43 1 5129350
weibel.at
Kategorie: Klassische Weinbar

Weinangebot:	**48** | 50
Service	**19** | 20
Essen	**18** | 20
Ambiente:	**8** | 10
Gesamt:	93 | 100

Volksgarten Club – Oswald Haerdtl Bar 🍸🍸 1010 Wien

Der Wiener »VoGa« und die Haerdtl Bar sind weit über die Grenzen Wiens bekannt und DER Treffpunkt für Nachtschwärmer und Tagträumer. Im Discoclub wird zu den besten DJs gefeiert und abgetanzt. Egal, ob Einheimische oder Besucher, alle sind von der Atmosphäre und dem einzigartigen Clubbing-Erlebnis begeistert.

Burgring/Heldenplatz
+43 1 5324241
volksgarten.at
Kategorie: Club

Drinks:	**43** | 50
Ambiente:	**19** | 20
Service:	**18** | 20
Sortiment:	**8** | 10
Gesamt:	88 | 100

W-Einkehr 🍷🍷 1010 Wien

Von den eleganten Weißweinen der Wachau bis zu den kräftigen Rotweinen aus dem Burgenland präsentiert sich hier das Beste, was unsere Weingärten zu bieten haben. Der Degustationstisch in der Mitte lädt ein, diese Vielfalt zu entdecken und dazu passende Snacks zu genießen.
Schwerpunkt: Österreich

Schönlaterngasse 13
+43 676 4082854
w-einkehr.at
Kategorie: Weinbar in Vinothek

Weinangebot:	**43** I 50
Service	**18** I 20
Essen	**17** I 20
Ambiente:	**7** I 10
Gesamt:	85 I 100

Wagemut Kavalierbar 🍷🍷🍷 1010 Wien

Aus dem Stand bereicherte Rum-Kenner und -Produzent Nicolas Kröger die Wiener Szene. Und das in bester Lage am Ring! Sein Manhattan-Serve direkt aus dem Rumfass ist hitverdächtig, die Gastgeberqualitäten vorbildlich. Zudem im 1. Stock zu finden: Grandioses mit Jahrgangstiefe (z. B. Armagnac) für Spirituosen-Nerds.

Kärntner Ring 9
+43 1 515800
de.grandhotelwien.com
Kategorie: Hotelbar

Drinks:	**46** I 50
Ambiente:	**18** I 20
Service:	**19** I 20
Sortiment:	**9** I 10
Gesamt:	92 I 100

Wein & Co Schottentor 🍷🍷🍷 1010 Wien

Die Lage gegenüber der Hauptuni macht diese Vinothek zu einem beliebten Treffpunkt für Weinliebhaber und Genießer. Die Auswahl an Weinen ist riesig, und es gibt unzählige außergewöhnliche Raritäten zu entdecken. Bei der Auswahl steht fachkundige Beratung immer zur Seite.
Schwerpunkt: international

Universitätsring 12
+43 50706 3142
weinco.at
Kategorie: Weinbar in Vinothek

Weinangebot:	**49** I 50
Service	**18** I 20
Essen	**17** I 20
Ambiente:	**8** I 10
Gesamt:	92 I 100

Wein & Co Stephansplatz 🍷🍷🍷🍷 1010 Wien

Ob ein schnelles Glas in der Bar, ausgedehntes Schlemmen im Restaurant oder Gustieren im Shop: Ein Monument für den Wein wartet in bester Lage. Der Raritätenkeller macht lange Zähne, getrunken wird auch derlei »Fine Wine« vor Ort. Expertise und Angebot sind gewaltig.
Schwerpunkt: international

Jasomirgottstraße 3–5
+43 50706 3122
weinco.at
Kategorie: Weinbar in Vinothek

Weinangebot:	**50** I 50
Service	**19** I 20
Essen	**18** I 20
Ambiente:	**9** I 10
Gesamt:	96 I 100

Weinorgel 🍷

1010 Wien

Beim gepflegten Stehachterl an der Bar klingt der Tag einfach besser aus. Das wissen auch die zahlreichen Stammgäste des netten Innenstadtlokals, die sich an der kleinen, feinen Auswahl österreichischer wie internationaler Weine und den Antipasti-Tellern gütlich tun.
Schwerpunkt: Österreich

Bäckerstraße 2
+431 5131227
weinorgel.at
Kategorie: Klassische Weinbar

Weinangebot:	**44** | 50
Service	**18** | 20
Essen	**14** | 20
Ambiente:	**8** | 10
Gesamt:	84 | 100

Weinplateau 🍷🍷

1010 Wien

Die Vinothek widmet sich ganz den südafrikanischen Weinen, ein Alleinstellungsmerkmal mit Seltenheitswert. Hier trifft man auf Expertenwissen und Leidenschaft, dies wird auch bei diversen Weinverkostungen unter Beweis gestellt. Auf die Qualität kann man sich verlassen.
Schwerpunkt: Südafrika

Tiefer Graben 7
+431 9081200
weinplateau.com
Kategorie: Weinbar in Vinothek

Weinangebot:	**45** | 50
Service	**18** | 20
Essen	**16** | 20
Ambiente:	**8** | 10
Gesamt:	87 | 100

Amici Miei 🍷🍷

1020 Wien

Die Bar am Vorgartenmarkt fühlt sich wie ein offenes Wohnzimmer an. Hier wird die Leidenschaft für Italien und die kulinarische Welt ausgelebt. Den kühlen Prosecco aus dem Friaul am besten mit einem Antipasti-Teller genießen – auch ein Limoncello darf nicht fehlen!
Schwerpunkt: Italien

Vorgartenmarkt, Ennsgasse 12
+43 664 4532307
enoteca-amici.at
Kategorie: Weinbar in Vinothek

Weinangebot:	**45** | 50
Service	**19** | 20
Essen	**17** | 20
Ambiente:	**8** | 10
Gesamt:	89 | 100

Champagne Characters 🍷🍷🍷

1020 Wien

Nicola Neumann widmet sich voll und ganz dem Champagner und verfolgt die Mission, die Komplexität, Eleganz und Vielfalt dieses edlen Getränks zu vermitteln. Mit Wissen und Leidenschaft berät sie Gäste und lässt in die faszinierende Welt des Champagners eintauchen.

Schwerpunkt: Champagner

Kleine Sperlgasse 7
+43 1 3473211
champagne-characters.com
Kategorie: Weinbar in Vinothek

Weinangebot:	**46** / 50
Service	**19** / 20
Essen	**17** / 20
Ambiente:	**8** / 10
Gesamt:	90 / 100

Contor 🍷

1020 Wien

Bestens geeigneter Zwischenstopp beim Besuch des Karmelitermarkts ist die nette, unkomplizierte Vinothek nebst Bar: Feine Weine aus Österreich und darüber hinaus werden von den passenden Häppchen und Snacks begleitet, während man das bunte Markttreiben im Blick hat.

Schwerpunkt: Österreich

Leopoldsgasse 51
+43 676 4406244

Kategorie: Weinbistro

Weinangebot:	**42** / 50
Service	**17** / 20
Essen	**15** / 20
Ambiente:	**8** / 10
Gesamt:	82 / 100

Das Loft 🍸🍸🍸

1020 Wien

Über den Dächern Wiens genießt man nicht nur einen der atemberaubendsten Ausblicke der Stadt, sondern ebenso spektakuläre Cocktails! Die professionellen Barkeeper überzeugen mit innovativen Eigenkreationen und klassischen Drinks – allesamt gemixt mit den besten Zutaten. »The place to be« für alle Stadtliebhaber!

Praterstraße 1
+43 1 906168110
dasloftwien.at
Kategorie: Hotelbar

Drinks:	**44** / 50
Ambiente:	**20** / 20
Service:	**18** / 20
Sortiment:	**8** / 10
Gesamt:	90 / 100

Duzi's

1020 Wien

Der Mix aus Shisha-Genuss und einzigartigen Drinks schafft eine gemütliche Atmosphäre für schöne Abendstunden. Neben der Vielfalt an Shisha-Geschmacksrichtungen begeistert auch die umfangreiche Barkarte. Besonders beliebt ist die große Auswahl an Caipirinha-Varianten (Mango!), die für jeden Geschmack etwas bietet.

Praterstraße 25
+43 1 8908775
duzis.at
Kategorie: Loungebar

Drinks:	**44** | 50
Ambiente:	**18** | 20
Service:	**18** | 20
Sortiment:	**8** | 10
Gesamt:	88 | 100

Franz von Hahn

1020 Wien

Weniger ist mehr, sagte man sich bezüglich der Einrichtung. Bei den Gästen trifft das Gegenteil zu – bis man an der Bar einen der raffiniert reduzierten Cocktails bestellen kann, muss man erst durch die Menschenmenge durch. Doch es lohnt sich schon allein für die Hipster-taugliche Vielfalt an hauseigenen Gin-Sorten.

Rotensterngasse 8
+43 650 3018887
franzvonhahn.com
Kategorie: Loungebar

Drinks:	**42** | 50
Ambiente:	**18** | 20
Service:	**18** | 20
Sortiment:	**7** | 10
Gesamt:	85 | 100

Hammond Bar

1020 Wien

Rum und Kürbiskernöl muss man einmal – aromatisch gefällig! – zusammenbringen. Doch der »Colorful Rain« ist nur ein weiterer Beweis für die nie versiegende, schalkhafte Kreativität im zweiten Bezirk. Ein Tipp für alle, die derlei Fantasievolles von Sigi Schot und Team nachmixen wollen: Cocktailkurse im neuen »Hammond Lab«!

Taborstraße 33
+43 1 9689215
hammondbar.at
Kategorie: American Bar

Drinks:	**48** | 50
Ambiente:	**19** | 20
Service:	**19** | 20
Sortiment:	**8** | 10
Gesamt:	94 | 100

Istros ϒϒ

1020 Wien

In einer hübsch anzuschauenden Stadt wie Wien kann es nie genug Rooftop-Bars geben, die den Blick von oben freigeben. So auch hier – der antike Name der Donau steht für die freie Sicht aufs Wasser (und weit darüber hinaus). Der Fokus auf Craftbiere und klassische Cocktails ergänzt das edle Ambiente.

Obere Donaustraße 61
+43 1 4360059
radissonhotels.com
Kategorie: Hotelbar

Drinks:	**44** / 50
Ambiente:	**19** / 20
Service:	**18** / 20
Sortiment:	**7** / 10
Gesamt:	88 / 100

L'Ase

1020 Wien

Dass Katalonien ein Genussland ist, weiß man spätestens nach einem Besuch in der sympathischen kleinen Bar: sonnenverwöhnte Weine und Cava im Glas, dazu klassische Tapas, ergänzt durch Eigenkreationen von Chef Pau. Auf Vorbestellung kommt hausgemachte Paella zu Tisch.

Schwerpunkt: Katalonien

Rueppgasse 24
+43 660 3649885
l-ase.at
Kategorie: Weinbistro

Weinangebot:	**45** / 50
Service	**19** / 20
Essen	**17** / 20
Ambiente:	**8** / 10
Gesamt:	89 / 100

Monte Ofelio Bar Augarten ϒϒ

1020 Wien

Aus dem Alimentari von Luca und Dario Formisano wurde über die Jahre einer der Aperitivo-Hotspots der Stadt. Wen wundert's: Der Negroni Sbagliato prickelt am Bankerl vor dem Fenster verheißungsvoll, den Panini dazu will man einen Snack-Preis verleihen, und auch sonst sprüht alles nur so vor italienischer Lebensfreude.

Obere Augartenstraße 70
+43 664 5215573
monteofelio.com
Kategorie: Loungebar

Drinks:	**43** / 50
Ambiente:	**19** / 20
Service:	**19** / 20
Sortiment:	**7** / 10
Gesamt:	88 / 100

NENI am Prater ϒϒϒ

1020 Wien

Dass man im Hause Neni kochen kann, ist kein Geheimnis. Dass aber auch die Bar in der jüngsten Location am Prater nicht nur mit famoser Rooftop-Terrasse punktet, schon eher. Dabei schupft die mit Alexander Öhler ein preisgekrönter Könner, der die internationale Küche mit nicht minder grenzenlosen Drinks aufgreift.

Perspektivstraße 8
+43 1 904343950
Kategorie: Restaurantbar

Drinks:	**45** / 50
Ambiente:	**19** / 20
Service:	**18** / 20
Sortiment:	**8** / 10
Gesamt:	90 / 100

Spelunke

1020 Wien

Die perfekte Kombination aus coolen Cocktails, DJ-Beats und Club-Atmosphäre in einer einzigartigen, modernen Spelunke! Schon beim Betreten des pulsierenden Lokals spürt man die Vibes und weiß, dass die Drinks zur besonderen Location passen. Die Bar steht im Fokus, und mit bestem Blick kann man das Geschehen beobachten.

Taborstraße 1 +43 1 2124151 spelunke.at **Kategorie: Restaurantbar**	Drinks: **43** I 50 Ambiente: **18** I 20 Service: **18** I 20 Sortiment: **8** I 10 Gesamt: 87 I 100

Stage Bar

1020 Wien

Afterwork, ob relaxt oder ausgelassen, ist das Gebot der Stunde. Auf die Sprünge hilft die gut sortierte Auswahl an Champagner, Cocktailklassikern und Signatures, die auch mit wohldurchdachter Einfachheit überzeugen: Mit Basilikum infundierter Wodka trifft im »Ruthless« auf Hibiskussoda, fertig. Und genau richtig.

Gredlerstraße 9 +43 681 81836469 stagebar.at **Kategorie: American Bar**	Drinks: **44** I 50 Ambiente: **18** I 20 Service: **18** I 20 Sortiment: **8** I 10 Gesamt: 88 I 100

Wein.laden

1020 Wien

Wer immer schon Weinexperte werden wollte: Hier entlang! Die Seminare mit verschiedenen Schwerpunkten widmen sich der wunderbaren Welt des Weins. Alle anderen schauen einfach so auf ein Glas aus aller Welt oder zwecks Aufstockung des Weinkellers vorbei – es lohnt sich.
Schwerpunkt: international, Österreich

Haidgasse 2 +43 1 2123189 weinladen.wien **Kategorie: Weinbar in Vinothek**	Weinangebot: **44** I 50 Service **19** I 20 Essen **15** I 20 Ambiente: **8** I 10 Gesamt: 86 I 100

Colono

1030 Wien

Essens- und Trinkgenuss gehen Hand in Hand, und was passt besser zu spanischen Tapas als ein gutes Gläschen Rioja der D.O.-Region. Pata-Negra-Ibérico, Manchego-Käse und weitere Spezialitäten kommen direkt aus España und schmecken wie unter der Sonne Spaniens!
Schwerpunkt: Spanien

Landstraßer Hauptstraße 6 +43 660 9362437 colonowien.at **Kategorie: Weinbar in Vinothek**	Weinangebot: **42** I 50 Service **19** I 20 Essen **17** I 20 Ambiente: **8** I 10 Gesamt: 86 I 100

Drinx

1030 Wien

Inmitten schicker Einrichtung wird beliebten Drink-Klassikern hier ein neues Kleid angezogen, und das gelingt erfreulich gut: Der »Carrot Daiquiri« gibt sich erfrischend und zurückhaltend süß, im »Soy Aged Whiskey Sour« ergänzen subtil salzige Aromen den bekannten Aromen-Mix. Auch die Auswahl an Spirits stimmt.

Am Heumarkt 3
+43 1 89056981
drinx-vienna.at
Kategorie: American Bar

Drinks:	**44** | 50
Ambiente:	**18** | 20
Service:	**18** | 20
Sortiment:	**8** | 10
Gesamt:	88 | 100

Heunisch & Erben

1030 Wien

Vinothek und Gourmetlokal! Top-Gastronomen Robert Brandhofer und Markus Gould überzeugen mit Fachkompetenz und Leidenschaft für guten Wein. Sie bieten eine sorgfältig kuratierte Auswahl an Rebsorten und Jahrgängen. Ein besonderes Augenmerk liegt dabei auf Naturwein.
Schwerpunkt: Österreich, international, Raw/Natural Wine, Jahrgangstiefe

Landstraßer Hauptstraße 17
+43 1 2868563
heunisch.at
Kategorie: Weinbistro

Weinangebot:	**49** | 50
Service	**19** | 20
Essen	**19** | 20
Ambiente:	**9** | 10
Gesamt:	96 | 100

Intermezzo Bar

1030 Wien

Im berühmten Hotel Intercontinental frönt man Genuss und Luxus. Die Bar funkelt mit einem immensen Kristallluster und klassisch-elegantem Interieur. Geboten wird ein breites Sortiment an Cocktails, aber besonders Whisk(e)y-Liebhaber kommen hier auf ihre Kosten – die Auswahl umfasst über 150 verschiedene Sorten.

Johannesgasse 28
+43 1 711220
vienna.intercontinental.com
Kategorie: American Bar

Drinks:	**44** | 50
Ambiente:	**19** | 20
Service:	**18** | 20
Sortiment:	**8** | 10
Gesamt:	89 | 100

Ruby Sofie Bar

1030 Wien

Bar in den ehemaligen Sofiensälen, ein großes Badehaus im 19. Jahrhundert. Mit ihrem Vintage-Charme, kunstvollen Elementen und modernen Details verbindet sie gekonnt Vergangenheit und Gegenwart. An der Bar werden nicht nur exzellente Cocktails serviert, sondern auch erstklassiger Kaffee.

Marxergasse 17
+43 1 205771200
ruby-hotels.com
Kategorie: Hotelbar

Drinks:	**43** | 50
Ambiente:	**18** | 20
Service:	**17** | 20
Sortiment:	**8** | 10
Gesamt:	86 | 100

Foto: Lukas Leonte Photography

SELLENY'S Bar

1030 Wien

»Restore«, »Revive«, »Refresh« und die (erfreulich kreative) alkoholfreie Kategorie »Revitalize«: Die Marschrichtung der Signatures richtet sich auch nach deren gewünschtem Effekt. Wermut-Freunde pilgern aber dessentwegen in die moderne Hotelbar, kommt er hier doch pur, gemixt, jedenfalls aber äußerst vielfältig daher.

Am Stadtpark 1
+43 1 7170012132
sellenys-bar.at
Kategorie: Hotelbar

Drinks:	**45** I 50
Ambiente:	**19** I 20
Service:	**18** I 20
Sortiment:	**8** I 10
Gesamt:	90 I 100

Vinothek Rochus

1030 Wien

Das Konzept ähnelt einer Tapas-Bar und bietet eine abwechslungsreiche Auswahl an kleinen Köstlichkeiten passend zu den Weinen. Das Interieur ist in warmes Rot gehüllt, was irgendwie zum Trinkerlebnis passt. Hier kann man entspannen und die Sinne verwöhnen lassen.
Schwerpunkt: Österreich

Rochusmarkt 16–17
+43 664 3401789
Kategorie: Klassische Weinbar

Weinangebot:	**43** I 50
Service	**18** I 20
Essen	**16** I 20
Ambiente:	**7** I 10
Gesamt:	84 I 100

Edelgreisslerei Opocensky

1040 Wien

Das Weinregal ist zum Bersten voll mit feinen Tropfen – ein besonderer Fokus liegt auf weniger bekannten Namen. Man muss sich also durchkosten, gottlob sorgt die Küche für ideale Begleitungen. Wer da nicht satt und mit säckeweise Gutem nach Hause geht, war gar nicht da.
Schwerpunkt: Österreich

Favoritenstraße 25
+43 1 5036311
opocensky.at
Kategorie: Weinbistro

Weinangebot:	**46** I 50
Service	**19** I 20
Essen	**17** I 20
Ambiente:	**8** I 10
Gesamt:	90 I 100

Eulennest 🍷🍷🍷 1040 Wien

In den Regalen stapeln sich gut 500 Weine, von berühmten Klassikern bis zu entdeckenswert Unbekanntem. Rund 20 davon gibt es glasweise zu verkosten. Für die ideale Begleitung sorgen Antipasti, Bruschetta und Tagesgerichte, auch die Spirituosenkarte ist umfangreich.
Schwerpunkt: Österreich

Operngasse 30
+43 1 8902272
eulennest.at
Kategorie: Weinbar in Vinothek

Weinangebot:	**48** / 50
Service	**19** / 20
Essen	**17** / 20
Ambiente:	**8** / 10
Gesamt:	**92** / 100

Heuer am Karlsplatz 🍸🍸🍸 1040 Wien

Als grüne Oase hat sich der wunderschöne KarlsGarten zu einem Urlaubsparadies mitten in der Stadt entwickelt. Und was könnte an heißen Sommertagen besser passen als ein erfrischender After-Work-Drink? Auf der Karte finden sich eine Auswahl an Highballs, Spritzerkreationen und regionale Signature Cocktails.

Treitlstraße 2
+43 1 8900590
heuer-amkarlsplatz.com
Kategorie: Restaurantbar

Drinks:	**45** / 50
Ambiente:	**18** / 20
Service:	**19** / 20
Sortiment:	**8** / 10
Gesamt:	**90** / 100

nineOfive 🍷🍷🍷 1040 Wien

Das Namensrätsel hinter dem Newcomer ist schnell geklärt: Bei 905 Grad (Fahrenheit) geht neapolitanische Pizza perfekt auf. Das »casual food« begleitet hier aber eine kuratierte Weinkarte, die bei Newcomern und Entdeckungen aus der Champagne überzeugen kann.
Schwerpunkt: Italien

Mühlgasse 20
+43 1 2386594
nineofive-wien.at
Kategorie: Weinbar im Restaurant

Weinangebot:	**47** / 50
Service	**19** / 20
Essen	**18** / 20
Ambiente:	**8** / 10
Gesamt:	**92** / 100

Santos 🍸🍸

1040 Wien

Die Happy Hour wird hier täglich zelebriert und die Santos-Specials passen perfekt zu den authentischen mexikanischen Speisen. Gin-, Wodka- und jede Menge Agavencocktails stehen zur Auswahl – allesamt perfekt präsentiert. Zu den Favoriten gehören natürlich klassische Margaritas, im Sommer auch gerne mal »frozen«!

Favoritenstraße 4–6	Drinks:	**43** | 50
+431 9429902	Ambiente:	**18** | 20
santos-bar.com	Service:	**19** | 20
Kategorie: Restaurantbar	Sortiment:	**8** | 10
	Gesamt:	88 | 100

schikaneder 🍸🍸

1040 Wien

Als Ausgeh-Allzweckwaffe der alternativen Szene bewährt sich die wilde Mixtur aus Bar, Bühne und Kino seit vielen Jahren – egal, ob man sich nun zu DJ-Sounds die Nacht um die Ohren tanzen, (Indie-)Filme sehen und im Anschluss darüber diskutieren oder einfach einen unkomplizierten Drink mit Freunden nehmen will.

Margaretenstraße 24	Drinks:	**43** | 50
+431 5852867	Ambiente:	**18** | 20
schikaneder.at	Service:	**18** | 20
Kategorie: American Bar	Sortiment:	**7** | 10
	Gesamt:	86 | 100

Sektcomptoir Szigeti 🍷

1040 Wien

Das Sektcomptoir, zwischen Naschmarkt und Karlsplatz gelegen, ist ein wahres Paradies für Sekt- und Frizzante-Liebhaber. An der Bar werden gerne Fragen beantwortet und Prickelndes verkostet. Ob vor Ort oder für zu Hause, hier findet jeder den perfekten Tropfen.

Schwerpunkt: Sekt

Schleifmühlgasse 19	Weinangebot:	**43** | 50
+43 664 4325388	Service	**19** | 20
sektcomptoir.at	Essen	**14** | 20
Kategorie: Weinbar in Vinothek	Ambiente:	**8** | 10
	Gesamt:	84 | 100

Trinity Irish Bar 🍸🍸🍸

1040 Wien

Die Einrichtung ist so irisch, dass man jeden Moment wartet, Flann O'Brien oder Ken Bruen um die Ecke kommen zu sehen. Doch statt einem Pint würden sie wohl einen »The White Oblivion« in der Hand haben. Der wunderbar bittere Drink ist nur ein Ausweis des Könnens – top auch der »Dead Rabbit Irish Coffee« und die Whisk(e)y-Auswahl.

Rilkeplatz 3
+43 1 2266866
trinityirishbar.com
Kategorie: Restaurantbar

Drinks:	**45** | 50
Ambiente:	**19** | 20
Service:	**17** | 20
Sortiment:	**9** | 10
Gesamt:	**90** | 100

Winzerkönigin 🍷🍷

1040 Wien

Elegante Vinothek mit einem exquisiten Sortiment an Weinen, hauptsächlich aus Österreich. Doch auch französischer Crémant oder angesagte Orange Wines finden ihren Platz. Das Produkt wird in den Fokus gestellt – es wird verkostet und diskutiert, das schätzen die Gäste.
Schwerpunkt: international, regional, Österreich

Wiedner Hauptstraße 40–42
+43 677 64039300
winzerkoenigin.wien
Kategorie: Klassische Weinbar

Weinangebot:	**45** | 50
Service	**19** | 20
Essen	**16** | 20
Ambiente:	**8** | 10
Gesamt:	**88** | 100

La Vita È Bella 🍷🍷

1050 Wien

Ciao Ragazzi! Mediterraner Wein- und Kulinarikgenuss im Überfluss! Der gebürtige Italiener Marco Mercuri verwöhnt seine Gäste mit ausgewähltem Speis und Trank. Seine persönliche Spezialität: Penne all'amatriciana. Hier fühlt man sich wie in Bella Italia. Salute!
Schwerpunkt: Italien

Pilgramgasse 16
+43 1 5854352
lavitaebella.at
Kategorie: Klassische Weinbar

Weinangebot:	**44** | 50
Service	**18** | 20
Essen	**15** | 20
Ambiente:	**8** | 10
Gesamt:	**85** | 100

Pub Klemo 🍷🍷🍷🍷

1050 Wien

In dieser Weinbar geht es nicht nur um den Genuss erlesener Tropfen aus der ganzen Welt, sondern auch um die Vermittlung von Wissen über Herkunft, Herstellung und den richtigen Umgang – von der Ernte bis zum letzten Tropfen in der Flasche eine Gesamterfahrung!
Schwerpunkt: international, Österreich

Margaretenstraße 61
+43 699 11091332
pubklemo.at
Kategorie: Klassische Weinbar

Weinangebot:	**50** | 50
Service	**19** | 20
Essen	**18** | 20
Ambiente:	**8** | 10
Gesamt:	**95** | 100

THELL

1050 Wien

Das Restaurant und die Bar sind nicht nur ein optischer Hingucker und ein beliebter Instagram-Hotspot in Wien, sondern bieten auch kreative Cocktails mit künstlerischen Namen wie »El Salbeidor« oder »Rhabarbara Streisand« an. Das Lokal ist trendig und die Getränke sind nicht nur Hipster-like, sondern auch köstlich.

Schönbrunner Straße 30
+43 1 5870672
thell.restaurant
Kategorie: Restaurantbar

Drinks:	**43** I 50
Ambiente:	**18** I 20
Service:	**18** I 20
Sortiment:	**8** I 10
Gesamt:	87 I 100

Addicted to Rock

1060 Wien

Schwindelerregende 1000 Kombinationen ergeben sich aus der riesigen Auswahl an Gins und Tonics, die Bühne gehört dabei auch heimischen Produzenten. Für Fans anderer Spirits ist aber freilich ebenfalls gesorgt. Dazu gibt es Burger (auch in guter Veggie-Option), die nicht nur optisch dank farbiger Buns überzeugen.

Getreidemarkt 11
+43 1 58126470
addictedtoburger.at
Kategorie: American Bar

Drinks:	**42** I 50
Ambiente:	**18** I 20
Service:	**18** I 20
Sortiment:	**8** I 10
Gesamt:	86 I 100

Barfly's Club

1060 Wien

Stadtbekannte Legende ist die American Bar schon längst – dank schummriger Atmosphäre, Rat Pack aus den Boxen und ebenso kundig wie kunstvoll servierter Drinks. Seit dem Umbau des heimatlichen Hotels hat man an Style gewonnen, die Karte überzeugt Auskenner aber nach wie vor mit wirklich allem, was gut ist.

Esterházygasse 33
+43 1 5860825
barflys.at
Kategorie: American Bar

Drinks:	**45** I 50
Ambiente:	**19** I 20
Service:	**18** I 20
Sortiment:	**10** I 10
Gesamt:	92 I 100

Bruder YYY

1060 Wien

Die »Brüder« Lucas Steindorfer und Hubert Peter zaubern mit Aromen nicht nur in der Küche, sondern auch bei ausgefallenen Cocktails und Highball-Drinks. Von exotischen Früchten über Gewürze bis hin zu unerwarteten Zutaten – jeder Schluck ist eine Geschmacksexplosion und optisch absolut Instagram-tauglich.

Windmühlgasse 20
+43 664 1351320
bruder.xyz
Kategorie: Restaurantbar

Drinks:	**47** I 50
Ambiente:	**18** I 20
Service:	**19** I 20
Sortiment:	**9** I 10
Gesamt:	93 I 100

Chez Bernard YY

1060 Wien

Am Dach des neuen Hotels aus dem Hause Motto auf der Mahü versteckt sich eine stylishe Rooftop-Bar, die sich genauso für die Shoppingpause wie für ausgedehntes Afterwork eignet: Weine, Sprudelndes und feine Cocktailklassiker vertragen sich wunderbar mit der herrlichen Aussicht. So geht das mit dem Savoir-vivre!

Mariahilfer Straße 71a
+43 1 5814600
chezbernard.at
Kategorie: Restaurantbar

Drinks:	**43** I 50
Ambiente:	**19** I 20
Service:	**18** I 20
Sortiment:	**8** I 10
Gesamt:	88 I 100

Eberts Bar YYY

1060 Wien

Shake it, Baby! Hier werden Rezepturen der ganzen Welt gesammelt und mit einer persönlichen Note verfeinert. Das bestens geschulte Barpersonal steht jederzeit mit Rat und Tat zur Seite. Besonders hervorzuheben sind die vielfältigen Kaffee-Cocktails, die weit über den klassischen Espresso Martini hinausgehen.

Gumpendorfer Straße 51
+43 1 5865465
eberts.at
Kategorie: American Bar

Drinks:	**47** I 50
Ambiente:	**18** I 20
Service:	**18** I 20
Sortiment:	**9** I 10
Gesamt:	92 I 100

Eissalon YY

1060 Wien

Nachmittags landet das Eis im Becher, abends dann in den Gläsern – so geht das im sympathischen Lokal in der Gumpendorfer Straße, das auch den Titel »ältester Eissalon der Stadt« führt. Es erfrischt aber auch nichts so gut wie ein Basil Highball mit Gin, Basilikum und Zitronensorbet – nicht nur an heißen Tagen.

Gumpendorfer Straße 47–49
+43 1 2089805
eissalon.co.at
Kategorie: Loungebar

Drinks:	**43** I 50
Ambiente:	**18** I 20
Service:	**19** I 20
Sortiment:	**7** I 10
Gesamt:	87 I 100

Frau Bernhard

1060 Wien

Die Champagnerbar von Dorothee Bernhard und Marc Oberngruber ist ein wahres Genussmekka für prickelndes Vergnügen. Hier werden Getränke auf höchstem Niveau serviert, darunter exquisiter Sprudel und österreichische Weine. Im Sommer ist der Schanigarten der Anlaufpunkt!
Schwerpunkt: Schaumwein

Esterházygasse 11
+43 676 9584063
matrosenjunge.at
Kategorie: Klassische Weinbar

Weinangebot:	**44** | 50
Service	**19** | 20
Essen	**18** | 20
Ambiente:	**8** | 10
Gesamt:	89 | 100

If Dogs Run Free

1060 Wien

Die puristische Bar beeindruckt mit schlichtem Auftreten und gleichzeitig extravaganten Drinks. Besonders der Spicy Margarita mit Chili-Likör oder der Penicillin-Cocktail mit Honig und Zitrone sind eine Versuchung wert. Eine gelungene Kombination aus minimalistischem Stil und exquisitem Geschmackserlebnis.

Gumpendorfer Straße 10
+43 1 9132132
ifdogsrunfree.com
Kategorie: Loungebar

Drinks:	**44** | 50
Ambiente:	**18** | 20
Service:	**18** | 20
Sortiment:	**7** | 10
Gesamt:	87 | 100

Käselands Weineck

1060 Wien

Das Weinlokal gegenüber der Naschmarkt-Institution »Käseland« profitiert bei den Snacks natürlich vom großen Bruder. Wichtig ist für Hushmand Rabie, stets bei den Weinen (und Champagnern!) zu überraschen. »Entdeckungen-Machen statt Etiketten-Trinken« ist also angesagt.
Schwerpunkt: Österreich

Naschmarkt, Stand 172–174
+43 1 5872958
kaeseland.com
Kategorie: Klassische Weinbar

Weinangebot:	**44** | 50
Service	**18** | 20
Essen	**15** | 20
Ambiente:	**7** | 10
Gesamt:	84 | 100

Luster

1060 Wien

Eine Weltreise im sechsten Bezirk verspricht die Cocktailkarte, und auch abseits dieses Drinks-Menu verstehen es Sebastian Stahlschmidt und sein Team zu überraschen. Jede Woche wird ein neuer Bartender's-Choice-Cocktail kreiert, als Haus-Klassiker gesetzt ist lediglich der »Yugo Boss«. Plus: Wein-Auswahl, begehrter Schanigarten.

Windmühlgasse 32
+43 1 2642364
luster.bar
Kategorie: Loungebar

Drinks:	**45** | 50
Ambiente:	**19** | 20
Service:	**18** | 20
Sortiment:	**8** | 10
Gesamt:	90 | 100

Lvdwig ꓲꓲꓲ

1060 Wien

Barchefin Isabella Lombardo ist eine der mit Abstand Besten ihres Fachs, und das zeigt sich nicht nur handwerklich, sondern schon beim ersten Blick auf die Karte. Da darf es kreativ, modern und unkonventionell sein, so wie beim Naschmarkt-inspirierten »Grätzl Mule« oder der flüssigen Hommage an Wien.

Papagenogasse 6
+43 1 5874482444
lvdwig.bar
Kategorie: Hotelbar

Drinks:	**46** I 50
Ambiente:	**19** I 20
Service:	**19** I 20
Sortiment:	**8** I 10
Gesamt:	92 I 100

Ma Belle ꓲꓲꓲ

1060 Wien

Stylish-schickes Ambiente mit einer Prise Laisser-faire bildet den idealen Rahmen für Genuss à la française. Das gilt für Essen, Wein und die von Isabella Lombardo kreierten Drinks. Ein »Justine«, und man wähnt sich dank der Kombo aus Gin, Rhabarber, Himbeere und Zitrone schon inmitten eines lauen Pariser Sommerabends.

Gumpendorfer Straße 16/1
+43 1 9667992
ma-belle.at
Kategorie: Restaurantbar

Drinks:	**44** I 50
Ambiente:	**19** I 20
Service:	**19** I 20
Sortiment:	**8** I 10
Gesamt:	90 I 100

Mariatrink ꓲꓲ

1060 Wien

Musik ist das Leitmotiv im hippen Jaz-Hotel. Die Rooftop-Bar vereint feine Drinks und sagenhafte Aussicht über das angesagte Mariahilf-Viertel. Perfekt dazu Herzhaftes von Empanadas über Käsekrainer bis hin zu Burger und coole Beats. Am Wochenende Langschläferfrühstück bereits ab 11 Uhr bis in den Nachmittag.

Windmühlgasse 28
+43 1 25300610
hrewards.com
Kategorie: Hotelbar

Drinks:	**44** I 50
Ambiente:	**17** I 20
Service:	**17** I 20
Sortiment:	**8** I 10
Gesamt:	86 I 100

Market 🍸🍸

1060 Wien

Frische Asia-Kreationen aus Produkten vom gegenüberliegenden Naschmarkt: Das ist nicht nur die Marschrichtung der Küche, sondern auch jene der Bar. Hausgemachte Limos (Hibiskus-Indischer Basilikum), »Espresso Marketini« oder auch »Thai Daiquiri« genießt man bei der idealtypischen Einkehr.

Linke Wienzeile 36 +43 1 5811250 market-restaurant.at **Kategorie: Restaurantbar**	
Drinks:	**43** | 50
Ambiente:	**18** | 20
Service:	**18** | 20
Sortiment:	**8** | 10
Gesamt:	87 | 100

Mini 🍷🍷

1060 Wien

Das Mini beeindruckt mit einem umfangreichen Sortiment an Weinen, sowohl aus Österreich als auch dem Rest der Welt – sogar eine feine Auswahl an exquisiten Dessertweinen wird geboten. Das Personal ist stets bemüht, den Gästen ein kulinarisches Erlebnis zu bieten. Top!

Schwerpunkt: Ungarn

Marchettigasse 11 +43 660 8367783 minirestaurant.at **Kategorie: Weinbar im Restaurant**	
Weinangebot:	**44** | 50
Service	**18** | 20
Essen	**16** | 20
Ambiente:	**8** | 10
Gesamt:	86 | 100

Miranda 🍸🍸🍸

1060 Wien

Je nach Saison wird im bunt-fröhlichen Interieur wahlweise Bekanntes auf links gedreht oder in neuen Geschmacks-Äckern gepflügt, die Experimentierfreude der Gäste wird dann mit fachlich hervorragend Umgesetztem belohnt: Darf's ein »Kracherl Royal« mit Gin, Uhudler Wermut und Champagner sein? Unbedingt sogar!

Esterházygasse 12 +43 1 9528794 mirandabar.com **Kategorie: Loungebar**	
Drinks:	**46** | 50
Ambiente:	**18** | 20
Service:	**19** | 20
Sortiment:	**8** | 10
Gesamt:	91 | 100

Puff 🍸🍸

1060 Wien

Ein Freudenhaus neu interpretiert! Schon vor 100 Jahren ein Ort der Vergnügungen, ist das Etablissement heute eine außergewöhnliche Cocktailbar mit allerlei Geheimnissen und Orten, die es zu entdecken gilt. Stylish, künstlerisch und etwas verrucht ist das Ambiente – an der Bar bekommt man sensationelle Highballs!

Girardigasse 10	Drinks:	**44** | 50
+43 677 61988399	Ambiente:	**18** | 20
puff-bar.at	Service:	**18** | 20
Kategorie: American Bar	Sortiment:	**8** | 10
	Gesamt:	88 | 100

Rafael's Vinothek 🍷

1060 Wien

Dem Stand am Naschmarkt eilt – zu Recht – ein Ruf voraus: das Beste aus dem Weinland Österreich, von Altbekanntem bis zu vormals Unentdecktem, dazu ein Aufschnitt-Teller und der unverstellte Blick auf den Markttrubel, der hier eine zusätzliche Genuss-Facette erhält.
Schwerpunkt: Österreich

Naschmarkt, Stand 121	Weinangebot:	**43** | 50
+43 676 847857200	Service	**18** | 20
	Essen	**15** | 20
Kategorie: Weinbar in Vinothek	Ambiente:	**7** | 10
	Gesamt:	83 | 100

Raymond's 🍸🍸

1060 Wien

Eine bodenständige »Bar next door«, wo man sich mit Freunden zum gemütlichen Beisammensein trifft. Die Kultbar ist für jedermann zugänglich und man fühlt sich immer willkommen. Neben einer vielfaltigen Auswahl an Bieren und Whisk(e)ys gibt es tagsüber auch ein Bistro-Angebot. Köstliche »easygoing« Käsetoasts.

Stumpergasse 2a	Drinks:	**43** | 50
+43 676 7822236	Ambiente:	**18** | 20
	Service:	**18** | 20
Kategorie: Loungebar	Sortiment:	**7** | 10
	Gesamt:	86 | 100

Rhythms Bar & Kitchen 🍸🍸

1060 Wien

Als junge Lifestyle-Marke hat sich die Hotelkette Jaz in the City international einen Namen gemacht. Klingt gut, entsprechend dreht sich nicht nur in der Bar viel um den perfekten Sound. Dort sorgen lokale DJs an den Plattentellern für den Soundtrack zu lässigen Highballs sowie partytauglichen Cocktails.

Windmühlgasse 28	Drinks:	**44** | 50
+43 1 2530061900	Ambiente:	**18** | 20
jaz-hotel.com	Service:	**19** | 20
Kategorie: Hotelbar	Sortiment:	**8** | 10
	Gesamt:	89 | 100

stadt.Allee

1060 Wien

Im modernen Lokal schlemmt man sich durch den ganzen Tag: Das Angebot reicht von Frühstück bis Dinner. Aber auch der entspannte After-Work-Drink in Form klassischer Cocktails und Longdrinks funktioniert gut, am besten in Schani- oder Wintergarten. Erfrischende Alternative: hausgemachter Mango-Maracuja-Eistee!

Mariahilfer Straße 101	Drinks: **43** I 50
+431 3669090	Ambiente: **18** I 20
stadtallee.at	Service: **18** I 20
Kategorie: Restaurantbar	Sortiment: **8** I 10
	Gesamt: 87 I 100

Urbanek

1060 Wien

Die Weinbar am Naschmarkt ist ein absolutes Kultlokal. Bei schönem Wetter lohnt es sich, einen Moment zu verweilen und ein gutes Glas Wein sowie eine kleine Stärkung (Beinschinken mit Kren!) zu genießen. Vielleicht lässt man sich sogar zu einem zweiten Glas verführen.

Schwerpunkt: Österreich

Naschmarkt 46	Weinangebot: **45** I 50
+431 5872080	Service **19** I 20
	Essen **16** I 20
Kategorie: Weinbar in Vinothek	Ambiente: **7** I 10
	Gesamt: 87 I 100

Wein & Co Naschmarkt

1060 Wien

Am Wiener Naschmarkt gelegen, lädt die exklusive Weinbar zum entspannten Verweilen ein. Hier kann man nicht nur gute Tropfen vor Ort genießen, sondern auch für zu Hause erwerben. Von erlesenen Champagnern bis zum Süßwein, das kundige Team steht jederzeit zur Seite.

Schwerpunkt: international

Getreidemarkt 1	Weinangebot: **50** I 50
+43 50706 3101	Service **17** I 20
weinco.at	Essen **17** I 20
Kategorie: Weinbar in Vinothek	Ambiente: **9** I 10
	Gesamt: 93 I 100

Agent Oscar

1070 Wien

Frank Hassfurther, auch bekannt als Mr. Agent Oscar, blickt auf viele Jahre Erfahrung und unzählige gemixte Cocktails zurück. Mit sorgfältig ausgewählten Zutaten, präzisen Rezepturen und kreativen Kombinationen entstehen echte Geschmacksexplosionen – und das bei über 350 Drinks auf der Karte! Absolutes Bar-Flair!

Zollergasse 5	Drinks: **44** I 50
+431 9565975	Ambiente: **18** I 20
agentoscar.at	Service: **19** I 20
Kategorie: American Bar	Sortiment: **8** I 10
	Gesamt: 89 I 100

Café Kandl 🍸🍸🍸 1070 Wien

Schon der ruhige Innenhof ist ein kleines Paradies, Küche und Naturwein-Auswahl holen sich zu Recht allerorts Lob ab – und dann kommt der auffallend freundliche Service auch noch mit sehr guten Cocktails daher: sommerliche »Bitter Sweet Symphony« (nomen est omen) oder doch lieber die elegante »Marie-Theres«?

Kandlgasse 12
+43 1 890893815
cafekandl.at
Kategorie: Restaurantbar

Drinks:	**45** / 50
Ambiente:	**19** / 20
Service:	**18** / 20
Sortiment:	**8** / 10
Gesamt:	90 / 100

Dachboden 🍸🍸 1070 Wien

Die Rooftop-Bar im 25hours Hotel ist eine der ersten Adressen, wenn es um einen atemberaubenden Ausblick geht. Doch nicht nur die Aussicht begeistert, auch die kreativen Namen der Cocktails sind Teil der Show. Ob »Liquid Cheesecake« oder »Flying Dutchman's Breakfast« – alles in allem einfach spektakulär!

Lerchenfelder Straße 1–3
+43 1 521510
dachbodenwien.at
Kategorie: Hotelbar

Drinks:	**44** / 50
Ambiente:	**19** / 20
Service:	**18** / 20
Sortiment:	**8** / 10
Gesamt:	89 / 100

Die Parfümerie 🍸🍸🍸 1070 Wien

Die Bar überzeugt mit einer coolen Atmosphäre in urbanem und stilvollem Ambiente. Hier werden selbst kreierte Drinks serviert, denen man unbedingt bewusst Aufmerksamkeit schenken sollte, denn die Qualität der Getränke ist herausragend. Man spürt die Leidenschaft und Sorgfalt, die in jede Kreation gesteckt wurde.

Hermanngasse 7

dieparfuemerie.net
Kategorie: American Bar

Drinks:	**46** / 50
Ambiente:	**18** / 20
Service:	**18** / 20
Sortiment:	**8** / 10
Gesamt:	90 / 100

Dots Establishment

1070 Wien

Martin Ho ist ein wahrer Kenner des guten Geschmacks. Hier geht es nicht nur um köstliches Sushi, sondern auch um coole Drinks und das Ambiente. Die Bar gleicht einem Museum für Contemporary Art und begeistert visuell und kulinarisch. Abenteuerlich ist der »Dots Bacon Manhattan Cocktail« mit Speck und Whisk(e)y!

Mariahilfer Straße 36	Drinks:	**43** | 50
+43 1 9209980	Ambiente:	**18** | 20
dotsgroup.eu	Service:	**18** | 20
Kategorie: Restaurantbar	Sortiment:	**7** | 10
	Gesamt:	86 | 100

Fitzcarraldo

1070 Wien

Hat man die Tür gefunden und passiert (was am Wochenende länger dauern kann), zückt man schnell das Handy. Essbare Wolken, vegane Muscheln und Rauchblasen zieren Drinks mit Namen wie »Opium Teagroni« oder »Bari Ice Cream«. Ebenfalls cool: Geschmacksprofil und Alkohollevel der Drinks sind schon vor dem Bestellen klar.

Neubaugasse 38	Drinks:	**46** | 50
	Ambiente:	**18** | 20
fitzcarraldo-bar.com	Service:	**19** | 20
Kategorie: Loungebar	Sortiment:	**8** | 10
	Gesamt:	91 | 100

Le Bar Sans Souci

1070 Wien

Über 100 exklusive Champagner erlesener Jahrgänge und erstklassige Cocktails warten darauf, verkostet zu werden. Das Ambiente der exklusiven Bar ist perfekt auf das hochwertige Produkt abgestimmt: Champagner steht für Sinnlichkeit, Luxus und Eleganz – genau so kann man auch das Ambiente beschreiben.

Burggasse 2	Drinks:	**43** | 50
+43 1 5222520194	Ambiente:	**19** | 20
sanssouci-wien.com	Service:	**19** | 20
Kategorie: Hotelbar	Sortiment:	**8** | 10
	Gesamt:	89 | 100

Libelle 🍸🍸

1070 Wien

Vom modern-puristisch ausgebauten Dach des Leopold Museums mit seinen Leuchtkreisen blickt man Richtung Ring und Innenstadt, am kleinen Kiosk mit Schanigarten holt man sich dazu die Erfrischungen: Gin Tonic und Spritzer munden auf der sonnigen Terrasse, dazu gibt es sehr wienerische Snacks im Kleinformat.

Museumsplatz 1/5
+43 1 5235881
mqw.at
Kategorie: Loungebar

Drinks:	**43** | 50
Ambiente:	**18** | 20
Service:	**18** | 20
Sortiment:	**7** | 10
Gesamt:	86 | 100

Matiki 🍸🍸🍸

1070 Wien

Der »Temple of Forbidden Rye« macht als Drink schon klar: Hinter dem Volkstheater beginnt der Spaß schon beim Namen. Sechs Jahre heben die Brüder Arik und Matty Vinnitsky nun schon Tiki-Schätze (wie den »Aku Aku Lapu«) und bereichern die Szene mit Neukreationen. Die schönsten davon kommen in hauseigenen Mugs zum Gast.

Gardegasse 2
+43 660 8254576
matiki.at
Kategorie: Loungebar

Drinks:	**47** | 50
Ambiente:	**18** | 20
Service:	**19** | 20
Sortiment:	**8** | 10
Gesamt:	92 | 100

Moby Dick 🍸🍸🍸

1070 Wien

Das Mixology-Konzept empfiehlt eine auf die Speisen abgestimmte Getränke- und Cocktailbegleitung – auch separat natürlich ein Genuss, denn jedes einzelne Getränk bleibt in Erinnerung! Der gesamte Betrieb steht im Zeichen der Nachhaltigkeit: kein Plastik, Zero Waste und auf Naturmaterialen wird geachtet.

Neustiftgasse 26
+43 1 9974279
mobydickvienna.at
Kategorie: American Bar

Drinks:	**47** | 50
Ambiente:	**18** | 20
Service:	**19** | 20
Sortiment:	**8** | 10
Gesamt:	92 | 100

Plus43 🍸🍸🍸

1070 Wien

Schon optisch sind die Drinks kleine Kunstwerke. Sie bestehen mitunter aus wahren Raritäten, die Chef Semih Aybar auf der ganzen Welt zusammensucht, um ihnen dann in seinem überaus stylishen Speakeasy ein Denkmal zu bauen. Im Rahmen der Themenwochen wird gern tief in Regionen und ihre Geschmäcker eingetaucht.

Westbahnstraße 10
+43 676 4410105
plus43vie.com
Kategorie: American Bar

Drinks:	**46** | 50
Ambiente:	**18** | 20
Service:	**19** | 20
Sortiment:	**8** | 10
Gesamt:	91 | 100

R&Bar 🍷🍷🍷

1070 Wien

Schon seit Jahren ist der Weinskandal die erste Anlaufstelle für Naturwein, jüngst mischte man mit eigener Bar auch die Gastroszene auf. Und das sehr hip, lässig und äußerst genussvoll – vom Know-how bei den »orangen« Weinen bis zur kleinen, wunderbaren Speisekarte.

Schwerpunkt: Raw/Natural Wine

Lindengasse 1	Weinangebot: **48** | 50
+43 676 83858696	Service **19** | 20
weinskandal.at	Essen **18** | 20
Kategorie: Restaurantbar	Ambiente: **7** | 10
	Gesamt: 92 | 100

Rinkhy 🍸🍸

1070 Wien

Rinkhy ist das Resultat einer feucht-fröhlichen Nacht in Spanien, und genau dieses Urlaubsgefühl wird in dieser Bar transportiert. Das »Very Special Bloody Marys Menu« ist Kult, und beim nächsten Katerfrühstück sollte man unbedingt herausfinden, was sich hinter den Kreationen wie »Bloody Mermaid« oder »Bloody Maria« verbirgt.

Zieglergasse 37	Drinks: **44** | 50
+43 1 9478798	Ambiente: **18** | 20
rinkhy.eatbu.com	Service: **19** | 20
Kategorie: Loungebar	Sortiment: **7** | 10
	Gesamt: 88 | 100

Ruby Marie Bar 🍸🍸

1070 Wien

In einem ehemaligen Kaufhaus findet man diese einzigartige Kombination aus Bar und Hotel. Das besondere Flair und die originelle Einrichtung machen den Aufenthalt zu etwas Besonderem. Die Bar erstrahlt in farbenfroher Pracht, genau wie die vielfältige Cocktailkarte. Erlesene und gute Auswahl an Gin-Sorten!

Kaiserstraße 2–4	Drinks: **43** | 50
+43 1 205639700	Ambiente: **18** | 20
ruby-hotels.com	Service: **17** | 20
Kategorie: Hotelbar	Sortiment: **8** | 10
	Gesamt: 86 | 100

Seven North 🍸🍸

1070 Wien

Es wuselt nur so im weitläufigen Lokal mit seinem stylishen Industrial Chic, treffen sich hier doch Hotelgäste, Expats und Urwiener gleichermaßen. Auch Weine und Cocktailklassiker sind international – nur teilen will man sie, anders als die feinen Gerichte aus der großen offenen Küche, wirklich nicht.

Schottenfeldgasse 74	Drinks: **43** | 50
+43 1 3761077	Ambiente: **18** | 20
sevennorthrestaurant.com	Service: **18** | 20
Kategorie: Restaurantbar	Sortiment: **8** | 10
	Gesamt: 87 | 100

Stellas 7

1070 Wien

Die Bar bietet eine umfangreiche Auswahl an Cocktailklassikern wie Mojito, Caipirinha und Co. Zudem gibt es eine breite Auswahl an Spirituosen (Gin!), Edelbränden und Weinen. Die Kombination mit Tapas hat sich bewährt. Alles frisch und von höchster Qualität – bei Speis und Trank!

Zieglergasse 54
+43 1 5261108
stellas.at
Kategorie: Restaurantbar

Drinks:	**43** I 50
Ambiente:	**18** I 20
Service:	**19** I 20
Sortiment:	**7** I 10
Gesamt:	87 I 100

Tredici Gradi 13°

1070 Wien

Kein Widerspruch: Italien-Kurzurlaub in Gürtelnähe. Wenn auf dem Teller Alici, Fenchelsalami und Pecorino liegen, im Glas der Vino funkelt und die Stimmung entspannt und freundlich ist, dann kann man schon mal ins Schwärmen verfallen. In diesem Fall durchaus berechtigt.
Schwerpunkt: Italien

Kaiserstraße 81
+43 1 23664444
tredicigradi.at
Kategorie: Weinbar in Vinothek

Weinangebot:	**45** I 50
Service	**18** I 20
Essen	**17** I 20
Ambiente:	**9** I 10
Gesamt:	89 I 100

Wein & Co Mariahilfer Straße

1070 Wien

Nach einem anstrengenden Tag auf Wiens Shoppingmeile »Mahü« ist eine Stärkung mit Wein und Co. ein Muss. Die große Auswahl an Wein und anderen Getränken lässt keine Wünsche offen. Das Personal ist hervorragend geschult und steht gerne mit Rat und Tat zur Seite.
Schwerpunkt: international

Mariahilfer Straße 36
+43 50706 3020
weinco.at
Kategorie: Weinbar in Vinothek

Weinangebot:	**50** I 50
Service	**18** I 20
Essen	**17** I 20
Ambiente:	**9** I 10
Gesamt:	94 I 100

Achtundzwanzig

1080 Wien

In der gemütlichen Bar bei der Uni dreht sich alles ums Bier: Nebst sechs offenen warten zahlreiche Flaschenbiere aus der Wiener Craft-Brauerei Brew Age, als Alternative serviert man eine kleine Auswahl österreichischer Weine. Dazu gibt es herrliche Pastrami-Sandwiches.
Schwerpunkt: Österreich

Schlösselgasse 28
+43 1 4022241
achtundzwanzig.business.site
Kategorie: Weinbistro

Weinangebot:	**43** I 50
Service	**18** I 20
Essen	**16** I 20
Ambiente:	**8** I 10
Gesamt:	85 I 100

Albert

1080 Wien

Mario Bernatovics herausragende Küche wird durch eine umfassende und außergewöhnliche Wein- und Getränkekarte ergänzt. Neben den Evergreen-Cocktails gibt es monatlich wechselnde Special Drinks und saisonale Kreationen. Frei nach dem Motto »Auf gute Nachbarschaft«!
Schwerpunkt: Raw/Natural Wine, Österreich

Albertgasse 39
+43 1 9567114
albert.bar
Kategorie: Weinbar im Restaurant

Weinangebot:	**45** I 50
Service	**18** I 20
Essen	**18** I 20
Ambiente:	**8** I 10
Gesamt:	89 I 100

Bolena

1080 Wien

In Dominik Bolenas Weinbar dreht sich alles um die besten Getränke. Im dekorativen und urigen Verkostungsraum teilt er dieses Trinkerlebnis gerne mit seinen Gästen. Neben einer erlesenen Auswahl an Weinen gibt es auch köstliche Longdrinks, Cocktails und Edelbrände.
Schwerpunkt: Grüner Veltliner, Roter Veltliner

Lange Gasse 61
+43 1 4050370
bolena.at
Kategorie: Weinbar im Restaurant

Weinangebot:	**45** I 50
Service	**19** I 20
Essen	**17** I 20
Ambiente:	**8** I 10
Gesamt:	89 I 100

Die Vinothek

1080 Wien

Wohnzimmercharakter verspricht die kleine Vinothek-Weinbar, und tatsächlich geht es hier angenehm und gemütlich zu. Der Wein-Fokus liegt auf Steiermark und Burgenland mit wechselnden Ausreißern in die große, weite Welt. Zum Afterwork gibt es Flaschen zu Ab-Hof-Preisen!
Schwerpunkt: Burgenland, Thermenregion, Steiermark

Tigergasse 33
+43 1 4029828
dievinothek.net
Kategorie: Weinbar in Vinothek

Weinangebot:	**43** I 50
Service	**18** I 20
Essen	**14** I 20
Ambiente:	**8** I 10
Gesamt:	83 I 100

Grande Bar

1080 Wien

Zwar betritt man hier eine Cocktailbar klassischer Ausprägung mit vielen gut gemachten Standards auf der Karte, doch Kreativität ist bekanntlich eine Tugend: Dank Fassreifung erhalten Mai Tai und Negroni einen zusätzlichen aromatischen Twist, auch die Specials sind auffallend vielfältig und harmonisch gemixt.

Josefstädter Straße 56
+43 676 3619760
grandebar.at
Kategorie: American Bar

Drinks:	**44** I 50
Ambiente:	**18** I 20
Service:	**18** I 20
Sortiment:	**8** I 10
Gesamt:	88 I 100

Jorge's Weinbar

1080 Wien

Die Weinbar des Hotels ist ein Ort, der nicht nur Hotelgäste, sondern auch Weinliebhaber begeistert. Die vielfältige Karte umfasst über 360 verschiedene Weine österreichischer Top-Winzer. Das kompetente Personal steht mit bester Beratung und Empfehlungen zur Seite!
Schwerpunkt: Jahrgangstiefe, Österreich

Lange Gasse 13
+43 1 4001122
hotel-rathaus-wien.at
Kategorie: Klassische Weinbar

Weinangebot:	**44** I 50
Service	**19** I 20
Essen	**16** I 20
Ambiente:	**8** I 10
Gesamt:	87 I 100

Sip Song Bar

1080 Wien

Vom Thai-Lokal Mamamon ein paar Straßen weiter kennt man die famose Küche, die quietschbunte Bar ergänzt das Angebot mit Naturweinen, Cocktails und dazu passendem Streetfood. Mit exotischen Geschmäcken punkten aber auch die Drinks: Der »Thai Martini« wird mit selbst angesetztem Pandangblätter-Gin gemixt.

Lerchenfelder Straße 104

Kategorie: Loungebar

Drinks:	**43** I 50
Ambiente:	**17** I 20
Service:	**18** I 20
Sortiment:	**7** I 10
Gesamt:	85 I 100

Torberg

1080 Wien

Dass Gin nicht mehr die Trendspirituose sein soll, lässt die Josefstadt kalt; sie hat mit Gerald Gsöls den Godfather des Wacholders am Start. Und der mag neben den Hunderten (!) Gins auch guten Champagner und so manche Whisk(e)y-Rarität. Niederschwellige Beisl-Atmosphäre (inklusive kleiner Speisen) trifft hier auf Expertise.

Strozzigasse 47
+43 664 2203757
dastorberg.at
Kategorie: American Bar

Drinks:	**43** I 50
Ambiente:	**17** I 20
Service:	**19** I 20
Sortiment:	**10** I 10
Gesamt:	89 I 100

Tür 7

1080 Wien

Die Bar ist ein Mysterium, denn hinter Tür Nummer 7 verbirgt sich eine einzigartige Location, die man nur mit vorheriger Reservierung betreten kann. Der Empfang, der lange Tresen und das gedämpfte Licht verströmen eine geheimnisvolle und aufregende Atmosphäre – all das macht die Bar so extravagant und einzigartig!

Buchfeldgasse 7	Drinks:	**49** | 50
+43 664 5463717	Ambiente:	**19** | 20
tuer7.at	Service:	**20** | 20
Kategorie: American Bar	Sortiment:	**8** | 10
	Gesamt:	96 | 100

Underdog

1080 Wien

Im fröhlich-schicken Lokal haben schon die Hotdogs nicht viel mit dem zu tun, was man unter selbem Namen am Würstelstand bekommt. Auch viele bekannte Drinks werden einem Upcycling unterzogen: ein »Löwenzahntini«, der mit ordentlich Bitterstoffen Gas gibt, oder doch lieber ein fruchtig-leichter »Underdog Spritz«?

Schlösselgasse 24	Drinks:	**43** | 50
+43 650 7747486	Ambiente:	**18** | 20
underdog.bar	Service:	**19** | 20
Kategorie: American Bar	Sortiment:	**8** | 10
	Gesamt:	88 | 100

Vini per tutti

1080 Wien

In diesem Familienunternehmen spürt man die Liebe und Leidenschaft für hochwertige Produkte. Die Weinbar überzeugt mit einer Top-Auswahl an österreichischen Weinen und erlesenen Tropfen aus dem Süden. Dazu werden Spezialitäten aus dem Delikatessengeschäft angeboten.

Schwerpunkt: Griechenland, Italien, Europa

Lerchenfelder Straße 44	Weinangebot:	**45** | 50
+43 664 2264526	Service	**19** | 20
vinipertutti.at	Essen	**15** | 20
Kategorie: Weinbar in Vinothek	Ambiente:	**8** | 10
	Gesamt:	87 | 100

VINOE

1080 Wien

400 verschiedene Weine von 100 Winzern aus Niederösterreich hat man hier versammelt, neben namhaften Winzern liegt ein Fokus auf weniger Bekanntem. Im Wechsel können die Erzeugnisse dann glasweise probiert werden, auch andere Köstlichkeiten aus der Region stehen bereit.

Schwerpunkt: Niederösterreich

Piaristengasse 35	Weinangebot:	**46** | 50
+43 1 4020961	Service	**18** | 20
vinoe.at	Essen	**14** | 20
Kategorie: Weinbar in Vinothek	Ambiente:	**7** | 10
	Gesamt:	85 | 100

Weinraum

1080 Wien

Das moderne Lokal verströmt sympathisches Flair und viel Know-how – nicht nur bei den regelmäßig stattfindenden Wein- und Käse-Verkostungen. Rot, Weiß und Rosé stammen aus ganz Europa und werden im Rahmen spezieller Genussabende von feinen Drei-Gänge-Menüs begleitet.
Schwerpunkt: Steiermark, international, Österreich

Piaristengasse 41
+43 664 73695172
weinraum.at
Kategorie: Weinbar im Restaurant

Weinangebot:	**43** | 50
Service	**19** | 20
Essen	**15** | 20
Ambiente:	**8** | 10
Gesamt:	85 | 100

Das 1090

1090 Wien

Die aufwendig zubereiteten Cocktails sind nicht nur ein Genuss für den Gaumen, sondern auch eine Augenweide. Von Mules über Sours bis hin zu Tikis – hier gibt es eine beachtliche Auswahl. Die Bar ist definitiv ein Ort, an dem man sich rundum wohlfühlt und die Zeit keine Rolle spielt! Toller Gastgarten für Sonnenstunden!

Bauernfeldplatz 2
+43 1 9626226
das1090.at
Kategorie: Restaurantbar

Drinks:	**44** | 50
Ambiente:	**18** | 20
Service:	**19** | 20
Sortiment:	**8** | 10
Gesamt:	89 | 100

Glasweise

1090 Wien

Ein Besuch der Volksoper ist erst komplett, wenn man auch einen Zwischenstopp im Glasweise einlegt. Die Bar bietet eine große Auswahl an nationalen und internationalen Weinen. Kulinarisch wird man mit italienischen Klassikern und internationaler Küche verwöhnt.
Schwerpunkt: Österreich

Währinger Straße 74
+43 650 8606887
glasweise.com
Kategorie: Weinbar im Restaurant

Weinangebot:	**47** | 50
Service	**18** | 20
Essen	**17** | 20
Ambiente:	**8** | 10
Gesamt:	90 | 100

Halbestadt

1090 Wien

Da verbirgt sich ein wahrer Schatz im Stadtbahnbogen, die Auskenner wissen es längst: Seit einem guten Vierteljahrhundert führt Erich Wassicek seine Bar schon mit Schmäh und viel Know-how. Ob frischer Signature oder knackiger Highball, die Oase des gepflegten Cocktailgenuss nach alter Schule sucht ihresgleichen.

U-Bahn-Bogen 155
+43 699 17098217
halbestadt.at
Kategorie: American Bar

Drinks:	**49** | 50
Ambiente:	**18** | 20
Service:	**19** | 20
Sortiment:	**9** | 10
Gesamt:	95 | 100

krypt.

1090 Wien

Im historischen Gewölbe bestimmt Industrial Style die Optik, und in einem Lokal, das so stylish und schick ist, könnte man befürchten, dass alles andere darunter leider. Doch weit gefehlt: Es sind wahre Geschmacksfeuerwerke, die da hinter der Bar gemixt werden, und das liegt nicht nur an der Lieblingszutat Mezcal.

Wasagasse 17	Drinks:	45 | 50
	Ambiente:	20 | 20
krypt.bar	Service:	18 | 20
Kategorie: Club	Sortiment:	8 | 10
	Gesamt:	91 | 100

MAST Weinbistro

1090 Wien

Die Weinbar von Matthias Pitra und Steve Breitzke ist ein Ort voller Freude, Leidenschaft und immensem Weinwissen. Mit großer Sorgfalt wählen sie persönlich die edelsten Tropfen aus und reisen dafür sogar quer durchs Land. So erzählt jeder Wein seine eigene Geschichte.
Schwerpunkt: Raw/Natural Wine

Porzellangasse 53	Weinangebot:	49 | 50
+43 1 9226679	Service	19 | 20
mast.wine	Essen	20 | 20
Kategorie: Weinbistro	Ambiente:	8 | 10
	Gesamt:	96 | 100

Pani

1090 Wien

Ehe der mit seinem Namen verbundene »Thai Massage«-Cocktail sein 20. Jubiläum feiert, gab ihm Marco Pani eine Heimstatt. Gemeinsam mit Alexandra Bisanz läuft das Dream-Team zu wechselnden LPs zur Hochform auf. »Breakfast Sour« macht die Whisk(e)y-Freunde munter. Gut, denn es gibt viel zu entdecken beim Altmeister/Jungunternehmer!

Rossauer Lände 41	Drinks:	47 | 50
+43 1 9920066	Ambiente:	18 | 20
barpani.com	Service:	19 | 20
Kategorie: American Bar	Sortiment:	8 | 10
	Gesamt:	92 | 100

Reznicek

1090 Wien

Endlich ein Wiener Beisl mit angenehmer Dosis Moderne! In bodenständigem Ambiente werden nicht nur Klassiker der österreichischen Küche serviert, sondern auch richtig feine Weine ausgeschenkt. Der Hauswein kommt von Ebner-Ebenauer, auch andere kommen freilich zum Zug.
Schwerpunkt: Österreich

Reznicekgasse 10	Weinangebot:	47 | 50
+43 1 3104407	Service	19 | 20
reznicek.co.at	Essen	18 | 20
Kategorie: Weinbar im Restaurant	Ambiente:	8 | 10
	Gesamt:	92 | 100

Schwirtz 🍷🍷

1090 Wien

Ein Besuch in dieser charmanten Weinbar vor und/oder nach einer Vorstellung in der Volksoper ist ein absolutes Muss. Hier dreht sich alles um österreichische Weine (auch der Hauswein überzeugt!). Dazu werden hausgemachte Köstlichkeiten und Feuerfleck gereicht.
Schwerpunkt: Österreich

Währinger Straße 76
+43 1 3177281
visavisvolksoper.at
Kategorie: Weinbar in Vinothek

Weinangebot:	**44** / 50
Service	**19** / 20
Essen	**15** / 20
Ambiente:	**8** / 10
Gesamt:	86 / 100

The Sign 🍸🍸🍸🍸

1090 Wien

Seit 2007 führt Kan Zuo seine Wunderkammer – und die Ideen gehen ihm nicht aus: »Kimchi Martini« oder »Pizza Cocktail« – mit Mozzarella als Milk Punch bereitet – sind nur Beispiele für seine würzige Spezialdisziplin. Die neue Karte bietet von Hausklassikern (»Malbrett«) bis zum »Miso Bellini« alles, nur keine Meterware.

Liechtensteinstraße 104–106
+43 676 7822628
thesignlounge.at
Kategorie: American Bar

Drinks:	**49** / 50
Ambiente:	**18** / 20
Service:	**19** / 20
Sortiment:	**9** / 10
Gesamt:	95 / 100

Walletschek 🍷

1090 Wien

Die gut sortierte Vinothek versammelt Gutes aus ganz Europa, die Greißlerei bietet die passenden Begleiter für zu Hause. Vor Ort kommt – am schönsten im Schanigarten, (nicht nur) der Wein des Monats ins Glas. Gegen den Hunger helfen Tagespasta, Antipasti und Tramezzini.
Schwerpunkt: international

Sobieskiplatz 8
+43 664 2103206
walletschek.at
Kategorie: Weinbar in Vinothek

Weinangebot:	**43** / 50
Service	**18** / 20
Essen	**15** / 20
Ambiente:	**8** / 10
Gesamt:	84 / 100

Weinstadt 🍷🍷

1090 Wien

In dieser erstklassigen Weinbar lässt sich so mancher Wein-Newcomer entdecken. Hier werden die edlen Tropfen dekantiert, zelebriert und in guter Gesellschaft darüber philosophiert. Ob drinnen oder im Gastgarten, der Genuss steht im Mittelpunkt. Dazu gibt's tolle Crostini!
Schwerpunkt: Österreich

U-Bahn-Bogen 154
+43 650 2122439
weinstadt.cc
Kategorie: Klassische Weinbar

Weinangebot:	**44** / 50
Service	**18** / 20
Essen	**16** / 20
Ambiente:	**8** / 10
Gesamt:	86 / 100

Ymás

1090 Wien

Die harmonische Symbiose von Tapas und Wein steht im Mittelpunkt, und die Weinkarte umfasst edle Tropfen von über 25 spanischen D.O.-Gebieten. Die dekorative Flaschenwand ist nicht nur ein Blickfang, sondern unterstreicht auch die Leidenschaft für die erlesenen Produkte.
Schwerpunkt: Spanien

Lazarettgasse 22
+43 664 73124535
ymas.at
Kategorie: Weinbistro

Weinangebot:	**45** / 50
Service	**18** / 20
Essen	**18** / 20
Ambiente:	**8** / 10
Gesamt:	**89** / 100

Aurora Rooftop Bar

1100 Wien

Von der schicken Rooftop-Bar beim Belvedere blickt man herrschaftlich auf die Stadt, und erlesen sind auch die Drink-Kreationen: Der Signature »Mohn Ami« überzeugt mit Mohn-, Vanille- und Kaffeearomen. Alternativ gibt man persönliche Präferenzen bekannt und lässt den Barkeeper sich austoben. Feines Barfood!

Arsenalstraße 10
+43 1 20577441234
bar-aurora.at
Kategorie: Hotelbar

Drinks:	**45** / 50
Ambiente:	**19** / 20
Service:	**18** / 20
Sortiment:	**8** / 10
Gesamt:	**90** / 100

Connolly's

1120 Wien

Die Irish-Sandwich-and-Lounge-Bar in der Nähe von Schönbrunn ist Anlaufpunkt für alle Pub-Liebhaber. Beeindruckend ist die große Auswahl an Gin und Bieren. Wie es sich gehört, sollte man unbedingt die Fish and Chips probieren – heiß, fettig und köstlich! Die Bar bietet zudem regelmäßige Pub-Quiz- und Trivia-Nights.

Schönbrunner Straße 268
+43 1 8907355
connollys.at
Kategorie: Loungebar

Drinks:	**42** / 50
Ambiente:	**18** / 20
Service:	**18** / 20
Sortiment:	**8** / 10
Gesamt:	**86** / 100

Wein & Co Hietzing 🍷🍷🍷

1130 Wien

Weinbar und Shop erstrecken sich über zwei Etagen – urban, elegant und modern! Der großzügige Barbereich ist perfekt für eine Stehpartie, aber es gibt auch gemütliche Ecken zum Zurückziehen und für Privatsphäre. Regelmäßig finden Verkostungen mit Eventcharakter statt!
Schwerpunkt: international

Hietzinger Hauptstraße 22
+43 50706 3171
weinco.at
Kategorie: Weinbar in Vinothek

Weinangebot:	**50** | 50
Service	**18** | 20
Essen	**17** | 20
Ambiente:	**8** | 10
Gesamt:	93 | 100

Rudolf Polifka et Fils 🍷🍷

1150 Wien

Wie die umgebende Reindorfgasse ist auch des (fiktiven!) Rudl Polifkas Weinhandlung ein bezauberndes Kleinod. Sympathische Atmosphäre mit Wiener Schmäh gibt den Ton an. Der echte Hausherr Müller kennt sich mit Vin und Wein genauso gut aus und teilt sein Wissen gerne.
Schwerpunkt: Österreich

Reindorfgasse 22
+43 699 19233008
wein-polifka.at
Kategorie: Weinbar in Vinothek

Weinangebot:	**46** | 50
Service	**19** | 20
Essen	**14** | 20
Ambiente:	**8** | 10
Gesamt:	87 | 100

The Chapel 🍸🍸🍸

1150 Wien

Die Glaubensgemeinschaft, wie man in der Speakeasy das p.t. Publikum anspricht, hat die Wahl: Klassiker der Bargeschichte alias »Das Alte Testament« warten ebenso wie die definitiv Instagram-tauglichen Serves aus dem »Zehn Gebote«-Abschnitt der Barkarte. Ein blasphemisch-köstlicher Spaß sind die Drinks allesamt!

Haidmannsgasse 8
+43 681 81561233

Kategorie: American Bar

Drinks:	**46** | 50
Ambiente:	**19** | 20
Service:	**19** | 20
Sortiment:	**8** | 10
Gesamt:	92 | 100

Bei mir

1160 Wien

Das Beste aus zwei Welten: Eine sympathische Grätzlbar trifft auf die richtige Dosis Style und feine Cocktails. Ob ein kräftiger »Black Bermuda« mit hauseigenem Rumlikör und Angostura oder einer der verspielteren Tiki-Drinks, Inhaber Matthias Habringer weiß genau, wie man Durstige nach Ottakring lockt.

Speckbachergasse 47
+43 650 3666700
beimir.at
Kategorie: Loungebar

Drinks:	**45** I 50
Ambiente:	**19** I 20
Service:	**19** I 20
Sortiment:	**8** I 10
Gesamt:	91 I 100

Schuhmeier

1160 Wien

Industrial Design und Edison-Lampen treffen im stylishen Ottakringer Lokal mit naturbeschattetem Schanigarten auf hausgemachte Limos und Eistees. Besonders im Sommer sind die Spritz-Variationen eine erfrischende Alternative: Im Glas prickelt dann der »Exotic Hugo« mit Hibiskus und wird zum Sundowner par excellence.

Schuhmeierplatz 17–18
+43 1 5350453
schuhmeier.com
Kategorie: Restaurantbar

Drinks:	**43** I 50
Ambiente:	**18** I 20
Service:	**18** I 20
Sortiment:	**7** I 10
Gesamt:	86 I 100

Terra Rossa

1160 Wien

Die italienische Weinbar weckt Urlaubsgefühle! Eine kleine, feine Speisekarte begleitet die exquisite Wein-Auswahl: von frischen Weißweinen bis hin zu kraftvollen Rotweinen – die Auswahl ist groß. Begehrt ist die traumhafte Terrasse mit ebenso mediterranem Flair!
Schwerpunkt: Italien, Österreich

Roterdstraße 3
+43 1 4841480
laterrarossa.at
Kategorie: Weinbar im Restaurant

Weinangebot:	**45** I 50
Service	**18** I 20
Essen	**17** I 20
Ambiente:	**8** I 10
Gesamt:	88 I 100

Truksitz

1160 Wien

Der Fokus liegt auf den Weinen aus dem eigenen burgenländischen Weingut, die vorrangig Namen von Sternen und Galaxien tragen. Aber auch den Erzeugnissen anderer österreichischer Winzer wird im bunten Yppenplatz-Treiben eine Bühne geboten. Dazu: bodenständige Snacks.
Schwerpunkt: Burgenland

Yppenplatz 7
+43 650 2117654
Kategorie: Weinbar in Vinothek

Weinangebot:	**42** I 50
Service	**17** I 20
Essen	**14** I 20
Ambiente:	**8** I 10
Gesamt:	81 I 100

Vinophilia & Cetera

1180 Wien

Die Weine im freundlichen Laden stammen vornehmlich aus Österreich, auch Gutes aus Frankreich und Italien findet sich aber in den Regalen. Regionale Spirituosen und Säfte vervollständigen das Flüssig-Angebot. Dazu gibt es Delikatessen und auch allerlei Genuss-Zubehör.
Schwerpunkt: Frankreich, Österreich, Italien

Währinger Straße 145
+43 1 47001110
vinophilia.at
Kategorie: Weinbar in Vinothek

Weinangebot:	**47**	50
Service	**18**	20
Essen	**15**	20
Ambiente:	**8**	10
Gesamt:	88	100

Aristo Bar

1190 Wien

Der Grinzinger Fixstern punktet mit dem Gegenentwurf zu den Heurigen der Nachbarschaft: Kundig zusammengestellte Auswahl an Spirits, man versteht sich vor allem auf Gin, Rum und Grappa, aber auch Champagner. Inhaber Rucki ist selbst eine Institution und sorgt mit Schmäh für eine sympathisch-lockere Atmosphäre.

Grinzinger Straße 70
+43 1 3705283

Kategorie: Loungebar

Drinks:	**43**	50
Ambiente:	**18**	20
Service:	**18**	20
Sortiment:	**8**	10
Gesamt:	87	100

Gemischter Satz

1190 Wien

Wein und Cobenzl gehören einfach zusammen, und hier wird diese Verbindung perfekt zelebriert. Neben dem klassischen Gemischten Satz findet man hier auch andere Spitzenweine aus der Region. Mit regelmäßigen Live-Konzerten wird für den musikalischen Rahmen gesorgt.
Schwerpunkt: Wien, regional

Cobenzlgasse 4
+43 670 3538923
gemischter-satz.com
Kategorie: Klassische Weinbar

Weinangebot:	**43**	50
Service	**18**	20
Essen	**17**	20
Ambiente:	**8**	10
Gesamt:	86	100

Slu Ginbar

1190 Wien

Schwindelerregende 282 Gins stehen hinter der Bar bereit, Chef Nikolaus Slupetzky hilft überforderten Gästen gern und fachkundig bei der Auswahl – und trifft dabei immer den richtigen Geschmack. Auch beim Mixen ist seine Beratung Gold wert, schließlich warten auch noch über 40 Tonics und Botanicals.

Billrothstraße 31
+43 664 4355400
slubar.at
Kategorie: American Bar

Drinks:	**44**	50
Ambiente:	**18**	20
Service:	**18**	20
Sortiment:	**10**	10
Gesamt:	90	100

Weincult

1190 Wien

In der kleinen Weinbar werden regelmäßig Präsentationen von ausgewählten Winzern abgehalten und die Leidenschaft bzw. das fachkundige Wissen über die edlen Tropfen geteilt. Um das Weinerlebnis noch vollkommener zu machen, werden passende Köstlichkeiten kredenzt.
Schwerpunkt: Burgenland

Döblinger Hauptstraße 31 +43 676 89801707 weincult.at **Kategorie: Klassische Weinbar**	Weinangebot: **44** I 50 Service **18** I 20 Essen **15** I 20 Ambiente: **8** I 10
	Gesamt: 85 I 100

Bar Rakete

1200 Wien

Der »Wiener Grant« kommt hier nur ins Glas: Die nette Bar ist eine wahre Oase im sonst nicht gerade reich mit Lokalitäten gesegneten, aber sehr hübsch anzuschauenden Grätzl. Neben Likören mit Lokalkolorit gibt es gute Weine aus der Naturecke oder den Signature »Apropos Apropos« mit Rosé Wermut und Blutorange.

Karl-Meißl-Straße 1 +43 660 3466100 wohnkueche.at **Kategorie: American Bar**	Drinks: **43** I 50 Ambiente: **18** I 20 Service: **18** I 20 Sortiment: **7** I 10
	Gesamt: 86 I 100

Jonas

1210 Wien

Das Café-Restaurant-Cocktailbar-Konzept hat für jede Gelegenheit das richtige Angebot. Hier kann man gemütlich fürstlich speisen und anschließend an der Cocktailbar mit kreativen Drinks den Abend ausklingen lassen. Neben dem Trinkvergnügen steht ein Billardtisch für die passende Unterhaltung bereit.

Franz-Jonas-Platz 11 +43 676 4017496 jonas-lokal.at **Kategorie: Restaurantbar**	Drinks: **42** I 50 Ambiente: **17** I 20 Service: **18** I 20 Sortiment: **8** I 10
	Gesamt: 85 I 100

57 Lounge im Meliá

1220 Wien

Profi-Barkeeper Roman und Joselo machen das Cocktailtrinken zum Erlebnis, denn eine Show gehört neben der Präsentation einfach zu einem guten Drink dazu. Mit Live-DJ-Events und einer spektakulären Aussicht wird jeder Besuch zu einem unvergesslichen Abend. Der Blick über Wien erweitert buchstäblich den Horizont!

Donau-City-Straße 7 +43 1 901042080 fiftysevenrestaurant.at **Kategorie: American Bar**	Drinks: **44** I 50 Ambiente: **20** I 20 Service: **18** I 20 Sortiment: **8** I 10
	Gesamt: 90 I 100

Fredi's Bar

1220 Wien

Frederik »Fredi« Spanel lebt seinen Traum und hat eine Cocktailbar geschaffen, die er selbst am liebsten besuchen würde. Mit 160 Cocktails, darunter außergewöhnliche Eigenkreationen vom Chef persönlich, bietet die Bar ein vielfältiges und einzigartiges Angebot. Anlassbezogen werden auch coole Events veranstaltet.

Esslinger Hauptstraße 120
+43 1 7741193
fredis-bar.at
Kategorie: Loungebar

Drinks:	**43** | 50
Ambiente:	**18** | 20
Service:	**18** | 20
Sortiment:	**8** | 10
Gesamt:	87 | 100

Wein & Brot

2721 Bad Fischau

Kontinuierlich entwickeln sich Küche und Keller entlang von Gerhard »Harti« Hartmanns Reisen weiter. Während beim Wein im Fachwerkhaus die Kernkompetenz Italien bleibt, wird es am Teller so bunt wie bei den Konzerten: Trüffelkarotte trifft vietnamesisches Fischküchlein.
Schwerpunkt: Italien

Gartengasse 2a
+43 664 1359782
weinundbrot.com
Kategorie: Weinbar in Vinothek

Weinangebot:	**44** | 50
Service	**18** | 20
Essen	**17** | 20
Ambiente:	**9** | 10
Gesamt:	88 | 100

Palmira Cocktail Manufaktur

2500 Baden

Inmitten der Kaiserstadt Baden werden seit stolzen zwölf Jahren bei Palmira erstklassige Cocktails gemixt. Oleg und Olivia sind unermüdlich darin neue Kreationen zu entwickeln, und lassen sich gerne von den Wünschen und Vorschlägen der Gäste inspirieren. Der wunderschöne Gastgarten rundet das Gesamterlebnis perfekt ab!

Hauptplatz 19
+43 680 3013946
palmira.co.at
Kategorie: American Bar

Drinks:	**44** | 50
Ambiente:	**18** | 20
Service:	**19** | 20
Sortiment:	**8** | 10
Gesamt:	89 | 100

Taro 🍸🍸🍸

2460 Bruck an der Leitha

Chef und Barkeeper Gerald Straus und sein Team sind absolute Profis im Mixen von Cocktails. Mit höchster Präzision und Leidenschaft zaubern sie ein Barerlebnis der Extraklasse – mit allem, was dazugehört. Neben den exzellenten Drinks begeistert auch das Ambiente, bis hin zu den Outfits. Das Gesamterlebnis ist komplett!

Wiener Gasse 9
+43 650 5511074
bar-taro.at
Kategorie: American Bar

Drinks:	**46** | 50
Ambiente:	**18** | 20
Service:	**18** | 20
Sortiment:	**9** | 10
Gesamt:	91 | 100

Kramerey 🍸

3730 Eggenburg

Eine beeindruckende Auswahl an Cocktails und eine gelungene Mischung aus historischem Ambiente und moderner Architektur! Das Haus selbst stammt aus dem frühen 16. Jahrhundert, mit zeitgemäßem Design und einer modernen Karte wurde dem Gebäude neues Leben eingehaucht. Bier gibt es vom Fass und Weine aus der Region!

Grätzl 2
+43 664 5228898
diekramerey.at
Kategorie: Restaurantbar

Drinks:	**43** | 50
Ambiente:	**17** | 20
Service:	**15** | 20
Sortiment:	**8** | 10
Gesamt:	83 | 100

Saso

2203 Eibesbrunn

Die Verwendung hochwertiger Grundzutaten ist in der Saso-Bar Pflicht. Neben Spritzern und Cocktails (»Sasos Gin Bramble« ist ein Muss!) mixt man auch hausgemachte Limonaden und Eistees. Zeitgemäß achtet man auf Nachhaltigkeit, Zero Waste und regionale Zutaten beim Speisenangebot. Urbanes Flair und gemütlicher Gastgarten!

Wiener Straße 5
+43 676 7058562
j-saso.at
Kategorie: American Bar

Drinks:	**43** I 50
Ambiente:	**18** I 20
Service:	**17** I 20
Sortiment:	**7** I 10
Gesamt:	85 I 100

G&G Wein Quartier

2301 Groß-Enzersdorf

Château Latours bis zurück in die 1970er? Man reibt sich die Augen bei der 40 Seiten umfassenden Karte dieses Neuzugangs. Anneliese und Jürgen Geyer haben mit großer Wein-Leidenschaft allen Genießern eine Heimat gegeben. Prosciutto und Oliven zum Knabbern inklusive!
Schwerpunkt: Österreich, Frankreich

Josef-Reither-Ring 4
+43 660 9717666
wein-quartier.at
Kategorie: Klassische Weinbar

Weinangebot:	**45** I 50
Service	**19** I 20
Essen	**17** I 20
Ambiente:	**8** I 10
Gesamt:	89 I 100

Gebietsvinothek

2352 Gumpoldskirchen

200 Weine, 40 Winzer und 30 glasweise Optionen – nicht nur beim legendären Weinarchiv des zweitältesten Weinguts der Nation schöpft man aus dem Vollen. Die ehemalige »Grangie« (= Lesehof) der Mönche ist heute als Gebietsvinothek des jüngsten DAC-Gebiets eine Genusszone.
Schwerpunkt: Österreich, Thermenregion

Thallern 1
+43 2236 53477
freigut-thallern.at
Kategorie: Weinbar in Vinothek

Weinangebot:	**48** I 50
Service	**18** I 20
Essen	**15** I 20
Ambiente:	**9** I 10
Gesamt:	90 I 100

Mocca Lounge

2020 Hollabrunn

Gold, Prunk und viel Kunst – hier fährt man mit moderner Gastronomie in einem historischen Jugendstilhaus auf. Kult-Drinks der 80er werden serviert: Blue Lagoon, Planters Punch oder Swimming Pool kommen einfach nie außer Mode. Immer noch die absoluten Cocktail-Favoriten, und sie schmecken grandios!

Hauptplatz 9
+43 2952 50770
mocca-lounge.at
Kategorie: Loungebar

Drinks:	**43** I 50
Ambiente:	**17** I 20
Service:	**18** I 20
Sortiment:	**7** I 10
Gesamt:	85 I 100

Thurnhof

3580 Horn

Es tut gut, den kuratierten Mix an Weinen zu betrachten: Allseits bekannte Größen stehen ebenso in der Karte wie (noch) unbekannte Weinmacher. Alexander Lichtenegger hat zudem ein gutes Gespür und empfiehlt stets das Richtige. Das kann auch Edelbrand oder Gin sein.
Schwerpunkt: Österreich

Thurnhofgasse 2
+43 660 5962555
weinbar-thurnhof.at
Kategorie: Weinbar im Restaurant

Weinangebot:	**43** | 50
Service	**18** | 20
Essen	**14** | 20
Ambiente:	**8** | 10
Gesamt:	83 | 100

Weinhaus Kirchberg

3470 Kirchberg am Wagram

»Dem Wein eine Bühne geben« wollen Lukas Humer und Rafael Reisser. Dass es mittlerweile auch die regionalen Speisen (»Weinhaus-Kleinigkeiten«) sind, die neben dem »Best of" der Wagramwinzer punkten, hat sich herumgesprochen. Beachtliche Auswahl an gereiftem Weißwein!
Schwerpunkt: Österreich, Wagram

Marktplatz 33
+43 676 4157045
weinhaus-kirchberg.at
Kategorie: Weinbar im Restaurant

Weinangebot:	**46** | 50
Service	**18** | 20
Essen	**17** | 20
Ambiente:	**9** | 10
Gesamt:	90 | 100

Weritas

3470 Kirchberg am Wagram

Hell, modern und gut bestückt – so geht die Gebietsvinothek am alten Marktplatz von Kirchberg/Wagram in ihr 15. Bestandsjahr. Wo ein Teil dieser Weine herkommt, zeigt sich hinter der Vinothek – der prägende Lösswall ist hier zu sehen. Bereichernd ist auch die Kulinarik!
Schwerpunkt: Wagram

Marktplatz 44
+43 676 4513002
weritas.at
Kategorie: Weinbar im Restaurant

Weinangebot:	**47** | 50
Service	**19** | 20
Essen	**17** | 20
Ambiente:	**9** | 10
Gesamt:	92 | 100

Qube Wein&Bar 🍸🍸 — 2100 Korneuburg

Immer stärker funkelt die Cocktailleistung der Lounge: Mit Popcorn, Fatwashing und hausgemachtem Bitter akzentuiert Jay Vehovar seinen Rum-Hammer »Die Gabe Gottes«. Der »Tobacco« begeistert wiederum Whisk(e)y-Fans (die unter den 300 Spirituosen manche Rarität finden). Für spannende Austro-Noten sorgen die Edelbrand-Drinks.

Stockerauer Straße 19
+43 2262 63148
qubemusiclounge.at
Kategorie: Loungebar

Drinks:	**45** I 50
Ambiente:	**18** I 20
Service:	**18** I 20
Sortiment:	**8** I 10
Gesamt:	89 I 100

Comodo 🍸🍸 — 2542 Kottingbrunn

Tiki-Cocktails in der Thermenregion? Auch das geht hier, denn die riesige Karte hält so manchen Retro-Drink parat. Nach Geschmacksprofilen sortiert, findet sich neben einer Fülle an Coladas auch der gute, alte Harvey Wallbanger oder ein Alabama Slammer. Das 1980er-Party-Feeling stellt sich da fast von selbst ein.

Badner Straße 9
+43 2252 20266
bar-comodo.at
Kategorie: Loungebar

Drinks:	**44** I 50
Ambiente:	**18** I 20
Service:	**18** I 20
Sortiment:	**8** I 10
Gesamt:	88 I 100

Il Magazzino

3500 Krems

Fans italienischer Kulinarik müssen keine zwei Sekunden überlegen, ob sie lieber nach Italien oder doch ins »Magazzino« fahren. Eine derart gute Auswahl an Delikatessen und Weinen findet man kaum über der Grenze. Also den Gaumen auf Urlaub kalibrieren und: *La vita è bella!*
Schwerpunkt: Italien

Steiner Landstraße 76	Weinangebot: **43** | 50
+43 664 8446173	Service **19** | 20
il-magazzino.com	Essen **16** | 20
Kategorie: Weinbar in Vinothek	Ambiente: **9** | 10
	Gesamt: 87 | 100

Leopold

3500 Krems

»Kremstal vs. Kamptal« ist nur ein Beispiel für Formate, die sich in diesem Sammelpunkt für Feines aus fünf Weißweinregionen ergeben. Klar wird die umfangreiche Karte auch aus dem Ausland bestückt, aber bei dieser Kernkompetenz macht dem Platzhirsch keiner etwas vor.
Schwerpunkt: Wachau

Utzstraße 1	Weinangebot: **46** | 50
+43 2732 72897300	Service **18** | 20
vinothek-leopold.at	Essen **16** | 20
Kategorie: Weinbar in Vinothek	Ambiente: **8** | 10
	Gesamt: 88 | 100

Veit

3500 Krems

Es wird Zeit für ein »X«, also einen Kuss, oder ein »X« wie in Drinx und Snax im Lokal von Martin Mann und Markus Hanslik. Die zwei Gastronomen haben stets einen lockeren Spruch auf Lager, viele gute Weine im Keller und süffiges Bier im Fass. Die Gäste sind begeistert.
Schwerpunkt: regional

Pfarrplatz 15	Weinangebot: **44** | 50
	Service **18** | 20
veitbar.at	Essen **16** | 20
Kategorie: Weinbistro	Ambiente: **8** | 10
	Gesamt: 86 | 100

Weinhimmel 🍷🍷 3500 Krems

Schönes Gewölbe, gemütliche Holztische und mehr als 200 Weine aus der Region. So stellen sich vinophile Genießer vielleicht den Himmel vor – so zeigt sich auch der Weinhimmel. Und weil es von gutem Wein nie zu viel geben kann, bietet man zudem Weinreisen an. Himmlisch!
Schwerpunkt: international, Wachau, Österreich

Untere Landstraße 35
+43 664 75041992
weinhimmel.at
Kategorie: Klassische Weinbar

Weinangebot:	**43** | 50
Service	**19** | 20
Essen	**15** | 20
Ambiente:	**8** | 10
Gesamt:	85 | 100

Wine Lounge 🍷🍷🍷 3500 Krems

Man glaubt fast, mit den Weinbergen zu verschmelzen, wenn man auf der romantischen Terrasse sitzt. Zum Greifen nah sind auch die Weine aus der Karte, die viele Wachauer Tropfen bereithält. Falls es regnen sollte, bietet sich die »Smaragd«-Weinstube an.
Schwerpunkt: Wachau

Am Goldberg 2
+43 2732 71010
steigenberger.com
Kategorie: Weinbar im Restaurant

Weinangebot:	**45** | 50
Service	**19** | 20
Essen	**17** | 20
Ambiente:	**9** | 10
Gesamt:	90 | 100

XO Bar & Lounge 🍸🍸 3500 Krems

In dieser außergewöhnlichen Cocktailbar mit spannender Geschichte wird jeder Abend zum Erlebnis. Von einem Reitstall zu einer Cocktailbar umgewandelt, begeistert dieser Ort mit kreativen Drinks: 11 verschiedenen Caipirinhas, 15 Long Island Ice Teas, unzählige Pina-Colada-Varianten und vieles mehr. Man hat die Qual der Wahl.

Margarethenstraße 10
+43 2732 86755
xo-bar-lounge.com
Kategorie: Club

Drinks:	**42** | 50
Ambiente:	**18** | 20
Service:	**17** | 20
Sortiment:	**8** | 10
Gesamt:	85 | 100

WeinStein 🍷🍷

2136 Laa an der Thaya

Das Weinviertel mit allen Sinnen spüren: Viele Bauern aus der Umgebung liefern die Lebensmittel, die in der Küche zu herzhaften Schmankerln verarbeitet werden. Dazu kredenzt das aufmerksame Team beste Weinviertler Tropfen. Wunderschönes Ambiente mit historischem Gewölbe.
Schwerpunkt: Weinviertel

Stadtplatz 17
+43 650 8811625
weinstein-laa.at
Kategorie: Klassische Weinbar

Weinangebot:	**45** / 50
Service	**18** / 20
Essen	**16** / 20
Ambiente:	**9** / 10
Gesamt:	88 / 100

Café & Wein 🍷🍷

3550 Langenlois

Wer tagsüber auf einen Teller Spaghetti oder einen Kaffee mit Blick auf den Kornplatz einkehrt, verpasst die Metamorphose des Lokals. Denn nach der Runde durch das Ursin-Haus landen Weinkenner praktisch immer hier – und staunen über die Auswahl an Kamptaler Kreszenzen.
Schwerpunkt: Kamptal

Kornplatz 5
+43 2734 20002
cafeundwein.at
Kategorie: Klassische Weinbar

Weinangebot:	**43** / 50
Service	**18** / 20
Essen	**15** / 20
Ambiente:	**9** / 10
Gesamt:	85 / 100

Kalmuck 🍷🍷

3390 Melk

Wenn es im Kalmuck »Bühne frei« heißt, dann kann man sich auf einen energiegeladenen Abend mit Livemusik freuen. Freude bereitet auch ein Blick in die Cocktail- und Weinkarte. Die Getränkeauswahl ist vorzüglich, das Ambiente im Gastgarten sehr fein.
Schwerpunkt: Jahrgangstiefe, Wachau, Österreich

Hauptstraße 10
+43 660 5377388
kalmuck.net
Kategorie: Weinbistro

Weinangebot:	**43** / 50
Service	**19** / 20
Essen	**16** / 20
Ambiente:	**9** / 10
Gesamt:	87 / 100

Das Ko'eck

3224 Mitterbach

Die Panoramabar bietet sowohl einen Rundum-Ausblick nach draußen als auch innen von der Rundum-Galerie. Die helle und offene Gestaltung verleiht der Bar eine gewisse Leichtigkeit, die gleichzeitig auch irgendwie »spacy« wirkt. Hochwertige Cocktails, gepflegte Biere und immer nette Gesellschaften! Auch für private Events!

Hauptstraße 13
+43 3882 3448243
rr-residenzen.at
Kategorie: Loungebar

Drinks:	**43** | 50
Ambiente:	**17** | 20
Service:	**18** | 20
Sortiment:	**7** | 10
Gesamt:	85 | 100

Weinfinder

2620 Neunkirchen

25 Jahre Weinwissen zeigen, dass Gäste geballte Kompetenz erwartet. Weine aus Österreich werden ebenso empfohlen wie große Gewächse aus den drei Wein-Nationen Frankreich, Italien, Spanien sowie der Neuen Welt. Wenn spezieller Wein gesucht wird, wird er auch gefunden.
Schwerpunkt: Österreich

Fabriksgasse 10–12
+43 650 5051975
der-weinfinder.at
Kategorie: Weinbar in Vinothek

Weinangebot:	**48** | 50
Service	**19** | 20
Essen	**14** | 20
Ambiente:	**8** | 10
Gesamt:	89 | 100

Amici Miei

2380 Perchtoldsdorf

Als Gastgeber hat Marcus Tomschitz schon Seehotels und Schweinefleisch-Tempel geführt. Mit Gourmandisen – in diesem Fall von seinen italienischen Freunden – kennt er sich also aus. Ins Glas kommt zu den deliziosen Antipasti nur, was auch der Padrone selbst trinken würde.
Schwerpunkt: Italien

Marktplatz 18
+43 664 4532307
enoteca-amici.at
Kategorie: Weinbar in Vinothek

Weinangebot:	**45** | 50
Service	**19** | 20
Essen	**18** | 20
Ambiente:	**8** | 10
Gesamt:	90 | 100

Burgbar 🍸🍸🍸

2380 Perchtoldsdorf

Zwischen unzähligen Heurigen liegt die American Bar, eine beliebte Anlaufstelle für Nachtschwärmer und Afterworker. Die idyllische Lage mitten im Zentrum und dennoch von Natur umgeben, bietet eine perfekte Kulisse, um entspannte Sommerabende zu genießen. Am besten mit einem erfrischenden Moscow Mule in der Hand.

Hochstraße 5
+43 699 19476734
burgbar.at
Kategorie: American Bar

Drinks:	**46** | 50
Ambiente:	**18** | 20
Service:	**19** | 20
Sortiment:	**9** | 10
Gesamt:	92 | 100

Mohee 🍸🍸

2440 Reisenberg

Die Cocktailbar im Süden von Wien bietet kunstvolle Drinks und dazu immer ein ambitioniertes Veranstaltungsprogramm mit Livemusik und Karaoke-Nächten. In familiärer Wohnzimmeratmosphäre erlebt man hier jederzeit sympathische Gastgeber und echte Authentizität – ohne Schnickschnack. Absoluter Wohlfühlfaktor!

Hauptplatz 11
+43 699 19000604
mohee.at
Kategorie: Loungebar

Drinks:	**43** | 50
Ambiente:	**18** | 20
Service:	**18** | 20
Sortiment:	**7** | 10
Gesamt:	86 | 100

Weinquartier Retz 🍷🍷🍷

2070 Retz

Wer in Retz urlaubt, ist natürlich immer gut beraten, die naheliegenden Weingüter zu besuchen. Mindestens genauso gut aber funktioniert der Weg in die Vinothek am Hauptplatz für Gusto auf die Region. 50 gelistete Winzer mit 300 Weinen sind das beste Argument dafür.
Schwerpunkt: international, regional

Hauptplatz 4–5
+43 2942 2839311
weinquartier.at
Kategorie: Weinbar in Vinothek

Weinangebot:	**48** I 50
Service	**19** I 20
Essen	**17** I 20
Ambiente:	**8** I 10
Gesamt:	92 I 100

BarRock 🍸

3100 St. Pölten

Hier schlagen nicht nur die Drums, sondern auch die Rockherzen höher! Nachtschwärmer genießen eine Reise durch die musikalische Zeitgeschichte, dazu herzhafte Snacks und kühle Erfrischungen (tolle Bier-Auswahl!). All das indoor oder im gemütlichen Gastgarten – sehr oft wird auch Livemusik geboten. Also: Rock on!

Andreas-Hofer-Straße 4
+43 2742 70950
barrock.info
Kategorie: American Bar

Drinks:	**43** I 50
Ambiente:	**17** I 20
Service:	**17** I 20
Sortiment:	**7** I 10
Gesamt:	84 I 100

Osteria Cucina & Vini 🍷🍷

3100 St. Pölten

Italienisches Lebensgefühl, kombiniert mit schönem Ambiente und der Kochkunst von Erich Stierschneider (ehemals Landhaus Bacher und Corso) ergeben eine wunderbare Osteria mit guter Weinkarte. Darunter kräftige Veltliner und Rieslinge sowie edle italienische Weine.
Schwerpunkt: Österreich

Herrenplatz 2
+43 676 3548139
cucina-vini.at
Kategorie: Weinbar im Restaurant

Weinangebot:	**43** I 50
Service	**18** I 20
Essen	**16** I 20
Ambiente:	**8** I 10
Gesamt:	85 I 100

Vino 🍷

3100 St. Pölten

Gemütlicher geht es kaum. Mitten im Herzen der Landeshauptstadt kann man dem Genuss frönen, bis Mitternacht kleine Happen essen und gemütlich ein Glas Wein trinken – der später einen Longdrink genießen. Wer eine Flasche Wein mit heimnehmen will, bekommt Ab-Hof-Preise.
Schwerpunkt: Niederösterreich

Wiener Straße 24
+43 664 4335995
vinobali.at
Kategorie: Weinbistro

Weinangebot:	**43** I 50
Service	**18** I 20
Essen	**15** I 20
Ambiente:	**8** I 10
Gesamt:	84 I 100

Yesterday 3100 St. Pölten

Die Zigarren- und Cocktailbar von Oliver Kloiber hat sich bei Genuss-Enthusiasten bewährt. Mit einer Auswahl an über 750 Spirituosen fällt die Entscheidung schwer, dafür ist für jeden Geschmack bestimmt etwas dabei. Der schöne Innenhof ist eine wahre Oase für Liebhaber exquisiter Drinks und erlesender Rauchwaren.

Frauenplatz 1
+43 676 7362271
yesterday-bar.at
Kategorie: American Bar

Drinks:	**45** I 50
Ambiente:	**18** I 20
Service:	**19** I 20
Sortiment:	**9** I 10
Gesamt:	91 I 100

Capra 4300 St. Valentin

Ein Traum, umgesetzt in der Heimat. Mit Bar, kleiner Küche und Vinothek bringt Helena Jordan ihre Lieblingsweine ins Mostviertel. Naturnah, orange, klassisch – Hauptsache echt und ohne Dogma. Aber mit ihrer Erfahrung aus Tian, Maaemo und Juan Amador im Gepäck!
Schwerpunkt: Italien, Österreich

Langenharter Straße 18
+43 677 64120733
capra.at
Kategorie: Weinbistro

Weinangebot:	**44** I 50
Service	**18** I 20
Essen	**18** I 20
Ambiente:	**8** I 10
Gesamt:	88 I 100

Vinothek Fohringer 3620 Spitz

So stellt man sich eine Vinothek vor: 4000 Weine aus aller Welt, dazu ausgefallene Accessoires und erlesene Spirituosen. Seit mehr als 20 Jahren sorgt das Familienunternehmen an der Donau für leuchtende Augen bei Weinfreunden – nicht nur aus der Neigungsgruppe Wachau.
Schwerpunkt: Österreich, international

Donaulände 1a
+43 2713 2029
fohringer.at
Kategorie: Weinbar in Vinothek

Weinangebot:	**49** I 50
Service	**19** I 20
Essen	**14** I 20
Ambiente:	**9** I 10
Gesamt:	91 I 100

Mediteran Oase

3430 Tulln

Fast vermeint man, beim Eintritt eine frische Meeresbrise zu verspüren, so köstlich sind die mediterran inspirierten Speisen. Die Urlaubsgefühle finden in der Weinkarte ihre Fortsetzung. Einfach Flasche bestellen, ein Glas trinken und den Schalter auf Ferienmodus legen.
Schwerpunkt: Griechenland, Italien, Kroatien

Bahnhofstraße 19
+43 2272 62786
mediteranoase.at
Kategorie: Weinbar in Vinothek

Weinangebot:	**44** I 50
Service	**19** I 20
Essen	**16** I 20
Ambiente:	**8** I 10
Gesamt:	87 I 100

Foggy Mix

3830 Waidhofen an der Thaya

Was für eine Bar! Mit dem langen Vollholz-Tresen im Stil eines Irish Pubs ist das Ambiente schon fast perfekt. Es fühlt sich an wie ein eleganter Herrensalon, komplett mit Chesterfield-Couch und einem Wurlitzer. Die Auswahl an Whisk(e)ys ist natürlich obligatorisch riesig und lässt keine Wünsche offen.

Heidenreichsteiner Straße 28
+43 2842 24184
foggy-mix.at
Kategorie: Loungebar

Drinks:	**43** I 50
Ambiente:	**18** I 20
Service:	**18** I 20
Sortiment:	**7** I 10
Gesamt:	86 I 100

Unique Cocktailbar

3340 Waidhofen an der Ybbs

Egal, ob geschüttelt, gemixt oder gerührt, die Cocktails in der Ybbser Bar sind unique und immer köstlich. Die Barkeeper sind nicht nur Meister ihres Fachs und kreieren immer motiviert neue Drinks, sondern haben auch stets ein Lächeln zu verschenken. Für den Hunger zwischendurch gibt es auch Kleinigkeiten zu essen.

Unterer Stadtplatz 27
Kategorie: American Bar

Drinks:	**43** I 50
Ambiente:	**17** I 20
Service:	**18** I 20
Sortiment:	**8** I 10
Gesamt:	86 I 100

Das Bogerl

3610 Weißenkirchen in der Wachau

Lorenz Trautsamwieser ist ein ausgewiesener Weinspezialist. Und er versteht es auch, die Weine auf charmante Art verständlich zu erklären und schmackhaft zu machen. Dass das alles in historischem und schönem Ambiente im Zentrum passiert, gilt als weiterer Pluspunkt.
Schwerpunkt: international

Kremser Straße 18
+43 660 4388710
dasbogerl.at
Kategorie: Klassische Weinbar

Weinangebot:	**45** I 50
Service	**18** I 20
Essen	**15** I 20
Ambiente:	**8** I 10
Gesamt:	86 I 100

Aperitivo Al Duomo

2700 Wiener Neustadt

Im ochsenblutroten Bürgerhaus sind auch die Gläser gerne in Rot – mit Bitter-Aperitifs oder Amarone – befüllt. Petr Dusek führt aber auch das prickelnde Erbe seines Vorgängers mit Prosecco weiter. Herausragend sind die Crostini, die Italo-Illusion am Dom ist komplett!
Schwerpunkt: Italien

Domplatz 16
+43 681 84545761
aperitivo-al-duomo.at
Kategorie: Weinbistro

Weinangebot:	**45** | 50
Service	**18** | 20
Essen	**16** | 20
Ambiente:	**9** | 10
Gesamt:	88 | 100

Pro Tisch

2700 Wiener Neustadt

Es gibt sie noch, die Wirtshäuser, wo man Klassiker wie Faschierten Braten mit Püree um zehn Euro bekommt. Die Klientel ist bunt gemischt, wie's sein soll. Direktoren, Professoren und Arbeiter genießen das Ambiente, den Schmäh, aber auch Wolfgang Friedrichs Wein-Auswahl.
Schwerpunkt: Österreich

Brodtischgasse 10
+43 2622 23955
protisch.com
Kategorie: Weinbistro

Weinangebot:	**44** | 50
Service	**19** | 20
Essen	**17** | 20
Ambiente:	**8** | 10
Gesamt:	88 | 100

Hafner

3250 Wieselburg

Strahlungswärme und Eiswürfel sind kein Widerspruch im Gastrokonzept rund um den Kachelofen. Auf der Dachterrasse mit Ötscher-Blick offeriert die kleine Cocktailkarte Highballs, Negroni und Espresso Martini, aber auch den wunderprächtigen Blood & Sand. Die Sake-Auswahl zeigt die Handschrift von Roman Bolschetz.

Zur Autobahn 9
+43 7416 20580
hafnerhotel.at
Kategorie: Hotelbar

Drinks:	**43** | 50
Ambiente:	**19** | 20
Service:	**18** | 20
Sortiment:	**8** | 10
Gesamt:	88 | 100

Fischbar

3370 Ybbs an der Donau

Direkt am Donauufer gelegen, bietet die Bar die perfekte Gelegenheit für einen sommerlichen Aperitivo-Abend. Egal, ob fruchtiger Bellini oder herber Aperol-Spritz, unkompliziert soll es sein! Für diejenigen, die alkoholfreie Drinks bevorzugen, gibt es große Mocktail-Auswahl, die alles andere als langweilig ist.

Donauländе 1
+43 7412 20801
dergutefang.at
Kategorie: Restaurantbar

Drinks:	**44** | 50
Ambiente:	**19** | 20
Service:	**18** | 20
Sortiment:	**8** | 10
Gesamt:	89 | 100

Momentum bar à vins 🍷🍷🍷 — 3370 Ybbs an der Donau

Man sollte seinem Gaumen immer etwas Abwechslung gönnen und ihn auf eine Reise zu Unbekanntem schicken. Florian Ehn fungiert als sensorischer Reiseleiter und bietet viel Ausgefallenes: von Orange Wines und handwerklich erzeugten Bieren bis zum Sake, seiner Leidenschaft.
Schwerpunkt: Raw/Natural Wine

Herrengasse 2
+43 676 9080076
unchainedselections.at
Kategorie: Klassische Weinbar

Weinang ebot:	**48** I 50
Service	**19** I 20
Essen	**15** I 20
Ambiente:	**8** I 10
Gesamt:	90 I 100

Kuba 🍷🍷 — 3910 Zwettl

Eine Bar mit Unterhaltungsfaktor und das perfekte Ambiente für einen Abend mit Freunden! Bei Darts, Flipper und Spieltisch kann man sich kaum auf den Plätzen halten und der Spaß kommt nicht zu kurz. Klassische, exotische und fancy Cocktails stehen zur Auswahl – natürlich auch viele Mocktails und Virgin-Versionen!

Syrnauer Straße 1
+43 2822 20166
kuba-diebar.at
Kategorie: American Bar

Drinks:	**43** I 50
Ambiente:	**18** I 20
Service:	**18** I 20
Sortiment:	**7** I 10
Gesamt:	86 I 100

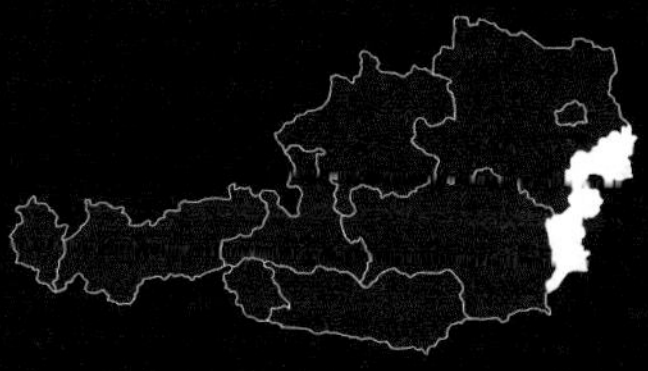

BURGENLAND

Die Genussquelle Rosalia 🍷🍷 — 7202 Bad Sauerbrunn

Das entspannte Flair wirkt italienisch, doch die Spezialitäten stammen allesamt aus der Region: Rosé von der Rosalia und Wulka-Prosciutto sind angesagt. Zeit sollte man sich für die Auswahl der Weine nehmen, die auch handverlesene Flaschen aus dem Mittelburgenland umfasst.
Schwerpunkt: Rosalia, Mittelburgenland

Schulstraße 14
+43 2625 20270
diegenussquelle.at
Kategorie: Weinbar in Vinothek

Weinangebot:	**45** I 50
Service	**17** I 20
Essen	**16** I 20
Ambiente:	**8** I 10
Gesamt:	86 I 100

Cebu

7000 Eisenstadt

Eine der letzten Konstanten der Eisenstädter Ausgeh-Szene! Die Getränkeauswahl ist immer noch groß, bei den Events lässt man es im Vergleich mit der wilden Anfangszeit (1996 startete die Bar) etwas ruhiger angehen. Rum-Klassiker wie der Daiquiri sind immer eine Option, Themennächte beleben die Cebu-Selektion noch zusätzlich.

Sankt-Rochus-Straße 48
+43 650 3436349

Kategorie: Loungebar

Drinks:	**42** I 50
Ambiente:	**18** I 20
Service:	**18** I 20
Sortiment:	**8** I 10
Gesamt:	86 I 100

Chez Paul

7000 Eisenstadt

Eigentlich sind Ina und Klaus Laubner-Trischitz als Kuratoren tätig – was die strenge Qualitätsprüfung des Gourmet-Ehepaars besteht, kommt in den Laden. So ist zur feinen Wein-Auswahl auch immer für Gourmandisen – zwischen Thumschinken und Leber-Pasteten – gesorgt.
Schwerpunkt: Österreich

Matthias-Marckhl-Gasse 5
+43 2682 25449
chezpaul.at
Kategorie: Weinbistro

Weinangebot:	**45** I 50
Service	**19** I 20
Essen	**16** I 20
Ambiente:	**8** I 10
Gesamt:	88 I 100

Mangoo

7000 Eisenstadt

Legionen von Eisenstädter Teens verbinden Geschichten mit der breiten Palette an Cocktails (200 Optionen). Die Craftbier-Auswahl (u. a. Bierol) beim Dom ist jüngeren Datums, funktioniert zu Burger und Spareribs aber prächtig. Denn weiterhin ist neben den abendlichen Partys auch top Kulinarik – Schwerpunkt: Tex-Mex – angesagt.

Domplatz 4
+43 664 9793160
mangoo-bar.at
Kategorie: Restaurantbar

Drinks:	**43** I 50
Ambiente:	**18** I 20
Service:	**18** I 20
Sortiment:	**8** I 10
Gesamt:	87 I 100

Selektion Vinothek Burgenland 🍷🍷🍷 7000 Eisenstadt

Über 800 burgenländische Weine von 140 Winzern ist eine Ansage! Und doch ist es nur die halbe Wahrheit, denn in diesem Genusszentrum im historischen Ambiente serviert man Gourmandisen, führt glasweise durchs Land und sorgt beim »mulatság« für einen ebensolchen.
Schwerpunkt: Burgenland

Esterházyplatz 4
+43 2682 63345
selektion-burgenland.at
Kategorie: Weinbar in Vinothek

Weinangebot:	**48**	50
Service	**19**	20
Essen	**17**	20
Ambiente:	**10**	10
Gesamt:	94	100

The Bar 🍸🍸 7540 Güssing

Frühstück, Softeis, Pizza und Burger (natürlich auch vegan!) – es ist ein Ganztags-Treff, den Karin Weber vor zehn Jahren etabliert hat. Die über 30 Seiten starke Karte listet entsprechend viele Getränke auf. Spritz ist eines der Zauberworte, doch auch Dirty Martinis serviert man ebenso wie hausgemachte Limos.

Wiener Straße 12
+43 3322 4248414
thebarguessing.at
Kategorie: American Bar

Drinks:	**43**	50
Ambiente:	**17**	20
Service:	**18**	20
Sortiment:	**7**	10
Gesamt:	85	100

Summa Kuchl 🍷 7142 Illmitz

Dem Illmitzer Sprachgebrauch folgend heißt es »SuKu«, und man trifft sich am »Botölln-Tischal«. Der Schalk gehört zu Nils Heidemann und seinem Team dazu. Mit Cocktails wie dem »Sexy West« erweitert man die regionale Wein-Auswahl. Ebenfalls lokal: Nationalpark-Würstel.
Schwerpunkt: Österreich

Hauptplatz 5
+43 699 11926136

Kategorie: Klassische Weinbar

Weinangebot:	**43**	50
Service	**17**	20
Essen	**15**	20
Ambiente:	**8**	10
Gesamt:	83	100

Largo 🍷🍷 7100 Neusiedl am See

Für kühle Getränke und köstliche Snacks stehen Terrasse und Gewölbe bereit. Neben der wechselnden Wein-Auswahl – natürlich mit Fokus auf den Neusiedler See – locken auch die Drinkkreationen. So dient etwa der »Largo Speciale« als Rum-Alternative zum ubiquitären Gin Tonic.
Schwerpunkt: Burgenland, Österreich

Obere Hauptstraße 5
+43 650 8821116
largo-weinbar.at
Kategorie: Klassische Weinbar

Weinangebot:	**44**	50
Service	**18**	20
Essen	**15**	20
Ambiente:	**8**	10
Gesamt:	85	100

Mole West

7100 Neusiedl am See

»Ein paar Stunden Urlaub« will man auf der Seeterrasse bieten – und das darf man wörtlich nehmen. Wie in Bella Italia lockt eine Auswahl an Spritz-Kreationen. Neu für den Sundowner sind alkoholfreie Gin Tonics und Mojitos. Und natürlich kann man die Urlaubsgefühle im Burgenland auch mit einer Piña Colada verstärken.

Seegelände 9
+43 664 2086600
mole-west.at
Kategorie: Loungebar

Drinks:	**43** I 50
Ambiente:	**19** I 20
Service:	**18** I 20
Sortiment:	**8** I 10
Gesamt:	88 I 100

Vinotheke

7100 Neusiedl am See

Die namensgebende rote Theke ist der Ort des Geschehens, und die schon an der Tür versprochene »Erste Hilfe für Genießer« wird in mannigfaltiger Form gewährt. Eine Auswahl regionaler Weine (von A Nobis über Iro bis Salzl) wird von Spritz-Variationen, Shots und Snacks flankiert.
Schwerpunkt: Burgenland

Untere Hauptstraße 31
+43 2167 40284

Kategorie: Weinbar in Vinothek

Weinangebot:	**45** I 50
Service	**17** I 20
Essen	**15** I 20
Ambiente:	**8** I 10
Gesamt:	85 I 100

Weinwerk

7100 Neusiedl am See

Hier ist einfach immer etwas los. Winzer des Monats, Konzerte (u. a. mit Lokalmatador Hocky) und Verkostungsabende erweitern den Wein-Kosmos. Der ist mit einer Selektion von 600 Weinen aber ohnehin groß. Gemütliches glasweises Kosten ist an der Schank oder im Hof möglich.
Schwerpunkt: Burgenland

Obere Hauptstraße 31
+43 2167 20705
weinwerk-burgenland.at
Kategorie: Weinbar in Vinothek

Weinangebot:	**49** I 50
Service	**19** I 20
Essen	**16** I 20
Ambiente:	**8** I 10
Gesamt:	92 I 100

Zum echten Leben 🍷🍷🍷 7100 Neusiedl am See

Mit einer Nachbarschaft wie dem Weinwerk ist klar, dass es nicht nur Kaffee im Café gibt. Der Weinstammtisch bringt Abwechslung zu der Fülle an glasweisen Optionen. Gourmandisen von Theresa Karlo und Richard Triebaumer liefern die ebenfalls burgenländische Unterlage!
Schwerpunkt: Burgenland

Obere Hauptstraße 31
+43 680 2015132
zumechtenleben.at
Kategorie: Klassische Weinbar

Weinangebot:	**46** | 50
Service	**19** | 20
Essen	**18** | 20
Ambiente:	**8** | 10
Gesamt:	91 | 100

Leo Hillinger Wineshop & Bar 🍷🍷 7111 Parndorf

Da, wo alles begann ... 2005 eröffnete der Flagship-Store des Winzers im beliebten Outlet-Center und setzte damit eine neue Marke in der Hillinger-Geschichte. Schmankerln rund um die Weine gibt es zum Mitnehmen, die Achterln am Sandstein-Tisch wie eh und je vor Ort.
Schwerpunkt: Burgenland

Kälberweide 3
+43 2166 20144
leo-hillinger.com
Kategorie: Weinbar in Vinothek

Weinangebot:	**44** | 50
Service	**19** | 20
Essen	**16** | 20
Ambiente:	**9** | 10
Gesamt:	88 | 100

Vino en Paso 🍷🍷 7423 Pinkafeld

Ein Jahrzehnt Genuss feierten Elisabeth und Robert Halper beim »Durchgangsfest«. Und der kleine Abzweiger vom Hauptplatz lohnt. Zumindest, wenn man Wein aus dem Südburgenland, der Wachau und der Steiermark (um nur Schwerpunkte zu nennen) mag. Oder einen kühlen Spritzer.
Schwerpunkt: Österreich

Hauptplatz 15
+43 664 4969439
Kategorie: Weinbistro

Weinangebot:	**44** | 50
Service	**19** | 20
Essen	**15** | 20
Ambiente:	**8** | 10
Gesamt:	86 | 100

Vintage Bar Lounge

7033 Pöttsching

Auf beiden Seiten der Hauptstraße bespielt Daniel Michalitsch Pöttsching – mit Weinbar und Lounge (im Meierhof). Weinkultur gehört neben regionalen Schmankerln (Wulka-Prosciutto) dazu. Die Palette reicht von Stars und lokalen Geheimtipps bis zu internationalen Etiketten.
Schwerpunkt: Burgenland

Wiener Neustädter Straße 11a	Weinangebot: **44** I 50
+43 664 2554077	Service **18** I 20
vintagecafebar.com	Essen **16** I 20
Kategorie: Klassische Weinbar	Ambiente: **8** I 10
	Gesamt: 86 I 100

GOIN – Die Weinbar

7161 Sankt Andrä am Zicksee

Um den See schöpft Erni Bacher nicht nur bei den 50 Weinen aus dem Vollen. Hühnerleber (by Gasthaus zur Dankbarkeit), Theresa Karlos Schinkenspezialitäten oder Sepp Ruttners Käse sind eine feine Abwechslung zu den Pizzen, die es zu der Auswahl an Wein und Spirits gibt.
Schwerpunkt: Österreich

Seestraße 20	Weinangebot: **43** I 50
+43 699 19772802	Service **19** I 20
go-in.co.at	Essen **17** I 20
Kategorie: Klassische Weinbar	Ambiente: **8** I 10
	Gesamt: 87 I 100

Fritz Bar am Wasser

7121 Weiden am See

Direkt am See serviert die Küche »Kleines & Grünes« – und auch die Drinks hält man gerne leicht. Nicht nur beim Sundowner im italienischen Stil! Highballs am Steg stehen ebenso bereit wie eine feine Auswahl an Weinen, natürlich lebt man bei Familie Tösch auch da das Motto »pannonisch« mit Burgenlands feinsten Abfüllungen.

Seebad 1	Drinks: **42** I 50
+43 2167 40222	Ambiente: **20** I 20
dasfritz.at	Service: **18** I 20
Kategorie: Restaurantbar	Sortiment: **8** I 10
	Gesamt: 88 I 100

STEIERMARK

Da Maurizio 🍷🍷

8600 Bruck an der Mur

Bei Maurizio ist Genuss auch Familiensache: Vom Onkel stammt der Kaffee, die italienische Mamma hilft bei der Beschaffung bester Produkte aus der Heimat. Da türmen sich dann Köstlichkeiten von fest (Käse, Prosciutto, Antipasti etc.) bis flüssig (Grappa, Vino und Co.).
Schwerpunkt: Italien

Roseggerstraße 21
+43 660 7676224
da-maurizio.at
Kategorie: Weinbar in Vinothek

Weinangebot:	**43** | 50
Service	**18** | 20
Essen	**16** | 20
Ambiente:	**8** | 10
Gesamt:	85 | 100

Die Weinbank – Wirtshaus 🍷🍷🍷🍷

8461 Ehrenhausen

Die Namen der umliegenden Weingärten braucht man nicht durchdeklinieren. Christian Zach hat sie alle. Und er hat etwas gegen »Etiketten-Trinker«: Weine nämlich, die (noch) keiner am Schirm hat. Einfach den Auskenner machen lassen. Das gilt auch für die Fuchs'sche Küche!
Schwerpunkt: regional

Hauptstraße 44
+43 3453 22291
dieweinbank.at
Kategorie: Weinbar im Restaurant

Weinangebot:	**50** | 50
Service	**19** | 20
Essen	**18** | 20
Ambiente:	**9** | 10
Gesamt:	96 | 100

Loisium Wine Bar 🍷🍷🍷

8461 Ehrenhausen

Das Restaurant heißt Weinkuchl, am Pool parkt ein Winzer-Trailer. Dass da auch die Bar mit regionalem Rebensaft gut bestückt ist, liegt nahe. Die Umsetzung überzeugt dann nicht nur Hotelgäste: Zu Ab-Hof-Preisen bekommen auch »Walk-ins« die Südsteiermark zum Mitnehmen.
Schwerpunkt: Südsteiermark

Am Schlossberg 1a
+43 3453 28800
loisium.com
Kategorie: Klassische Weinbar

Weinangebot:	**47** | 50
Service	**19** | 20
Essen	**17** | 20
Ambiente:	**9** | 10
Gesamt:	92 | 100

Magnothek & Wirtshaus

8461 Ehrenhausen

Fast fließend geht die südseitige Terrasse bei der Karmeliterkapelle in den Weingarten über. »Kapelle« ist eine neue Sauvignon-Riede der Winzerfamilie Tement – und von ihr stammt auch die Magnum-Sammlung, zu der klassisch-steirisch aufgekocht wird. Ideal zum Feiern!
Schwerpunkt: Steiermark, Österreich

Zieregg 3
+43 3453 22122
magnothek.at
Kategorie: Weinbar im Restaurant

Weinangebot:	**45** | 50
Service	**18** | 20
Essen	**17** | 20
Ambiente:	**9** | 10
Gesamt:	89 | 100

Bauernstadl

8330 Feldbach

3000 regionale Lebensmittel haben den Bauernstadl zum Vorzeigeprojekt gemacht. David Trummer kennt zahlreiche junge Winzer der Region persönlich. Damit gibt es Zugang sogar zu Raritäten von z. B. Kobatl oder Simon Engel. Zum Einstieg: Wein der Woche verkosten!
Schwerpunkt: Vulkanland

Buergergasse 2
+43 3152 7703
bauernstadl.at
Kategorie: Weinbar in Vinothek

Weinangebot:	**46** | 50
Service	**18** | 20
Essen	**17** | 20
Ambiente:	**8** | 10
Gesamt:	89 | 100

Sissi's Weinbar

8330 Feldbach

Das überaus sympathische kleine Lokal mit seinem Weinfass-umzäunten Schanigarten fährt mit dem Besten auf, was das Vulkanland zu bieten hat: Weine en masse, von alteingesessen bis unbekannt. Dazu kredenzt die Chefin allerlei Köstliches aus der steirischen Schmankerl-Welt.
Schwerpunkt: Vulkanland

Ringstraße 8/Altstadtgasse
+43 676 7389532
sissisweinbar.net
Kategorie: Klassische Weinbar

Weinangebot:	**44** | 50
Service	**19** | 20
Essen	**15** | 20
Ambiente:	**8** | 10
Gesamt:	86 | 100

Weinkastl

8462 Gamlitz

Schon die Lage des stylishen kleinen Lokals mit seinem traumhaften Garten verheißt nur Gutes, wird doch hier das Beste aus der Nachbarschaft versammelt. Begleitet werden die Tropfen der steirischen Winzer von herrlichem Flammkuchen und ebensolchen Schmankerln.
Schwerpunkt: Österreich, Italien

Untere Hauptstraße 322A
+43 3453 50218

Kategorie: Weinbistro

Weinangebot:	**43** | 50
Service	**19** | 20
Essen	**17** | 20
Ambiente:	**8** | 10
Gesamt:	87 | 100

Auenbrugger

8020 Graz

Das historische Gebäude im Herzen der Stadt beherbergt auch einen Weinkeller aus dem 16. Jahrhundert, nur logisch also, dass hier rund 150 feine Tropfen ausgeschenkt werden – auf Wunsch auch noch einige hundert mehr aus dem Kehlberghof. Dazu ausgezeichnete Schmankerln.
Schwerpunkt: Deutschland, international

Südtiroler Platz 5
+43 316 717187
auenbrugger.at
Kategorie: Weinbar im Restaurant

Weinangebot:	**48** | 50
Service	**19** | 20
Essen	**18** | 20
Ambiente:	**8** | 10
Gesamt:	93 | 100

Bar 8020

8020 Graz

Von der schnöden Hotelbar hat man sich zum lässigen Hipster-Treffpunkt gemausert, wo der DJs, Livemusik und Jamsessions regelmäßig für ein volles Haus sorgen. Verständlich: beste Lage am Rande des lässigen Lend-Viertels, sympathischer Service und Cocktailklassiker von Daiquiri bis Negroni in feiner Ausführung.

Mariahilfstraße 9
+43 664 8392693
hotelmariahilf.at
Kategorie: Hotelbar

Drinks:	**43** | 50
Ambiente:	**18** | 20
Service:	**18** | 20
Sortiment:	**8** | 10
Gesamt:	87 | 100

Bar Amouro 🍸🍸🍸

8010 Graz

Leichtigkeit und Chic hat man sich in der Bar der Aiola-Gruppe auf die Fahnen geschrieben. Levantinische Küche sorgt für die Kulinarik, der namensgebende Aperitif peppt das Grazer »day drinking« auf. Für Ausgefallenes sorgt die Auswahl von Alexander Knoll, die auch Winzerchampagner und europäische Agavenbrände umfasst.

Schmiedgasse 12
+43 316 696060

Kategorie: Restaurantbar

Drinks:	**45** I 50
Ambiente:	**19** I 20
Service:	**18** I 20
Sortiment:	**8** I 10
Gesamt:	90 I 100

Cohibar 🍸🍸🍸

8010 Graz

Am Rande des Univiertels hebt man sich wohltuend von den klassischen Studenten-Hotspots ab, denn feiern und loungen sind hier keine Widersprüche. Karibisch-kubanisch sind sowohl die Rhythmen als auch die Karte: riesige Rum-Auswahl, feine Cocktails, dazu Tacos, Quesadillas und Co. Außerdem warten 150 Zigarrensorten.

Leonhardstraße 3
+43 316 337470
cohibar.at
Kategorie: Loungebar

Drinks:	**44** I 50
Ambiente:	**18** I 20
Service:	**19** I 20
Sortiment:	**9** I 10
Gesamt:	90 I 100

EL1 🍸🍸

8010 Graz

Wer unter den Grazer Steakliebhabern etwas auf sich hält, trifft sich im Herzen der Innenstadt. So mancher Abend wurde in der angrenzenden Bar dann schon unerwartet lang und flüssig. Feine Weine, erlesene Spirits und gut gemixte Cocktails sind aber auch ganz ohne Dinner gute Gründe für einen Besuch.

Landhausgasse 1
+43 316 830083
elgaucho.at
Kategorie: Restaurantbar

Drinks:	**43** I 50
Ambiente:	**18** I 20
Service:	**18** I 20
Sortiment:	**7** I 10
Gesamt:	86 I 100

Ernst Fuchs

8010 Graz

Seit mehr als 30 Jahren versorgt die versteckte Bar »those in the knowing« mit feinsten Getränken. Dabei pflegt Helmut Rebernegg Klassiker (aktuell z. B. Blood & Sand) ebenso wie Eigenkreationen. Auch der Tiki-Becher hat im einzigartigen Ambiente von Ernst Fuchs selig kein Hausverbot. Solange der Inhalt top ist!

Sackstraße 3
+43 664 8702130
erzherzog-johann.com
Kategorie: American Bar

Drinks:	**47** / 50
Ambiente:	**19** / 20
Service:	**18** / 20
Sortiment:	**8** / 10
Gesamt:	92 / 100

Färberei

8010 Graz

Inmitten der Grazer Fußgängerzone lädt das hübsche, kleine Lokal schon am späten Nachmittag zur Pause von Shopping und Bummel. Zu Afterwork und Sundowner schlürft man – am schönsten im Schanigarten vor der Tür – die feinen »Crafted Drinks« und Gutes aus der Weinkarte.
Schwerpunkt: Italien, Österreich

Färbergasse 7
+43 316 375015
bistrot-faerberei.at
Kategorie: Weinbistro

Weinangebot:	**44** / 50
Service	**19** / 20
Essen	**16** / 20
Ambiente:	**8** / 10
Gesamt:	87 / 100

Kabuff

8020 Graz

Klein, stylish, gemütlich. Das ist die überaus lässige Bar von Andreas Ruhs in unmittelbarer Altstadt-Nähe, nur eben auf der hippen Seite der Mur. Kleine Auswahl klassischer Cocktails, die obligate Gin-Tonic-Vielfalt – und hin und wieder sorgt das beliebte Music-Bingo für gute Stimmung und volles Haus.

Lendkai 13

kabuff.at
Kategorie: Loungebar

Drinks:	**43** / 50
Ambiente:	**17** / 20
Service:	**18** / 20
Sortiment:	**7** / 10
Gesamt:	85 / 100

Kalte Ente

8010 Graz

Hausgemachtes Ginger Beer steht für die handwerkliche Seite der Bar, aber auch für den Schalk ist bei Tom Legat und seiner »Chaos Crew« immer gesorgt. Das zeigt der duftige Rum-Drink »The Holy Tiger« ebenso wie anderen Tiki-Mugs (bis hin zur »Hulk«-Faust oder dem Einhorn-Becher für den »Rainbow Juice«). Good time in Graz!

Sparbersbachgasse 22
+43 316 813385
kalteente.at
Kategorie: American Bar

Drinks:	**45** / 50
Ambiente:	**18** / 20
Service:	**19** / 20
Sortiment:	**8** / 10
Gesamt:	90 / 100

Katze Katze

8010 Graz

Die neue Themenkarte wechselt jährlich und bringt optisch Schwung ins Landhaus. Aktuell gibt Barchef Ayhan zwischen Zylinder und Pferden den Zirkusdirektor. Er wacht über Marillen-infundierten »Snake Charmer« oder den »Knife Thrower« mit Grauburgunder. Wie alle anderen Kreationen sind sie opulent garniert. Flamboyant!

Schmiedgasse 9	Drinks: **45** | 50
+43 316 830276	Ambiente: **18** | 20
katzekatze.at	Service: **18** | 20
Kategorie: Club	Sortiment: **8** | 10
	Gesamt: **89** | 100

Klapotetz

8010 Graz

Der Innenhof im Herzen der Stadt ist im Sommer eine kühle Oase, wo man aus dem regionalen Vollen schöpfen kann: 130 Rote und Weiße aus Südsteiermark und Burgenland stehen zur Wahl, darunter klassisch Unkompliziertes wie auch Rares. Dazu kleine steirische Schmankerln.

Schwerpunkt: Österreich, Steiermark, regional

Herrengasse 9	Weinangebot: **44** | 50
+43 316 820888	Service **19** | 20
klapo.at	Essen **16** | 20
Kategorie: Weinbistro	Ambiente: **9** | 10
	Gesamt: **88** | 100

Nussbaumer Delikatessen

8010 Graz

Der winzige Laden punktet vielleicht nicht mit Geräumigkeit, dafür biegen sich Regale unter den Delikatessen, von der gewaltigen Käse-Vitrine (140 zur Auswahl) bis zu den Antipasti. Vor Ort gönnt man sich ein gutes Glas dazu – und will eigentlich gar nicht mehr gehen.

Schwerpunkt: Österreich, international

Paradeisgasse 1	Weinangebot: **45** | 50
+43 316 829162	Service **19** | 20
delikatessen-nussbaumer.at	Essen **17** | 20
Kategorie: Weinbar in Vinothek	Ambiente: **8** | 10
	Gesamt: **89** | 100

O bar

8020 Graz

Am Mariahilferplatz wird sogar der Eistee gezapft! 25 Hähne versorgen die Klientel, seit Churchill-Mastermind Oltion Mehmetaj das ehemalige Baltimore übernommen hat. Cocktails »on tap« werden täglich produziert – auch mit heimischen Destillaten, einer Domäne von »Olti«. Zu Café-Zeiten wartet zudem Süßes von Dominik Fitz.

Mariahilferplatz 5	Drinks: **45** | 50
+43 676 3194450	Ambiente: **18** | 20
o-bar.at	Service: **19** | 20
Kategorie: American Bar	Sortiment: **8** | 10
	Gesamt: **90** | 100

Promenade 8010 Graz

Am Rand des Stadtparks lockt nicht nur der schattige Gastgarten im Sommer, auch das schicke Innere gefällt den Grazer Stammgästen. Die kommen in Scharen zu Frühstück, Lunch und Kaffee, abends trifft man sich zum Afterwork bei stattlicher Gin-Tonic-Auswahl, spritzigen Signatures und Cocktail-Evergreens.

Erzherzog-Johann-Allee 1
+43 316 813840
promenade.aiola.at
Kategorie: Loungebar

Drinks:	**43** I 50
Ambiente:	**18** I 20
Service:	**18** I 20
Sortiment:	**8** I 10
Gesamt:	87 I 100

Rangoon Cocktailbar 8020 Graz

Die wahrlich gewaltige Auswahl an Kreationen von Amando Grullon macht die Entscheidung mitunter schwer – er versteht sich vor allem auf Rum, doch von Klassikern bis Signatures werden alle Stücke gespielt. Mit Rum und allerlei Fruchtigem fegt der »Hurricane« einmal durch Geschmacksknospen und Gehirnwindungen.

Mariahilfer Straße 15
+43 664 99961545
rangoon-graz.at
Kategorie: American Bar

Drinks:	**43** I 50
Ambiente:	**18** I 20
Service:	**18** I 20
Sortiment:	**8** I 10
Gesamt:	87 I 100

Salon Marie 8020 Graz

Mit einer »Pink Marie« oder dem »Fancy Cosmo« als Hausspezialitäten wird bereits klar: In der Bar des Hotelrestaurants lässt man es entspannt angehen. Klassiker wie den Espresso Martini hält man auch bereit, doch die Handlungsanweisung »chillen« kann man auch mit einer der Spritz-Varianten (»Kardamint«) gut umsetzen.

Grieskai 4–8
+43 316 706683
salonmarie.at
Kategorie: Restaurantbar

Drinks:	**44** I 50
Ambiente:	**19** I 20
Service:	**19** I 20
Sortiment:	**8** I 10
Gesamt:	90 I 100

San Bar im San Pietro

8042 Graz

Am Stadtrand wird gute italienische Küche serviert – davor, danach, stattdessen und eigentlich immer lockt das moderne Interieur der hauseigenen Bar seit Jahren zahlreiche Stammgäste an. Man trifft sich zu klassischen Cocktails und solchen mit Italo-Spin, vom »Caipifragola« bis zum Averna-getragenen »Mojito Sanbar«.

St.-Peter-Hauptstraße 141
+43 316 481581
sanpietro.at
Kategorie: Loungebar

Drinks:	**42** I 50
Ambiente:	**18** I 20
Service:	**19** I 20
Sortiment:	**7** I 10
Gesamt:	86 I 100

Santa Lucia

8020 Graz

Der Lendplatz mit seinem Markttreiben und den vielen netten Lokalen verströmt für sich schon Piazza-Feeling, unterstützend wirkt der kleine Italiener mit Schanigarten mittendrin: sehr gute Pizza und ebensolche Antipasti. In der Bar nebenan schlürft man im Anschluss zum Digestif die kleine Cocktail-Auswahl.

Stockergasse 10
+43 676 9085256
pizzeria-santalucia.at
Kategorie: Restaurantbar

Drinks:	**43** I 50
Ambiente:	**18** I 20
Service:	**18** I 20
Sortiment:	**7** I 10
Gesamt:	86 I 100

Stammtisch am Paulustor

8010 Graz

Hotspot zwischen Stadtpark und Innenstadt: Nicht nur hervorragende Küche wird hier serviert, auch der Keller ist gut mit – vorrangig steirischen – Weinen gefüllt. Weitere sehr gute Gründe für einen Besuch: regelmäßige Events, Verkostungen und der herrliche Schanigarten.
Schwerpunkt: Österreich, international

Paulustorgasse 8
+43 316 813803
stammtisch.restaurant
Kategorie: Weinbar im Restaurant

Weinangebot:	**45** I 50
Service	**19** I 20
Essen	**17** I 20
Ambiente:	**8** I 10
Gesamt:	89 I 100

Steirerpub 🍸🍸 — 8010 Graz

Das Flair schwankt zwischen Alm- und Skihütte, bei der freitäglichen Jägermeister-Party geht es entsprechend wild zu, auch der hauseigene Eierlikör fließt in Strömen. Daneben dreht sich aber alles um Whisk(e)y und Rum: Verkostungen und Seminare vermitteln das unbestreitbare Know-how genussvoll an die Gäste.

Abraham-a-Santa-Clara-Gasse 3
+43 664 6430919
steirerpub.at
Kategorie: Club

Drinks:	**42** I 50
Ambiente:	**17** I 20
Service:	**18** I 20
Sortiment:	**8** I 10
Gesamt:	85 I 100

The Churchill Bar 🍸🍸🍸 — 8010 Graz

Zum zehnten Jubiläum des Grazer Cocktail-Aushängeschilds gab es Änderungen in der Eigentümerstruktur. Das Motto des Namensgebers (»I am easily satisfied with the best«) bleibt auch in der neuen Konstellation Richtschnur für Drinks wie den »Negroni Siciliano«. Vorbildlich: die historisch geordneten Cocktailklassiker.

Heinrichstraße 21
+43 660 3998897
thechurchill.at
Kategorie: American Bar

Drinks:	**46** I 50
Ambiente:	**18** I 20
Service:	**19** I 20
Sortiment:	**9** I 10
Gesamt:	92 I 100

Mocca 🍷🍷 — 8605 Kapfenberg

An die 400 Variationen von allem, was sich rund um die Welt aus Trauben machen lässt, ersteht man hier. Dank großer glasweiser Auswahl lässt sich davon auch so einiges probieren. Die Antipasti-Begleitung mundet ebenso wie der kräftige Espresso aus eigener Röstung zum Finish.
Schwerpunkt: Österreich

Grazer Straße 9
+43 3862 22612
schicker-kapfenberg.at
Kategorie: Klassische Weinbar

Weinangebot:	**43** I 50
Service	**18** I 20
Essen	**16** I 20
Ambiente:	**8** I 10
Gesamt:	85 I 100

Rathaus Vinarium 🍸🍸

8430 Leibnitz

Der wunderschöne Gewölbekeller aus Backstein unter dem Rathaus empfängt mit seinem besonderen Flair Weinfans und Spirits-Liebhaber gleichermaßen: 30 Sorten Rum und 40 Whisk(e)ys sorgen für die Raucharomen, aber auch Gin, Absinth und andere hochprozentige Köstlichkeiten stehen in feiner Variation zur Wahl.

Hauptplatz 24
+43 3452 85560
rathaus-vinarium.at
Kategorie: American Bar

Drinks:	**43** | 50
Ambiente:	**18** | 20
Service:	**18** | 20
Sortiment:	**8** | 10
Gesamt:	**87** | 100

McMullens Irish Pub 🍸🍸

8700 Leoben

Chris O'Shea kennt sich mit Whiskey (ja, dem irischen mit »e«!) bestens aus. Der ehemalige Geschäftsführer aus dem Salzburger Whiskey Museum rockt nun die Steiermark mit seiner exzellenten Auswahl. Im Pub gibt es natürlich auch Wraps, Wings und Burger, um für »Shamrock Martini« oder »Irish Mule« gerüstet zu sein.

Langgasse 9
+43 676 9070616
mcmullens.at
Kategorie: Club

Drinks:	**43** | 50
Ambiente:	**18** | 20
Service:	**18** | 20
Sortiment:	**9** | 10
Gesamt:	**88** | 100

Kellerstoa 🍸

8455 Oberhaag

Das Alternativprogramm zur gediegenen Weintour in der Südsteiermark: Im überaus beliebten Treffpunkt des feierwütigen jungen Volks fernab der Stadt trifft man sich montags zur Schlagerparty, wochenends zum DJ-Set, ausgelassen geht es immer zu. Dazu die klassischen Cocktails und Shots – fertig ist die Partynacht.

Oberhaag 21
+43 664 3796224
Kategorie: American Bar

Drinks:	**42** | 50
Ambiente:	**17** | 20
Service:	**18** | 20
Sortiment:	**7** | 10
Gesamt:	**84** | 100

Schottis 8225 Pöllau

Dass der steirische Wein in der Bar der Schottis gepflegt wird, liegt nahe. Dass man sich (auf zwei Seiten der Karte) dem Champagner und internationalen Pinot Noirs widmet, überrascht. Snacks aus der bekannt guten Küche verlängern den Aufenthalt unter urigem Alt-Holz.
Schwerpunkt: international, Österreich, Champagner

Obersaifen
+43 664 9620777
schottis.at
Kategorie: Weinbar im Restaurant

Weinangebot:	**45** / 50
Service	**19** / 20
Essen	**16** / 20
Ambiente:	**9** / 10
Gesamt:	**89** / 100

Vulkanland Sekt Kulinarium 8333 Riegersburg

Natürlich darf der Sekt – Pinot Noir mit drei Jahren Hefelager etwa – nicht fehlen. Aber der Feinkostladen bei der Riegersburg hat lukullisch viel mehr zu bieten. Ein Fitz-Kuchen auf der Panoramaterrasse, Vulcanoschinken oder Hollunder-Saft wären nur ein paar Beispiele.
Schwerpunkt: Sekt

Schützing 147
+43 680 5052912
vulkanlandsekt.at
Kategorie: Weinbar in Vinothek

Weinangebot:	**42** / 50
Service	**19** / 20
Essen	**15** / 20
Ambiente:	**9** / 10
Gesamt:	**85** / 100

Vinothek Steiermark 8354 St. Anna am Aigen

Auf die Steiermark-Kompetenz – hier ist man schlichtweg der Platzhirsch im Vulkanland! – kann man sich getrost verlassen. Nachprüfbar ist das jederzeit beim Kost-Achterl von einem der 120 hierorts gelisteten Weingüter. Am besten auf der herrlichen Panoramaterrasse.
Schwerpunkt: Vulkanland

Marktstraße 6
+43 3158 2801
vinothek-steiermark.net
Kategorie: Weinbar in Vinothek

Weinangebot:	**46** / 50
Service	**18** / 20
Essen	**14** / 20
Ambiente:	**9** / 10
Gesamt:	**87** / 100

Stifterl 🍷🍷

8813 St. Lambrecht

In der Mischung aus Wirtshaus, Greißlerei und Vinothek dreht sich alles um Gutes aus der Steiermark. Rund 100 Weine warten in den Regalen auf Verkostung, dazu gibt es Feines aus Küche und Backstube. Und am Ende können noch die eigenen Vorratsschränke gefüllt werden.
Schwerpunkt: Steiermark

Hauptstraße 7
+43 664 2555063
stifterl.com
Kategorie: Weinbar im Restaurant

Weinangebot:	**43** I 50
Service	**18** I 20
Essen	**16** I 20
Ambiente:	**8** I 10
Gesamt:	85 I 100

ARX Weinbistro 🍷🍷

8971 Schladming

Statt Snowboard und Ski widmen sich Manuel und Anna Veith seit einigen Jahren ihrem netten Boutiquehotel im Schladminger Bergparadies. In der stylish-gemütlichen Weinbar setzt man auf eine feine Naturwein-Auswahl sowie Barfood aus regionalen Zutaten im Tapas-Format.
Schwerpunkt: Österreich, Raw/Natural Wine

Rohrmoosstraße 91
+43 3687 61493
das-arx.at
Kategorie: Weinbistro

Weinangebot:	**43** I 50
Service	**18** I 20
Essen	**15** I 20
Ambiente:	**9** I 10
Gesamt:	85 I 100

Weinfinder 🍷🍷

8970 Schladming

Im modernen Laden versteht man sich hervorragend auf das Produkt, das Wissen wird zudem sehr sympathisch vermittelt. Vertreten sind so gut wie alle feinen Tropfen aus dem Inland nebst dem Besten aus Europa und der Neuen Welt – zum Mitnehmen oder Vor-Ort-Probieren.
Schwerpunkt: Österreich

Hauptplatz 39
+43 3687 23283
der-weinfinder.at
Kategorie: Weinbar in Vinothek

Weinangebot:	**48** I 50
Service	**18** I 20
Essen	**15** I 20
Ambiente:	**8** I 10
Gesamt:	89 I 100

De Merin 🍷🍷

8345 Straden

Von der Lage im Vulkanland kann man nur profitieren, kommen doch die besten Produkte aus der unmittelbaren Umgebung: Weine, eh klar, aber auch Säfte, Käse und der feine Vulcano-Schinken. All das und viel mehr gibt es im geschmackvollen Lokal auch zum Vor-Ort-Genießen.
Schwerpunkt: Regional, Vulkanland

Straden 5
+43 3473 75957
demerin.at
Kategorie: Weinbar in Vinothek

Weinangebot:	**44** I 50
Service	**18** I 20
Essen	**16** I 20
Ambiente:	**9** I 10
Gesamt:	87 I 100

Vinofaktur 🍷🍷🍷

8461 Vogau

Bevor (oder nachdem) man sich in die Südsteiermark stürzt, gibt es im »Genussregal« einen Querschnitt all ihrer flüssigen und festen Herrlichkeiten. Im Bistro warten neben Muskateller, Sauvignon Blanc und Co. auch Vulcano-Schinken, Käse und zahllose weitere Schmankerln.
Schwerpunkt: Südsteiermark

An der Mur 13
+43 3453 40677
vinofaktur.at
Kategorie: Weinbar in Vinothek

Weinangebot:	**48** | 50
Service	**18** | 20
Essen	**16** | 20
Ambiente:	**8** | 10
Gesamt:	90 | 100

Wieś a Viś 🍷🍷

8551 Wies

Das Partyvolk strömt regelmäßig in die moderne Café-Bar, doch auch bei ausgelassener Stimmung kommt der Qualitätsanspruch nicht zu kurz. Die Auswahl an Spirits ist groß und vielfältig, und auch Mixology ist kein Fremdwort, wie die wirklich guten Cocktailkreationen von klassisch bis kreativ beweisen.

Radlpassstraße 21a
+43 664 5434534

Kategorie: Restaurantbar

Drinks:	**43** | 50
Ambiente:	**17** | 20
Service:	**19** | 20
Sortiment:	**8** | 10
Gesamt:	87 | 100

Hopfi's 🍷🍷

9772 Dellach

Die Weinbar trumpft mit einer großen Auswahl an österreichischen Top-Weinen auf. Im Sortiment finden sich aber auch Einzelflaschen und Raritäten aus Deutschland, Italien oder Übersee – viele in Bio-Qualität! Begleitend gibt es Imbiss- und Streetfood-Küche.
Schwerpunkt: Österreich, Italien

Holztratten 35
+43 676 4997785
hopfis.at
Kategorie: Weinbar in Vinothek

Weinangebot:	**44** | 50
Service	**18** | 20
Essen	**19** | 20
Ambiente:	**8** | 10
Gesamt:	89 | 100

151 Restaurant & Bar

9073 Klagenfurt

Auf der Veranda bei »Mister Swizzle« Daniel Schellander einen Drink zu nehmen, fühlt sich wie Urlaub an. Auch die Küche liefert leichte Optionen in diesem eklektisch dekorierten, luftigen Spot in Seenähe. Vom gut temperierten Perrier-Jouët-Champagner bis zu den Agaven-Cocktails hält man hier wertige Begleitungen parat.

Höhenweg 151	Drinks:	**45** | 50
+43 676 6151151	Ambiente:	**19** | 20
151.at	Service:	**18** | 20
Kategorie: Restaurantbar	Sortiment:	**8** | 10
	Gesamt:	90 | 100

Atelier Der Franzos Spezerei

9020 Klagenfurt

Die Weinbar für frankophile Genießer hat es geschafft, ein Stück Frankreich nach Kärnten zu bringen. Hier kann man die Freude am Essen und Trinken spüren und sich wie in einem Pariser Bistro fühlen. Zu jeder Leckerei gibt es natürlich die besten französischen Weine.

Schwerpunkt: Frankreich

Pernhartgasse 12	Weinangebot:	**45** | 50
+43 664 4665500	Service	**18** | 20
derfranzos.at	Essen	**17** | 20
Kategorie: Weinbistro	Ambiente:	**9** | 10
	Gesamt:	89 | 100

Cafe Bar Vino

9020 Klagenfurt

Für alle Liebhaber des italienischen Genusses ist das Café Bar Vino ein absolutes Muss. Seit 2017 bringt Silvio Berger italienisches Flair in die Innenstadt und vereint wunderbare Weine mit authentischer Atmosphäre und echtem italienischem Lebensgefühl. Molto bene!

Schwerpunkt: Italien

Pfarrplatz 5	Weinangebot:	**43** | 50
+43 676 7878088	Service	**18** | 20
cafe-vino.at	Essen	**16** | 20
Kategorie: Klassische Weinbar	Ambiente:	**8** | 10
	Gesamt:	85 | 100

Das Wohnzimmer

9020 Klagenfurt

Retromöbel und DJ-Pult – das ist »shoav«, wie es die Basecaps der Eigentümer unmissverständlich klarmachen. Flammkuchen, feiner Espresso und eine gediegene Bier-Auswahl (Hausabfüllung von Wimitz!) sind eine Seite. Cocktail-Fun, gerne mit Tommy's Hot Sauce als Scharfmacher, die andere. Ein Wohnzimmer für alle eben!

Villacher Ring 21	Drinks:	**46** | 50
+43 664 2444964	Ambiente:	**18** | 20
das-wohnzimmer-cafe-bar-musik.eatbu.com	Service:	**18** | 20
Kategorie: Loungebar	Sortiment:	**8** | 10
	Gesamt:	90 | 100

Gig

9020 Klagenfurt

Diese einzigartige Location vereint Bar, Club und Café zu einem unvergleichlichen Erlebnis. Langeweile ist hier ein Fremdwort, denn immer ist etwas los. Die Atmosphäre ist beeindruckend, nicht zuletzt dank des rundum gestalteten Lichtkonzepts, das eine wirklich magische Stimmung erzeugt. Großartige Cocktails!

Universitätsstraße 104
+43 463 210555
gig-bar.at
Kategorie: Loungebar

Drinks:	**43** / 50
Ambiente:	**18** / 20
Service:	**18** / 20
Sortiment:	**7** / 10
Gesamt:	**86** / 100

Hafenstadt

9020 Klagenfurt

Mit Blues, Jazz und Swing und im Flair der Roaring Twenties schafft die Hafenstadt eine Atmosphäre vergangener Zeiten und bietet einen Fluchtort vor den Mühen des Alltags. Die Bar liebt klassische Cocktails, aber bietet auch eigene Signature Drinks. Die Auswahl an Spirits, Craftbieren und Weinraritäten ist breit gefächert!

Villacher Straße 16–18
+43 660 6522527
hafenstadt.at
Kategorie: Restaurantbar

Drinks:	**43** / 50
Ambiente:	**19** / 20
Service:	**19** / 20
Sortiment:	**8** / 10
Gesamt:	**89** / 100

Monkeys University

9020 Klagenfurt

Nicht nur beim Event »Represent Cuba« spielt der Rum eine wesentliche Rolle, generell könnte man die Nächte im Univiertel für solche in Havanna halten. Gute Musik, bunte – immer köstliche! – Drinks und tanzwillige Jugend gehören zur »Affen-Uni« dazu. Dem passendem Fingerfood gilt die Passion der Crew um Meli Wassermann.

Universitätsstraße 27
+43 664 5256253
monkeysuniversity.at
Kategorie: Loungebar

Drinks:	**44** / 50
Ambiente:	**18** / 20
Service:	**18** / 20
Sortiment:	**8** / 10
Gesamt:	**88** / 100

Teatro

9020 Klagenfurt

Die Bar ist nicht nur für Wörthersee-Besucher und Touristen attraktiv, sondern bietet das ganze Jahr über ein volles Programm. Mit Top-Events und Live-DJs ist immer etwas los. Das geschulte Barpersonal mixt erstklassige Cocktails für die Nachtschwärmer. Insgesamt eine empfehlenswerte Bar mit Alltime-Spaßfaktor.

Theatergasse 4
+43 650 3772565
bar-teatro.at
Kategorie: American Bar

Drinks:	**42** / 50
Ambiente:	**18** / 20
Service:	**18** / 20
Sortiment:	**7** / 10
Gesamt:	**85** / 100

Edelgreissler Herwig Ertl

9640 Kötschach

Diese Urgewalt der Genusserziehung hat aus seiner Spezereien- (und früher auch: Miederwaren-)Handlung das »köstlichste Eck Kärntens« gemacht. Das ist keine Floskel. Alpe Adria-Gourmandisen kennt niemand so wie Herwig Ertl. Ob Branzino oder Barolo-Sugo ist dabei einerlei.
Schwerpunkt: Adria

Kötschach 19
+43 4715 246
herwig-ertl.at
Kategorie: Weinbar in Vinothek

Weinangebot:	**45** | 50
Service	**19** | 20
Essen	**17** | 20
Ambiente:	**9** | 10
Gesamt:	90 | 100

Jilly Beach

9210 Pörtschach

Vom Rosé oder Champagner bis zum Espresso Martini umsorgt die Barcrew von Wörthersee-Legende Rainer Husar (alias »die Besatzung«) die Gäste auf den beiden Ebenen dieses Einser-Platzes. Wäre diese Beachbar mit Stil an der französischen Riviera, würde man vom Highball-Trinken im »Les pieds dans l'eau«-Stil schwärmen.

Alfredweg 5–7
+43 4272 2391
jilly.at
Kategorie: Restaurantbar

Drinks:	**44** | 50
Ambiente:	**19** | 20
Service:	**18** | 20
Sortiment:	**7** | 10
Gesamt:	88 | 100

Lake's

9210 Pörtschach

Tagsüber kann man im Beachclub speisen, abends verwandelt sich die lässige Lounge in eine chillige Party-Location mit Beachbar. Die coolen Beats, der Sonnenuntergang und der Blick auf den Wörthersee sind die perfekte Grundlage für jeden Sommerurlaub. Am besten per Boot ansteuern – ganz wie es sich am See gehört!

Augustenstraße 24
+43 4272 2050512
mylakehotel.com
Kategorie: Loungebar

Drinks:	**43** | 50
Ambiente:	**19** | 20
Service:	**18** | 20
Sortiment:	**7** | 10
Gesamt:	87 | 100

Mecs

9210 Pörtschach

Das Mecs in Pörtschach ist DIE Bar für alle eingefleischten Wörthersee-Fans! Hier vereinen sich exotische Cocktails, leckere Drinks und ausgewählte Kulinarik zu einem abenteuerlichen Erlebnis, denn dies wird getoppt mit italienischem Vespa-Flair pur. Und das Beste: Seeblick inklusive! Absoluter Coolnessfaktor!

Hauptstraße 204
+43 4272 21009

Kategorie: Loungebar

Drinks:	**43** I 50
Ambiente:	**17** I 20
Service:	**18** I 20
Sortiment:	**7** I 10
Gesamt:	85 I 100

Schlossbar – Schloss Seefels

9212 Pörtschach

Die Bar im Seefels verkörpert Glanz und Glorie im Empire-Stil. Prachtvoll und elegant steht sie für gehobene Trinkkultur. Mit über 400 erstklassigen Spirituosen zur Auswahl, insbesondere handverlesenen Whisk(e)ys, werden hier anspruchsvolle Genießer verwöhnt. Auf Wunsch gibt es auch passende Schokoladenbegleitung!

Töschling 1
+43 4272 2377
seefels.at

Kategorie: Hotelbar

Drinks:	**43** I 50
Ambiente:	**19** I 20
Service:	**18** I 20
Sortiment:	**7** I 10
Gesamt:	87 I 100

Lakeside

9081 Reifnitz

Das Lakeside ist ein Muss für die eingefleischte Wörthersee-Community! Das Ambiente ist stylish, cool, aber allzeit elegant und mit einem atemberaubenden Ausblick über den Wörthersee. Die Kombination aus DJ-Beats, einer genialen Speisekarte und natürlich ausgefallenen Cocktails sorgt für einzigartige Urlaubsmomente.

Süduferstraße 104c
+43 664 4300990
lakesidelounge.at

Kategorie: Restaurantbar

Drinks:	**43** I 50
Ambiente:	**19** I 20
Service:	**18** I 20
Sortiment:	**8** I 10
Gesamt:	88 I 100

LakeNight

9122 St. Kanzian

Für die Besitzer und Barkeeper Peter Petek und Tomislav Pejanovic ist die Bar wirklich eine Berufung. Ihre kreativen Cocktailkreationen sind mittlerweile weit bekannt und die Präsentation ungeschlagen. Von selbst gemachten Sirupen bis hin zu rauchigen Drinks ein Getränkeerlebnis, das man nicht verpassen sollte!

Seenweg 6
+43 664 2681410

Kategorie: Loungebar

Drinks:	**44** I 50
Ambiente:	**18** I 20
Service:	**18** I 20
Sortiment:	**8** I 10
Gesamt:	88 I 100

The1st Steakhouse 🍸🍸

9300 St. Veit an der Glan

Die perfekte Verkörperung des amerikanischen Lebensstils! Alles im Zeichen des »American Way of Life« und bis ins kleinste Detail durchdacht. Dieser Ort ist berühmt für Steaks und Burger, aber die Rooftop-Bar hat sich als eigenständige Attraktion mit coolen Drinks und Snackfood etabliert. Dazu Jukebox-Sounds!

Oktoberplatz 7
+43 664 4164888
the1st.at
Kategorie: Restaurantbar

Drinks:	**43** | 50
Ambiente:	**18** | 20
Service:	**18** | 20
Sortiment:	**7** | 10
Gesamt:	86 | 100

Vinothek Vipresso 🍷🍷

9300 St. Veit an der Glan

Nicht nur eine Vinothek, die edle Weine serviert, sondern es wird auch großer Wert auf Wissensvermittlung gelegt. Die Weinreisen führen von Österreich um die Welt und bieten alles, was das Herz begehrt. Bei Weinseminaren und Events kann man tiefer in die Materie eintauchen.
Schwerpunkt: Österreich

Kirchgasse 11
+43 4212 33577
vinothekvipresso.com
Kategorie: Weinbar in Vinothek

Weinangebot:	**43** | 50
Service	**19** | 20
Essen	**15** | 20
Ambiente:	**8** | 10
Gesamt:	85 | 100

Weinzeit im Uhrhaus 🍷

9871 Seeboden

Die Weinbar ist klein und gemütlich, mit einer gut zusammengestellten Weinkarte. Es gibt österreichische Kleinigkeiten zum Degustieren. Das Angebot wird mit besten italienischen Kaffeespezialitäten abgerundet. Ein Ort, an dem man sich sofort wohl und willkommen fühlt.
Schwerpunkt: Österreich

Hauptstraße 97
+43 676 7225093
Kategorie: Klassische Weinbar

Weinangebot:	**42** | 50
Service	**18** | 20
Essen	**15** | 20
Ambiente:	**8** | 10
Gesamt:	83 | 100

Carinthia Weinbar 🍷🍷🍷

9220 Velden

Die beliebte Weinbar erstrahlt 2023 mit frischem Anstrich! Die Auswahl an internationalen und österreichischen Weinen ist erstklassig und wird durch köstliche kulinarische Spezialitäten ergänzt. Die begehrten Winzerdinner-Abende sind ein absolutes Highlight. Top Beratung!
Schwerpunkt: Frankreich, Österreich, biodynamische Weine

Karawankenplatz 3
+43 4274 2171
weincarinthia.at
Kategorie: Weinbar im Restaurant

Weinangebot:	**45** | 50
Service	**19** | 20
Essen	**17** | 20
Ambiente:	**9** | 10
Gesamt:	90 | 100

Monkey Circus 🍸🍸

9220 Velden

Mit über 300 erstklassigen Drinks und einem umfangreichen Angebot an Cocktails, einschließlich ausgefallener Kreationen und erlesener Spirituosen, zählt die Bar zu einer der besten am Wörthersee. Alles wird perfekt zubereitet, von den Getränken bis zu den Speisen. Ein fester Bestandteil bei jedem Kärnten-Urlaub!

Gendarmerieplatz 1
+43 664 3483898
monkey-circus.at
Kategorie: American Bar

Drinks:	**44** I 50
Ambiente:	**18** I 20
Service:	**18** I 20
Sortiment:	**9** I 10
Gesamt:	89 I 100

Salon Bökermann 🍸🍸

9220 Velden

100 Jahre feiert die Villa Bulfon und beim Drinks Menu lässt man sich ebenfalls gerne historisch inspirieren: Aus dem »Great American Cocktailbook« stammen Bamboo und Vieux Carré. Gregor Dolezal mixt aber auch Mocktails wie den Virgin Bellini oder die Hommage an Barkollegen Alfred Koppler (✝) »Don Alfredo«.

Am Corso 9–11
+43 4274 261432
villabulfon.at
Kategorie: Hotelbar

Drinks:	**45** I 50
Ambiente:	**18** I 20
Service:	**18** I 20
Sortiment:	**8** I 10
Gesamt:	89 I 100

Schlossbar Charly Walker 🍸🍸🍸

9220 Velden

Das Schlosshotel in Velden ist zweifellos eines der am meisten fotografierten Motive am Wörthersee. Im Inneren verbirgt sich die berühmte Bar, die einst ein Kino war und wo das berühmte Piano im Mittelpunkt steht. Kinofeeling pur – der »Cinema Sour« ist eine Hommage an frühere Zeiten und vereint einen Drink mit Popcorn.

Schlosspark 1
+43 4274 520000
falkensteiner.com
Kategorie: Hotelbar

Drinks:	**44** I 50
Ambiente:	**19** I 20
Service:	**19** I 20
Sortiment:	**8** I 10
Gesamt:	90 I 100

SOL Beachclub 🍸🍸

9220 Velden

Tagsüber lässiger Beachclub, abends angesagter Party-Hotspot. Hier treffen sich Prominente und Partygänger gleichermaßen. Umgeben von Palmen und exklusiver Seekulisse kann man ein Glas Champagner oder einen Cocktail genießen und dazu Sushi, Bowls und andere Köstlichkeiten probieren. Einfach feiern und das Leben genießen!

Seecorso 68
+43 664 9642338
solbeachclub.at
Kategorie: Restaurantbar

Drinks:	**42** I 50
Ambiente:	**18** I 20
Service:	**18** I 20
Sortiment:	**7** I 10
Gesamt:	85 I 100

Alexander's

9500 Villach

Vinothek, Pizzeria, Trattoria und eine feine Auswahl an Bieren – was will man mehr? Das Alexander's bietet eine exquisite Auswahl an Flaschenweinen von renommierten Winzern. Als Partner der Münchner Paulaner-Gruppe serviert man auch Biere vom Fass. Ein Paradies für Genießer!
Schwerpunkt: Veneto, Österreich, Italien

Gerbergasse 21
+43 664 1064092
alexanders-vinothek.at
Kategorie: Weinbar in Vinothek

Weinangebot:	**43** I 50
Service	**19** I 20
Essen	**17** I 20
Ambiente:	**8** I 10
Gesamt:	87 I 100

Anna Neumann

9500 Villach

Geschmack hat einen Namen! Die Bar im Herzen Villachs ist eine Hommage an die historische Figur Anna Neumann. Hier wird mit Liebe zum Detail und einem Bekenntnis zur Qualität gearbeitet. Hochwertige Cocktails, eine großartige Auswahl an Weinen, ausgebildete Barkeeper und passende Bistroküche mit köstlichen Flammkuchen.

Hauptplatz 13
+43 664 1271671
annaneumann.at
Kategorie: American Bar

Drinks:	**44** I 50
Ambiente:	**18** I 20
Service:	**18** I 20
Sortiment:	**8** I 10
Gesamt:	88 I 100

LAGANA Bar

9500 Villach

Ein wahrer Genuss für anspruchsvolle Gäste! Die Bar ist innenarchitektonisch bis ins Detail durchdacht. Mit edlen Materialien und stilvollem Mobiliar ist sie ein echter Blickfang in Villach. Die Getränkeauswahl ist ebenso beeindruckend: erstklassige Weine, hausgemachte Cocktails und eine eigene Gin-Karte!

Europaplatz 1–2
+43 4242 22522
lagana.at
Kategorie: Hotelbar

Drinks:	**43** I 50
Ambiente:	**19** I 20
Service:	**19** I 20
Sortiment:	**8** I 10
Gesamt:	89 I 100

Lederergasse 29 🍷

9500 Villach

Die Vinothek bietet das Beste aus Bella Italia – nicht nur erstklassige Weine, sondern auch passende kulinarische Köstlichkeiten. Der Chef ist bekannt für die üppigen Winzerjausen und Antipasti-Teller und weiß genau, was zu den edlen Tropfen passt. Fast wie im Urlaub!
Schwerpunkt: Italien

Lederergasse 29	Weinangebot: **42** I 50
+43 664 88696929	Service **18** I 20
lederergasse29.at	Essen **16** I 20
Kategorie: Weinbistro	Ambiente: **8** I 10
	Gesamt: 84 I 100

Waschers Bar

9500 Villach

Die Bar der Familie Wascher überzeugt mit jahrzehntelanger Erfahrung in der Gastronomie. Unter der Leitung von Florian und seiner Frau Flora wird sie bereits in der dritten Generation erfolgreich geführt. Egal, ob Wein oder Cocktail, die Qualität spricht für sich. Unbedingt probieren: die Wascher's Special Drinks.

Italiener Straße 10b	Drinks: **42** I 50
+43 4242 23204	Ambiente: **18** I 20
waschers.at	Service: **18** I 20
Kategorie: Loungebar	Sortiment: **8** I 10
	Gesamt: 86 I 100

Bar & Lounge im Arlbergerhof

9762 Weißensee

Die Hotelbar im Arlbergerhof überzeugt mit handgemachten Cocktails, kreativer Vielfalt und fachkundiger Beratung. Das gibt es nur hier: Die Signature Drinks des Hauses werden mit einzigartigen Zutaten, wie z. B. Omas Kräutersäften, zubereitet. Sonnenanbeter können ihre Getränke auch auf der Sonnenterrasse genießen.

Gatschach 47	Drinks: **44** I 50
+43 4713 2280	Ambiente: **18** I 20
arlbergerhof.at	Service: **18** I 20
Kategorie: Hotelbar	Sortiment: **7** I 10
	Gesamt: 87 I 100

Jack Rabbit

9762 Weißensee

Vor zwei Jahren startete Thomas Domenig sein Heimspiel, das er sommers und winters bestreitet. Tagsüber wird am See zu Café und Snacks (Bagels, bitte!) geladen, abends wird die Cocktailkarte ausgepackt. Klassiker, Neigungsgruppe Whisk(e)y, treffen dabei auf Überraschendes aus dem Drinks-Fundus des internationalen Teams.

Techendorf 78	Drinks: **46** I 50
	Ambiente: **18** I 20
jackrabbit.at	Service: **19** I 20
Kategorie: American Bar	Sortiment: **8** I 10
	Gesamt: 91 I 100

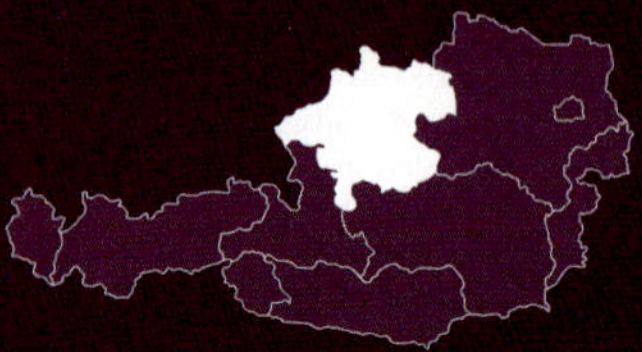

OBERÖSTERREICH

Tapaletta 4813 Altmünster

Altmünster bedeutet Urlaub, immerhin liegt die Gemeinde am Traunsee. Simon Gruber vom Tapaletta setzt dem Ganzen noch einen Sonnenschirm drauf: Mehrere Reposado-Tequilas oder fruchtige Muntermacher wie der Ohlsdorfer Erdbeer-Gin mit Tonic oder Mango-Wodka mit Minze steigern das ganze Jahr die Glücksgefühle.

Hauptstraße 1
+43 660 3835329
tapaletta.com
Kategorie: Restaurantbar

Drinks:	**43** I 50
Ambiente:	**19** I 20
Service:	**18** I 20
Sortiment:	**7** I 10
Gesamt:	87 I 100

Das Attersee 4864 Attersee

Es ist erstaunlich, was Michaela Prem und Kilian Angermeyer in drei Jahren für eine Perle am Attersee geschaffen haben. Mykonos-Flair, sympathische Kellner und coole Drinks. Idealerweise genießt man zuerst in der ersten Reihe ein paar Happen und feiert dann auf der Dachterrasse das schöne Leben. Unbedingt reservieren!

Hauptstraße 2
+43 664 9278572
dasattersee.at
Kategorie: Restaurantbar

Drinks:	**44** I 50
Ambiente:	**18** I 20
Service:	**19** I 20
Sortiment:	**8** I 10
Gesamt:	89 I 100

Hofbeisl zu Ischl

4820 Bad Ischl

Das Hofbeisl oder »k.u.k.«, wie es von den Einheimischen genannt wird, ist seit 1985 die Ischler Instanz, wenn es um Geselligkeit, Wirtshauskultur und beste Speisen und Getränke geht. Die Tourismusschüler setzen ihr theoretisches Wissen in die Praxis um; Gäste erleben Gegenwart und Zukunft der Kaiserstadt »flüssig«.

Wirerstraße 4
+43 6132 27271
kukhofbeisl.com
Kategorie: American Bar

Drinks:	**45** I 50
Ambiente:	**18** I 20
Service:	**18** I 20
Sortiment:	**8** I 10
Gesamt:	**89** I 100

Schüdlbauer's Bar

5280 Braunau

Wer beim Schüdlbauer einmal richtig feiern und Großflaschen öffnen möchte, bekommt sie auf Vorbestellung auch. Amüsieren kann man sich in der Braunauer Szene-Bar aber auch so. Eine gute Gin-, Rum- und Whisk(e)y-Auswahl verführen dazu. Alkoholfreie Cocktails als Ergänzung runden dieses Gesamtbild perfekt ab.

Auf der Haiden 76
+43 7722 64545
schuedlbauers.at
Kategorie: American Bar

Drinks:	**44** I 50
Ambiente:	**18** I 20
Service:	**18** I 20
Sortiment:	**8** I 10
Gesamt:	**88** I 100

Acanto

4240 Freistadt

Um die Bar gebührend zu beschreiben, genügt ein Wort: Cocktail-Weltmeister 2022. Stefan Haneder überzeugte mit dem alkoholfreien Drink »5 Elements« die achtköpfige internationale Jury und setzte ein Ausrufezeichen. Der Barkeeper verleiht auch klassischen Cocktails seinen Fingerabdruck – ein elektrisierendes Erlebnis.

Hauptplatz 13
+43 7942 75737
acanto-bar.at
Kategorie: Loungebar

Drinks:	**46** I 50
Ambiente:	**18** I 20
Service:	**19** I 20
Sortiment:	**8** I 10
Gesamt:	**91** I 100

Il Vino

4240 Freistadt

Freistadt steht für Bier. Dass es hier aber auch vorzüglichen Wein zu trinken gibt, ist Gertraud Freudenthaler zu verdanken. Von Flaggschiffen wie »Das Phantom« oder »Comondor« bis hin zu »Easy drinking«-Weinen oder den guten Tropfen von Hannes Hirsch ist alles dabei.

Schwerpunkt: Österreich

Eisengasse 2
+43 699 12680020
il-vino.at
Kategorie: Klassische Weinbar

Weinangebot:	**43** I 50
Service	**18** I 20
Essen	**14** I 20
Ambiente:	**8** I 10
Gesamt:	**83** I 100

Latino

4240 Freistadt

Man muss nicht Flamenco tanzen können, um sich im Latino wohlzufühlen. Aber spätestens nach dem ersten Besuch wird man wohl einen Tanzkurs besuchen – denn die Drinks verleihen dem Körper Rhythmusgefühl. Unbedingt probieren: Raspberry Mojito mit Himbeeren und Minze oder Biere aus der umfangreichen Karte – olé!

Eisengasse 10
+43 7942 73854
latino.co.at
Kategorie: Loungebar

Drinks:	**44** I 50
Ambiente:	**18** I 20
Service:	**18** I 20
Sortiment:	**7** I 10
Gesamt:	87 I 100

Gutenberg

4663 Laakirchen

Gut, dass es das Gutenberg in Laakirchen gibt, denken sich viele Liebhaber von Frühstücksgerichten. Die besondere Auswahl und mit Liebe zusammengestellten Speisen lassen die Herzen höherschlagen. Das gilt aber auch für Nachteulen, die bei feinen Cocktails oder frisch gezapften Bieren ihr sensorisches Glück finden.

Doktor-Mitterbauer-Straße 2a
+43 7613 20399
gutenberg-cafe.at
Kategorie: American Bar

Drinks:	**42** I 50
Ambiente:	**18** I 20
Service:	**18** I 20
Sortiment:	**7** I 10
Gesamt:	85 I 100

Alte Metzgerei 🍷🍷 4020 Linz

Die Alte Metzgerei ist keine Fleischhauerei, aber edle Spezereien gibt es auch. Denn jeden Freitag bietet Michael Walchshofer seinen Innereien-schwerpunkt an. Zu Hirn mit Ei, Bries oder Beuschel passen die Weine aus der gut sortierten Karte. Beliebtes, gemütliches Lokal.
Schwerpunkt: Österreich

Herrenstraße 5
+43 732 774434
alte-metzgerei.at
Kategorie: Klassische Weinbar

Weinangebot:	**43** | 50
Service	**18** | 20
Essen	**16** | 20
Ambiente:	**8** | 10
Gesamt:	85 | 100

Boiler Room 🍸🍸🍸 4020 Linz

Claudia Schiemer ist die Barchefin, die der Stahlstadt Glanz verleiht. Wunderbare Eigenkreationen wie »Ed Wood« mit fruchtigem Erdbeerpüree und Amaretto oder der feurig-schokoladige »Original Chili Raspberry Martini« zeugen von Kreativität und handwerklicher Leidenschaft fernab von Fadesse. Am besten alles kosten.

Domgasse 5
+43 676 9442019
boiler-room.at
Kategorie: American Bar

Drinks:	**46** | 50
Ambiente:	**18** | 20
Service:	**19** | 20
Sortiment:	**8** | 10
Gesamt:	91 | 100

Das goldene Einhorn 🍸🍸 4020 Linz

Das goldene Einhorn in der historischen Rathausgasse gilt mittlerweile als Linzer Institution und ist »the place to be«, wenn es um coole Drinks, Champagner, lässige Atmosphäre und um den Szenetreffpunkt geht. Matthias Jantsch schuf eine wahre Perle in der Stahlstadt. Wer das Einhorn nicht kennt, kennt Linz nicht.

Rathausgasse 9
+43 699 10488022
das-goldene-einhorn.at
Kategorie: American Bar

Drinks:	**45** | 50
Ambiente:	**18** | 20
Service:	**18** | 20
Sortiment:	**8** | 10
Gesamt:	89 | 100

Die Cocktailbar

4020 Linz

Die Cocktailbar mag zwar am Ende der Klammstraße versteckt liegen, aber sobald man eintritt und Drinks von den Cocktail-Titanen Stefan Haneder und Dušan Janjatović probiert, wird man die Bar im geografischen und sensorischen Gedächtnis abspeichern und beim nächsten Mal wohl blind finden. Denn jeder Besuch lohnt sich.

Klammstraße 20	Drinks:	**45** | 50
+43 732 777499	Ambiente:	**18** | 20
cocktailbarlinz.at	Service:	**18** | 20
Kategorie: Loungebar	Sortiment:	**8** | 10
	Gesamt:	89 | 100

Divino

4020 Linz

Es darf als Glücksfall bezeichnet werden, dass es in Linz einen Platz gibt, der den Gaumen auf eine Reise zu den spanischen Weinregionen schickt. Mehr als 30 gute Tropfen aus Rioja, Terra Alta oder Priorat werden glasweise ausgeschenkt. Dazu unbedingt Tapas bestellen!
Schwerpunkt: Spanien

Domgasse 20	Weinangebot:	**44** | 50
+43 732 281612	Service	**18** | 20
divino.at	Essen	**16** | 20
Kategorie: Klassische Weinbar	Ambiente:	**8** | 10
	Gesamt:	86 | 100

Dombar

4020 Linz

Hundert. Diese magische Zahl bedeutet in der Dombar vor allem eines: Sie können 100 Weine glasweise probieren. So viele bekommen Sie kaum in einem anderen Lokal in Oberösterreich. Dazu das prächtige Ambiente des Doms und lukullische Feinheiten. Tipp: der Weinstammtisch.
Schwerpunkt: Österreich

Stifterstraße 4	Weinangebot:	**44** | 50
+43 676 6739017	Service	**19** | 20
dombar.at	Essen	**18** | 20
Kategorie: Klassische Weinbar	Ambiente:	**7** | 10
	Gesamt:	88 | 100

Frau Dietrich 🍸🍸🍸 — 4020 Linz

Mit der erweiterten Spirituosen-Auswahl bei Michi Kreuzer erhöhen sich auch die Optionen bei Pisco Sour und Co. Die Mischung aus antikem Mobiliar und moderner Mixologie repräsentieren die Hybrid-Drinks: Espresso Martini trifft auf Margarita. Bei Agaven-Freunden ist der Smoky Pineapple mit Mezcal-Shrub angesagt.

Altstadt 8
+43 732 772774
frau-dietrich.at
Kategorie: American Bar

Drinks:	**47** I 50
Ambiente:	**18** I 20
Service:	**18** I 20
Sortiment:	**9** I 10
Gesamt:	92 I 100

Haschka Weinbar 🍷🍷🍷 — 4020 Linz

Es scheint, dass Fabian Haschka kein Weg zu weit ist, um das Linzer Publikum mit den besten Drinks zu verwöhnen. Regelmäßig reist er in Metropolen wie London, spürt Trends auf und knüpft Kontakte mit der neuen Generation an Spitzenwinzern. Die Gäste sind begeistert.
Schwerpunkt: Raw/Natural Wine, international

Klosterstraße 3
+43 732 776673
haschka.bar
Kategorie: Klassische Weinbar

Weinangebot:	**47** I 50
Service	**19** I 20
Essen	**16** I 20
Ambiente:	**8** I 10
Gesamt:	90 I 100

Herberstein 🍸🍸 — 4020 Linz

Seit im Herberstein zu Mittag ein Business-Lunch und Sushi angeboten werden, ist es noch verführerischer, in die Altstadt zu flanieren und im historischen Gebäude Platz zu nehmen. Es ist sogar so bequem, dass man am liebsten gleich in den Abend übergehen würde. Zumal der 12-Meter-Tresen und gute Cocktails locken.

Altstadt 10
+43 732 786161
herberstein-linz.at
Kategorie: Restaurantbar

Drinks:	**44** I 50
Ambiente:	**18** I 20
Service:	**18** I 20
Sortiment:	**8** I 10
Gesamt:	88 I 100

Klaus & Wein

4020 Linz

Wer nach speziellen Tropfen sucht, wird sie in der beliebten Vinothek in der Nähe der Landstraße finden. Falls etwas nicht vorrätig ist, macht sich Klaus Gassner auf die Suche und spürt Weingüter und Weine auf. Es ist aber sowieso vieles lagernd: Bekanntes und Unkonventionelles.
Schwerpunkt: Österreich, international

Harrachstraße 10	Weinangebot:	**44** I 50
+43 650 20544500	Service	**18** I 20
klaus-wein.at	Essen	**14** I 20
Kategorie: Weinbar in Vinothek	Ambiente:	**8** I 10
	Gesamt:	84 I 100

Lennox

4020 Linz

Wer ins Lennox geht, weiß, was geboten wird: außergewöhnliche Drinks, die sich im sensorischen Gedächtnis ihren Logenplatz sichern. Aber was ist das Geheimnis der Zubereitung? Am besten schüttelt man sich dazu seinen eigenen Cocktail. Das Wissen – auch zu alkoholfreien Getränken – wird einem im Mix-Kurs vermittelt.

Marienstraße 2a	Drinks:	**44** I 50
+43 677 61103570	Ambiente:	**18** I 20
lennox.at	Service:	**17** I 20
Kategorie: American Bar	Sortiment:	**8** I 10
	Gesamt:	87 I 100

Pianino

4020 Linz

Harry Katzmayr ist ein gastronomisches Urgestein und etablierte das Pianino als Szenelokal schlechthin. Im »Wohnzimmer von Linz« kann man nicht nur vorzüglich speisen, sondern in prominenter Gesellschaft auch sein Glas Wein (16 offene) genießen. Oder darf es Schampus sein?
Schwerpunkt: Österreich

Landstraße 13	Weinangebot:	**44** I 50
+43 732 944080	Service	**18** I 20
pianino.at	Essen	**16** I 20
Kategorie: Weinbar im Restaurant	Ambiente:	**8** I 10
	Gesamt:	86 I 100

Poolhall 🍸🍸 — 4030 Linz

Im Süden von Linz kann man auf einem der 17 Billardtische sein Glück versuchen und (egal, ob man gewinnt oder nicht) einen feinen Cocktail schlurfen. 40 verschiedene stehen zur Auswahl, stets frisch zubereitet. Einmal im Monat mixt das Barteam zusätzlich zwei ausgefallene Spezialitäten (alkoholfrei und alkoholisch).

Wattstraße 6
+43 732 381070
poolhall.at
Kategorie: Loungebar

Drinks:	**43** / 50
Ambiente:	**17** / 20
Service:	**18** / 20
Sortiment:	**7** / 10
Gesamt:	**85** / 100

Rooftop7 🍸🍸 — 4020 Linz

Es ist bewundernswert, wie im vergangenen Jahrzehnt die »graue Maus« Herrenstraße zur beliebten Fortgehmeile wurde. Großen Anteil daran hat die Familie Nell vom Schwarzen Bären, die mit dem Rooftop7 über den Dächern von Linz eine Fortgeh-Oase geschaffen hat: coole Location, lässiges Publikum, feine Drinks (u. a. 70 Gins).

Herrenstraße 11
+43 732 772477
linz-hotel.at
Kategorie: Hotelbar

Drinks:	**43** / 50
Ambiente:	**19** / 20
Service:	**18** / 20
Sortiment:	**8** / 10
Gesamt:	**88** / 100

Schenki's Vinothek 🍷🍷 — 4020 Linz

Vinophiler Treffpunkt in der Linzerie (ehemals Arkade). Die Familie Schenkenfelder betreibt zusätzlich zu ihrem Stammhaus im 400 Jahre alten Vierkanter in der Pollheimerstraße eine Boutique-Vinothek. Vorzügliche (Bio-)Weine aus dem In- und Ausland und sehr gute Beratung.
Schwerpunkt: Österreich, Europa

Landstraße 12
+43 732 795444
schenkenfelder.at
Kategorie: Weinbar in Vinothek

Weinangebot:	**47** / 50
Service	**18** / 20
Essen	**14** / 20
Ambiente:	**8** / 10
Gesamt:	**87** / 100

Two Rabbits

4020 Linz

Carina und Tom Hausknecht haben ihr Glück gefunden – und Linz seinen Ganztags-Gute-Laune-Platz. Denn die beiden »Hasen« stehen auch für Frühstück vom Feinsten und »day drinking« alias Aperitivo. Mit der Spritz-Auswahl lässt es ein Bar-Crack wie Tom nicht bewenden. Das beweist der »Foamy Negroni« mit Passionsfrucht.

Hofgasse 3
+43 664 2621794
tworabbitslinz.com
Kategorie: American Bar

Drinks:	**45** | 50
Ambiente:	**18** | 20
Service:	**19** | 20
Sortiment:	**7** | 10
Gesamt:	89 | 100

Ambiente am Riesnerhof

5310 Mondsee

Gibt es Schöneres, als bei Sonnenuntergang auf den Mondsee zu blicken? Ja, wenn man daneben ein gutes Glas Wein stehen hat oder gar von einem herrlichen Cocktail nippt. Dazu ein paar mediterrane Speisen genießen – und die Welt kann in diesem Moment ruhig stehen bleiben.
Schwerpunkt: Österreich

Mondseeberg 6
+43 6232 3333
riesnerhof.com
Kategorie: Weinbar im Restaurant

Weinangebot:	**44** | 50
Service	**18** | 20
Essen	**17** | 20
Ambiente:	**9** | 10
Gesamt:	88 | 100

Steiner's

4812 Pinsdorf

Wo Steiner draufsteht, ist Steiner drin. Das gilt für Palatschinken und Bowls ebenso wie für das beliebte »Steiners Pfandl« mit Schweinsmedaillons in g'schmackiger Whisk(e)y-Rahm-Sauce. Alles mit Liebe gekonnt zubereitet und mit Charme serviert. Dazu ein Glas Wein – perfekt.
Schwerpunkt: Österreich

Steinbichlstraße 3
+43 7612 67681
cafe-steiner.at
Kategorie: Klassische Weinbar

Weinangebot:	**43** | 50
Service	**18** | 20
Essen	**15** | 20
Ambiente:	**8** | 10
Gesamt:	84 | 100

auswärts.bar

4910 Ried im Innkreis

Die neu renovierte, stylishe Bar mit den kommoden Hockern allein liefert ein nachvollziehbares Argument, dass man die eigenen vier Wände verlässt und auswärts die Bar mit freundlichem Personal besucht. Es geht noch besser: chillige Musik (nie zu laut), feine Cocktails und gute Weine (teilweise super Flaschenpreise).

Bayrhammergasse 1
+43 664 4567833

Kategorie: Loungebar

Drinks:	**43** | 50
Ambiente:	**18** | 20
Service:	**17** | 20
Sortiment:	**8** | 10
Gesamt:	86 | 100

Hemingway 🍸🍸

4910 Ried im Innkreis

Qualität ist für Inhaber Florian Wisata nicht verhandelbar. Deswegen bietet er in seiner Bar nahezu nur Premium-Spirituosen an. 13 verschiedenen Gin-Sorten sowie eine erquickliche Auswahl an Rum veredelt er zu Barklassikern und neuen Eigenkreationen. Allein das Cocktail-Menu umfasst mehr als 30 Seiten.

Rossmarkt 14
+43 7752 82636
hemingway.bar
Kategorie: American Bar

Drinks:	**43** | 50
Ambiente:	**18** | 20
Service:	**19** | 20
Sortiment:	**9** | 10
Gesamt:	89 | 100

Rieders 🍸🍸

4910 Ried im Innkreis

Hier steppt der Bär. Am Wochenende sogar bis um 4 Uhr in der Früh. Wenn überall die Bars schließen, kann man im Rieders noch ein gepflegtes Bier oder einen gut gemixten Cocktail genießen. Bei dem Ambiente wundert es nicht, dass die Bar stets gut besucht ist. Die Kellner bleiben auch bei Hochbetrieb stets freundlich.

Kirchenplatz 4
+43 7752 26790
rieders-bar.at
Kategorie: Loungebar

Drinks:	**44** | 50
Ambiente:	**18** | 20
Service:	**18** | 20
Sortiment:	**8** | 10
Gesamt:	88 | 100

Mark's New York Bar 🍸🍸🍸

4880 St. Georgen

Wenn Sie zum ersten Mal einen Cocktail probieren wollen, sind Sie am richtigen Platz. Das gilt aber auch für Fortgeschrittene und Profis. Für jede Kategorie gibt es die passenden Getränke. Auf Drinks umgemünzt bedeutet das: einsteigen mit Sloe Gin Fizz, dann Whisk(e)y Sour genießen und schließlich mit einem Champs Elysee den Profi-Gipfel erreichen.

Kogl 66
+43 7667 6387542
marksnybar.at
Kategorie: Hotelbar

Drinks:	**45** | 50
Ambiente:	**18** | 20
Service:	**19** | 20
Sortiment:	**8** | 10
Gesamt:	90 | 100

Gustaria

5360 St. Wolfgang

Man kann nie genug Sprudel trinken – und nach Beeren und Rosen duftenden Spumante Rosé von Conte Collalto sowieso nicht. Das ist nur einer der prickelnden Momente, die Gäste beim Besuch in der Gustaria erwartet. Dazu harmonieren übrigens italienische Antipasti.
Schwerpunkt: Italien

Markt 8
+43 699 11788663
gustaria.at
Kategorie: Weinbar in Vinothek

Weinangebot:	**44**	50
Service	**19**	20
Essen	**16**	20
Ambiente:	**7**	10
Gesamt:	86	100

See-Eck

5360 St. Wolfgang

Das beste Eck am See liegt in St. Wolfgang und wird von Brigitte und Bernhard Reiter geführt. Seit mehr als zehn Jahren begeistert das Paar die Gäste mit superben Speisen, Kochkursen oder Winzerabenden. Stets eine Wucht: die Weinkarte mit außergewöhnlichen Schaumweinen.
Schwerpunkt: Österreich

Markt 92
+43 699 10916481
see-eck.at
Kategorie: Weinbar in Vinothek

Weinangebot:	**46**	50
Service	**18**	20
Essen	**17**	20
Ambiente:	**8**	10
Gesamt:	89	100

BARista

4780 Schärding

In der Barockstadt Schärding gilt die Silberzeile seit Jahren als Inbegriff für Genuss. Großen Anteil daran hat BARista, wo man den Gaumen auf eine aromatische Reise schickt. Gin-Liebhaber bekommen sicher weiche Knie, und wenn es richtig prickeln soll, helfen ein Glas Champagner oder Sekt. Top: das Angebot von knapp 90 Cocktails.

Silberzeile 13
+43 7712 2268
barista-bar.at
Kategorie: Loungebar

Drinks:	**43**	50
Ambiente:	**18**	20
Service:	**18**	20
Sortiment:	**7**	10
Gesamt:	86	100

Mader

4400 Steyr

Das ehrwürdige Hotel Mader ist noch eines der gut geführten Häuser, wo die Tradition der Hotelbar hochgehalten wird. Ab 17 Uhr beginnt die Zeit der Cocktails, Longdrinks und Digestifs. Beliebt sind alkoholfreie Varianten wie der cremige White Dream mit Kokosgeschmack, oder man schnappt sich gleich einen Mai Tai.

Stadtplatz 36
+43 7252 53358
mader.at
Kategorie: Hotelbar

Drinks:	**43** | 50
Ambiente:	**18** | 20
Service:	**18** | 20
Sortiment:	**7** | 10
Gesamt:	86 | 100

Vinolino

4655 Vorchdorf

Vorchdorf hat eine erstaunliche Gastronomiedichte vorzuweisen. Eines der vielen Lokale ist das Vinolino, wo gute Weine, g'schmackiges Essen und herzliche Gastgeber den Aufenthalt in Erinnerung bleiben lassen. Beliebt ist die Verkostung von fünf Weinen plus Antipasti.
Schwerpunkt: Italien

Kapellenweg 4
+43 676 4289290

Kategorie: Klassische Weinbar

Weinangebot:	**43** | 50
Service	**18** | 20
Essen	**15** | 20
Ambiente:	**8** | 10
Gesamt:	84 | 100

In's Haas

4600 Wels

Hinein, hinunter oder hinaus? Feinspitze gehen auf alle Fälle In's Haas und entscheiden sich dann, wo sie ihre Weine, ihren Sprudel oder ihr vorzügliches Essen genießen: entweder im Arkadenhof, im schönen Weinkeller oder ganz klassisch im Lokal. Allemal ein Vergnügen.
Schwerpunkt: Jahrgangstiefe, Österreich

Stadtplatz 34
+43 7242 216520
inshaas.at
Kategorie: Weinbar im Restaurant

Weinangebot:	**45** | 50
Service	**19** | 20
Essen	**17** | 20
Ambiente:	**8** | 10
Gesamt:	89 | 100

Wildwechsel

4600 Wels

Doppelt hält besser. Darauf kann man sich im Wildwechsel verlassen. Das gilt vor allem dann, wenn die Mixgetränke mit 4 cl (= doppelt) gemischt werden. Ansonsten bereiten heiße Beats ebenso doppelte Freude. Und da mit »Immer auf der Pirsch« geworben wird, kann es auch sein, dass man als Single kommt und als Paar geht.

Stadtplatz 50

wildwechsel.cc
Kategorie: Club

Drinks:	**43** | 50
Ambiente:	**18** | 20
Service:	**17** | 20
Sortiment:	**7** | 10
Gesamt:	85 | 100

SALZBURG

Gold.Bar

5630 Bad Hofgastein

Elegant, luftig, und zum Wohlfühlen: Die Bar im Natur-, Design- & Wellnesshotel spielt alle Stückerl. Das trifft auch auf die Wein-Auswahl (450 Etiketten) zu. Die Cocktails des kompetenten Barteams bieten facettenreiche Signatures, die mit selbst gemachten Kräutersirupen und Essenzen aus der Region verfeinert werden.

Haltestellenweg 23
+43 6432 6444
dasgoldberg.at
Kategorie: Hotelbar

Drinks:	**44** | 50
Ambiente:	**19** | 20
Service:	**18** | 20
Sortiment:	**9** | 10
Gesamt:	90 | 100

Luke's

5630 Bad Hofgastein

Wohnzimmer, Bar und entspannter Treffpunkt für Foodies – dafür steht das Luke's. Ein lässiges und sympathisches Konzept, das funktioniert. Regionalität wird nicht nur auf der Speisekarte großgeschrieben, sondern auch bei den Drinks – von österreichischen Spirituosen bis zu heimischen Zutaten für die feinen Cocktails.

Pyrkerstraße 34
+43 6432 38380
sendlhofers.com
Kategorie: Restaurantbar

Drinks:	**43** | 50
Ambiente:	**18** | 20
Service:	**18** | 20
Sortiment:	**7** | 10
Gesamt:	86 | 100

Alpinbar

5611 Großarl

Zur Wiedereröffnung des Luxus-Resorts gibt es auch eine neue Cocktailkarte. Darauf tummeln sich etliche Key-Cocktails und viele sehr gute Specials und Signatures. Erfrischend anders: Der Caramba mit Tequila, Passoã, Grapefruit und Salz. Auch die wertigen alkoholfreien Varianten (Hibiskus Fizz) können überzeugen.

Unterbergstraße 65
+43 6414 3000
edelweiss-grossarl.com
Kategorie: Hotelbar

Drinks:	**45** I 50
Ambiente:	**19** I 20
Service:	**19** I 20
Sortiment:	**8** I 10
Gesamt:	91 I 100

Kork & Gloria

5611 Großarl

Der Greißlerei-Stil der Weinbar im Edel-Hotel steht für das unkomplizierte Glas Wein. Doch man sollte daraus nicht auf das Angebot schließen! Die 74 Seiten starke Karte, die das Weinarchiv aufschlüsselt, spielt alle Stückerl. Fein dazu: frische Köstlichkeiten vom Sushi-Meister.

Schwerpunkt: international, Österreich

Unterbergstraße 65
+43 6414 3000
edelweiss-grossarl.com
Kategorie: Weinbar im Restaurant

Weinangebot:	**50** I 50
Service	**19** I 20
Essen	**17** I 20
Ambiente:	**10** I 10
Gesamt:	96 I 100

Santa Fe

5300 Hallwang

Freunde von mexikanischem Essen kennen das Lokal am Stadtrand schon lange, und auch die zugehörige Bar ist kein Geheimtipp mehr. Im Angebot: über 80 Cocktails in klassischer oder karibischer Manier, von Manhattan bis Strawberry Margarita. Von Dienstag bis Donnerstag gibt es Daiquiris & Co. zu speziellen Preisen.

Wiener Bundesstraße 7
+43 662 665824
santafe.at
Kategorie: Restaurantbar

Drinks:	**43** I 50
Ambiente:	**18** I 20
Service:	**18** I 20
Sortiment:	**7** I 10
Gesamt:	86 I 100

Döllerers Enoteca

5431 Kuchl

Die Eigendefinition von Sabine und Raimund Döllerer (»eine lebendige Mischung aus Weinladen und Weinbar«) spricht bereits Bände. Nicht nur am »langen Freitag« wird es kommunikativ bei Jausen und Antipasti zu den über 400.000 Flaschen, auf die das Weinhaus Zugriff hat.
Schwerpunkt: international

Kellau 160
+43 6244 2056715
doellerer.at
Kategorie: Weinbar in Vinothek

Weinangebot:	**50** I 50
Service	**19** I 20
Essen	**18** I 20
Ambiente:	**8** I 10
Gesamt:	95 I 100

Foto: Hasselblad H3D

Botanist im Forsthofgut

5771 Leogang

Hanftropfen gegen Stress verabreicht man den Gästen in der botanischen Bar ebenso wie eine »Überdosis Urlaub«. Letztere schmeckt nach Holunderblüten und gehört zu den Eigenkreationen von Barchef Tom Fix. Er verleiht als oberster Mixologe selbst der guten, alten Margarita den Geschmack von »Loigom« alias Leogang.

Hütten 2
+43 6583 8561
forsthofgut.at
Kategorie: Hotelbar

Drinks:	**44** I 50
Ambiente:	**19** I 20
Service:	**18** I 20
Sortiment:	**8** I 10
Gesamt:	89 I 100

Freiraum 🍸🍸

5771 Leogang

Man weiß gar nicht, wo man zuerst hinschauen soll: Das Design der Bar ist außergewöhnlich, der Blick durch die großen Glasfenster in die Natur beeindruckend. Auch die Cocktails des versierten Barteams sind echte Augenweiden, etwa die von den Alpen inspirierten Signature Drinks wie »A & O« mit Rum, Almdudler und Thymian.

Rain 9
+43 6583 8275
puradies.com
Kategorie: Hotelbar

Drinks:	**44** I 50
Ambiente:	**19** I 20
Service:	**18** I 20
Sortiment:	**8** I 10
Gesamt:	89 I 100

Glocke. Die Bar. 🍸🍸🍸

5771 Leogang

Vielleicht die schönste Barkarte des Landes versammelt Eigenkreationen von Daniel Hatzer. Immer spielen die »Essenzen der Umgebung« eine Hauptrolle, die u. a. aus dem Kräutergarten von Seniorchefin Ella Altenberger stammen. Signature Cocktail bleibt der »Birkenholz-Negroni« mit seinem rauchig-herbsüßen Geschmacksprofil.

Rain 6
+43 6583 8246
krallerhof.com
Kategorie: Hotelbar

Drinks:	**44** I 50
Ambiente:	**18** I 20
Service:	**19** I 20
Sortiment:	**9** I 10
Gesamt:	90 I 100

Kukka Bar im Hotel Forsthofalm 🍸🍸

5771 Leogang

In den Bergen von Leogang setzt man auf ideenreiche Signatures, etwa »High Mountains« mit Apricot Brandy und Apfelgeschmack, sowie auf modern interpretierte Klassiker wie Espresso Martini mit Kahlua. Vollendet wird das Genusserlebnis mit Gin Tonics, Naturweinen, Longdrinks und Sours sowie hochwertigen Spirituosen.

Hütten 37
+43 6583 8545
forsthofalm.com
Kategorie: Loungebar

Drinks:	**45** I 50
Ambiente:	**18** I 20
Service:	**18** I 20
Sortiment:	**8** I 10
Gesamt:	89 I 100

Lions Lounge im Hotel Der Löwe 🍸🍸🍸

5771 Leogang

Im extravaganten, aber sehr gemütlichen »Wohnzimmer« der Familie Madreiter dreht sich alles um erstklassige Drinks und Spirituosen. Von Letzteren gibt es eine eigene Hausmarke, die »Lions Spirits«, kreiert von Siegfried Herzog. Aber auch die Auswahl an Aperitifs und Digestifs, Cocktails, Whisk(e)y, Rum und Gin überzeugt.

Leogang 119
+43 6583 7428
loewe.at
Kategorie: Loungebar

Drinks:	**45** I 50
Ambiente:	**19** I 20
Service:	**18** I 20
Sortiment:	**9** I 10
Gesamt:	91 I 100

Mama Thresl – The Island Bar

5771 Leogang

Die mundartliche Aussprache von Leogang – Loigam – findet sich im Namen des Gins und anderer hauseigener Spezialitäten in der mitten im Raum gelegenen Bar wieder. Witzig und relaxt hält man es bei Rezepturen (Rum-Mango-Lassi) ebenso wie bei der Bezeichnung der Drinks. Wie wär's nach dem Asitz-Gipfelsturm etwa mit einer »Guaten Mama«?

Sonnberg 252
+43 6583 20800
mama-thresl.com
Kategorie: Hotelbar

Drinks:	**43** I 50
Ambiente:	**18** I 20
Service:	**18** I 20
Sortiment:	**8** I 10
Gesamt:	87 I 100

Burdock

5020 Salzburg

Japanischer Gin und der lokale Sporer Bitter sind bei Stani Fürst und Attila Szelhoffer kein Widerspruch. Denn von eigenen Limos (Melon-Gaudi) bis zu gewürzstarken Sirupen erweitert man den Geschmacksthesaurus der Gäste mit Hingabe. Von Spritz, neu gedacht, bis zur Punch Bowl zum Teilen: Schallmoos ist bereit!

Schallmooser Hauptstraße 10a
burdock.at
Kategorie: American Bar

Drinks:	**47** I 50
Ambiente:	**19** I 20
Service:	**19** I 20
Sortiment:	**8** I 10
Gesamt:	93 I 100

Daimler's

5020 Salzburg

Eine Institution in der Mozartstadt ist das Daimler's am Giselakai. Das Konzept aus Grill und Bar funktioniert seit vielen Jahren – im Grill einen Burger genießen und danach in der Bar die Nacht zum Tag machen. Das Barteam unterstützt mit feinen Drinks à la »Vodka Wellness« oder »London Mule«. Happy Hour bis 23 Uhr.

Giselakai 17
+43 662 873967
daimlers.at
Kategorie: Restaurantbar

Drinks:	**42** I 50
Ambiente:	**17** I 20
Service:	**18** I 20
Sortiment:	**7** I 10
Gesamt:	84 I 100

Darwin's

5020 Salzburg

Die kreativen Sprüche auf der Schiefertafel am Platzl zaubern Gästen wie Passanten ein Lächeln ins Gesicht. Das Barteam weiß, was es tut – ob klassisch oder ausgefallener wie beim Champagnercocktail Old Cuban. Im Sommer ist der Gastgarten gegenüber der Staatsbrücke Treffpunkt für Gäste und Salzburger gleichermaßen.

Steingasse 1

Kategorie: Loungebar

Drinks:	46 | 50
Ambiente:	19 | 20
Service:	19 | 20
Sortiment:	8 | 10
Gesamt:	92 | 100

Die geheime Specerey

5020 Salzburg

Sigmund Haffner war nicht nur Bürgermeister, sondern auch Delikatessen-Händler – die Adresse passt also! Wein aus dem historischen Keller fließt zu Schinken und Lardo von Freilandschweinen, die Andreas Felleis und Patrick Knittelfelder züchten: Genuss auf allen Linien.
Schwerpunkt: Österreich

Sigmund-Haffner-Gasse 16
+43 699 17501806
felleis-knittelfelder.at
Kategorie: Weinbar im Restaurant

Weinangebot:	44 | 50
Service	18 | 20
Essen	18 | 20
Ambiente:	9 | 10
Gesamt:	89 | 100

Divinotinto

5020 Salzburg

Eine spanische Vinothek, die das Gefühl vermittelt, man befinde sich mitten auf der iberischen Halbinsel. Hervorzuheben sind die Tapas und die wechselnden Tagesgerichte, die sympathische und herzliche Bedienung, aber vor allem die Weine, die keine Wünsche offenlassen.
Schwerpunkt: Spanien

Franz-Josef-Kai 13
+43 676 3988218
divinotinto.com
Kategorie: Klassische Weinbar

Weinangebot:	45 | 50
Service	19 | 20
Essen	17 | 20
Ambiente:	8 | 10
Gesamt:	89 | 100

Einser Wein & Bar 🍸🍸 — 5020 Salzburg

Der kleine, charmante Gewölbekeller gegenüber der Pferdeschwemme ist zum beliebten Treffpunkt avanciert. Das junge Team rund um Sebastian Kowatz bringt gerne regionale Zutaten in den fachkundig gemixten Drinks unter, die auch optisch punkten können. Die Weine überzeugen selbst Kenner – Beratung vom Sommelier inklusive.

Herbert-von-Karajan-Platz 1
+43 660 1726117
einserbar.at
Kategorie: American Bar

Drinks:	**45** I 50
Ambiente:	**19** I 20
Service:	**17** I 20
Sortiment:	**8** I 10
Gesamt:	**89** I 100

Flavour 🍷🍷 — 5020 Salzburg

Die Liebe zum Gin lässt sich allein an den 17 Optionen ausmachen. Dazu mehrere Tonics, und der Start in die Nacht kann beginnen. Davor sollte man jedoch aus der kreativen Speisekarte etwas bestellen: von Marchfelder Artischocken bis Seezunge im Ganzen. Gute Weinkarte.
Schwerpunkt: Österreich

Imbergstraße 21
+43 662 872176
flavour.co.at
Kategorie: Weinbar im Restaurant

Weinangebot:	**45** I 50
Service	**18** I 20
Essen	**17** I 20
Ambiente:	**8** I 10
Gesamt:	**88** I 100

Flip

5020 Salzburg

Das Flip ist ein Evergreen der Salzburger Szene. In der kleinen Bar drängen sich Studenten neben Touristen und Einheimischen. Vielfältig sind nicht nur die Gäste, sondern auch die Cocktails – von Espresso Martini über »Pirate's Passion« mit Captain Morgan und Passoã bis zum »Crazy Cherry« mit Gin und Weinbrand.

Gstättengasse 17
+43 662 843643

Kategorie: American Bar

Drinks:	43 | 50
Ambiente:	17 | 20
Service:	18 | 20
Sortiment:	8 | 10
Gesamt:	86 | 100

Havana

5020 Salzburg

In der Priesterhausgasse 14 wird seit vielen Jahren der Cocktailshaker hochgehalten. Der entspannte Charme der Bar lockt seit jeher Studenten an, aber auch ältere Semester fühlen sich hier wohl. Die Getränkeauswahl ist umfangreich, die Cocktails sind solide gemixt und die Preise für Mozartstadt-Verhältnisse niedrig.

Priesterhausgasse 14
+43 662 870092
havana.at
Kategorie: Loungebar

Drinks:	42 | 50
Ambiente:	17 | 20
Service:	18 | 20
Sortiment:	7 | 10
Gesamt:	84 | 100

Lindy's

5020 Salzburg

Es ist kein Zufall, dass der lauschige Platz vor der Wein- und Apérobar stets voll mit gut gelaunten Gästen ist. Sympathisches und zuvorkommendes Servicepersonal, gepaart mit italienischen Frizzantes, Bieren oder Weinen, ergibt eine Mischung, die einfach Spaß macht.
Schwerpunkt: Italien

Kajetanerplatz 3
+43 664 3945511

Kategorie: Klassische Weinbar

Weinangebot:	44 | 50
Service	19 | 20
Essen	15 | 20
Ambiente:	8 | 10
Gesamt:	86 | 100

Magazin

5020 Salzburg

Weine aus dem Burgund erleben wieder einen Höhenflug. Am besten landet man im Magazin und gönnt sich ein paar gute Tropfen. Wer lieber auf andere französische Regionen, auf Italien oder auf Österreich steht – bitte ebenso hereinspaziert: Mehr als 600 Positionen warten.
Schwerpunkt: Österreich, Europa

Augustinergasse 13
+43 662 841584
magazin.co.at
Kategorie: Weinbar im Restaurant

Weinangebot:	49 | 50
Service	19 | 20
Essen	18 | 20
Ambiente:	9 | 10
Gesamt:	95 | 100

Foto: Helge Kirchberger Photography / Red Bull Hangar-7

Mayday Bar im Hangar-7

5020 Salzburg

Außergewöhnlich, stilvoll, edel: Im Obergeschoß des Gesamtkunstwerks Hangar-7 werden die Gäste mit exklusiven Cocktails und Drinks verwöhnt, etwa mit Signatures wie Pink Lady mit hauseigenem Hangar-7-Gin und Grapefruit-Likör. Die selektierten Classics überzeugen genauso wie (Schaum-)Wein-Cocktails und Virgins.

Wilhelm-Spazier-Straße 7a
+43 662 2197
hangar-7.com
Kategorie: Loungebar

Drinks:	**44** I 50
Ambiente:	**19** I 20
Service:	**19** I 20
Sortiment:	**8** I 10
Gesamt:	90 I 100

Mentor's

5020 Salzburg

Sieben Jahre schon sorgt die kleine, feine Bar für Rabatz und gute Drinks unterm Felsendach. Lokalkolorit bringen Mentor und sein Team etwa mit den Sporer-Spirits aus der nahen Getreidegasse ein. Dazu wird es bei Tee-Cocktails und dem einen oder anderen Klassik-Twist in der Wohnzimmeratmosphäre auch experimenteller.

Gstättengasse 3
+43 664 9133810
Kategorie: Loungebar

Drinks:	**44** I 50
Ambiente:	**18** I 20
Service:	**19** I 20
Sortiment:	**8** I 10
Gesamt:	89 I 100

Nur! Gutes

5020 Salzburg

Das Aroma von Schinkenkeulen und italienischer Salami aus dem Feinkost-Eldorado Panzano im Chianti allein würde bereits reichen, um wohlgestimmt in Urlaubsstimmung zu gleiten. Die dazu passenden Weine (auch manch Unbekanntes) setzen noch einen Wohlfühlpunkt drauf.
Schwerpunkt: international

Ischlerbahnstraße 19a
+43 664 2174095
nurgutes.at
Kategorie: Klassische Weinbar

Weinangebot:	**44** I 50
Service	**19** I 20
Essen	**16** I 20
Ambiente:	**9** I 10
Gesamt:	88 I 100

Pepe 🍸🍸

5020 Salzburg

Aus den Boxen kommt Latino-Musik, in die Gläser kommen bunte Cocktails mit Südamerika-Fokus: Wer in Salzburg Latin-Feeling sucht, wird hier fündig. Die Atmosphäre ist amikal-partytauglich, die Preise für Pisco Sour & Co. sind moderat. Das genießen vorwiegend jüngere Gäste – direkt an der Bar oder an den Stehtischen.

Steingasse 3
+43 662 873662
pepe-cocktailbar.at
Kategorie: American Bar

Drinks:	**43** I 50
Ambiente:	**17** I 20
Service:	**18** I 20
Sortiment:	**8** I 10
Gesamt:	86 I 100

Sacher Bar 🍸🍸🍸

5020 Salzburg

Amadeus trifft Agave! Mit Drinks wie dem »Strawberry Fields forever« (Mezcal und Buttermilch!) zeigt Barchef Andreas Portz sein Können. Dem Salzburger *genius loci* frönt der Pistazien-Schoko-Wodka-Mix »The Mozart Identity«. Das mutige Konzept im gediegenen Raum schätzt sogar die Society: Cocktail-Festspiele ganzjährig!

Schwarzstraße 5–7
+43 662 88977
sacher.com
Kategorie: Hotelbar

Drinks:	**44** I 50
Ambiente:	**19** I 20
Service:	**19** I 20
Sortiment:	**8** I 10
Gesamt:	90 I 100

Saitensprung 🍸🍸

5020 Salzburg

Eine echte Institution in der Mozartstadt. Die urige Bar mit Mittelalter-Flair hat sehr viele Stammgäste. Das liegt am langjährigen Chef Stillianos »Stelios« Issaris – und an der soliden Qualität der vorwiegend klassischen Cocktails und Drinks. Es gibt auch Barfood, an den Wochenenden wird auf kleinstem Raum getanzt.

Steingasse 11
+43 662 881377

Kategorie: Club

Drinks:	**43** I 50
Ambiente:	**18** I 20
Service:	**19** I 20
Sortiment:	**7** I 10
Gesamt:	87 I 100

Seppo 🍷🍷

5020 Salzburg

In der berühmten Getreidegasse prickelt es. Das gilt vor allem dann, wenn man die italienische Bar betritt und sich ein Glas Franciacorta oder Prosecco gönnt. Dazu ein paar köstliche Antipasti, eventuell danach ein Espresso, wie er in Italien nicht besser sein könnte.
Schwerpunkt: Schaumwein

Getreidegasse 38a
+43 676 9508783

Kategorie: Weinbistro

Weinangebot:	**44** I 50
Service	**18** I 20
Essen	**16** I 20
Ambiente:	**8** I 10
Gesamt:	86 I 100

Sketch Bar

5020 Salzburg

Von Aperitif bis Digestif – die charmante Bar umweht der Charme vergangener Zeiten. Man nimmt am langen Tresen oder auf den Polstermöbeln Platz. Bei den Cocktails dominieren klassische und karibisch inspirierte. Sehr gut sind auch die prickelnden Varianten, etwa Moulin Rouge mit Apricot Brandy, Gin und Champagner.

Makartplatz 4
+43 662 873557
bristol-salzburg.at
Kategorie: Hotelbar

Drinks:	**42** | 50
Ambiente:	**18** | 20
Service:	**18** | 20
Sortiment:	**8** | 10
Gesamt:	86 | 100

Sky Restaurant Bar

5020 Salzburg

Under the blue sky: Im Panoramarestaurant und der Bar des Hotels am Stadtrand ist man mit den Salzburger Bergen quasi auf Augenhöhe. In die Gläser kommen vorwiegend All-time Classics – von Negroni bis Cosmopolitan –, aber auch fein gemixte Exoten. Gute Auswahl an alkoholfreien Cocktails und separate Weinkarte.

Josef-Brandstätter-Straße 1
+43 662 230300
cool-mama.com
Kategorie: Hotelbar

Drinks:	**42** | 50
Ambiente:	**19** | 20
Service:	**18** | 20
Sortiment:	**7** | 10
Gesamt:	86 | 100

Steinterrasse

5020 Salzburg

Mit Blick auf Festung und Altstadt lässt man den Tag hier genussvoll ausklingen. Unter den Empfehlungen finden sich Specials wie »Salzburg Lemonade« mit Bourbon und St.-Germain-Likör. Besonders groß ist die Auswahl an Champagner, aber auch bei Hochprozentigem kann man aus dem (qualitativ hochwertigen) Vollen schöpfen.

Giselakai 3–5
+43 662 877277
steinterrasse.com
Kategorie: Hotelbar

Drinks:	**44** | 50
Ambiente:	**19** | 20
Service:	**18** | 20
Sortiment:	**8** | 10
Gesamt:	89 | 100

Wein & Co Salzburg Platzl 🍷🍷🍷

5020 Salzburg

Die Zahl an angebotenen Weinen ist riesig. 35 werden offen ausgeschenkt, 1500 Flaschen kann man sich ideal temperiert bringen lassen. Regelmäßige Seminare und Verkostungen (zweimal im Monat gratis) steigern die Lust auf Wein – aber auch auf Spirituosen und Spezereien.
Schwerpunkt: international

Platzl 2
+43 50706 3152
weinco.at
Kategorie: Weinbar in Vinothek

Weinangebot:	**49** | 50
Service	**18** | 20
Essen	**17** | 20
Ambiente:	**8** | 10
Gesamt:	92 | 100

Wolferl und Wein 🍷🍷

5340 St. Gilgen

Es wirkt alles sehr stimmig, harmonisch und im Einklang. Das moderne Interieur vermittelt modernen Chic und bleibt trotzdem gemütlich. Die Speisen sind teilweise international, aber stets mit Liebe angerichtet. Bleibt die 33 Seiten umfassende Weinkarte: magisch!
Schwerpunkt: Österreich

Aberseestraße 9
+43 664 2138278
wolferl-wein.at
Kategorie: Klassische Weinbar

Weinangebot:	**46** | 50
Service	**18** | 20
Essen	**16** | 20
Ambiente:	**9** | 10
Gesamt:	89 | 100

Hochsitz 🍸🍸

5600 St. Johann im Pongau

Die Kamin- & Hotelbar im Gourmethotel ist gleichermaßen beliebte Anlaufstelle für einen gepflegten Aperitif wie für den Verdauungsschnaps oder Cocktail. Dank Gastgeber und Sommelier Robert Rettenwender sind die offerierten Weine von bester Qualität, auch die Cocktails – von klassisch bis exotisch – wissen zu überzeugen.

Alpendorf 1
+43 6412 6181
hotel-berghof.com
Kategorie: Hotelbar

Drinks:	**44** | 50
Ambiente:	**18** | 20
Service:	**19** | 20
Sortiment:	**8** | 10
Gesamt:	89 | 100

Stöcklwirt 🍷🍷

5600 St. Johann im Pongau

Ein Schnapserl in Ehren darf niemand verwehren, noch dazu, wenn der Nigglbauer Vogelbeere, Williams oder Zwetschke brennt. Die guten Spirituosen werden ebenso angeboten wie einige Champagner oder erlesene Weine aus Österreich und dem Ausland. Sonderfüllungen möglich!
Schwerpunkt: Österreich

Hauptstraße 22
+43 676 7168471
hotel-stoecklwirt.at
Kategorie: Weinbar im Restaurant

Weinangebot:	**44** | 50
Service	**19** | 20
Essen	**16** | 20
Ambiente:	**8** | 10
Gesamt:	87 | 100

Laschenskyhof

5071 Wals

Drinnen oder draußen? Keine leichte Entscheidung bei dem schön inszenierten, gemütlichen Barbereich des 4-Sterne-Superior-Hotels. Timeless Classics werden mit Know-how gemixt und versprechen optische wie geschmackliche Highlights. Das sympathische Team ist versiert und geht gerne auf Cocktail-Wünsche der Gäste ein.

Josef-Hauthaler-Straße 2	Drinks:	**44** | 50
+43 662 852361	Ambiente:	**18** | 20
laschensky.at	Service:	**19** | 20
Kategorie: Hotelbar	Sortiment:	**8** | 10
	Gesamt:	89 | 100

Ginhouse

5700 Zell am See

Dem Leben einen Gin geben – das hat das Team rund um Johannes Suntinger perfektioniert. Eine riesige Auswahl an Gin setzt man hier voraus, ebenso beste Beratung in Sachen Wacholder und Tonics. Überzeugend sind auch Bar-Klassiker wie Whiskey Sour oder Negroni. Tipp: das beliebte Gin-Tasting mit dem Chef persönlich.

Dreifaltigkeitsgasse 1	Drinks:	**44** | 50
+43 664 2021001	Ambiente:	**18** | 20
ginhouse.at	Service:	**18** | 20
Kategorie: American Bar	Sortiment:	**10** | 10
	Gesamt:	90 | 100

Kraftwerk

5700 Zell am See

90 Jahre – so alt ist das Kraftwerk im Lokal, das dem Restaurant den Namen verleiht. Dazu Ziegelwände, Holzbalken und viele Biolebensmittel. Außergewöhnlich auch die Weinkarte, die biodynamische Top-Winzer wie das Weingut Monschein listet. Jeder Schluck ein Vergnügen.
Schwerpunkt: Deutschland, international

Schmittenstraße 12a	Weinangebot:	**46** | 50
+43 664 3888016	Service	**18** | 20
kraftwerk-restaurant.at	Essen	**18** | 20
Kategorie: Weinbar im Restaurant	Ambiente:	**9** | 10
	Gesamt:	91 | 100

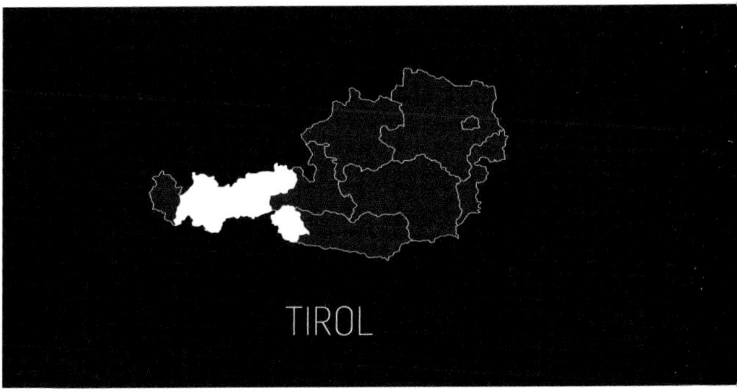

Zeitlos 989 🍸🍸 6215 Achenkirch

Mit ihrer eleganten, zeitlosen Atmosphäre verführt die Bar des Alpine Lifestyle Hotels schon rein optisch zum Verweilen. Das Kaminfeuer prasselt, vielleicht spielt jemand Klavier. Wenn das Barteam dann noch die Cocktailshaker schwingt und Evergreens ebenso wie Specials gekonnt ins Glas gießt, ist der Alltag ganz weit weg.

Am Waldweg 105a
+43 5246 6389
daskronthaler.com
Kategorie: Hotelbar

Drinks:	**43** | 50
Ambiente:	**19** | 20
Service:	**18** | 20
Sortiment:	**7** | 10
Gesamt:	87 | 100

Hotelbar im Hotel Der Bär 🍸🍸 6352 Ellmau

Genuss wird im Hotel am Wilden Kaiser großgeschrieben, das spiegelt sich auch an der schönen Hotelbar wider. Neben All-time Favorites gibt es sehr gute Signature Cocktails, etwa den »Chilly Chocolate Daiquiri« mit Chili infundiertem Rum und Limette. Das Barteam berät gerne – auch in Hinblick auf die tolle Wein-Auswahl.

Kirchbichl 9
+43 5358 2395
hotelbaer.com
Kategorie: Hotelbar

Drinks:	**45** | 50
Ambiente:	**18** | 20
Service:	**18** | 20
Sortiment:	**8** | 10
Gesamt:	89 | 100

Schlosshotel 🍸🍸 6533 Fiss

Edles Ambiente im Alpin-Chic, fein gemixte Cocktails und Drinks, angenehme Atmosphäre: eine Bar zum Wohlfühlen. Auf Barmanager Sam Lutz und sein Team ist auch qualitativ Verlass – vom Dry Martini bis zum Zacapa Perfect Manhattan. Herausragend ist das Wein Angebot. Im Herbst gibt's Rum-, Whisk(e)y- und Ginverkostungen.

Laurschweg 28
+43 5476 6397
schlosshotel-fiss.at
Kategorie: Hotelbar

Drinks:	**44** | 50
Ambiente:	**18** | 20
Service:	**18** | 20
Sortiment:	**8** | 10
Gesamt:	88 | 100

Stanglwirt Hotelbar 6353 Going

Die etwas andere Hotelbar verspricht außergewöhnliche Aus- und Einblicke: Junior-Chef Johannes Hauser und sein Team stehen für extravagante Signatures, gerne mit Heimatbezug, etwa »Aperitivo delle alpi« mit Pisco und Enzian-Likör oder »Champassion« mit Tequila-Passionsfrucht-Infusion und hausgemachtem Vanillesirup.

Kaiserweg 1	Drinks:	**43** | 50
+43 5358 2000	Ambiente:	**18** | 20
stanglwirt.com	Service:	**19** | 20
Kategorie: Hotelbar	Sortiment:	**9** | 10
	Gesamt:	89 | 100

Diana Bar 6060 Hall in Tirol

Heimelig, entspannt, legendär: In der Gewölbebar im Herzen von Hall kann man schon mal die Zeit vergessen. Auf der Karte stehen Cocktailklassiker einträchtig neben feinen, nicht alltäglichen Longdrinks wie dem Harvey Wallbanger. Das Barteam berät gerne. Die große Spirituosen-Auswahl rundet das Erlebnis perfekt ab.

Oberer Stadtplatz	Drinks:	**44** | 50
+43 5223 41550	Ambiente:	**17** | 20
dianabar.at	Service:	**18** | 20
Kategorie: Loungebar	Sortiment:	**8** | 10
	Gesamt:	87 | 100

Gerhards Pipistrello 6060 Hall in Tirol

Die Weinbar ist ein echter Hotspot für gepflegte Genusskultur. Gerhard, der Experte für eine erlesene Getränkeauswahl, legt den Fokus auf österreichische Weine und lokale Produzenten. Das Kellergewölbe aus dem 13. Jahrhundert verleiht dem Erlebnis das besondere Etwas!
Schwerpunkt: Österreich

Stadtgraben 22	Weinangebot:	**44** | 50
+43 699 19523336	Service	**17** | 20
	Essen	**14** | 20
Kategorie: Klassische Weinbar	Ambiente:	**9** | 10
	Gesamt:	84 | 100

Marcellos
6060 Hall in Tirol

Hansdampf in allen Gassen! Weinhandel und Vinothek in bester Innenstadtlage und zudem bei fast jedem Straßenevent vertreten. Man bemüht sich darum, jedem Gast ein kulinarisches Erlebnis zu bieten. Italienische Kulinarik und beste Weine: Die Qualität ist hoch.
Schwerpunkt: Italien, Toskana

Krippgasse 1a
+43 664 99063341
marcellos.at
Kategorie: Klassische Weinbar

Weinangebot:	**45** I 50
Service	**18** I 20
Essen	**15** I 20
Ambiente:	**8** I 10
Gesamt:	86 I 100

Ombra
6060 Hall in Tirol

Tagsüber ein Lebensmittelgeschäft für italienische Spezialitäten und abends ein gemütliches Kellerlokal mit den besten Weinen aus Italien. Gastgeber Marco Briola und sein Team wählen persönlich die mediterranen Speisen und Getränke aus – man schmeckt die Erfahrung!
Schwerpunkt: Italien

Schlossergasse 11
+43 664 8768849
vineria-ombra.at
Kategorie: Weinbar im Restaurant

Weinangebot:	**44** I 50
Service	**18** I 20
Essen	**17** I 20
Ambiente:	**8** I 10
Gesamt:	87 I 100

360°
6020 Innsbruck

Der Name ist am Dach der Rathausgalerien Programm; rund um Innsbruck schweift der Blick – speziell von der Terrasse. Getränkewünsche bleiben dabei keine offen. Vom Espresso über eine umfangreiche Wein-Auswahl bis hin zu den Cocktails in der Lounge ist alles vorhanden.
Schwerpunkt: Österreich, international

Maria-Theresien-Straße 18
+43 664 8406570
360-grad.at
Kategorie: Klassische Weinbar

Weinangebot:	**44** I 50
Service	**19** I 20
Essen	**18** I 20
Ambiente:	**8** I 10
Gesamt:	89 I 100

5th Floor
6020 Innsbruck

Egal, wie das Wetter ist: Dank der Panoramafenster der Bar mit Sonnenterrasse im 5. Stock genießt man Weitblick. An der langen Bar werden Cocktailklassiker in bester Manier gemixt. Auch die wechselnden Signature Drinks überzeugen, ebenso das Angebot an Whisk(e)y, Rum und Prickelndem – Bellini Royal, sagen wir nur …

Adolf-Pichler-Platz 3
+43 512 5756570
thepenz.com
Kategorie: American Bar

Drinks:	**44** I 50
Ambiente:	**19** I 20
Service:	**18** I 20
Sortiment:	**8** I 10
Gesamt:	89 I 100

Adlers Bar 🍸🍸🍸

6020 Innsbruck

Hoch hinauf in den 12. Stock lädt die elegante Bar ihre Gäste. Im Sonnenschein werden nicht nur über 180 Weine aus Österreich und der Welt angeboten, sondern auch großartige Drinks serviert. Toll sind etwa die Sours wie der Daiquiri mit hausgemachter Orangen-Thymian-Marmelade oder der »Mallow Fizz« mit Malvenblüten-Gin.

Brunecker Straße 1
+43 512 563100
adlers-innsbruck.com
Kategorie: Hotelbar

Drinks:	**45** | 50
Ambiente:	**20** | 20
Service:	**18** | 20
Sortiment:	**8** | 10
Gesamt:	91 | 100

Blaue Brigitte 🍸🍸

6020 Innsbruck

Im 6. Stock des Altstadthotels, direkt unter dem Dach, versteckt sich eine wunderschöne, charmante Bar. Chefin Brigitte offeriert lokales Bier, gute Weine und eine Vielzahl an tollen Cocktails und Drinks, etwa »Ratsch Katl« mit Apricot Brandy und Vanillelikör. Fein ist auch Brigittes Champagne Julep mit etwas Brandy.

Herzog-Friedrich-Straße 31
+43 512 594790
weisseskreuz.at
Kategorie: Hotelbar

Drinks:	**44** | 50
Ambiente:	**19** | 20
Service:	**18** | 20
Sortiment:	**8** | 10
Gesamt:	89 | 100

Das Schindler 🍸🍸

6020 Innsbruck

Sophisticated und dennoch entspannt: Im Schindler wird der hohe Genuss zelebriert. Von klassischen Aperitifs über Cocktails und Drinks, etwa Lychee Martini und Sours bis hin zu feinen Spirituosen und Schnäpsen – die Qualität stimmt. Das Barteam ist versiert und fachkundig, die Champagner-Auswahl besonders groß.

Maria-Theresien-Straße 31
+43 512 566969
dasschindler.at
Kategorie: Restaurantbar

Drinks:	**44** | 50
Ambiente:	**18** | 20
Service:	**18** | 20
Sortiment:	**8** | 10
Gesamt:	88 | 100

Die Pizzerei

6020 Innsbruck

Zu den italienischen Gerichten offeriert das Team eine Auswahl wechselnder Aperitifs, zum Beispiel Italian Paloma mit Campari und Grapefruit. Oder den »Aperosa« mit Prosecco und hausgemachtem Ribisel-Grapefruit-Sirup. Die schön kuratierte Auswahl an (Schaum-)Weinen, Bieren und selbst gemachten Limos kommt noch dazu.

Bozner Platz 6
+43 512 583796
diepizzerei.at
Kategorie: Restaurantbar

Drinks:	**43** I 50
Ambiente:	**18** I 20
Service:	**18** I 20
Sortiment:	**8** I 10
Gesamt:	87 I 100

Dunlin

6020 Innsbruck

Die neue Barkarte steht im Zeichen einzelner Zutaten (Blütenpollen, Holunder, Marille) und ist wie stets auch optisch ein Leckerbissen geworden. Tomate und Sherry (»Tom&Sherry«) bringen Umami ins Glas, auch die alkoholfreien Optionen sind top. Und für fortgeschrittene Barfliegen trifft Mezcal auf Erdbeeren. Herrlich!

Meraner Straße 6
+43 676 7434851
dunlin-bar.at
Kategorie: Loungebar

Drinks:	**48** I 50
Ambiente:	**18** I 20
Service:	**19** I 20
Sortiment:	**8** I 10
Gesamt:	93 I 100

Haltestelle

6020 Innsbruck

Nächster Stopp: Angerzellgasse! In der sympathischen Shotbar spielen die »Kurzen« die Hauptrolle – in allen Variationen. Die Karte ist einem Linienplan nachempfunden und bietet zehn verschiedene Lines mit mehr als 100 verschiedenen Shots – von süß bis sauer, von bekannt bis exotisch, von »Summer Line« bis »Ski Bus«.

Angerzellgasse 10
+43 676 6973636
Kategorie: American Bar

Drinks:	**43** I 50
Ambiente:	**17** I 20
Service:	**18** I 20
Sortiment:	**7** I 10
Gesamt:	85 I 100

Invinum

6020 Innsbruck

Diese Weinbar begeistert mit Weinen von Top-Winzern und regelmäßigen Präsentationen aufstrebender Weinbauern. Bei den Spezial-Verkostungen werden sieben Weine mit passenden kalten Schmankerln serviert. Für alle, die mehr über Wein erfahren möchten, werden Seminare angeboten.
Schwerpunkt: Österreich

Innrain 1
+43 512 575545
invinum.com
Kategorie: Weinbar in Vinothek

Weinangebot:	**45** I 50
Service	**18** I 20
Essen	**16** I 20
Ambiente:	**7** I 10
Gesamt:	86 I 100

Liquid Diary 🍸🍸🍸

6020 Innsbruck

In der Oberliga, in der Damir Bušić oft Westösterreich repräsentiert, geht es ums Detail. Beim Empfang, bei den Drinks, beim Eis. Letzterem widmet das internationale Team hohes Augenmerk – neben Rose ist es ein Hauptdarsteller im »Six Feet Under«. Martini-Freunde greifen zum »Up Side Down«. Wobei hier alles vom Feinsten ist.

Adolf-Pichler-Platz 2
+43 676 5281470
liquiddiary.com
Kategorie: American Bar

Drinks:	**48** I 50
Ambiente:	**18** I 20
Service:	**19** I 20
Sortiment:	**8** I 10
Gesamt:	93 I 100

Lou 🍸🍸

6020 Innsbruck

Die Bar mit Restaurant steht für Genuss zu jeder Tageszeit. 2022 eröffnet, hat sie bereits einen fixen Platz in der Innsbrucker Szene. Die fachkundig gemixten Cocktails und Drinks genießt man gerne an der Bar, dem Herzstück des stilvollen Innenraums, oder bei Schönwetter auf der Terrasse. Guter Espresso!

Erlerstraße 17–19
+43 512 559913
lou-bar.at
Kategorie: Restaurantbar

Drinks:	**44** I 50
Ambiente:	**18** I 20
Service:	**18** I 20
Sortiment:	**7** I 10
Gesamt:	87 I 100

L'Arc Brasserie 🍸🍸

6020 Innsbruck

In der Brasserie mit mediterranem Flair werden außergewöhnliche Cocktails kreiert. Toll ist etwa der Signature Cocktail »Innsbroku« – für den Gin mit Zirbenspänen infundiert wird – oder »Santa's Summer« mit Rum-Zimt-Infusion und Zwetschgen-Marmelade. Kompromisslose Genießer entscheiden sich für das Food-Pairing.

Leopoldstraße 7
+43 676 6020547
larc.at
Kategorie: American Bar

Drinks:	**43** I 50
Ambiente:	**19** I 20
Service:	**18** I 20
Sortiment:	**8** I 10
Gesamt:	88 I 100

M+M Bar 🍸🍸

6020 Innsbruck

Metin und Markus sind echte Urgesteine der Innsbrucker Barszene. Seit drei Jahrzehnten dreht sich in ihrer entspannten, klassischen Cocktailbar alles um Drinks, Drinks, Drinks – von Cosmopolitan bis Pornstar Martini, von stilvollendet bis *fancy*. Toll sind auch die Specials mit Früchten der Saison sowie die hochwertigen Spirits.

Innstraße 45
+43 699 15220139
mm-bar.at
Kategorie: American Bar

Drinks:	**44** I 50
Ambiente:	**17** I 20
Service:	**18** I 20
Sortiment:	**9** I 10
Gesamt:	88 I 100

Moustache

6020 Innsbruck

Entspannt und gemütlich ist die sympathische Café-Bar, das spiegelt sich auch in der Karte wider. Das Angebot variiert leicht je nach Saison, Sours wie der »LimoncEnzo« oder der »Zirben Sour« sind besonders im Sommer beliebt. Gute Bier-Auswahl, solide Drinks, feine Spirituosen und kleine Gerichte runden das Angebot ab.

Herzog-Otto-Straße 8
+43 680 2163908
cafe-moustache.at
Kategorie: American Bar

Drinks:	**43** | 50
Ambiente:	**18** | 20
Service:	**18** | 20
Sortiment:	**7** | 10
Gesamt:	86 | 100

Pfiffbar

6020 Innsbruck

Einen »Pfiff« bekommt man in der lässigen Gewölbebar zwar auch, aber der Fokus liegt auf den Cocktails. Bei diesen ist die wechselnde Auswahl stets top. Überzeugend: die köstlichen Eigenkreationen von Barchef Franz wie »Ain't it nutty?« mit Gin, Walnuss und Wermut. Zu den Signatures wird passendes Barfood offeriert.

Kaiserjägerstraße 2
+43 512 587109
schwarzeradler-innsbruck.com
Kategorie: Hotelbar

Drinks:	**45** | 50
Ambiente:	**18** | 20
Service:	**18** | 20
Sortiment:	**8** | 10
Gesamt:	89 | 100

Rössl Bar

6020 Innsbruck

Das Hotel wird mittlerweile in vierter Generation von Familie Plank geführt und vereint Altstadt-Charme mit stilvollem Ambiente. Die Auswahl an Drinks ist beeindruckend und abwechslungsreich. Originell und einzigartig sind der Ginger Beer Spritz oder der Zirbenspritz.
Schwerpunkt: Österreich, international

Kiebachgasse 8
+43 512 583057
roessl.at
Kategorie: Klassische Weinbar

Weinangebot:	**46** | 50
Service	**18** | 20
Essen	**17** | 20
Ambiente:	**8** | 10
Gesamt:	89 | 100

Sitzwohl

6020 Innsbruck

Die Bar im Erdgeschoß des beliebten Restaurants von Irmgard Sitzwohl und Elisabeth Geisler punktet mit hervorragenden Weinen, tollen Aperitif-Varianten wie Prosecco mit gerührtem Brombeer-Gin-Fizz-Sorbet und einer tadellosen Cocktail-Auswahl. Bei Schönwetter wird auch auf der Terrasse am Stadtforum-Platz serviert.

Stadtforum
+43 512 562888
restaurantsitzwohl.at
Kategorie: Restaurantbar

Drinks:	**42** I 50
Ambiente:	**18** I 20
Service:	**18** I 20
Sortiment:	**8** I 10
Gesamt:	86 I 100

Stage Bar

6020 Innsbruck

Bei den Snacks hat man kräftig aufgerüstet (das Popcorn gibt es aber weiterhin) in den Rathausgalerien. Im prächtigen Innenhof schmecken neue alkoholfreie Optionen, aber auch der Erdnuss-Drink »Nutterrific« und »Palmside of Tiki« mit kräftig Arrak. Standhafte können sogar die Menschheitsgeschichte in acht Drinks erforschen.

Maria-Theresien-Straße 12
+43 512 312312
stage12.at
Kategorie: Hotelbar

Drinks:	**46** I 50
Ambiente:	**19** I 20
Service:	**19** I 20
Sortiment:	**8** I 10
Gesamt:	92 I 100

vinum.in

6020 Innsbruck

Die Vinothek in der Innsbrucker Markthalle wird von Diplom-Sommelier Dietmar Pfister geführt – bei ihm dreht sich alles um außergewöhnliche Weine. Monatlich präsentiert er neueste Spezialitäten und bietet eine perfekte Gelegenheit, den Weinhorizont zu erweitern.
Schwerpunkt: international

Herzog-Siegmund-Ufer 1–3
+43 660 5705545
invinum.com
Kategorie: Weinbar in Vinothek

Weinangebot:	**45** I 50
Service	**18** I 20
Essen	**16** I 20
Ambiente:	**8** I 10
Gesamt:	87 I 100

Wohnzimmer 🍸🍸

6020 Innsbruck

Der Name ist Programm – in der Nähe des Campus punktet diese entspannte Bar mit legerer Wohnzimmeratmosphäre. Das Cocktail-Angebot wechselt regelmäßig und bietet spannende Facetten, etwa »Golden Crystal Martini« mit Wodka, Sherry, Waldhonig und Veilchen. Das aufmerksame Team berät gerne, es gibt zudem laufend Events.

Fürstenweg 5
+43 664 4500192

Kategorie: Loungebar

Drinks:	**44** | 50
Ambiente:	**18** | 20
Service:	**18** | 20
Sortiment:	**8** | 10
Gesamt:	88 | 100

Woodfire 🍸🍸

6020 Innsbruck

Vor dem Steak einen Aperitif oder im Anschluss einen Cocktail, das ist die Frage. Toll sind die Specials wie »Hamburger Hafen« mit Gin-Sul, Yuzu und Zitronensaft oder »Golden Roof« mit Mango-Likör, Bitterlikör und Pfirsichpüree. Eine gute Whisk(e)y-Auswahl und regelmäßige Livemusik-Events runden das Angebot ab.

Universitätsstraße 5–7
+43 512 59240
woodfire.at
Kategorie: Restaurantbar

Drinks:	**43** | 50
Ambiente:	**18** | 20
Service:	**18** | 20
Sortiment:	**8** | 10
Gesamt:	87 | 100

Post Bar 67 🍸🍸🍸

6561 Ischgl

Im Kamin prasselt ein Feuer, die Livemusik lässt das Bein wippen und der Cocktail ist exzellent gemixt: Diese Bar lässt keine Wünsche offen. Das Ambiente ist elegant-alpin, die Auswahl an Signature Cocktails und Drinks sucht ihresgleichen. Top: »Milk & Butter« mit Gin, Zitrone, Vanille oder »Earl Grey ISCHGLtini«.

Dorfstraße 67
+43 5444 5232
post-ischgl.com
Kategorie: Hotelbar

Drinks:	**45** | 50
Ambiente:	**19** | 20
Service:	**18** | 20
Sortiment:	**9** | 10
Gesamt:	91 | 100

Ursprung 🍷🍷🍷

6561 Ischgl

Das Restaurant und die Weinbar Ursprung lebt nicht nur vom Namen, sondern auch von ihrem Konzept – hierhin kehrt man immer wieder gerne zurück. Das erfahrene Team versteht es, die passenden Weine zu den Speisen zu finden und begeistert damit jeden Gast.
Schwerpunkt: Jahrgangstiefe, Österreich

Dorfstraße 67
+43 5444 5232
post-ischgl.com
Kategorie: Weinbar im Restaurant

Weinangebot:	**48** / 50
Service	**19** / 20
Essen	**18** / 20
Ambiente:	**9** / 10
Gesamt:	94 / 100

DEWALDs Weinladen 🍷🍷

6370 Kitzbühel

Hier findet man das Beste aus Österreich und auch der internationalen Weinwelt. Die regelmäßigen Themenabende und Verkostungen bieten Einblicke in spezifische Regionen, stellen Winzer vor oder kredenzen passende Kulinarik. Herrlich genießen mit vinophiler Gesellschaft!
Schwerpunkt: Schaumwein, Österreich

Im Gries 15
+43 699 17291150
dewalds.at
Kategorie: Weinbar in Vinothek

Weinangebot:	**46** / 50
Service	**19** / 20
Essen	**15** / 20
Ambiente:	**8** / 10
Gesamt:	88 / 100

Leo Hillinger Wineshop & Bar 🍷🍷

6370 Kitzbühel

Leo Hillinger beweist erneut sein Händchen für guten Geschmack, sowohl bei der Einrichtung als auch der Getränkeauswahl. Hier findet man erstklassigen Champagner, Prosecco und natürlich die herausragenden Hillinger-Weine. Alles auch im integrierten Weinshop erhältlich!
Schwerpunkt: Burgenland

Hinterstadt 11
+43 5356 20251
leo-hillinger.com
Kategorie: Weinbar in Vinothek

Weinangebot:	**44** / 50
Service	**19** / 20
Essen	**16** / 20
Ambiente:	**9** / 10
Gesamt:	88 / 100

Mazerat

6330 Kufstein

Aus dem Wein-Kompetenz-Lokal Fritz wurde das Mazerat. Heribert Steiner und Julia Brandl lassen ihrer Leidenschaft mit einer Karte freien Lauf, die alle Stückerln spielt: Wein von Tirol bis Teneriffa, dazu Craftbier und eine ebenso gut kuratierte Spirituosen-Selektion.
Schwerpunkt: ökologischer Anbau, Österreich

Unterer Stadtplatz 18
+43 664 75028108
mazerat.at
Kategorie: Klassische Weinbar

Weinangebot:	**47** | 50
Service	**19** | 20
Essen	**17** | 20
Ambiente:	**9** | 10
Gesamt:	92 | 100

Panorama 1830

6330 Kufstein

Ein herrliches Panorama über den Inn und zum Hausberg Pendling, viel Holz, Glas – und feine Drinks. Die sympathische Rooftop-Bar im 4. Stock begeistert mit luftig-leichtem Charme und einer guten Cocktail-Auswahl. All-time Favorites oder Eigenkreation? Das junge Team berät gerne! Ein besonderes Erlebnis ist das Gin-Tasting.

Römerhofgasse 4
+43 5372 62138
auracher-loechl.at
Kategorie: American Bar

Drinks:	**43** | 50
Ambiente:	**18** | 20
Service:	**16** | 20
Sortiment:	**7** | 10
Gesamt:	84 | 100

Pure

6330 Kufstein

Ob zum After-Work-Drink oder zur Party am Wochenende: In der modernen Bar im Herzen von Kufstein ist immer etwas los. Das freundliche Team offeriert solide gemixte Cocktails und Drinks – etwa »Tante Emma« oder »Melon Cooler« – und hat auch gerne Empfehlungen parat. Bei warmen Temperaturen lockt die schöne Terrasse.

Marktgasse 20
+43 650 6482564
pure-lounge.eatbu.com
Kategorie: Loungebar

Drinks:	**42** | 50
Ambiente:	**17** | 20
Service:	**18** | 20
Sortiment:	**8** | 10
Gesamt:	85 | 100

Stollen 1930 🍸🍸🍸

6330 Kufstein

In der charmanten Speakeasy-Bar macht man es sich unter Kristalllustern bequem – in den Ohrensesseln oder am Tresen. Die Cocktails des kompetenten, freundlichen Teams sind stets von erstklassiger Qualität, allen voran die vielen verschiedenen Varianten mit Gin. Den gibt es auch beim Gin-Dinner oder beim Gin-Tasting.

Römerhofgasse 5
+43 5372 62138
auracher-loechl.at
Kategorie: Hotelbar

Drinks:	**45** I 50
Ambiente:	**19** I 20
Service:	**18** I 20
Sortiment:	**10** I 10
Gesamt:	92 I 100

Vitus & Urban 🍷

6330 Kufstein

Kunst- und stilvoll genießen – im wörtlichen Sinne. Trendig, erfrischend und urban mit einem Händchen für modernes Ambiente. Die Weinkarte selbst ist ein wahres Kunstwerk und legt den Fokus auf heimische Weine. Passend dazu gibt es regionale Köstlichkeiten und Snacks.
Schwerpunkt: Niederösterreich

Marktgasse 2
+43 5372 61414
vitusundurban.at
Kategorie: Weinbistro

Weinangebot:	**43** I 50
Service	**18** I 20
Essen	**15** I 20
Ambiente:	**8** I 10
Gesamt:	84 I 100

WineLounge 🍷🍷🍷

6631 Lermoos

Superlativ! Über 1000 verschiedene Weine und rund 50.000 Flaschen im Keller. Darunter glasweise Optionen, aber auch Portweine. Doch das ist noch nicht alles: Die Bar punktet mit einer bemerkenswerten Auswahl an Sake und köstlicher Tiroler Fusionsküche.
Schwerpunkt: Österreich

Danielstraße 3
+43 5673 2424200
winelounge.at
Kategorie: Weinbar im Restaurant

Weinangebot:	**48** I 50
Service	**18** I 20
Essen	**17** I 20
Ambiente:	**8** I 10
Gesamt:	91 I 100

Bar im Grandhotel 🍸🍸

9900 Lienz

Hier lebt der Spirit des Fin du Siècle wieder auf, wenn man auf einem der lederbezogenen Barhocker oder Ohrensessel Platz nimmt. Die Karte begeistert mit einer hochwertigen (Schaum-)Wein- und Spirits-Auswahl, Cocktail-Classics, auch alkoholfrei, und kreativen Aperitifs wie »Autumn Gin Sour« mit Isel Gin und Grand Marnier.

Fanny-Wibmer-Pedit-Straße 2
+43 4852 64070
grandhotel-lienz.com
Kategorie: Hotelbar

Drinks:	**44** | 50
Ambiente:	**18** | 20
Service:	**18** | 20
Sortiment:	**8** | 10
Gesamt:	88 | 100

Hof Bar Wine & Cocktailbar 🍷🍷🍷

6290 Mayrhofen

Die Wein- und Cocktailbar bietet ein gehobenes Ambiente mit edlen Materialien wie Messing, Samt, Leder und Marmor. Sie ist gleichermaßen für Einheimische und Hotelgäste ein Anziehungspunkt. Besonders ausgefallen ist die Sardinenbar!

Schwerpunkt: international, Champagner

Am Marienbrunnen 341
+43 5285 62265
zillertalerhof.at
Kategorie: Klassische Weinbar

Weinangebot:	**46** | 50
Service	**19** | 20
Essen	**18** | 20
Ambiente:	**9** | 10
Gesamt:	92 | 100

Tweets Rooftop 🍷🍷

6284 Ramsau im Zillertal

Von der Hausabfüllung bis zum »Opus One« hat man für jeden Gusto eine Flasche parat. Ähnlich bunt wie die Speisekarte fällt auch die Weinauswahl aus. Wo es Piña Colada als Eisbecher gibt, frönt man auch den Cocktails. Spritz ist naheliegend bei der Location.

Schwerpunkt: Österreich, Italien

Ramsau 425
+43 664 4170755
tweets-rooftop.at
Kategorie: Weinbar im Restaurant

Weinangebot:	**44** | 50
Service	**18** | 20
Essen	**19** | 20
Ambiente:	**8** | 10
Gesamt:	89 | 100

Novellis 🍸🍸

6600 Reutte

Das vielfältige Gastro-Konzept in Reutte hat viele Fans. Dazu trägt auch das Cocktail-Angebot mit exotischem Fokus bei – von Caipirinha-Varianten bis zu Coladas. Toll sind auch die Gin-Specials – teilweise mit regionalem Gin –, die vielfältige Auswahl an sehr guten Mocktails, klassischen Longdrinks und Spritz-Varianten.

Mühler Straße 12
+43 5672 64612
novellis.at
Kategorie: Restaurantbar

Drinks:	**43** | 50
Ambiente:	**18** | 20
Service:	**18** | 20
Sortiment:	**7** | 10
Gesamt:	86 | 100

Cubo Skylounge

6380 St. Johann in Tirol

Dem Himmel nah sind Genussfreunde in der bunten Bar des Sport & Art Hotel. Auf der Karte stehen bewährte Klassiker – von Aperitif über Longdrink bis Cocktail. Auf Wunsch werden individuelle Cocktails gemixt – auch als alkoholfreie Varianten. Gute Weinauswahl, es gibt regionales Bier, und auch Cider ist mit im Angebot.

Speckbacherstraße 37a
+43 5352 21620
hotelcubo.at
Kategorie: Hotelbar

Drinks:	**43** I 50
Ambiente:	**19** I 20
Service:	**18** I 20
Sortiment:	**8** I 10
Gesamt:	88 I 100

Fink's Bar

6380 St. Johann in Tirol

In diesem Restaurant findet man die perfekte Weinbegleitung zu Steak, Pasta und Pizza. Der Schwerpunkt liegt auf italienischen Weinen, aber das umfangreiche Sortiment kann fast alles. Aperitif oder Digestif? Hier gibt es eine beeindruckende Auswahl an 120 Spirituosen.
Schwerpunkt: Österreich

Bahnhofstraße 22
+43 5352 64168
finks-restaurant.at
Kategorie: Weinbar im Restaurant

Weinangebot:	**44** I 50
Service	**18** I 20
Essen	**17** I 20
Ambiente:	**8** I 10
Gesamt:	87 I 100

Post Bar

6380 St. Johann in Tirol

In der Wohlfühlbar des Hotels bilden hausgemachte Sirupe, Infusionen, Liköre und saisonales Obst die Grundlage für die Drinks, wie etwa beim »Everybody's Darling« mit Whisk(e)y, Zitrone und Preiselbeermarmelade. Die Karte ist umfangreich, das Team kompetent, die Atmosphäre dank warmer Holztöne heimelig-gemütlich.

Speckbacherstraße 1
+43 5352 6364354
dashotelpost.at
Kategorie: Hotelbar

Drinks:	**44** I 50
Ambiente:	**19** I 20
Service:	**18** I 20
Sortiment:	**8** I 10
Gesamt:	89 I 100

Weinkiste

6380 St. Johann in Tirol

Hildegard und Josef Hintler-Wolf sind ihrer Leidenschaft gefolgt und leben mit der Weinkiste ihre Begeisterung für edle Tropfen aus. Regionalität liegt ihnen am Herzen, so haben sie sich auf österreichische Winzer spezialisiert – und die Qualität ist unschlagbar.
Schwerpunkt: Steiermark, Burgenland, Niederösterreich

Dechant-Wieshofer-Straße 11
+43 5352 20710
weinkiste.at
Kategorie: Weinbar in Vinothek

Weinangebot:	**45** I 50
Service	**18** I 20
Essen	**15** I 20
Ambiente:	**9** I 10
Gesamt:	87 I 100

Alpin Resort Sacher Bar

6100 Seefeld in Tirol

Alpin-elegant ist die Bar des Luxushotels von Gastgeberin Elisabeth Gürtler. Vom »Sacher-Spritz« mit Limoncello und Grapefruit über Classics bis zu Virgins wie den Clover Club mit Siegfried Wonderleaf, Himbeere und Eiweiß: Das Barteam versteht sein Handwerk. Top ist auch die riesige Auswahl an exklusiven Spirituosen.

Geigenbühelstraße 185
+43 5212 2272
astoria-seefeld.com
Kategorie: Hotelbar

Drinks:	**44** I 50
Ambiente:	**19** I 20
Service:	**18** I 20
Sortiment:	**8** I 10
Gesamt:	89 I 100

Woods

6100 Seefeld in Tirol

Die modern-alpine Restaurant-Bar schätzen Gäste wie Einheimische. Zu den Signature Cocktails zählt der Pornstar Martini im Woods-Style, der neben den üblichen Zutaten auch Mango enthält. Bestens kuratiert ist die Gin-Tonic-Auswahl, etwa »Tokyos Journey« mit Roku-Gin und Ingwer. Apropos: Es gibt auch eine Sake-Karte.

Klosterstraße 120
+43 5212 53210
woods-seefeld.com
Kategorie: Restaurantbar

Drinks:	**43** I 50
Ambiente:	**19** I 20
Service:	**18** I 20
Sortiment:	**8** I 10
Gesamt:	88 I 100

Incontro

6534 Serfaus

Lässige Signature Drinks, Highballs, den Jahreszeiten angepasste Specials und jede Menge Gin – mehr als 100 an der Zahl, darunter fassgereifte Spezialitäten. Seit 2012 verwöhnt das versierte Team der stilvollen Bar im Alfa Hotel seine Gäste. Die Cocktails sind fein abgestimmt, auch die alkoholfreie Varianten überzeugen.

Dorfbahnstraße 63
+43 5476 6280
alfahotel.at
Kategorie: Hotelbar

Drinks:	**44** I 50
Ambiente:	**18** I 20
Service:	**19** I 20
Sortiment:	**8** I 10
Gesamt:	89 I 100

Skybar The Vue ⟶ 6450 Sölden

Ein Geheimtipp ist das schicke Hotel in Sölden längst nicht mehr – die voll verglaste Skybar ist unter Genießern ebenfalls bekannt. Lukas Keppler zaubert mit seinem Team echte (Signature) Highlights in die Gläser, etwa »Der Baumige« mit Irish Whiskey und Latschenkiefer. Ebenfalls toll: die Auswahl an regionalen Spirits.

Oberwindaustraße 19
+43 5254 2600
the-secret-soelden.com
Kategorie: Loungebar

Drinks:	**44** | 50
Ambiente:	**18** | 20
Service:	**18** | 20
Sortiment:	**8** | 10
Gesamt:	88 | 100

Weinatelier Agnes ⟶ 6306 Söll

Top-Sommeliers stehen für Beratung und Verkostungen bereit, ebenso bei den Weinreisen-Events. Sowohl der gemütliche Innenbereich als auch die Terrasse sind einladend. Zudem gibt es köstliche Leckereien und schöne Produkte, die man auch für zu Hause mitnehmen kann.
Schwerpunkt: Österreich, Sake

Dorf 123
+43 5333 21500
weinatelier-agnes.at
Kategorie: Weinbistro

Weinangebot:	**47** | 50
Service	**18** | 20
Essen	**17** | 20
Ambiente:	**8** | 10
Gesamt:	90 | 100

Juffing ⟶ 6335 Thiersee

Die Hotelbar bietet vinophilen Gästen den perfekten Tagesausklang. Neben erstklassiger Beratung findet man im WinePad alle wichtigen Informationen. Hier gibt es die komplette Liste des Sortiments sowie interessante Details zu den Weinen, den Winzern oder zum Weingut.
Schwerpunkt: Österreich, Europa

Hinterthiersee 79
+43 5376 5585
juffing.at
Kategorie: Klassische Weinbar

Weinangebot:	**46** | 50
Service	**18** | 20
Essen	**18** | 20
Ambiente:	**8** | 10
Gesamt:	90 | 100

Culinaria 🍷🍷

6134 Vomp

Wein und Feinkost vom Feinsten! Neben der beeindruckenden Wein-Auswahl überrascht die Bar auch mit einer Vielfalt an Biersorten, Spirituosen und alkoholfreier Getränke. Passend dazu werden italienische Wein-Snacks serviert. Besonderes Highlight: Donnerstag ist Pasta-Day!
Schwerpunkt: Österreich

Au 50
+43 5242 63230
neururer.cc
Kategorie: Weinbar in Vinothek

Weinangebot:	**44** / 50
Service	**18** / 20
Essen	**16** / 20
Ambiente:	**8** / 10
Gesamt:	86 / 100

Eden Bar & Patisserie 🍸🍸🍸

6280 Zell am Ziller

Bar und Patisserie zugleich – ein süßes Versprechen, das das Team rund um die Gastgeber Christina und Reinhard Binder-Egger gekonnt einlöst. Der Barchef und sein Team verzichten bei den edlen Drinks auf künstliche Zusatzstoffe und empfehlen auch abseits der regelmäßigen Raritätenverkostungen im Haus Unkonventionelles!

Rohrerstraße 5
+43 5282 2236
malisgarten.at
Kategorie: Hotelbar

Drinks:	**46** / 50
Ambiente:	**19** / 20
Service:	**18** / 20
Sortiment:	**9** / 10
Gesamt:	92 / 100

Englhof Cocktailbar 🍸🍸🍸

6277 Zell am Ziller

Spätestens wenn man die Batterie an raren Rums von Foursquare in Zell am Ziller erspäht, weiß man, dass das keine alpine 08/15-Hotelbar ist. Andreas Hotters Spirituosen-Leidenschaft übersetzt er in die lokal inspirierte Cocktailkarte, bei der das »Flügerl« Hausverbot hat, Zirbe, Marille und Wildrose aber willkommen sind.

Zellbergeben 28
+43 5282 3134
englhof.at
Kategorie: Hotelbar

Drinks:	**47** / 50
Ambiente:	**18** / 20
Service:	**19** / 20
Sortiment:	**10** / 10
Gesamt:	94 / 100

VORARLBERG

Cuba

6900 Bregenz

Tagsüber Café, abends seit über 20 Jahren eine Cocktail-, Longdrink- und Zigarren-Institution. Die Schumann-Tradition wirkt bei Christof Albrecht und seinem Team authentisch, die Drinks sind perfekt abgestimmt. Lounge- und House-DJs ergänzen mit wenigen, aber eindrucksvollen Live-Konzerten das Event-Geschehen.

Bahnhofstraße 8
+43 5574 47052
cuba-club.at
Kategorie: Loungebar

Drinks:	**43** I 50
Ambiente:	**18** I 20
Service:	**18** I 20
Sortiment:	**8** I 10
Gesamt:	87 I 100

Kreuz Bar

6900 Bregenz

Perfekt, um den Abend zu starten oder gleich die ganze Nacht hier zu verbringen. Denn nur selten vereint eine City-Bar Charme, Kompetenz, Qualität und Auswahl wie bei Christian Pfeiffer und seinem Team. Wer kann zu phänomenalen Cocktails und erstklassigen Snacks (was für ein Beef Tatar!) schon nein sagen ...

Römerstraße 5
+43 664 4465400
stadtgasthaus.at
Kategorie: American Bar

Drinks:	**43** I 50
Ambiente:	**18** I 20
Service:	**19** I 20
Sortiment:	**8** I 10
Gesamt:	88 I 100

Lust

6900 Bregenz

Die schier unglaubliche Getränkeauswahl wird fast jede Woche erweitert. Kein Wunder, wenn mit Barkeeper-Weltmeister Stefan Köb und Lukas Buttazoni echte Könner im Einsatz sind. Ausgefallene Cocktailkreationen, neueste Trends in Sachen Spirituosen oder feinste Weine gibt's im Sommer zudem in der dazugehörigen Beachbar.

Inselstraße 8
+43 664 5840648

Kategorie: American Bar

Drinks:	**43** | 50
Ambiente:	**18** | 20
Service:	**18** | 20
Sortiment:	**8** | 10
Gesamt:	87 | 100

Paschanga 2.0

6900 Bregenz

Wohlfühloase für Cocktail-Fans: Mike Erath und sein Team verwöhnen Stammgäste aus dem In- und Ausland mit über 130 Kreationen, Themenpartys, Musikabenden und bester Laune. Auch Cocktailkurse werden regelmäßig angeboten. Lässig: Im Sommer ist die Crew mit einem Drink-Truck auf Events und in Freibädern unterwegs.

Kornmarktstraße 24
+43 660 5077142
paschangabar.at
Kategorie: Loungebar

Drinks:	**42** | 50
Ambiente:	**17** | 20
Service:	**19** | 20
Sortiment:	**8** | 10
Gesamt:	86 | 100

Pier 69

6900 Bregenz

Mit seinem Hafenrestaurant hat das Team der LuSt-Bar das perfekte Pendant zu einem Genusstrip am Bodensee geschaffen. In Küche, Frühstückscafé und Lounge sind Profis am Werk, in Letzterer erlebt man eine der umfangreichsten Getränkekarten im Land, inklusive Signature Drinks wie Espresso Martini Pier Style oder Tiki Punch.

Seestraße 4
+43 5574 43202
pier69.at
Kategorie: Restaurantbar

Drinks:	**45** | 50
Ambiente:	**18** | 20
Service:	**19** | 20
Sortiment:	**8** | 10
Gesamt:	90 | 100

Viva

6900 Bregenz

Nur nicht vom Äußeren täuschen lassen: Als Wein-Sammler und Genießer hat Christoph Wellinger in den 90er-Jahren nach einem US-Trip nicht nur das Tex-Mex-Konzept »importiert«, sondern gleich auch die passende Bar dazu. Gereifte Wein-Raritäten, eine schöne Bier-Auswahl und Cocktailklassiker runden das Erlebnis ab.

Seestraße 7
+43 5574 42288
cantina.at
Kategorie: Restaurantbar

Drinks:	**42** | 50
Ambiente:	**17** | 20
Service:	**17** | 20
Sortiment:	**8** | 10
Gesamt:	84 | 100

Weinstube Kinz

6900 Bregenz

Als Winzertochter und Herzblut-Gastronomin verwirklicht Andrea Kinz (Hotel Weißes Kreuz, Gasthaus Goldener Hirschen) auch die perfekte steirische Weinstube im Herzen der Stadt. Ausgesuchte Tröpfchen, deftig-g'schmackige Schmankerln, kleiner Gastgarten – was will man mehr!
Schwerpunkt: Österreich

Kirchstraße 9
+43 5574 42815
weinstubekinz.at
Kategorie: Weinbistro

Weinangebot:	**44** / 50
Service	**18** / 20
Essen	**16** / 20
Ambiente:	**8** / 10
Gesamt:	86 / 100

Bar Novum

6884 Damüls

Der Name ist Programm, lange mussten Damüls-Gäste auf eine edle Genuss-Bar samt entsprechendem Sortiment warten. Zudem lassen sich Oliver Polster und sein Team keine Trends entgehen, servieren außergewöhnliche Drinks aus selbst angesetzten Zutaten und legendäre Wein-Raritäten in exklusiver Atmosphäre.

Oberdamüls 191
+43 5510 5130
hotel-alpenstern.at
Kategorie: Hotelbar

Drinks:	**45** / 50
Ambiente:	**18** / 20
Service:	**19** / 20
Sortiment:	**8** / 10
Gesamt:	90 / 100

Rätschkachl

6850 Dornbirn

Die wohl besten Cocktails der Stadt! Wenn die Gäste nicht nur Steaks genießen, sondern auch die Bar bis zum Morgengrauen unsicher machen, hat man als Gastgeber alles richtig gemacht. Damit das auch so bleibt, stöbert Lebemensch Patrik Österle für den Szenetreff immer wieder neue Kreationen und edle Tropfen auf.

Bergstraße 22
+43 5572 21995
raetschkachl.com
Kategorie: American Bar

Drinks:	**43** / 50
Ambiente:	**17** / 20
Service:	**18** / 20
Sortiment:	**7** / 10
Gesamt:	85 / 100

Vernissage 6863 Egg

Klaus Riezler lebt im Kellergewölbe den Traum einer eigenen Bar, was Gästen wie Einheimischen gleichermaßen als Dorfkultur zugutekommt. Persönliche Cocktailkreationen (»Klausmopolitan«), heiße Rhythmen aus der Plattensammlung, kubanisches Sandwich als »Unterlage« und Galerie für Bregenzerwälder Künstler.

Großdorf 14
+43 664 4520045
vernissage.club
Kategorie: Loungebar

Drinks:	**42** I 50
Ambiente:	**18** I 20
Service:	**18** I 20
Sortiment:	**8** I 10
Gesamt:	86 I 100

BENGODI Wein.Genuss.Kulinarik. 6800 Feldkirch

Nach jeder Italien-Tour kommt Gastgeber Dieter Schönenberger-Wohlgenannt mit Inspiration, Know-how, neuen Lieferanten und Köstlichkeiten zurück, die man hier genießen und auch mit nach Hause nehmen kann. Vor allem die Grappa- und Wein-Auswahl ist sensationell!
Schwerpunkt: Italien

Schmiedgasse 7
+43 660 6800771
bengodi.at
Kategorie: Klassische Weinbar

Weinangebot:	**45** I 50
Service	**19** I 20
Essen	**16** I 20
Ambiente:	**9** I 10
Gesamt:	89 I 100

Bunt 6800 Feldkirch

Diesen Spot muss man einfach lieben! Drinks am Puls der Zeit (top bei alkoholfrei), Live-Konzerte, DJ-Gigs, Pub-Quiz, Genuss-Events wie Grill & Chill oder einfach gleichgesinnte Feelgood-Menschen treffen – klar, dass bei diesem Namen jede(r) willkommen ist. Unbedingt nach Empfehlungen fragen!

Marktgasse 1
+43 5522 83983
bunt-bar.at
Kategorie: American Bar

Drinks:	**44** I 50
Ambiente:	**18** I 20
Service:	**18** I 20
Sortiment:	**7** I 10
Gesamt:	87 I 100

Dogana

6800 Feldkirch

Als Vollblut-Gastgeber verwöhnt Familie Gallaun seit 1979 Besucher der Feldkircher Innenstadt. Die Loungebar rundet das Gastro-Angebot nicht nur ab, sondern entpuppt sich immer mehr als Trendsetter, wenn es um zeitgemäße Spirituosen, Drinks und nicht-alkoholische Alternativen geht. Tipp: Vreimuth-Tonic!

Neustadt 20	Drinks:	**42** I 50
+43 5522 75126	Ambiente:	**18** I 20
dogana.com	Service:	**18** I 20
Kategorie: Restaurantbar	Sortiment:	**7** I 10
	Gesamt:	85 I 100

Rauch Club

6800 Feldkirch

Zwei Gewölbekeller, Turntables, Bars, massig Drinks und Spirituosen – beste Voraussetzungen für lange und intensive Partynächte. Lokale und internationale DJ-Acts aller Musikgenres bringen das Gemäuer regelmäßig zum Beben. Wer tanzen und die Nacht zum Tag machen will, wird sich im Rauch wie zu Hause fühlen.

Marktgasse 9–11	Drinks:	**42** I 50
+43 5522 3146410	Ambiente:	**19** I 20
rauchgastronomie.at	Service:	**17** I 20
Kategorie: Club	Sortiment:	**7** I 10
	Gesamt:	85 I 100

Bemelmans-Bar

6764 Lech

Szenetreff, Gerüchteküche, Tagesausklang, Dinner-Start oder Genuss-Ecke: Die nach dem Stammgast und Schriftsteller Ludwig Bemelman benannte Bar des legendären Hotel Post besucht man bei jedem Anlass. Neben Whisk(e)ys, Cocktails und Digestifs ist die Weinkarte der Familie Moosbrugger natürlich das Highlight.

Dorf 11	Drinks:	**43** I 50
+43 5583 22060	Ambiente:	**19** I 20
postlech.com	Service:	**19** I 20
Kategorie: Restaurantbar	Sortiment:	**8** I 10
	Gesamt:	89 I 100

Berghof Bar

6764 Lech

Mit Charme, anspruchsvoller Atmosphäre und hervorragender Drinks-Selektion hebt sich die Bar des Traditionshauses wohltuend von vielen Hotelangeboten ab. Signature Cocktails, regionale Spirituosen, ein eigens mit Tee fusionierter Gin gehören genauso dazu wie stilvolle Livemusik jeden Mittwochabend (nur im Winter).

Dorf 161	Drinks:	**45** I 50
+43 5583 2635	Ambiente:	**18** I 20
derberghof.at	Service:	**19** I 20
Kategorie: Hotelbar	Sortiment:	**8** I 10
	Gesamt:	90 I 100

Fux

6764 Lech

Wer am offenen Kamin der Loungebar einmal die »Wein-Bibel« von Gastgeber Peter Strolz geöffnet hat (über 5000 ausgesuchte Positionen!), hat wohl seinen »happy place« gefunden, verpasst aber möglicherweise die vielen anderen großartigen Kreationen des einfallsreichen Teams.
Schwerpunkt: Champagner, Burgund, Frankreich

Omesberg 587
+43 5583 2992
fux-mi.net
Kategorie: Weinbar im Restaurant

Weinangebot:	**48** | 50
Service	**18** | 20
Essen	**18** | 20
Ambiente:	**8** | 10
Gesamt:	92 | 100

Krone-Bar

6764 Lech

Im Nobelhotel wird nichts dem Zufall überlassen, schon gar nicht bei Küche und Keller. Hausherr und Diplom-Sommelier Johannes Pfefferkorn kümmert sich seit Jahren um die großartige (Schaum-)Wein- und Spirituosenauswahl, vor allem das Frankreich-Sortiment ist unglaublich.
Schwerpunkt: Österreich, Frankreich

Dorf 13
+43 5583 2551
kronelech.at
Kategorie: Klassische Weinbar

Weinangebot:	**48** | 50
Service	**19** | 20
Essen	**18** | 20
Ambiente:	**8** | 10
Gesamt:	93 | 100

Licca Lounge

6764 Lech

Die sensationelle Atmosphäre von Kaminzimmer und Sonnenterrasse, gepaart mit den Skills von »International Young Sommeliers«-Sieger Markus Winkler und seinem Team, sticht selbst in Lech-Zürs heraus. Von den Botanicals bis zum Edel-Whisk(e)y wird alles im Repertoire perfekt auf Gast, Lust und Laune abgestimmt – großartig!

Tannberg 130
+43 5583 2214
aureliolech.com
Kategorie: Hotelbar

Drinks:	**43** | 50
Ambiente:	**19** | 20
Service:	**18** | 20
Sortiment:	**9** | 10
Gesamt:	89 | 100

Franz Michl 🍸🍸

6886 Schoppernau

Mit frisch gezapftem Guinness und einer Handvoll Weinen hat alles begonnen, als Meisterfriseur Martin Strolz sein eigenes Lokal eröffnete. Mehr als zehn Jahre später ist die Vinothek ein Stammtisch für Genießer, bekannt für seine Wein-Events und wurde um ein Café erweitert.
Schwerpunkt: Österreich

Unterdorf 2a
+43 664 3801536
franzmichl.at
Kategorie: Weinbar in Vinothek

Weinangebot:	**44** | 50
Service	**19** | 20
Essen	**16** | 20
Ambiente:	**9** | 10
Gesamt:	88 | 100

Foto: Patrick Schwienbacher

Bibers 🍸🍸

6767 Warth

Würzig und herzhaft im Winter, spritzig und erfrischend im Sommer – selten wurde ein Slogan so authentisch und köstlich umgesetzt wie in der urban-stylishen Bar im Berghotel Biberkopf. Hausgemachter Sirup, angesetzte Essenzen, innovative Cocktails oder gemixte Evergreens sind Markenzeichen des jungen Teams.

Warth 28
+43 5583 41800
biberkopf.at
Kategorie: Hotelbar

Drinks:	**44** | 50
Ambiente:	**18** | 20
Service:	**18** | 20
Sortiment:	**8** | 10
Gesamt:	88 | 100

Edelweiss Bar 🍸🍸

6763 Zürs

Berühmt für die rauschenden Feste, berüchtigt für die Partys bis zum Morgengrauen! Feiern im Edelweiss gehört auf jede Arlberg-Bucketlist. Ob Gast, Skilehrer, Einheimischer oder Mitarbeiter, jeder ist gleichgestellt und es gibt ein gemeinsames Ziel: den Moment und die Auswahl an Bubbles, Wein und Drinks genießen.

Zürs 79
+43 5583 2662
edelweiss-arlberg.at
Kategorie: Hotelbar

Drinks:	**42** | 50
Ambiente:	**19** | 20
Service:	**18** | 20
Sortiment:	**8** | 10
Gesamt:	87 | 100

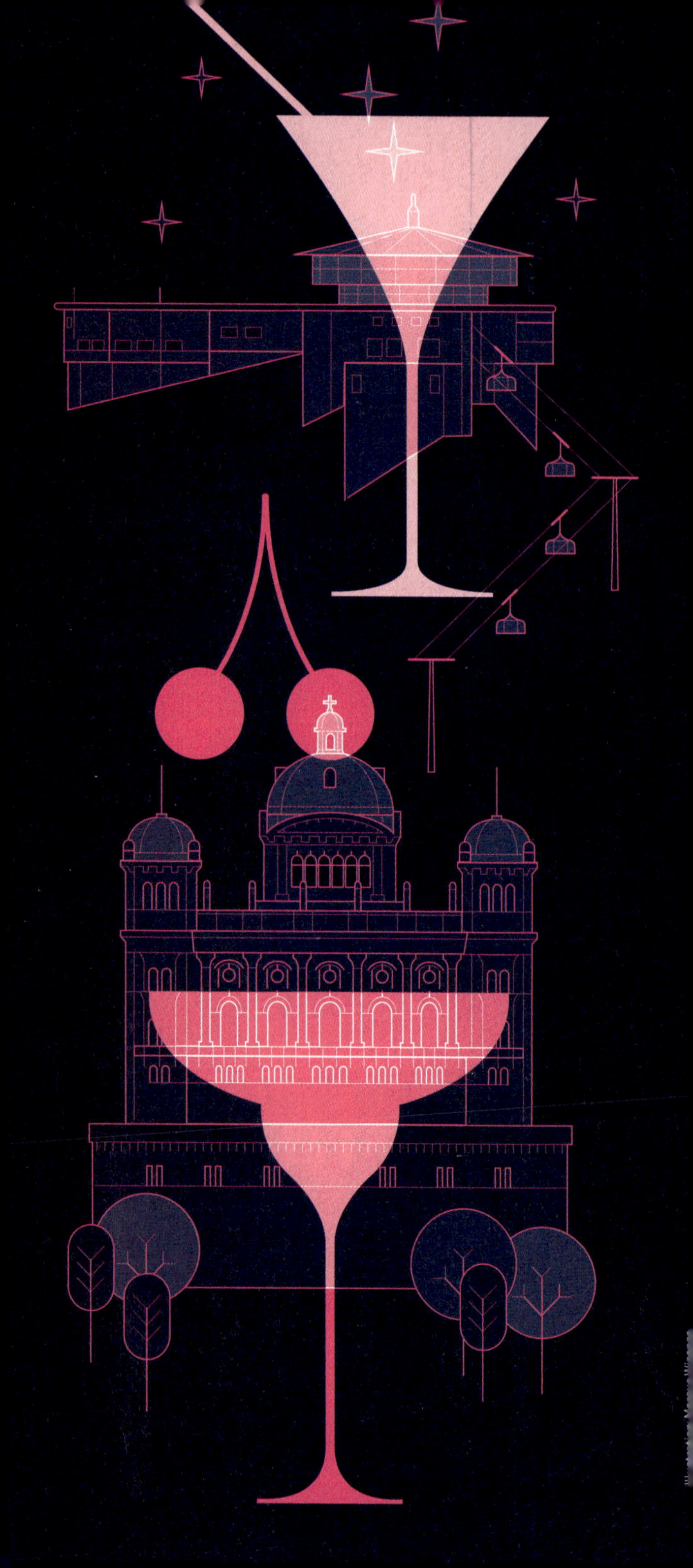

DIE BESTEN BARS UND WEINBARS IN DER SCHWEIZ

TOP-BEWERTUNGEN

Bar	Gläser	Punkte
Angels' Share 4057 Basel	YYYY Seite 380	97 Punkte
Bar am Wasser 8001 Zürich	YYYY Seite 427	97 Punkte
Kronenhalle Bar 8001 Zürich	YYYY Seite 436	97 Punkte
Old Crow 8001 Zürich	YYYY Seite 442	97 Punkte
Igniv 8001 Zürich	YYYY Seite 434	96 Punkte
Les Trois Rois 4001 Basel	YYYY Seite 385	96 Punkte
Widder Bar im Widder Hotel 8001 Zürich	YYYY Seite 447	96 Punkte
Atelier Classic Bar 3600 Thun	YYYY Seite 394	95 Punkte
Tales Bar 8001 Zürich	YYYY Seite 445	95 Punkte
Werk 8 4053 Basel	YYYY Seite 387	95 Punkte
Chedi Bar & Living Room 6490 Andermatt	YYYY Seite 419	95 Punkte
Karel Korner 6003 Luzern	YYY Seite 409	94 Punkte
Baltazar 4051 Basel	YYY Seite 380	94 Punkte
Bambou Bar Speakeasy 1201 Genf	YYY Seite 397	94 Punkte
Canvas Bar im Dolder Grand 8032 Zürich	YYY Seite 430	94 Punkte

Die Reihung ergibt sich aus der Gesamtpunktzahl und der Getränkebewertung.

SIEGER

Foto: iPixel.ch

Gastgeber des Jahres

THOMAS HUHN, LES TROIS ROIS, BASEL

Seit 2007 leitet Thomas Huhn die Geschicke der Bar Les Trois Rois, einer der besten Bars der Schweiz. Nicht wenige Stammgäste kommen nicht nur wegen der ständig wechselnden Auswahl an zeitgenössischen Cocktails der Extraklasse und der erlesenen Spirituosen, sondern vor allem auch seinetwegen, denn Huhn ist Gastgeber mit Leib und Seele.

Foto: Roman Ptak

Bartender des Jahres

PAULINA BASTIAN, EXER BAR, ZÜRICH

Nach diversen Stationen in der Limmatstadt (unter anderem Canvas Bar im The Dolder Grand und Canapé Bar) hat die junge Barkeeperin Anfang 2023 in der stadtbekannten Exer Bar übernommen. Dort mixt sie zu Sandra Böhms bunter Küche die passenden Drinks. Diese sind mal wild, mal klassisch – und immer durchwegs überzeugend.

Foto: beigestellt

Innovativster Bartender

TELMO PACHECO, NO IDEA, ZÜRICH

Jasmine Gill und Andrew Sutton haben mit der Zürcher No Idea Bar einen Ort geschaffen, wo die Grenzen zwischen Kulinarik und Mixologie gesprengt werden. Mit Telmo Pacheco haben sie den perfekten Barmann für ihr Konzept gefunden: Mit seiner jahrelangen Erfahrung und schier unendlichen Kreativität verwandelt er komplexe Ideen in köstliche Cocktails.

Foto: STEVEN KOHL PHOTOGRAPHY

Rookie-Bartender des Jahres

ANDRIN KRUMMENACHER, LOUIS BAR, LUZERN

Andrin Krummenacher stieg bereits kurz nach dem Abschluss seiner Lehre zum stellvertretenden Chef de Bar der Louis Bar im Luzerner Hotel Montana auf. Seine Kreationen zeugen von grosser Leidenschaft, sind äusserst kreativ und offenbaren immenses Potenzial, mit dem er die Schweizer Barszene in den nächsten Jahren bereichern wird.

SIEGER

Foto: Bellevue Palace

Bar-Juwel

BELLEVUE BAR, BERN

Die Bar des Grandhotels Bellevue Palace in der Berner Altstadt ist ein wahres Juwel der Schweizer Barszene. Hier treffen sich seit Jahrzehnten Einheimische, Touristen, Politiker und Journalisten zum Apéro oder Absacker. Trotz aller Historie ist weder die Stimmung noch die Getränkeauswahl angestaubt – die Bar ist und bleibt am Puls der Zeit.

Foto: STEVEN KOHL PHOTOGRAPHY

Neueröffnung des Jahres

LA CATEDRAL, ZÜRICH

In dieser «Kathedrale» wird der mexikanischen Barkunst gefrönt. Anbetungswürdig ist die vielfältige Auswahl an Mezcal, die pur genossen oder zu Cocktails verarbeitet wird. Daneben finden sich diverse andere mexikanische Spirits-Klassiker. Das äusserst kundige Barteam hilft gerne bei der Auswahl und empfiehlt den passenden «Antojito» (Snack) dazu.

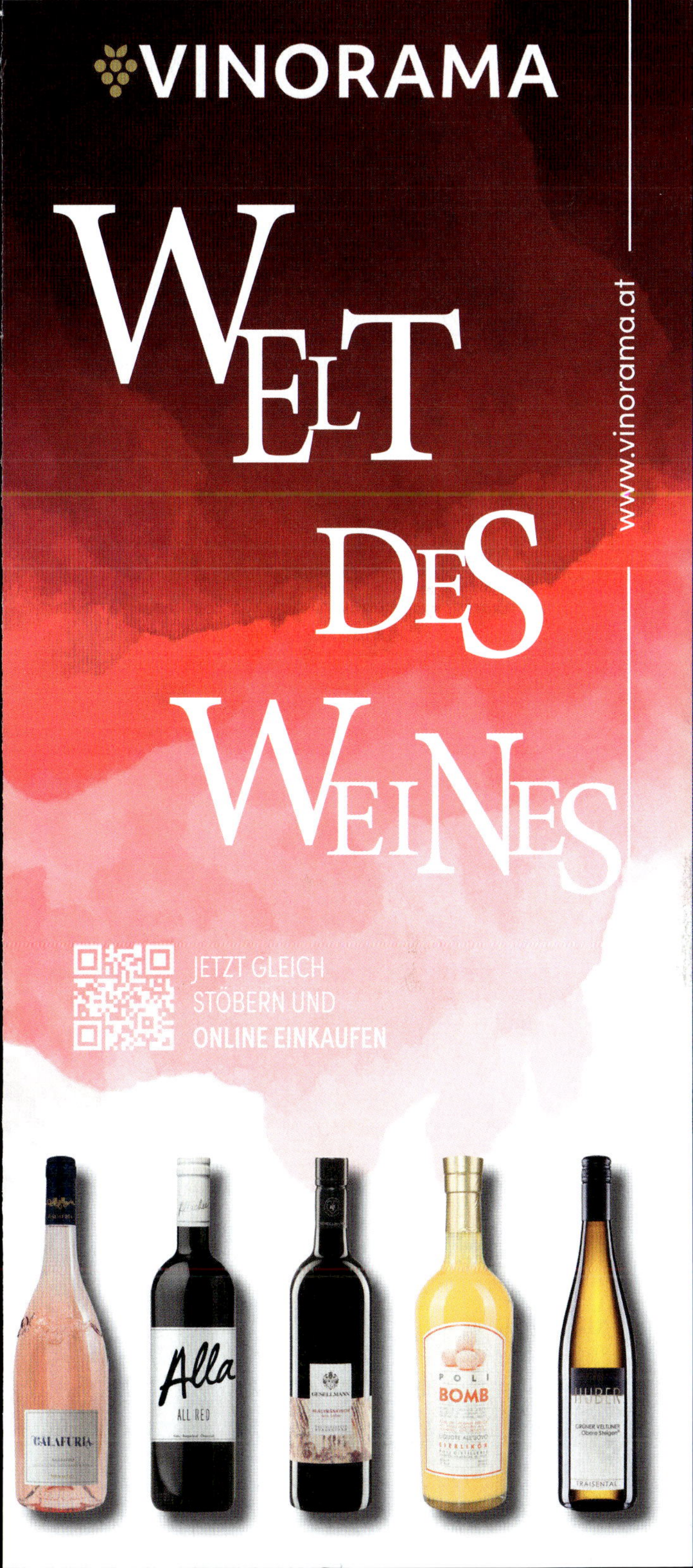
VINORAMA
WELT DES WEINES
www.vinorama.at
JETZT GLEICH
STÖBERN UND
ONLINE EINKAUFEN
CALAFURIA
Alla
ALL RED
GESELLMANN
POLI
BOMB
EIERLIKÖR
HUBER
GRÜNER VELTLINER
Obere Steigen
TRAISENTAL

Foto: Peter Vitale

American Bar

LE BAR DES BERGUES, GENF

Dank der eleganten Einrichtung und des zuvorkommenden Services fühlt man sich in dieser altehrwürdigen Bar in eine andere Zeit versetzt. Von mittags bis spätabends ist man hier bestens aufgehoben, wird vom aufmerksamen Team umsorgt und bekommt vom köstlichen Snack über edle Spirituosen bis zum perfekt gemixten Cocktail alles, was das Herz begehrt.

Foto: STEVE KOHL PHOTOGRAPHY

Restaurantbar

CARLTON, ZÜRICH

In der Carlton Bar gibt es hochkarätigen Trinkgenuss mitten in der Zürcher City. Geboten wird kreative Mixology aus handverlesenen Spirituosen. Das Barteam beherrscht sowohl klassische Cocktails als auch eine ganze Reihe an speziellen Neukreationen – es lohnt sich, hier einen Aperitif zu nehmen, egal ob man danach im Carlton Restaurant speist oder nicht.

Foto: claus brechenmacher & reiner baumann

Hotelbar

VERVE BY SVEN, BAD RAGAZ

Der Ausflug in die Bar lohnt sich, auch wenn man nicht im Hotel übernachtet. Ganz im Stil von Sven Wassmers alpiner Küche gibt es hier Cocktails aus lokalen Zutaten und prestigeträchtigen Spirituosen. Aber auch wer auf Alkohol verzichten möchte, wird dank des hervorragenden Angebots hausgemachter alkoholfreier Getränke glücklich.

TOP-BEWERTUNGEN

Mövenpick Wein-Bar
8001 Zürich
Seite 440
94 Punkte

Donatz Wine Bar
7503 Samedan
Seite 404
94 Punkte

Le Rouge et le Blanc
1201 Genf
Seite 401
94 Punkte

Viniviva
8600 Dübendorf
Seite 423
93 Punkte

Bombar
1205 Genf
Seite 398
93 Punkte

Più im Kornhaus
3011 Bern
Seite 391
93 Punkte

Martel am Bellevue
8001 Zürich
Seite 439
92 Punkte

Gamper Bar
8004 Zürich
Seite 434
92 Punkte

COR
8003 Zürich
Seite 431
92 Punkte

Gianottis
7504 Pontresina
Seite 404
92 Punkte

Sauvage
2502 Biel
Seite 392
92 Punkte

169 West
8003 Zürich
Seite 425
91 Punkte

Le Blanc Valet
1207 Genf
Seite 400
91 Punkte

Opus
6003 Luzern
Seite 410
91 Punkte

Au Coin du Bar
1207 Genf
Seite 397
91 Punkte

SELECT
SPRITZ –
DAS ORIGINAL
AUS VENEDIG.
DAS APERITIVO A & O OLIVE
DES
SPRITZ
SELECT
APERITIVO
VENEZIA
1920
SELECT
BITTER
APERITIVO
NATO A
VENEZIA
PILLA
DRINK RESPONSIBLY
selectaperitivo_dach #SelectSpritz #AperitivoUndOlive

Foto: chris.heeney

Sonderpreis Special Selection

UVA, GENF

In heimeliger Châlet-Atmosphäre geniesst man hier Schweizer Weine, dazu werden kunstvoll angerichtete Käse- und Fleischplatten serviert. Das Angebot ist vielseitig, man findet hier immer wieder neue, wenig bekannte Produzenten, besonders aus dem Umland von Genf. Bei der Auswahl des richtigen Tropfens hilft das sympathische Team.

Foto: Erna Drion

Neueröffnung Weinbar

COR, ZÜRICH

Das gemütliche COR ist unweit von Zineb Hattabs berühmten Erstrestaurant Kle. Sommelier Bernd Vogel hat sich hier sein eigenes Weinparadies geschaffen, die Auswahl ist extrem groß und wechselt häufig. Von Domaine de la Romanée-Conti bis zum günstigen Txakoli gibt es für jeden Geschmack und jedes Budget die richtige Flasche.

Viele Sterne?
Ich weiss vorab, welche meiner Gäste mich gut bewerten.
aleno
Für eine neue Ära der Gastronomie

Foto: beigestellt

Klassische Weinbar

CONSUM, BASEL

Im Consum trifft sich ganz Basel zum Apéro, von der Geschäftsfrau bis zum Arbeiter. Kein Wunder: Die Stimmung ist entspannt, der Service herzlich, die Plättli sind grosszügig belegt, und die Auswahl an Weinen ist vorzüglich. Bei einer Bestellung ab drei Dezilitern wird sogar jeder Wein auf der über 100 Flaschen umfassenden Karte als Offenwein serviert.

Foto: Nando Aerni

Natural Wine Bar

SAUVAGE, BIEL

Sauvage – also wild – sind hier nur die Weine. Die Einrichtung ist modern, aber doch gemütlich, und die Stimmung meist angeregt. Das äusserst sympathische junge Team hat eine wunderbare Auswahl an Naturweinen zusammengestellt, viele davon werden exklusiv importiert. Dazu passend gibt es kleine, schmackhafte Gerichte.

Foto: ARTINA MEIER

Weinbar in einer Vinothek

SÜDHANG AUSTERNBAR, ZÜRICH

In der Austernbar gibt es, wie der Name es verspricht, stets marktfrische Austern. Die Bar gehört zu der Weinhandlung Südhang, die sich mit ihrem schönen Angebot an ökologisch produzierten Weinen aus Europa einen Namen gemacht hat. Wem Austern nicht munden, der bestellt zum Glas Wein Käse aus Italien oder Fleisch von der Minimetzg.

Foto: beigestellt

Weinrestaurant/-bistro

BLEU NUIT, GENF

Der bekannte Gastronom Florian Le Bouhec hat das frühere Szenelokal übernommen, um ihm mit Koch Mathias Fréré neues Leben einzuhauchen. In der «Cave à Manger» gibt es nun neben einer fantastischen Auswahl an Naturweinen eine kreative, zeitgenössische Saisonküche. Auch toll: die hauseigene Speakeasy-Cocktailbar hinter einer Kühlschranktür.

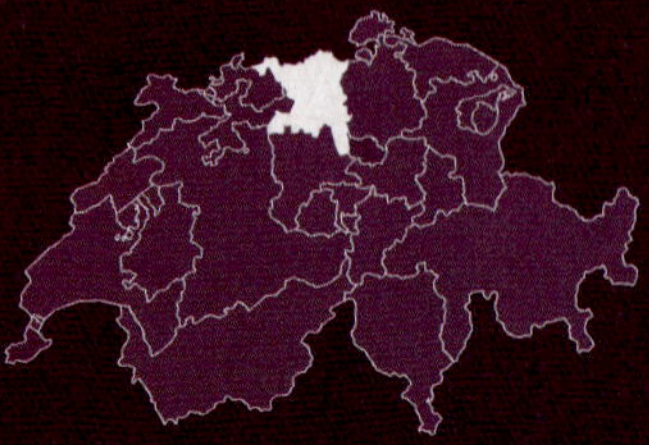

AARGAU

Mike's Weinloft 🍷🍷🍷

5600 Lenzburg

Mike und sein Team umsorgen die Gäste ab Mittag mit viel Herzblut und köstlichem Essen mitten in Lenzburgs Altstadt. Gut bestückte Weinkarte und tolle Plättli. Zu den Schaumweinen aus Frankreich und Spanien kann man etwa Häppchen aus eben diesen Ländern bestellen.
Schwerpunkt: Südeuropa, Schweiz, Deutschland

Rathausgasse 9
+41 62 5443498
mikes-weinloft.com
Kategorie: Klassische Weinbar

Weinangebot:	**46** | 50
Service	**19** | 20
Essen	**18** | 20
Ambiente:	**8** | 10
Gesamt:	**91** | 100

Veritas 🍷🍷

5630 Muri

Atmosphärisches Lokal mit speziellen Weinen aus aller Welt, die vielfach glasweise ausgeschenkt werden. Regelmässig wird das Sortiment mit Trouvaillen zu bestimmten Themen ergänzt – von A wie Amerika bis Z wie Zweigelt. Dazu gibt es ländertypische Köstlichkeiten.
Schwerpunkt: Schweiz, Italien, Frankreich

Poststrasse 6
+41 56 6649025
veritas-muri.ch
Kategorie: Weinbar im Restaurant

Weinangebot:	**44** | 50
Service	**17** | 20
Essen	**18** | 20
Ambiente:	**9** | 10
Gesamt:	**88** | 100

APPENZELL AUSSERRHODEN

Campanile da Marco 🍷🍷 — 9100 Herisau

Im Wine-Store Campanile da Marco werden Top-Weine gerne direkt im Laden entkorkt. Dazu gibt es getreu der italienischen Gastfreundschaft eine Auswahl an Häppchen à la Nonna und Spirituosen von Gin bis Whisk(e)y. Wer es sprudelnd mag, stösst mit einem Prosecco an.

Schwerpunkt: international, Österreich

Kasernenstrasse 6
+41 79 6686066
damarco.ar
Kategorie: Weinbar in Vinothek

Weinangebot:	**45** | 50
Service	**17** | 20
Essen	**18** | 20
Ambiente:	**8** | 10
Gesamt:	88 | 100

BASEL-STADT

Amber Bar 🍸🍸🍸 — 4057 Basel

Hinter der Bar auf dem Dach des Kasernenturms steckt das Team der Cocktailbar Grenzwert. Hier kann man bei toller Aussicht gute klassische und spannende Signature Cocktails, Drinks und Bier schlürfen. Dazu gibt es feine Barsnacks, zum Beispiel vegetarische Brotaufstriche im Glas und Premium-Fischkonserven.

Kasernenhof 6
+41 61 6817355
amber-bar.ch
Kategorie: American Bar

Drinks:	**45** | 50
Ambiente:	**19** | 20
Service:	**18** | 20
Sortiment:	**8** | 10
Gesamt:	90 | 100

Angels' Share 🍸🍸🍸🍸

4057 Basel

Exzellente Adresse für Whisk(e)y-Liebhaber an der Feldbergstrasse im Kleinbasel, die schon viele renommierte Preise eingeheimst hat. Das Bartender-Team vom Angel's Share wagt sich immer wieder auf neues Terrain und mixt spannende Cocktailkreationen mit saisonalen Zutaten und individuellem Charakter.

Feldbergstrasse 51
+41 79 6093107
angelsshare.bar
Kategorie: American Bar

Drinks:	**49** I 50
Ambiente:	**19** I 20
Service:	**20** I 20
Sortiment:	**9** I 10
Gesamt:	97 I 100

Baltazar 🍸🍸🍸

4051 Basel

Direkt über der Ausgangsmeile «Steinen» gelegen, ist die Baltazar Bar nicht zuletzt dank der traumhaften Terrasse ein Hotspot für Anhänger der Cocktailkultur, die einen gepflegten Afterwork oder eine magische Nacht bei ambitiösen Drinks geniessen wollen. Geschmackvoll ist auch das Interieur im Stil der 70er-Jahre.

Steinenbachgässlein 34
+41 61 2831818
baltazarbar.ch
Kategorie: Loungebar

Drinks:	**47** I 50
Ambiente:	**19** I 20
Service:	**19** I 20
Sortiment:	**9** I 10
Gesamt:	94 I 100

Barfly 🍸🍸🍸

4056 Basel

Das Barfly bietet mit über 330 Gins aus 40 Ländern die grösste Gin-Auswahl der Stadt. Die Bartender geben bereitwillig Auskunft – und wer sich nicht entscheiden kann, lässt sich auf ein Gin-Tasting ein. Ergänzt wird die Gin-Ecke mit saisonalen Cocktails, einer Auswahl an Single Malt Whisk(e)ys und zahlreichen Biersorten.

Sankt-Johanns-Vorstadt 11
+41 61 2620138
bar-fly.ch
Kategorie: American Bar

Drinks:	**44** I 50
Ambiente:	**18** I 20
Service:	**19** I 20
Sortiment:	**9** I 10
Gesamt:	90 I 100

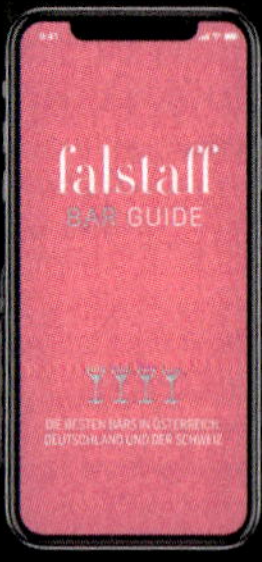

basso ꓲꓲ

4056 Basel

Das basso ist das neue Schmuckstück der Basler Barszene. Nicht nur die Location direkt am Rhein im Asklepios-8-Gebäude der Stararchitekten Herzog & de Meuron macht es besonders, das junge, sympathische Team hat eine Karte mit kreativen Signature Cocktails, (Natur-)Weinen und leckerem «Comfort Food» zusammengestellt.

Elsässerrheinweg 101
+41 61 5118877
bassoverse.space
Kategorie: Restaurantbar

Drinks:	**44** | 50
Ambiente:	**19** | 20
Service:	**17** | 20
Sortiment:	**8** | 10
Gesamt:	88 | 100

Bibliothek Bar

4051 Basel

Die schmucke Bibliothek Bar gleich beim Barfüsser Platz ist ein lebendiger Ort und ein Schmelztiegel der Kulturen und Generationen. Um die Kultur zu fördern und den Gästen immer wieder Neues zu bieten, finden regelmässig Events und Themenabende statt. Neben köstlichen Drinks gibt es gesunde Poke Bowls aus Bio-Zutaten.

Kohlenberg 7
+41 79 7561524
bibliothekbar.ch
Kategorie: Loungebar

Drinks:	**44** | 50
Ambiente:	**18** | 20
Service:	**19** | 20
Sortiment:	**8** | 10
Gesamt:	89 | 100

Campari Bar

4001 Basel

Mit Eleganz und Nonchalance punktet die wohl angesagteste Campari-Bar der Stadt. Hier trifft man sich im beschatteten Garten oder an der Bar in stilvollem Ambiente auf einen Longdrink, ein Glas Wein oder einen Espresso im Stehen. Ikonisch ist neben dem Interieur auch die Lage zwischen Theater und Kunsthalle.

Steinenberg 7
+41 61 2724233
restaurant-kunsthalle.ch
Kategorie: Restaurantbar

Drinks:	**47** | 50
Ambiente:	**19** | 20
Service:	**19** | 20
Sortiment:	**8** | 10
Gesamt:	93 | 100

Cargobar

4056 Basel

Seit über 25 Jahren verbindet die Cargobar Industrial Chic, Kunst und Musik zu einem stimmigen Ganzen. Direkt am Rhein gelegen werden hier klassische Drinks, Bier und Wein serviert, regelmässig gibt es dazu musikalische Untermalung von DJs und Bands. Die Stimmung ist hier immer gut, das Publikum ist bunt durchmischt.

St.-Johanns-Rheinweg 69
+41 61 3210072
cargobar.ch
Kategorie: Club

Drinks:	**43** | 50
Ambiente:	**18** | 20
Service:	**18** | 20
Sortiment:	**7** | 10
Gesamt:	86 | 100

Chez Grisoni 🍷🍷 4051 Basel

Im Chez Grisoni am Klosterberg lässt es sich verweilen, entdecken, geniessen. Bei der Wahl des bevorzugten Tropfens steht das Team mit Rat und Tat zur Seite. Einmal im Degustationsmodus angekommen, empfiehlt sich das Weinbegleiter-Plättli mit Trockenfleisch und Käse.
Schwerpunkt: Frankreich, Spanien, Italien

Klosterberg 15 +41 61 2287027 chezgrisoni.ch **Kategorie: Weinbar in Vinothek**	Weinangebot: **44** I 50 Service **18** I 20 Essen **17** I 20 Ambiente: **8** I 10
	Gesamt: 87 I 100

Consum 🍷🍷🍷 4058 Basel

Das Consum in der Kleinbasler Altstadt mag es unkompliziert und lebendig – Reservationen werden in der beliebten Weinbar keine angenommen. Mit über 100 Weinen auf der Karte, Salami- und Käsespezialitäten gibt es auch genügend Gründe, etwas länger sitzen zu bleiben.
Schwerpunkt: international, Schweiz

Rheingasse 19 +41 61 6909130 consumbasel.ch **Kategorie: Klassische Weinbar**	Weinangebot: **45** I 50 Service **19** I 20 Essen **18** I 20 Ambiente: **9** I 10
	Gesamt: 91 I 100

Conto 4056 🍸🍸🍸 4056 Basel

Das Conto 4056 bringt mediterranes Flair ins St. Johann. Antipasti-Plättli, die man individuell zusammenstellen kann, frische Focaccia und eine bemerkenswerte Auswahl an Weinen im Offenausschank machen die Bar am Voltaplatz zu einem Treffpunkt, der die Gäste für einige Stunden nach Bella Italia entführt.

Gasstrasse 1 +41 61 2614056 conto4056.com **Kategorie: Loungebar**	Drinks: **45** I 50 Ambiente: **19** I 20 Service: **19** I 20 Sortiment: **8** I 10
	Gesamt: 91 I 100

Derrière 🍸🍸

4058 Basel

Inmitten des Basler Rotlichtviertels und im ehemaligen Bordell Moulin Rouge befindet sich die Derrière Bar. Heute trinkt man hier Stangen, statt beim Stangentanzen zuzuschauen. Oder man wählt einen der kreativen Cocktails, die ab Fass serviert werden. Das Ambiente erinnert an ein Paris längst vergangener Zeiten.

Ochsengasse 18	Drinks:	**44** / 50
	Ambiente:	**18** / 20
derriere.ch	Service:	**18** / 20
Kategorie: American Bar	Sortiment:	**8** / 10
	Gesamt:	88 / 100

Flore 🍷🍷🍷

4057 Basel

Miron Landreau und sein Team sind mit dem Flore zu einem lebendigen und unverzichtbaren Treffpunkt fürs Quartier geworden. Hier treffen sich Menschen verschiedener Kulturen und Altersgruppen, um gemeinsam die Freude an Wein-Raritäten und Käsespezialitäten zu teilen.

Schwerpunkt: Frankreich, ökologischer Anbau, biodynamische Weine

Klybeckstrasse 5	Weinangebot:	**46** / 50
+41 77 4549472	Service	**17** / 20
florebasel.weebly.com	Essen	**18** / 20
Kategorie: Weinbistro	Ambiente:	**9** / 10
	Gesamt:	90 / 100

Grenzwert 🍸🍸🍸

4058 Basel

Die Grenzwert Bar mitten im Kleinbasel ist einzigartig. Nicht nur wegen der ausgefallenen Einrichtung und des versteckten lauschigen Gärtchens im Hinterhof, sondern auch, weil hier immer besondere Cocktails angeboten werden. Das freundliche Team ist sehr hilfreich bei der Auswahl des richtigen Getränks.

Ochsengasse 14	Drinks:	**46** / 50
+41 61 6810282	Ambiente:	**18** / 20
grenzwert.ch	Service:	**18** / 20
Kategorie: American Bar	Sortiment:	**9** / 10
	Gesamt:	91 / 100

Herz 🍸🍸🍸

4058 Basel

Martin Bornemann und Norbu Tsering betreiben ihre Nachbarschafts-Cocktailbar mit viel Herzblut und Leidenschaft für nicht alltägliche Cocktailkreationen. Aufgepeppt mit saisonalen Zutaten und Spirituosen aus der eigenen Hausbrennerei im Hinterhof, ist das Bekenntnis zur Region auch bei den Weinen ersichtlich.

Clarastrasse 11	Drinks:	**47** / 50
	Ambiente:	**18** / 20
herzbasel.com	Service:	**18** / 20
Kategorie: American Bar	Sortiment:	**9** / 10
	Gesamt:	92 / 100

Hinz & Kunz

4051 Basel

Pascal Kunz und Daniel Mumenthaler sind alte Hasen in der Barszene. Ihre Qualitätsansprüche finden sich auf der gehaltvollen Karte und im Cocktailglas wieder. Mit fast tausend Spirituosen, einer eindrücklichen Whisk(e)y-Auswahl und einem talentierten Team im Rücken haben die beiden eine stilvolle Genussoase geschaffen.

Steinentorberg 20
+41 61 4030404
hinzundkunz.bar
Kategorie: American Bar

Drinks:	**46** I 50
Ambiente:	**19** I 20
Service:	**19** I 20
Sortiment:	**10** I 10
Gesamt:	94 I 100

Imi

4058 Basel

Die Imi Bar im Volkshaus ist nach dem deutschen Künstler Imi Knoebel benannt, der die Glasfenster in der Imi Bar gestaltet und damit ein Kunstwerk von Welt geschaffen hat. Die Barkarte ist klug zusammengestellt und bietet neben lokalen Cocktails auch immer Wochenspecials und feine Signature Dishes für den kleinen Hunger.

Rebgasse 12–14
+41 61 6909310
volkshaus-basel.ch
Kategorie: American Bar

Drinks:	**44** I 50
Ambiente:	**19** I 20
Service:	**18** I 20
Sortiment:	**7** I 10
Gesamt:	88 I 100

Invino

4051 Basel

Die Weinbar Invino an der Bäumleingasse ist für ihre Gäste immer auf der Suche nach speziellen Weinen, egal, ob es um die Herkunft, die Traubensorte, die Anbauweise oder die Kelterung geht. Als harmonische Begleiter dienen köstliche Delikatessen und herzhafte Plättli.
Schwerpunkt: international

Bäumleingasse 9
+41 61 2716633
invino-basel.ch
Kategorie: Klassische Weinbar

Weinangebot:	**46** I 50
Service	**19** I 20
Essen	**17** I 20
Ambiente:	**8** I 10
Gesamt:	90 I 100

Irrsinn Bar

4058 Basel

Von Blues über Rock bis Metal läuft in der Irrsinn Bar alles, was für gute Stimmung und ein unkompliziertes Miteinander sorgt. Das riesige Spirituosensortiment lädt die Gäste ein, sich ihren Lieblingscocktail mixen zu lassen, aber auch ein kühles Bier oder ein süffiger Wein werden vom Barteam ebenfalls gerne serviert.

Rebgasse 43
+41 77 4158757
irrsinnbar.ch
Kategorie: American Bar

Drinks:	**43** I 50
Ambiente:	**17** I 20
Service:	**17** I 20
Sortiment:	**9** I 10
Gesamt:	86 I 100

Les Trois Rois

4001 Basel

Thomas Huhn leitet seine Brigade seit vielen Jahren mit Geschick und behält dabei immer ein Gespür für die Wünsche der genussaffinen Gäste. Was hinter dem Bartresen und direkt vor dem Gast gemixt wird, ist hohe Schule. Hinzu kommt die einmalige Atmosphäre in historischer Kulisse – Rheinblick inklusive.

Blumenrain 8
+41 61 2605050
lestroisrois.com
Kategorie: Hotelbar

Drinks:	**49** I 50
Ambiente:	**19** I 20
Service:	**19** I 20
Sortiment:	**9** I 10
Gesamt:	96 I 100

Lora

4051 Basel

Inspiriert von der klassisch-modernen Cocktailkultur kreiert das Mixology-Team vom Lora eine saisonal beeinflusste Cocktail-Signature-Karte mit Wow-Effekt. Sirupe werden selber gemacht und Reste wiederverwertet, um auch den Nachhaltigkeitsgedanken zu leben. Für Hungrige gibt es köstliche Gourmet-Pizzen.

Centralbahnstrasse 10
+41 61 2057066
lorabasel.ch
Kategorie: Restaurantbar

Drinks:	**45** I 50
Ambiente:	**18** I 20
Service:	**18** I 20
Sortiment:	**9** I 10
Gesamt:	90 I 100

Renée

4058 Basel

Die Bar liegt inmitten des Basler Rotlichtmilieus und ist als Szenebar nicht mehr aus dem Kleinbasel wegzudenken. Die Ausstattung ist stylish und hat etwas von einem Underground Club in einer Grossmetropole. Von der Barkarte sind die Cocktail-Eigenkreationen und das grosse Schaumwein-Angebot zu empfehlen.

Klingental 18
renee.ch
Kategorie: Club

Drinks:	**46** I 50
Ambiente:	**17** I 20
Service:	**19** I 20
Sortiment:	**9** I 10
Gesamt:	91 I 100

SMUK Bar

4057 Basel

Die schmucke SMUK Bar lädt jeweils von Donnerstag bis Samstagabend zum kreativen Cocktailgenuss ein, auch in der alkoholfreien Variante gibt es allerhand zu probieren. Zum Getränkeangebot gehören weiter eine grosse Auswahl an Bieren, darunter regionales Craftbier, schöne Weine und weitere Barklassiker.

Feldbergstrasse 121
+41 61 6838080
smuk.bar
Kategorie: Restaurantbar

Drinks:	**44** I 50
Ambiente:	**19** I 20
Service:	**19** I 20
Sortiment:	**7** I 10
Gesamt:	89 I 100

Spale

4051 Basel

Die Spale Bar in der Basler Altstadt wird Nostalgikern besonders gut gefallen. Die Art-déco-Einrichtung gibt ihr einen aparten Touch, allerdings lohnt sich der Besuch auch für die schöne Weinauswahl, die leckeren Flammkuchen und Pinsas und die gesellige Stimmung.
Schwerpunkt: Italien, Schweiz

Spalenberg 53
+41 61 2612105
spale-bar.ch
Kategorie: Weinbistro

Weinangebot:	**43** I 50
Service	**18** I 20
Essen	**17** I 20
Ambiente:	**9** I 10
Gesamt:	87 I 100

Spark

4053 Basel

Fans des portugiesischen Weins, Essens und der Gastfreundschaft kommen hier auf ihre Kosten. Zu einer tollen Auswahl an Flaschen- und Offenweinen gibt es sogenannte Petiscos, portugiesische Tapas, zu geniessen. Besonders schön ist im Sommer der Garten im Hinterhof.
Schwerpunkt: Portugal

Güterstrasse 166
+41 78 2284494
sparklingventure.com
Kategorie: Weinbistro

Weinangebot:	**43** I 50
Service	**17** I 20
Essen	**18** I 20
Ambiente:	**8** I 10
Gesamt:	86 I 100

Viertel

4052 Basel

Das Viertel beim Basler Dreispitz bietet ein buntes Potpourri an Kulturevents in diversen Sparten – Poetry Slam, Comedy, Day Dance, Konzerte und vieles mehr. Im Sommer wird das Viertel-Dach zur lauschigen Freiluft-Genussoase mit Drinks und Food, bevor man im dazugehörigen Club feiern und Live-Acts lauschen kann.

Münchensteiner Strasse 81
+41 61 3110400
dasviertel.ch
Kategorie: Club

Drinks:	**44** I 50
Ambiente:	**18** I 20
Service:	**18** I 20
Sortiment:	**7** I 10
Gesamt:	87 I 100

vino e/y vino

4051 Basel

Das vino e/y vino bietet in der belebten Markthalle eine kleine Weingenussoase mit einem schönen Angebot an spanischen und italienischen Weinen, auch Frankreich und die Schweiz sind vertreten. Für Probierfreudige steht jeweils ein aktueller Monatswein bereit.
Schwerpunkt: Spanien, Italien

Markthalle Basel, Steinentorberg 20
+41 77 4956013
vinoeyvino.ch
Kategorie: Weinbar in Vinothek

Weinangebot:	**44** I 50
Service	**17** I 20
Essen	**18** I 20
Ambiente:	**9** I 10
Gesamt:	88 I 100

VinOptimum

4051 Basel

In der Weinbar VinOptimum am Grossbasler Rheinufer werden Gäste zu Freunden. Um die Passion für den Wein zu nähren, stehen spannende Weine und Schäumer im Offenausschank auf der Karte, dazu gibt es saisonale Gerichte, die das Gesamterlebnis stimmig abrunden.
Schwerpunkt: international, Schweiz

Blumenrain 24
+41 61 6316060
vin-optimum.ch
Kategorie: Weinbar im Restaurant

Weinangebot:	**46** I 50
Service	**18** I 20
Essen	**18** I 20
Ambiente:	**9** I 10
Gesamt:	91 I 100

Werk 8

4053 Basel

Beheimatet in einer ehemaligen Maschinenfabrik, hat sich das Werk 8 im Gundeldingerfeld mit hochwertigen Cocktails, tollen Weinen und köstlichem Soulfood eine treue Fangemeinde aufgebaut. Der Fokus liegt auf Saisonalität, Regionalität und Nachhaltigkeit, sodass das Barangebot abwechslungsreich und im Wandel bleibt.

Dornacherstrasse 192
+41 61 5510880
werkacht.ch
Kategorie: Loungebar

Drinks:	**48** I 50
Ambiente:	**19** I 20
Service:	**19** I 20
Sortiment:	**9** I 10
Gesamt:	95 I 100

Zum Kuss

4051 Basel

Das Zum Kuss im Elisabethenpark ist atmosphärisch in einem weissen Tonnengewölbe beheimatet – und überzeugt mit einem findigen kulinarischen Angebot, das die Gäste von morgens bis abends mit Kaffeespezialitäten, hochwertigen Drinks und tollen Weinen verwöhnt – dazu gibt es neben dem «Kussplättli» weitere Leckereien.

Elisabethenstrasse 59	Drinks:	**44** I 50
+41 61 2716030	Ambiente:	**19** I 20
zumkuss.ch	Service:	**19** I 20
Kategorie: Restaurantbar	Sortiment:	**8** I 10
	Gesamt:	90 I 100

Zum Teufel

4051 Basel

In den historischen Räumlichkeiten werden Café-Kultur und Bar harmonisch miteinander vereint, tagsüber gibt es hausgemachten Kuchen und feine Kaffeespezialitäten, abends werden Apéro-Kultur und Weingenuss zelebriert. Vom hausgebrauten Bier über spannende Cocktails bis hin zu edlen Tropfen fehlt es hier an nichts.

Leonhardsgraben 49	Drinks:	**45** I 50
+41 61 2611010	Ambiente:	**18** I 20
teufelhof.com	Service:	**18** I 20
Kategorie: Hotelbar	Sortiment:	**8** I 10
	Gesamt:	89 I 100

BERN

Abflugbar

3011 Bern

Wer in der Abflugbar einen Drink bestellt, kann sich wie im Lounge-Bereich eines modernen Flughafens zurücklehnen und entspannen. Weil man hier aber nicht zum Gate hetzen muss, lohnt sich ein weiterer Blick auf die «Abfluganzeige», die neben spannenden Cocktails auch eine schöne Wein- und Bierauswahl bietet.

Gerechtigkeitsgasse 50	Drinks:	**46** I 50
+41 79 7515932	Ambiente:	**18** I 20
abflugbar.ch	Service:	**19** I 20
Kategorie: Loungebar	Sortiment:	**8** I 10
	Gesamt:	91 I 100

Bellevue Bar 🍸🍸🍸

3011 Bern

In der Bellevue Bar des Berner Grandhotels ist die reichhaltige Historie spürbar. Hier werden wertvolle Traditionen gepflegt und das lokale und internationale Publikum mit Stil und Klasse bewirtet. Die umfangreiche Barkarte bietet alles, was es für einen besonderen Genussmoment im Herzen der Altstadt braucht.

Kochergasse 3–5
+41 31 3204545
bellevue-palace.ch
Kategorie: Hotelbar

Drinks:	**45** | 50
Ambiente:	**19** | 20
Service:	**18** | 20
Sortiment:	**9** | 10
Gesamt:	91 | 100

Department 66 🍸🍸🍸

3011 Bern

Das Department 66 setzt sich für eine fortschrittliche Trinkkultur ein und hat sich zum Geheimtipp in der Berner Altstadt gemausert. Zwischen ausgeklügelten Cocktails, edlen Spirituosen und einem schönen Wein- und Bierangebot wird hier in grandioser Atmosphäre über die grossen und kleinen Fragen des Lebens diskutiert.

Rathausgasse 66

department66.ch
Kategorie: American Bar

Drinks:	**45** | 50
Ambiente:	**18** | 20
Service:	**19** | 20
Sortiment:	**8** | 10
Gesamt:	90 | 100

Giardino Restaurant & Bar 🍸🍸

3013 Bern

Eine urbane Wohlfühloase für mediterranen Genuss – das Giardino Restaurant samt Bar möchte seinen Gästen eine besondere Auszeit ermöglichen. Die Bar ist als Herzstück im stilvollen Lokal angelegt und lädt von morgens bis abends zum genussvollen Verweilen ein. Idyllisch ist auch der schön angelegte Garten.

Kornhausstrasse 3
+41 31 3395265
kursaal-bern.ch
Kategorie: Hotelbar

Drinks:	**44** | 50
Ambiente:	**18** | 20
Service:	**19** | 20
Sortiment:	**8** | 10
Gesamt:	89 | 100

Gin König 🍸🍸

3011 Bern

400 Gins aus allen Herren Ländern bietet der Gin König an der Kochergasse. Das Barteam setzt den Wacholderschnaps in puristischer bis spektakulärer Weise in Szene, die Cocktails reichen von klassisch bis innovativ und bieten Gin-Fans alles, was man sich für einen genussvollen Gin-Abend wünschen kann.

Kochergasse 1
+41 31 8192020
ginkönig.ch
Kategorie: American Bar

Drinks:	**43** | 50
Ambiente:	**17** | 20
Service:	**18** | 20
Sortiment:	**9** | 10
Gesamt:	87 | 100

Klösterli Weincafé 🍷🍷🍷

3013 Bern

Immer auf der Suche nach neuen Weinen stockt das Klösterli Weincafé am Klösterlistutz sein Weinregal alle paar Wochen mit Neuentdeckungen auf. Zu den 120 Positionen auf der Karte, die sich auf nachhaltige Weingüter fokussieren, werden authentische Speisen serviert.
Schwerpunkt: biodynamische Weine, Europa, Schweiz

Klösterlistutz 16
+41 31 3501000
kloesterlibern.ch
Kategorie: Weinbistro

Weinangebot:	**45** | 50
Service	**18** | 20
Essen	**18** | 20
Ambiente:	**9** | 10
Gesamt:	90 | 100

Kornhauskeller Bar 🍸🍸🍸

3011 Bern

Schlicht atemberaubend ist das historische Ambiente in der Bar im Kornhauskeller. Um die elegante Architektur auf sich wirken zu lassen, lohnt es sich, die smarte Barkarte zu sichten, die von trendigen Aperitif-Getränken über Klassiker bis hin zu Wein und Spirituosen alles für einen genussvollen Barbesuch bietet.

Kornhausplatz 18
+41 31 3277272
kornhaus-bern.ch
Kategorie: Restaurantbar

Drinks:	**45** | 50
Ambiente:	**19** | 20
Service:	**18** | 20
Sortiment:	**8** | 10
Gesamt:	90 | 100

Kreissaal Bar 🍸🍸🍸

3011 Bern

In der Kreissaal Bar wird eine erfrischend-innovative Barkultur gelebt. Anstatt an Altbewährtem festzuhalten, werden Cocktails mit geistreichen, teils frechen und mutigen Ideen gemixt, das Ergebnis sind kräftige und eigenwillige Aromen im Cocktailglas. Hinzu kommt eine findige Auswahl an Whisk(e)y und gute Musik.

Brunngasshalde 63
+41 31 3125000
kreissaal.be
Kategorie: Loungebar

Drinks:	**45** | 50
Ambiente:	**18** | 20
Service:	**19** | 20
Sortiment:	**8** | 10
Gesamt:	90 | 100

Kurt&Kurt 🍸🍸🍸

3011 Bern

Nur einen Katzensprung vom Berner Hauptbahnhof entfernt, überzeugt das Kurt&Kurt Whisk(e)y- und Gin-Kenner mit einer riesigen Auswahl, aber auch die Cocktailkreationen animieren dazu, es nicht bei einem Barbesuch zu belassen. Zu Drinks und guter Stimmung kann man das köstliche Streefood von Bandito Burrito geniessen.

Aarbergergasse 28
+41 31 3827777
kurtundkurt.ch
Kategorie: American Bar

Drinks:	**45** I 50
Ambiente:	**19** I 20
Service:	**18** I 20
Sortiment:	**9** I 10
Gesamt:	91 I 100

La passion du vin 🍷🍷🍷

3011 Bern

Passend an der Schauplatzgasse beheimatet, bietet die Bar einen Schauplatz für Weine und ihre Geschichten. Die dazugehörige Vinothek bietet 500 Weine, die in netter Ambiance und mit auserlesenen Speisen, wie etwa edlem Culatta-Rohschinken, genossen werden können.
Schwerpunkt: Europa

Schauplatzgasse 27
+41 31 3127040
passionduvin.ch
Kategorie: Weinbar in Vinothek

Weinangebot:	**46** I 50
Service	**18** I 20
Essen	**19** I 20
Ambiente:	**8** I 10
Gesamt:	91 I 100

Lobby Lounge Bar Schweizerhof 🍸🍸

3001 Bern

Wer sich mit Freunden, Geschäftspartnern oder Familie in stilvollem Ambiente auf einen gehaltvollen Austausch treffen möchte, kommt um die Lobby Lounge Bar des Schweizerhofs nicht herum. Die Bar- und Snackkarte bietet alles, von klassisch bis modern, was es für genussvolle Stunden mit tadellosem Service braucht.

Bahnhofplatz 11
+41 31 3268080
schweizerhofbern.com
Kategorie: Hotelbar

Drinks:	**44** I 50
Ambiente:	**17** I 20
Service:	**18** I 20
Sortiment:	**8** I 10
Gesamt:	87 I 100

Più im Kornhaus 🍷🍷🍷

3011 Bern

Das Più im ehemaligen Kornhaus-Café widmet sein Herzblut den neapolitanischen Pizzen, die mit der passenden Weinbegleitung zum Hochgenuss werden. Als Inspirationsquelle dient die daneben liegende Vinothek, fachkundige Sommeliers helfen gerne bei der Auswahl.
Schwerpunkt: Italien

Kornhausplatz 18
+41 31 3277270
piu-ristorante.ch
Kategorie: Weinbar im Restaurant

Weinangebot:	**47** I 50
Service	**18** I 20
Essen	**19** I 20
Ambiente:	**9** I 10
Gesamt:	93 I 100

Taube 🍸🍸🍸

3011 Bern

Die vier Berner Lorenz, Ben, Marc und Seun haben aus dem ehemaligen Tübeli eine glanzvolle Taube geformt. Mit einem stichfesten Spirituosen-Sortiment, diversen Biersorten und kreativem Geist bewirten die erfahrenen Bartender ihre Gäste und mixen fulminante Cocktails, die sich nicht schubladisieren lassen.

Rathausgasse 50	Drinks:	**45** I 50
+41 31 5561650	Ambiente:	**18** I 20
dietaube.ch	Service:	**19** I 20
Kategorie: Loungebar	Sortiment:	**8** I 10
	Gesamt:	90 I 100

Turbo Lama 🍸🍸

3014 Bern

Urban flair at its best – dafür steht das Turbo Lama im Berner Wankdorf-Quartier. Bar und Restaurant in einem, hat sich die Location zwischen Glas, Stahl, wilden Pflanzen und einer stylishen Sitzlounge zum Treffpunkt für genussvolle Mittags- und Abendstunden entwickelt, auch dank spannender Cocktail-Kreationen.

Hilfikerstrasse 4	Drinks:	**45** I 50
+41 31 3310091	Ambiente:	**18** I 20
turbolama.ch	Service:	**18** I 20
Kategorie: Loungebar	Sortiment:	**8** I 10
	Gesamt:	89 I 100

Sauvage 🍷🍷🍷

2502 Biel

Wenn es um Wein und Weinkultur geht, liegt dem Sauvage in Biel etwas am Herzen: ein respektvoller Umgang mit der Umwelt und ihren Ressourcen. Mit diesem Sinn für Nachhaltigkeit lädt die Weinbar zu gutem Essen, guten Tischgesprächen und wilden Tasting-Abenden ein.
Schwerpunkt: Raw/Natural Wine, biodynamische Weine

Zentralstrasse 19	Weinangebot:	**46** I 50
+41 32 5101066	Service	**18** I 20
sauvage-biel.ch	Essen	**19** I 20
Kategorie: Weinbistro	Ambiente:	**9** I 10
	Gesamt:	92 I 100

Le Grand Bellevue Bar 🍸🍸🍸

3780 Gstaad

Wer es sich auf dem 17,5 Meter langen Chesterfield-Sofa gemütlich macht, kann die spezielle Atmosphäre der Bar im Le Grand Bellevue auf sich wirken lassen. Von morgens bis abends gibt es für jede Gelegenheit das Passende, frisches Gebäck, edlen Champagner oder etwa raffinierte Cocktails – alles mit Stil serviert.

Untergstaadstrasse 17	Drinks:	**46** I 50
+41 33 7480000	Ambiente:	**19** I 20
bellevue-gstaad.ch	Service:	**19** I 20
Kategorie: Hotelbar	Sortiment:	**9** I 10
	Gesamt:	93 I 100

Victoria Bar 🍸🍸🍸

3800 Interlaken

Für ein stilvolles Chin-chin gibt es in der renommierten Victoria Bar immer einen Grund. Hier finden Freunde gepflegter Barkultur alles, was ihr Geniesserherz begehrt: feinste Single Malts, Cognacs und Rums, ambitiöse Cocktails, edle Weine, kulinarische Köstlichkeiten und natürlich eine einmalig schöne Kulisse.

Höheweg 41
+41 33 8282602
victoria-jungfrau.ch
Kategorie: Restaurantbar

Drinks:	**46** | 50
Ambiente:	**18** | 20
Service:	**20** | 20
Sortiment:	**8** | 10
Gesamt:	92 | 100

One Million Stars 🍸🍸

3778 Schönried

Hier geniesst man den Cocktail mit Stil und viel Glamour: Denn in der One Million Stars Bar glitzern und funkeln rund eine Million Swarovski-Kristalle in den unterschiedlichsten Farben. Auf der Karte stehen vife Cocktails, klassische Longdrinks, feine Grappas und Gins – alles stimmig begleitet von Pianomusik.

Dorfstrasse 46
+41 33 7480430
ermitage.ch
Kategorie: Hotelbar

Drinks:	**43** | 50
Ambiente:	**19** | 20
Service:	**18** | 20
Sortiment:	**8** | 10
Gesamt:	88 | 100

Eden Bistro-Bar 🍸🍸

3700 Spiez

Die schmucke Bistro-Bar ist ein beliebter Treffpunkt für Gäste und Einheimische und hält zu jeder Tageszeit das Richtige bereit. Von der Terrasse aus bietet sich ein toller Ausblick auf Thunersee und Berge. Es lohnt sich, in der gut bestückten Weinkarte zu blättern oder die Bartender einen Drink mixen zu lassen.

Seestrasse 58
+41 33 6559900
eden-spiez.ch
Kategorie: Hotelbar

Drinks:	**43** | 50
Ambiente:	**18** | 20
Service:	**18** | 20
Sortiment:	**8** | 10
Gesamt:	87 | 100

Atelier Classic Bar 🍸🍸🍸🍸

3600 Thun

Ivan Urech und sein Team schaffen in der Atelier Classic Bar eine Manege für liquide Poesie und gehen dabei mutige und unkonventionelle Wege. Das Ergebnis im Glas ist ein harmonisches Miteinander optimaler Zutaten und hinterlässt einen bleibenden Eindruck. Auch die alkoholfreien Varianten überzeugen mit Raffinesse.

Rathausplatz 3
+41 33 2237567
bar-atelier.ch
Kategorie: American Bar

Drinks:	**48** I 50
Ambiente:	**19** I 20
Service:	**19** I 20
Sortiment:	**9** I 10
Gesamt:	95 I 100

Enoteca Italia 🍷🍷

3600 Thun

Vito Licari möchte die Liebe zur Kulinarik seines Heimatlandes Italien mit den Gästen teilen. Beachtlich ist die Auswahl an Weinen und Grappa aus Sizilien, von wo er stammt. Hinzu kommt eine fachkundige Beratung durch den passionierten Sommelier und sein Team.
Schwerpunkt: Italien

Hofstettenstrasse 15
+41 33 2224448
enotecaitalia.ch
Kategorie: Weinbar in Vinothek

Weinangebot:	**44** I 50
Service	**19** I 20
Essen	**17** I 20
Ambiente:	**8** I 10
Gesamt:	88 I 100

Galerie Boutique Bar

3600 Thun

Die Galerie Boutique Bar am Thuner Aarequai ist Bar und Galerie in einem. Barbetreiber Gage Plecic bietet regionalen Kunstschaffenden eine Plattform, während er und sein Team hinter dem Tresen anspruchsvolle Cocktails mit Eigencharakter und frischen, hausgemachten Zutaten mixen. Auch das Ambiente hat Klasse!

Obere Hauptgasse 74
+41 33 2235555
galerie-boutiquebar.ch
Kategorie: American Bar

Drinks:	**46** | 50
Ambiente:	**18** | 20
Service:	**19** | 20
Sortiment:	**9** | 10
Gesamt:	92 | 100

Crapule Club

1700 Freiburg

Chic und grossstädtisch wirkt der Crapule Club im Zentrum Freiburgs. Die Einrichtung ist stilvoll und modern, die Stimmung oft ausgelassen. Auf der Karte findet man besondere Cocktails, von der kreativen Barcrew aus besten Zutaten gemixt. Stil wird auch von den Besuchern erwartet, denn hier gilt ein strikter Dresscode.

Grand-Places 14
+41 26 3215000
crapuleclub.ch
Kategorie: Club

Drinks:	**45** | 50
Ambiente:	**19** | 20
Service:	**18** | 20
Sortiment:	**9** | 10
Gesamt:	91 | 100

Jo.

1700 Freiburg

Hier trifft man neue und alte Freunde, trinkt zusammen ein gutes Glas (Natur-)Wein oder einen kreativen Cocktail und isst dazu Tapas. Die Weinkarte hat über 200 Positionen, die Cocktail- und Speisekarten sind klein, aber fein. Es wird viel mit lokalen Produkten gearbeitet.
Schwerpunkt: Raw/Natural Wine, Europa

Rue du Criblet 11
+41 26 3410201
jobardequartier.ch
Kategorie: Weinbistro

Weinangebot:	**45** | 50
Service:	**19** | 20
Essen:	**17** | 20
Ambiente:	**8** | 10
Gesamt:	89 | 100

Albertine's

1201 Genf

Das Albertine's befindet sich im Genfer Luxushotel Beau-Rivage, direkt am See. Mit wunderbarem Ausblick über Wasser und Berge geniesst man hier klassische und Signature Cocktails, eine grosse Auswahl edler Tropfen sowie Barsnacks und Tagesgerichte aus der Küche des hoteleigenen Gourmetrestaurants Le Chat Botté.

Quai du Mont-Blanc 13
+41 22 7166940
beau-rivage.com
Kategorie: Hotelbar

Drinks:	**46** | 50
Ambiente:	**19** | 20
Service:	**19** | 20
Sortiment:	**9** | 10
Gesamt:	93 | 100

Arthur's rivegauche

1204 Genf

Arthur's rivegauche ist eine Szene-Bar an bester Lage in Genf. Hier geniesst man, direkt an der Rhône und mit einem wunderbaren Blick auf die Stadt, exklusive Weine und leckere Cocktails. Für Hungrige gibt es eine kleine, aber feine Auswahl an mediterranen Gerichten. Das Interieur ist elegant und modern.

Rue du Rhône 7
+41 22 8103260
arthurs.ch
Kategorie: Restaurantbar

Drinks:	**44** | 50
Ambiente:	**19** | 20
Service:	**18** | 20
Sortiment:	**7** | 10
Gesamt:	88 | 100

Au Coin du Bar 🍷🍷🍷 1207 Genf

Das Au Coin du Bar ist mehr als eine Weinbar: Es handelt sich dabei um eine Genfer Institution, die eine leckere französische Marktküche mit einer ausgefallenen Weinauswahl kombiniert. Hier fühlt man sich wie in einem Pariser Bistro, allerdings mit freundlicher Bedienung.
Schwerpunkt: Frankreich

Rue François-Versonnex 17
+41 22 7863819

Kategorie: Weinbistro

Weinangebot:	**46** | 50
Service	**18** | 20
Essen	**19** | 20
Ambiente:	**8** | 10
Gesamt:	91 | 100

Bambou Bar Speakeasy 🍸🍸🍸 1201 Genf

Hier fühlt man sich wie in Paris im letzten Jahrhundert, und das, ohne das Genfer Trendviertel Pâquis verlassen zu müssen. Das Speakeasy Bambou Bar versteckt sich in einem Hinterraum des Restaurants Chez Piaf. Es gibt hier vorzügliche Cocktails und Spirituosen, der Fokus liegt dabei auf Cognac und Armagnac.

Rue de Monthoux 62
+41 22 9010202
chezpiaf.ch
Kategorie: American Bar

Drinks:	**47** | 50
Ambiente:	**19** | 20
Service:	**19** | 20
Sortiment:	**9** | 10
Gesamt:	94 | 100

Bleu Nuit 🍷🍷🍷 1205 Genf

Das Bleu Nuit ist eine «Cave à Manger»: Es gibt hier eine grosse Auswahl an Weinen aus vornehmlich natürlicher Produktion, dazu eine leckere Saisonküche. Durch den Vintage-Kühlschrank im Gang betritt man zudem die hauseigene Speakeasy-Cocktailbar Le Frigidaire.
Schwerpunkt: ökologischer Anbau, Frankreich

Rue du Vieux-Billard 4
+41 22 3283444

Kategorie: Weinbistro

Weinangebot:	**46** | 50
Service	**18** | 20
Essen	**19** | 20
Ambiente:	**8** | 10
Gesamt:	91 | 100

Boca 🍷🍷 1206 Genf

In der Boca Bar gibt es «Bocatas, Bellota et Bulles», also spanische Sandwiches, iberischen Rohschinken und eine tolle Auswahl an Champagnern. Dazu noch einige Champagnercocktails und Tapas. Das Angebot ist nicht gross, aber stimmig, und die Stimmung ist angeregt.
Schwerpunkt: ökologischer Anbau, Champagner

Plateau-de-Champel 32
+41 22 3463305
boca.ch
Kategorie: Weinbistro

Weinangebot:	**45** | 50
Service	**18** | 20
Essen	**18** | 20
Ambiente:	**8** | 10
Gesamt:	89 | 100

Bombar

1205 Genf

In einem modernen und stylishen Ambiente werden hier einem vornehmlich jungen, urbanen Publikum Sharing Plates aus frischen Saisonprodukten vorgesetzt. Natürlich ist auch die Weinkarte sehr gut bestückt, mit vielen in der Naturweinszene sehr gefragten Etiketten.
Schwerpunkt: Frankreich

Place des Augustins 3
+41 22 3299111
bombar.ch
Kategorie: Weinbistro

Weinangebot:	**47** I 50
Service	**18** I 20
Essen	**19** I 20
Ambiente:	**9** I 10
Gesamt:	93 I 100

Café de la Bourse

1204 Genf

Im Café de la Bourse gibt es eine Weinkarte, die Naturweinfans begeistern wird, aber auch Optionen für weniger abenteuerliche Trinker hat. Dazu eine feine, saisongerechte Bistroküche aus vornehmlich lokalen Zutaten. Die Atmosphäre ist ungezwungen und das Publikum jung.
Schwerpunkt: Frankreich, Raw/Natural Wine

Rue du Stand 56
+41 22 7383333
Kategorie: Weinbistro

Weinangebot:	**46** I 50
Service	**18** I 20
Essen	**18** I 20
Ambiente:	**8** I 10
Gesamt:	90 I 100

Chez Bacchus

1204 Genf

Chez Bacchus ist die Weinbar mit Küche des Weinhandels Le Caveau de Bacchus. Es gib hier eine grosse Auswahl an Weinen aus Europa, viele davon zu einem sympathischen Preis. Dazu werden Käse- und Fleischplatten und einige Gerichte der klassischen französischen Küche serviert.
Schwerpunkt: Frankreich

Cours de Rive 7
+41 22 3124172
caveaudebacchus.ch
Kategorie: Weinbar in Vinothek

Weinangebot:	**46** I 50
Service	**18** I 20
Essen	**19** I 20
Ambiente:	**8** I 10
Gesamt:	91 I 100

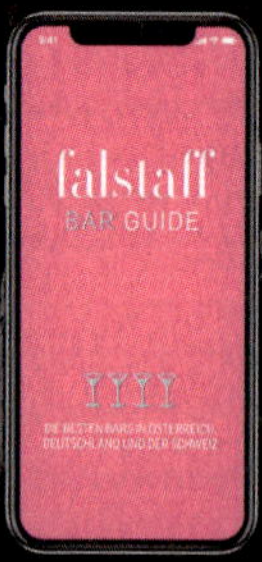

Coin Coin 🍸🍸

1205 Genf

Das Coin Coin ist eine Café-Bar nach französischem Vorbild. Hier geniesst man morgens ein Frühstück mit Kaffee und Gebäck, mittags einen schnellen Lunch und abends eine Auswahl an Snacks, Cocktails und viele Naturweine. Das Ambiente im kleinen Gastraum ist urban, das Café zieht ein vornehmlich junges Publikum an.

Boulevard Carl-Vogt 63 +41 22 4368888 coincoin.ch **Kategorie:** American Bar	Drinks: **44** | 50 Ambiente: **18** | 20 Service: **19** | 20 Sortiment: **7** | 10 Gesamt: 88 | 100

L'Apothicaire 🍸🍸🍸

1204 Genf

Im Apothicaire Cocktail-Club gibt es spannende Cocktails zu entdecken. Hier arbeiten nur Profis, die gerne neue Drinks aus besten Zutaten entwickeln. Findet man auf der Karte doch nichts Zufriedenstellendes, verlässt man sich auf die Bartender und lässt sich einen Drink nach dem eigenen Geschmack mixen.

Boulevard Georges Favon 16 +41 22 3281510 apothicairecocktailclub.ch **Kategorie:** American Bar	Drinks: **45** | 50 Ambiente: **18** | 20 Service: **18** | 20 Sortiment: **9** | 10 Gesamt: 90 | 100

La Distillerie Bar 🍸🍸🍸

1205 Genf

Die Distillerie Bar und Lab liegt an einer belebten Strasse. Hier gibt es nicht nur spannende Naturweine, sondern auch eine kleine, aber feine Auswahl an saisonalen Signature Cocktails. Das Besondere an diesen ist, dass sie zu einem grossen Teil aus vor Ort von LVX Spirits destillierten Spirituosen gemixt werden.

Boulevard Carl-Vogt 77 +41 22 5599983 bar-ladistillerie.ch **Kategorie:** American Bar	Drinks: **46** | 50 Ambiente: **19** | 20 Service: **19** | 20 Sortiment: **8** | 10 Gesamt: 92 | 100

La Réplique 🍸🍸

1201 Genf

Hip und urban ist die Réplique Bar, die sich im gleichen Gebäude wie das Theater Saint-Gervais befindet. Hier gibt es mittags vegetarische Köstlichkeiten und abends Naturwein, Cocktails und hausgemachte alkoholfreie Getränke, dazu leckere Snacks. Perfekt für den Apéro vor oder den Drink nach einer Aufführung.

Rue du Temple 5 +41 22 9082020 saintgervais.ch **Kategorie:** Restaurantbar	Drinks: **44** | 50 Ambiente: **18** | 20 Service: **18** | 20 Sortiment: **7** | 10 Gesamt: 87 | 100

La Tenuta

1204 Genf

Seit mehr als 35 Jahren handelt das Familienunternehmen Gualtieri Vins, das das La Tenuta führt, mit Wein. Über die Jahre hat die Weinhandlung viele Schätze angesammelt, die es hier zu degustieren gibt: Über 500 verschiedene Flaschen lagern im Weinkeller.
Schwerpunkt: Frankreich, Schweiz

Rue de l'Arquebuse 12
+41 22 5596868
latenuta.ch
Kategorie: Weinbar im Restaurant

Weinangebot:	**45** | 50
Service	**18** | 20
Essen	**18** | 20
Ambiente:	**8** | 10
Gesamt:	89 | 100

Le Bar des Bergues

1201 Genf

Auf der Terrasse mit wunderbarem Weitblick über die Stadt oder im klassisch-eleganten Gastsaal gibt es in der Bar des Bergues des Four Seasons Hotel traditionelle Gastfreundschaft und exzellent zubereitete Cocktails. Dazu werden erlesene, jedoch einfache Gerichte serviert wie Club-Sandwich und hausgemachte Pasta.

Quai des Bergues 33
+41 22 9087110
fourseasons.com
Kategorie: Hotelbar

Drinks:	**45** | 50
Ambiente:	**19** | 20
Service:	**18** | 20
Sortiment:	**8** | 10
Gesamt:	90 | 100

Le Blanc Valet

1207 Genf

Das Le Blanc Valet ist eine kleine Weinbar im französischen Stil. Hier gibt es eine nicht besonders grosse, aber eindrucksvolle Auswahl an Weinen, viele davon aus natürlicher, biodynamischer oder biologischer Produktion. Dazu gibt es einfache, aber schmackhafte Gerichte.
Schwerpunkt: Schweiz, Frankreich

Rue Henri-Blanvalet 11
+41 79 2286871
blancvalet.com
Kategorie: Weinbistro

Weinangebot:	**47** | 50
Service	**18** | 20
Essen	**18** | 20
Ambiente:	**8** | 10
Gesamt:	91 | 100

Le Rouge et le Blanc ▯▯▯ 1201 Genf

Im Le Rouge et le Blanc wird «Bistronomie» zelebriert, man fühlt sich wie zu Besuch in Frankreich. In der kleinen Bar gibt es eine grosse Auswahl an Weinen, die meisten davon aus biodynamischer Landwirtschaft. Dazu werden unkomplizierte und leckere Gerichte gereicht.
Schwerpunkt: biodynamische Weine, Raw/Natural Wine

Quai des Bergues 27	Weinangebot: **48** / 50
+41 22 7311550	Service **19** / 20
lerougeblanc.ch	Essen **18** / 20
Kategorie: Weinbistro	Ambiente: **9** / 10
	Gesamt: 94 / 100

Le Verre à Monique 1205 Genf

In schummrigem Licht geniesst man in dieser gemütlichen Bar die Cocktails, die von der kreativen Bartender-Equipe gemixt werden. Das Team empfiehlt gerne den passenden Drink für jeden Geschmack – es beherrscht davon eine grosse Bandbreite. Ob Klassiker oder Neuerfindung, hier schmecken sie alle perfekt.

Rue des Savoises 19	Drinks: **47** / 50
+41 22 3202307	Ambiente: **19** / 20
verreamonique.ch	Service: **19** / 20
Kategorie: American Bar	Sortiment: **8** / 10
	Gesamt: 93 / 100

Leopard Bar 1201 Genf

Im klassischen Ambiente gibt es in der Leopard Bar im Hotel d'Angleterre alles, was das Herz begehrt. Edle Spirituosen und erlesene Weine für jeden Geschmack, vor allem aber ist sie eine der besten Cocktailbars der Stadt. Zu den kreativen und klassischen Drinks gibt es leckeres Barfood, abends wird oft Livemusik gespielt.

Quai du Mont-Blanc 17	Drinks: **45** / 50
+41 22 9065537	Ambiente: **19** / 20
hoteldangleterre.ch	Service: **18** / 20
Kategorie: Hotelbar	Sortiment: **8** / 10
	Gesamt: 90 / 100

Les Nations 1209 Genf

Die Les Nations Bar im InterContinental Hotel Genf beschwört Erinnerungen an das New York einer längst vergangenen Zeit herauf, als Speakeasys gang und gäbe waren. Hier gibt es Afternoon Tea und Vintage Cocktails, die aus besten Spirituosen gemixt werden. Dazu ein Menu mit libanesisch inspirierten Snacks.

Chemin du Petit-Saconnex 7	Drinks: **46** / 50
+41 22 9193939	Ambiente: **18** / 20
geneva.intercontinental.com	Service: **19** / 20
Kategorie: Hotelbar	Sortiment: **8** / 10
	Gesamt: 91 / 100

Little Barrel

1207 Genf

Im Little Barrel liegt das Hauptaugenmerk auf Rum: Pur, mit Eis, in klassischen Cocktails oder modern interpretiert, hier gibt es Zuckerrohrbrand aus aller Welt. Aber auch Liebhaber anderer Spirituosen kommen hier auf ihre Kosten. Das Cocktailangebot wechselt je nach Jahreszeit, bleibt aber immer spannend.

Rue du Lac 15
+41 22 7007340
littlebarrel.ch
Kategorie: American Bar

Drinks:	**46** I 50
Ambiente:	**18** I 20
Service:	**19** I 20
Sortiment:	**9** I 10
Gesamt:	92 I 100

Marius

1205 Genf

2023 wurde die ikonische Naturweinbar vom Bombar-Team gegenüber übernommen. Wie früher gibt es Weine aus nachhaltiger Produktion und eine kleine Speisekarte mit leckerem Barfood. Das Konzept erinnert an eine französische Weinbar: unkompliziert, direkt und sehr fein.
Schwerpunkt: Frankreich, Raw/Natural Wine

Place des Augustins 9
+41 22 3206239

Kategorie: Weinbistro

Weinangebot:	**46** I 50
Service	**18** I 20
Essen	**18** I 20
Ambiente:	**9** I 10
Gesamt:	91 I 100

Mi Food Mi Raisin

1207 Genf

Mi Food Mi Raisin gehört zu den Genfer Weinbistros, in denen man sich in Paris wähnt. Es gibt eine leckere, unkomplizierte Saisonküche aus besten Produkten und eine fantastische Auswahl an Naturweinen. Bei der Wahl steht der freundliche Service beratend zur Seite.
Schwerpunkt: Frankreich, Schweiz, Raw/Natural Wine

Chemin Neuf 4
+41 22 7005870
mifoodmiraisin.com
Kategorie: Weinbistro

Weinangebot:	**46** I 50
Service	**18** I 20
Essen	**19** I 20
Ambiente:	**7** I 10
Gesamt:	90 I 100

Sauvage

1205 Genf

Im Sauvage trifft man sich auf einen Drink nach der Arbeit und bleibt dann bis nach dem Dinner. Hier gibt es nämlich alles: leckere, kreative Cocktails, eine Weinkarte, die sowohl aussergewöhnliche Naturweine als auch edle Tropfen enthält, und eine köstliche, unkomplizierte Küche. Die Stimmung ist meist ausgelassen.

Rue Dancet 5
+41 22 3140233
sauvagegeneve.ch
Kategorie: American Bar

Drinks:	**45** I 50
Ambiente:	**19** I 20
Service:	**18** I 20
Sortiment:	**7** I 10
Gesamt:	89 I 100

Soulwines 🍷🍷🍷

1204 Genf

Soulwines ist die Bar für Schweizer Wein mit einer grossen Auswahl an Produzenten aus allen sechs Weinregionen des Landes. Viele Weingüter sind klein und kaum bekannt, eine wahre Schatztruhe für Liebhaber Schweizer Weine und solche, die es noch werden wollen.

Schwerpunkt: Schweiz

Grand-Rue 24
+41 21 8883909
soulwines.ch
Kategorie: Weinbar in Vinothek

Weinangebot:	**46**	50
Service	**18**	20
Essen	**18**	20
Ambiente:	**8**	10
Gesamt:	90	100

Uva 🍷🍷

1201 Genf

Zu der gemütlichen Chalet-Atmosphäre des Uva Genève passt auch die Weinkarte. Hier liegt das Augenmerk nämlich auf guten Schweizer Tropfen zu einem sympathischen Preis. Dazu gibt es Plättli mit lokalem Käse und Charcuterie, die auch mal von etwas weiter herkommt.

Schwerpunkt: Schweiz

Rue des Etuves 1
+41 22 9010985
uva-geneve.com
Kategorie: Klassische Weinbar

Weinangebot:	**44**	50
Service	**19**	20
Essen	**18**	20
Ambiente:	**8**	10
Gesamt:	89	100

GRAUBÜNDEN

Tschuggen Bar 🍸🍸🍸

7050 Arosa

Um den Gästen vitale Genussmomente zu bescheren, bietet die Tschuggen Bar neben leichten Snacks auch erfrischende Moving Mountains Cocktails. Freude macht auch die Auswahl an Signature Cocktails sowie heimischen Spirituosen, Weinen und Bieren, die am Kamin in stilvollem Ambiente genossen werden können.

Tschuggentorweg 1
+41 81 3789999
tschuggen.ch
Kategorie: Hotelbar

Drinks:	**45**	50
Ambiente:	**18**	20
Service:	**19**	20
Sortiment:	**9**	10
Gesamt:	91	100

Werkstatt Chur

7000 Chur

Passend zum Wechsel der Jahreszeiten werden in der Werkstatt Chur jeweils neue Kreationen präsentiert. Darin finden sich Cocktailklassiker der letzten 150 Jahre, fein justiert oder frisch interpretiert, sowie neuartige Rezepturen mit eigenem Charakter. Eine sorgfältige Auswahl der Zutaten ist dabei selbstverständlich.

Untere Gasse 9	Drinks:	**44** | 50
+41 81 5254246	Ambiente:	**18** | 20
werkstattchur.ch	Service:	**18** | 20
Kategorie: Restaurantbar	Sortiment:	**8** | 10
	Gesamt:	88 | 100

Gianottis

7504 Pontresina

Vom echten Weinkenner bis zum Wohlfühl-Geniesser – hier kommen in alpin-gemütlichem Ambiente alle Gäste auf ihre Kosten. Die formidable Weinkarte hält auch Raritäten bereit, dazu gibt es feine Plättli mit Engadiner Salsiz, Samnauner Bergkäse oder würzigem Jersey Blue.
Schwerpunkt: Rotwein

Via Maistra 140	Weinangebot:	**46** | 50
+41 81 8427090	Service	**19** | 20
gianottis.ch	Essen	**18** | 20
Kategorie: Weinbar im Restaurant	Ambiente:	**9** | 10
	Gesamt:	92 | 100

Kronenhof Bar & Lobby

7504 Pontresina

Die Kronenhof Bar & Lobby wurde jüngst umgebaut und erstrahlt in neuem, elegantem Glanz. Nachmittags gibt es Engadiner Afternoon Tea zu Pianoklängen mit über 20 Teesorten. Abends trifft man sich zum Apéro, später zum After-Dinner-Drink mit Zigarre. Das Angebot an Cocktails, Spirituosen und Weinen ist abgerundet.

Via Maistra 130	Drinks:	**44** | 50
+41 81 8303030	Ambiente:	**18** | 20
kronenhof.com	Service:	**19** | 20
Kategorie: Hotelbar	Sortiment:	**9** | 10
	Gesamt:	90 | 100

Donatz Wine Bar

7503 Samedan

Heimelig und einladend ist die Donatz Wine Bar im Zentrum von Samedan. Gastgeber und Sommelier René A. Donatz schickt seine Gäste gerne auf eine überraschende Weinentdeckungsreise. Mit 550 Positionen auf der Karte kann er diesbezüglich aus dem Vollen schöpfen.
Schwerpunkt: international, Schweiz

Plazzet 15	Weinangebot:	**48** | 50
+41 81 8524666	Service	**19** | 20
hoteldonatz.ch	Essen	**18** | 20
Kategorie: Klassische Weinbar	Ambiente:	**9** | 10
	Gesamt:	94 | 100

Anton's Bar

7500 St. Moritz

Wenn man in der Anton's Bar, benannt nach Hotelgründer Anton Sebastian Bon, in der gehaltvollen Barkarte stöbert, kommt man schnell auf den Geschmack: Von exquisiten Cocktails über auserlesene Digestifs bis hin zu einer findigen Gin-Auswahl bietet die Bar im Suvretta House alles für den perfekten Savoir-Vivre-Moment.

Via Chasellas 1
+41 81 8363636
suvrettahouse.ch
Kategorie: Hotelbar

Drinks:	**46** | 50
Ambiente:	**18** | 20
Service:	**19** | 20
Sortiment:	**9** | 10
Gesamt:	92 | 100

Devil's Place

7500 St. Moritz

Das Devil's Place ist mit 2500 Sorten ein wahres Whisk(e)y-Paradies und bietet vom Johnnie Walker über Exoten aus Sri Lanka & Uruguay bis hin zu gesuchten Raritäten die ganze Bandbreite. Bereits zwei Mal erhielt die Hotelbar einen Eintrag ins Guinness-Buch der Rekorde, wobei auch das Weinangebot erstklassig ist.

Via Dimlej 6
+41 81 8366000
waldhaus-am-see.ch
Kategorie: Hotelbar

Drinks:	**44** | 50
Ambiente:	**18** | 20
Service:	**19** | 20
Sortiment:	**10** | 10
Gesamt:	91 | 100

Kempinski Bar

7500 St. Moritz

Die Alpencocktails sind frisch und kräuterbetont, wer es fruchtig und tropisch mag, wählt einen Lakeside Cocktail, und die City Cocktails sind mit raffinierten Zutaten zubereitet – und die perfekte Wahl für Wagemutige. Daneben gibt es zeitlose Kempinski-Klassiker und ein schönes Angebot an Whisk(e)ys, Cognacs und Gins.

Via Mezdi 27
+41 81 8383057
kempinski.com
Kategorie: Hotelbar

Drinks:	**44** | 50
Ambiente:	**19** | 20
Service:	**18** | 20
Sortiment:	**9** | 10
Gesamt:	90 | 100

St. Moritz Sky Bar 🍸🍸🍸

7500 St. Moritz

Ein Hotspot in der St. Moritzer Barlandschaft: Wenn abends die Sonne untergeht und man den Ausblick auf Berge und See geniesst, prickelt der Champagner im Glas gleich ein bisschen mehr. Die Rooftop-Bar trifft mit ihrem modern-frischen Auftritt den Zeitgeist und lässt auch in Sachen Drinks ihre Kreativität spielen.

Via Maistra 17
+41 81 8370404
monopol.ch
Kategorie: Loungebar

Drinks:	**45** I 50
Ambiente:	**18** I 20
Service:	**18** I 20
Sortiment:	**9** I 10
Gesamt:	90 I 100

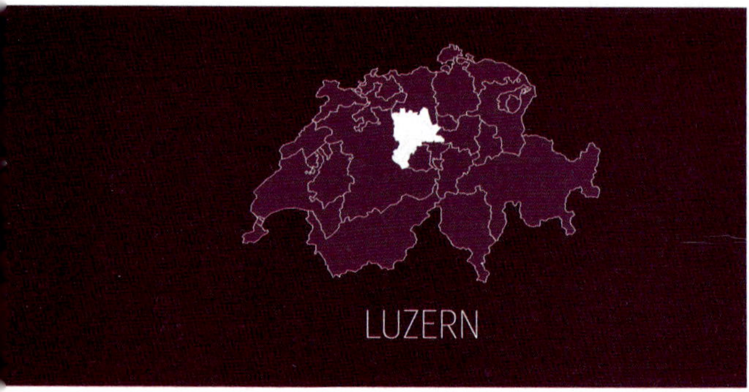

Alpineum 🍸🍸

6006 Luzern

Das Alpineum Kaffeehaus ist auch Bar und Bistro mit einem eigenwilligen, urbanen, modern-fidelen Charakter. Mittags stehen frisch gekochte Menüs auf der Karte, abends geht's leicht-fluffig mit Cocktails, tollen Weinen und delikaten Focaccias in die Abendstunden über. Für Abwechslung sorgen auch diverse Food-Events.

Denkmalstrasse 11
+41 77 4249098
alpineum.lu
Kategorie: Restaurantbar

Drinks:	**42** I 50
Ambiente:	**18** I 20
Service:	**18** I 20
Sortiment:	**8** I 10
Gesamt:	86 I 100

American Bar Château Gütsch 🍸🍸🍸

6003 Luzern

Die American Bar ist der perfekte Ort, um sich inspirierenden Gesprächen oder tiefgründigem Sinnieren über Gott und die Welt zu widmen. Serviert werden anspruchsvolle Drinks von klassisch bis kreativ, gehaltvolle Weine, erlesene Whisk(e)y- und Rumsorten sowie stimmige Barsnacks. Schlicht sensationell ist der Ausblick.

Kanonenstrasse
+41 41 2891414
chateau-guetsch.ch
Kategorie: Hotelbar

Drinks:	**47** | 50
Ambiente:	**19** | 20
Service:	**18** | 20
Sortiment:	**9** | 10
Gesamt:	93 | 100

Beach Club 🍸🍸

6002 Luzern

Der Dresscode lautet «Smart Casual», denn im Montana Beach Club soll man das mediterrane Feeling in gepflegtem Ambiente erleben. Zwischen Sand und Palmen und mit dem Vierwaldstättersee vor Augen kann man kühle Drinks und leichte Snacks geniessen und für einen Moment gedanklich an die Côte d'Azur reisen.

Adligenswilerstrasse 22
+41 41 4190000
hotel-montana.ch
Kategorie: Hotelbar

Drinks:	**44** | 50
Ambiente:	**18** | 20
Service:	**17** | 20
Sortiment:	**8** | 10
Gesamt:	87 | 100

Capitol 🍸🍸🍸

6003 Luzern

In der Bar Capitol empfängt man jeden Gast mit offenen Armen. Um dieser Philosophie Rechnung zu tragen, wird ein offener Austausch am Bartresen gepflegt, hier entstehen Bekannt- und Freundschaften. Dazu gibt es hochwertige Cocktails, von einem Barteam gemixt, das sein Handwerk mit viel Leidenschaft ausübt.

Zentralstrasse 45a
+41 41 2109636
barcapitol.ch
Kategorie: Loungebar

Drinks:	**46** | 50
Ambiente:	**18** | 20
Service:	**18** | 20
Sortiment:	**9** | 10
Gesamt:	91 | 100

Das weisse Schaf 🍸🍸🍸

6003 Luzern

Das weisse Schaf ist seit Jahren ein Hotspot auf der Zentralschweizer Ausgehkarte. Die atmosphärische und stilvolle Cocktailbar in zentraler Lage möchte ihren Gästen nicht weniger als eine unvergessliche Zeit bescheren – mit erstklassigen Cocktails, die von einer passionierten und kreativen «Schafherde» gemixt werden.

Frankenstrasse 2
+41 78 8680677
dasweisseschaf.ch
Kategorie: Club

Drinks:	**45** / 50
Ambiente:	**19** / 20
Service:	**18** / 20
Sortiment:	**8** / 10
Gesamt:	90 / 100

Des Balances 🍸🍸

6004 Luzern

Hier treffen Hotelgäste auf Einheimische, die allesamt das ungezwungene Ambiente schätzen, es sich in den edlen Ledersesseln bequem machen oder an einem Hochtisch Platz nehmen, der Pianomusik lauschen und eine gute (Aus)-Zeit haben. Zur gelungenen Barkarte kommt die spitzenmässige Lage direkt an der Reuss.

Weinmarkt
+41 41 4182828
balances.ch
Kategorie: Hotelbar

Drinks:	**44** / 50
Ambiente:	**18** / 20
Service:	**18** / 20
Sortiment:	**9** / 10
Gesamt:	89 / 100

Glou Glou 🍷🍷🍷

6003 Luzern

Im Glou Glou beim Helvetiagärtli kommen entdeckungsfreudige Geniesser auf ihre Kosten, denn auf der Karte stehen sorgfältig kuratierte Weine, die noch nicht jeder kennt: Unikate mit Schweizer Herkunft, ökologisch angebaut und ohne Zusätze gekeltert.
Schwerpunkt: Frankreich, Schweiz

Waldstätterstrasse 7
+41 79 5106124
glouglou-luzern.ch
Kategorie: Weinbistro

Weinangebot:	**45** / 50
Service	**18** / 20
Essen	**18** / 20
Ambiente:	**9** / 10
Gesamt:	90 / 100

Karel Korner 🍸🍸🍸

6003 Luzern

Eine wirklich vife Truppe hat das Karel Korner zu einer besonderen Cocktailbar geformt: Um auf Produkte von weit her wie Limette, Zitrone oder Rohrzucker zu verzichten, werden Säure- und Süssquellen selbst hergestellt und wo immer möglich regionale Produkte berücksichtigt. Das Ergebnis im Glas spricht für sich.

Winkelriedstrasse 30
+41 41 2100370
karelkorner.ch
Kategorie: Loungebar

Drinks:	**48** I 50
Ambiente:	**18** I 20
Service:	**19** I 20
Sortiment:	**9** I 10
Gesamt:	94 I 100

Kaspar 🍸🍸

6003 Luzern

Tagsüber können sich die Kleinen im Spielzimmer austoben, während die Grossen feinste Kaffeespezialitäten geniessen. Abends geht es dann beschwingt in den Apéro über, der raffinierte Cocktails und Weine von nah und fern bereithält. Was man bei alledem in Ruhe auf sich wirken lassen sollte, ist die tolle Atmosphäre.

Hirschmattstrasse 24
+41 41 2111166
kaspar-luzern.ch
Kategorie: American Bar

Drinks:	**44** I 50
Ambiente:	**18** I 20
Service:	**18** I 20
Sortiment:	**9** I 10
Gesamt:	89 I 100

La Bonne Cave 🍷🍷🍷

6004 Luzern

Direkt bei der Kappellbrücke gelegen, bietet das La Bonne Cave eine Genussoase für Wein- und Kaffeeliebhaber mit gemütlichem Ambiente. Beachtliche 200 Weine im Offenausschank und ein kleines, aber feines Food-Sortiment machen den Besuch zu einem runden Erlebnis.
Schwerpunkt: international, Schweiz, Italien

Rathausquai 1
+41 41 4104516
labonnecave.ch
Kategorie: Klassische Weinbar

Weinangebot:	**46** I 50
Service	**18** I 20
Essen	**18** I 20
Ambiente:	**9** I 10
Gesamt:	91 I 100

Louis Bar

6002 Luzern

Die Louis Bar wurde als erste Bar schweizweit zur «Ardberg Embassy» ernannt. Die Leidenschaft für schottische Classic Malts spiegelt die eindrückliche Whisk(e)y-Sammlung mit 130 Positionen wider. Um geschmeidig in die rauchig-torfige Genusswelt einzutauchen, sorgen Jazz- und Blues-Klänge für den perfekten Rahmen.

Adligenswilerstrasse 22
+41 41 4190000
hotel-montana.ch
Kategorie: Hotelbar

Drinks:	**44** | 50
Ambiente:	**19** | 20
Service:	**17** | 20
Sortiment:	**8** | 10
Gesamt:	88 | 100

National Bar

6006 Luzern

Der Prince of Wales wird im Silberbecher serviert, und auch die Atmosphäre in der National Bar hat einen majestätischen Charakter. Noch immer im Originalstil der 1870er-Jahre gehalten, zieht die Bar Einheimische und Hotelgäste gleichermassen an. Von cool bis klassisch bietet die Barkarte alles für genussvolle Stunden.

Haldenstrasse 4
+41 41 4190909
grandhotel-national.com
Kategorie: Hotelbar

Drinks:	**46** | 50
Ambiente:	**19** | 20
Service:	**18** | 20
Sortiment:	**9** | 10
Gesamt:	92 | 100

Opus

6003 Luzern

Im Opus gibt es immer wieder neue Weinperlen zu entdecken: Die umfangreiche Weinkarte bietet neben auserlesenen Flaschen auch 20 Offenweine, die im monatlichen Turnus wechseln. Dazu wird eine mediterrane Küche serviert – legendär ist das reichhaltige Antipasti-Buffet.
Schwerpunkt: international, Europa

Bahnhofstrasse 16
+41 41 2264141
restaurant-opus.ch
Kategorie: Weinbar im Restaurant

Weinangebot:	**47** | 50
Service	**18** | 20
Essen	**17** | 20
Ambiente:	**9** | 10
Gesamt:	91 | 100

Penthouse Roof Top Bar 🍸🍸

6002 Luzern

Hoch über den Dächern von Luzern bietet die Penthouse Roof Top Bar neben raffinierten Cocktails auch eine faszinierende Rundumaussicht auf Stadt und Alpen. Die Gäste schätzen die coole Atmosphäre, das stylishe Interieur und das facettenreiche Barangebot, das mit spannenden Eigenkreationen abwechslungsreich bleibt.

Pilatusstrasse 29
+41 41 2268888
penthouse-luzern.ch
Kategorie: Hotelbar

Drinks:	**44** I 50
Ambiente:	**19** I 20
Service:	**18** I 20
Sortiment:	**8** I 10
Gesamt:	89 I 100

Schweizerhof Bar 🍸🍸

6002 Luzern

Pianoklänge, regelmässige Events und eine gelungene Barkarte sind nur drei von vielen guten Gründen, die Schweizerhof Bar mit Sommerterrasse zu besuchen. Von classic über fancy bis hin zu After-Dinner und alkoholfrei – gemixt wird eine Vielfalt an Cocktails, die für jeden Geschmack das Passende bereithält.

Schweizerhofquai 3
+41 41 4100410
schweizerhof-luzern.ch
Kategorie: Hotelbar

Drinks:	**44** I 50
Ambiente:	**18** I 20
Service:	**19** I 20
Sortiment:	**8** I 10
Gesamt:	89 I 100

Seebar 🍸🍸

6005 Luzern

Die Lage direkt am Ufer des Vierwaldstättersees ist ebenso erfrischend wie das Angebot an Schweizer Spirituosen wie etwa Gin, Vodka, Whisk(e)y oder Rum. Dazu gib es köstliches Barfood, darunter Apéro-Plättli zum Teilen oder Jahrgangssardinen aus der Sammler-Konservendose. Auch die alkoholfreien Alternativen überzeugen.

Europaplatz 1
+41 41 2267308
seebar-luzern.ch
Kategorie: Loungebar

Drinks:	**44** I 50
Ambiente:	**18** I 20
Service:	**17** I 20
Sortiment:	**8** I 10
Gesamt:	87 I 100

Suite Smallplates & Cocktails 🍸🍸

6003 Luzern

Hier oben hoch über den Dächern von Luzern kann man den Moment auskosten – bei ausgefallenen Cocktails, einem durchdachten Angebot an internationalen Tapas und inmitten einer stimmigen Sound-Kulisse. Kurzum ein Ambiente, das zum stilvollen Geniessen einlädt und die Zeit auch mal in den Hintergrund rücken lässt.

Pilatusstrasse 1
+41 41 2102131
suite-rooftop.ch
Kategorie: Loungebar

Drinks:	**44** I 50
Ambiente:	**19** I 20
Service:	**18** I 20
Sortiment:	**8** I 10
Gesamt:	89 I 100

Vertu Sophisticated Bar 🍸🍸 — 6003 Luzern

In der Vertu Sophisticated Bar ist die Auswahl an Signature Cocktails, Offenweinen und Champagner reichhaltig und besonders, trotzdem behält das Barteam ein offenes Ohr für Sonderwünsche. Damit die Gäste nicht nur glücklich, sondern auch gesättigt nach Hause gehen, gibt es ein schönes Angebot an köstlichen Tapas.

Kauffmannweg 20
+41 41 2105870
vertubar.ch
Kategorie: American Bar

Drinks:	**43** I 50
Ambiente:	**17** I 20
Service:	**19** I 20
Sortiment:	**7** I 10
Gesamt:	86 I 100

Verlinde Bar im Park Hotel 🍸🍸🍸 — 6354 Vitznau

Hier trifft Extravaganz auf Gemütlichkeit. Ausgestattet mit Originalkunstwerken von Claude Verlinde ist der Verlinde Bar ein glanzvoller Auftritt gewiss. Ebenso eindrucksvoll ist die Sammlung von über 200 Vintage-Armagnac- und Cognac-Sorten, aber auch Weinliebhaber und Cocktailfans kommen auf ihre Kosten.

Seestrasse 18
+41 41 3996060
parkhotel-vitznau.ch
Kategorie: Hotelbar

Drinks:	**44** I 50
Ambiente:	**18** I 20
Service:	**19** I 20
Sortiment:	**9** I 10
Gesamt:	90 I 100

SANKT GALLEN

Golden Wave Bar 🍸🍸 — 7310 Bad Ragaz

Wer Gin mag, wird die Golden Wave Bar im Casino lieben. Man kann sie auch besuchen, ohne an Glücksspielen teilzunehmen. Es gibt hier rund 140 Sorten Gin, etwa 40 davon stammen aus der Schweiz. Natürlich gibt es passend dazu auch verschiedene Tonics zum Mischen. Die Stimmung in der Bar ist entspannt und doch angeregt.

Hans-Albrecht-Strasse 5
+41 81 3033939
casinoragaz.ch
Kategorie: Loungebar

Drinks:	**43** I 50
Ambiente:	**18** I 20
Service:	**19** I 20
Sortiment:	**9** I 10
Gesamt:	89 I 100

Hof Bar 🍸🍸🍸

7310 Bad Ragaz

Die Hof Bar verbindet eine elegante, stilvolle Atmosphäre mit einer Getränkeauswahl von höchster Qualität. Hier gibt es leckere Signature und klassische Cocktails, edle Spirituosen und erlesene Weine. Man geniesst diese zu sanften Pianoklängen an der Bar, am knisternden Kaminfeuer oder mit einer Zigarre im Salon Davidoff.

Bernhard-Simon-Strasse 2
+41 81 3033030
resortragaz.ch
Kategorie: Hotelbar

Drinks:	**44** I 50
Ambiente:	**18** I 20
Service:	**19** I 20
Sortiment:	**9** I 10
Gesamt:	90 I 100

verve by sven 🍸🍸🍸

7310 Bad Ragaz

Die Bar von Sven Wassmers Zweitrestaurant verve by sven mixt alpines Flair mit klassischer Barkultur. Die Cocktails werden auf der Basis von hochwertigen Spirituosen gemixt und sind mit lokalen Zutaten angereichert. Auch wer keinen Alkohol trinkt, kommt dank hochwertiger, handgemachter Alternativen auf seine Kosten.

Bernhard-Simon-Strasse 1
+41 81 3033035
resortragaz.ch
Kategorie: Hotelbar

Drinks:	**45** I 50
Ambiente:	**19** I 20
Service:	**19** I 20
Sortiment:	**9** I 10
Gesamt:	92 I 100

Analog 🍸🍸

9000 St. Gallen

Die Analog Bar, die letztes Jahr eröffnet wurde, ist einzigartig. Sie ist Café, Plattenladen und Bar zugleich. Hier wird bei allem auf die Qualität geachtet. Nicht nur die Musikauswahl ist spannend, auch die Getränke sind mit Bedacht ausgesucht. Es gibt wechselnde Cocktails, Specialty Coffee und Naturweine.

Engelgasse 8
+41 71 5547827
discogs.com
Kategorie: Loungebar

Drinks:	**42** I 50
Ambiente:	**17** I 20
Service:	**18** I 20
Sortiment:	**8** I 10
Gesamt:	85 I 100

Einstein Bar 🍸🍸🍸

9000 St. Gallen

Ob saisonale Empfehlung, perfekt gemixter Cocktailklassiker, ein frisch gezapftes Bier oder eine Zigarre mit einem Glas Whisk(e)y in der eigenen Lounge – in der Einstein Bar gibt es alles, was das Herz des Bonvivants begehrt. Das Ambiente und die Stimmung lassen sich dabei mit «englische Klub-Atmosphäre» umschreiben.

Berneggstrasse 2
+41 71 2275520
einstein.ch
Kategorie: Hotelbar

Drinks:	**46** I 50
Ambiente:	**19** I 20
Service:	**19** I 20
Sortiment:	**9** I 10
Gesamt:	93 I 100

Maverick's Bar 🍸🍸🍸

9000 St. Gallen

Die Maverick's Cocktail Bar inszeniert als Bühne Cocktails, als wären sie Theaterstücke. Regie führt dabei die Barcrew, die bittersüsse Dramen, prickelnde Komödien, exotische Musicals und vollmundige Opern mischt. Der Gast wird dabei zum Zuschauer, die aufregenden Kreationen regen Geist und Körper an.

Augustinergasse 19
mavericks-bar.ch
Kategorie: Loungebar

Drinks:	**45** | 50
Ambiente:	**18** | 20
Service:	**18** | 20
Sortiment:	**9** | 10
Gesamt:	**90** | 100

Soho 🍸🍸

9000 St. Gallen

In der Soho Lounge fühlt man sich ein bisschen so, als wäre man in New York. Hier trinkt man morgens den ersten Kaffee, abends gibt es zu Pianoklängen eine grosse Auswahl an Whisk(e)y und Champagner sowie Cocktails und Weine. Dazu wird eine kleine Speisenauswahl serviert, besonders empfehlenswert sind die Tatars.

Löwengasse 1
+41 71 2234242
soho-switzerland.ch
Kategorie: American Bar

Drinks:	**44** | 50
Ambiente:	**18** | 20
Service:	**17** | 20
Sortiment:	**9** | 10
Gesamt:	**88** | 100

Freischütz 🍷🍷

9500 Wil

Auch wenn der Name und die Location sehr schweizerisch anmuten, ist die Seele der Vinothek Freischütz durch und durch italienisch. Im Weinkeller, der unter alten Mauern versteckt ist, lagern Schätze aus dem Süden, dazu gibt es leckere Gerichte der italienischen Tradition.
Schwerpunkt: Italien

Marktgasse 51
+41 71 9111756
vinothek-wil.ch
Kategorie: Klassische Weinbar

Weinangebot:	**44** | 50
Service	**18** | 20
Essen	**19** | 20
Ambiente:	**8** | 10
Gesamt:	**89** | 100

Gülerhof Bar 🍸🍸

8200 Schaffhausen

In diesen stylish eingerichteten altehrwürdigen Räumen schlürft man geniesserisch an seinem Cocktail und hat dabei einen wunderbaren Blick auf den Rhein. In der kalten Jahreszeit gibt es dazu immer freitag- und samstagabends musikalische Unterhaltung. Beliebt ist die Lounge mit grosser Terrasse auch für den Apéro.

Freier Platz 10
+41 52 6304040
gueterhof.ch
Kategorie: Restaurantbar

Drinks:	**43** | 50
Ambiente:	**19** | 20
Service:	**18** | 20
Sortiment:	**7** | 10
Gesamt:	87 | 100

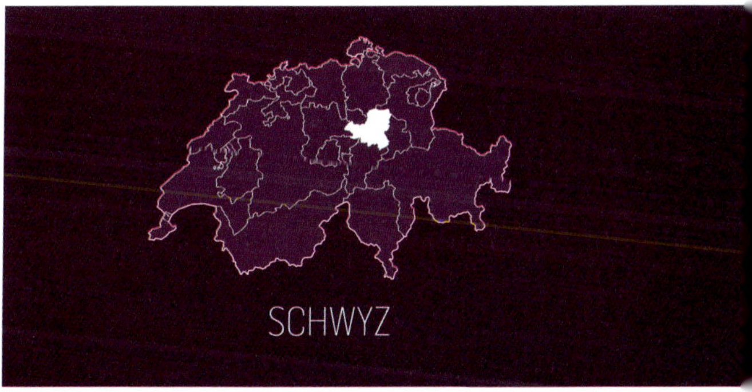

Swiss-Chalet-Bar 🍷🍷🍷

6402 Merlischachen

In wunderbarem Ambiente unter dem Dach des historischen Hauses trinkt man in der Bar des Swiss-Chalet kreative und klassische Cocktails, edle Spirituosen oder ein Glas Wein. Grosse Weinliebhaber bestellen eine Flasche aus dem beeindruckenden Weinkeller des Restaurants.
Schwerpunkt: Frankreich, Schweiz

Luzernerstrasse 204
+41 41 8545454
swiss-chalet.ch
Kategorie: Klassische Weinbar

Weinangebot:	**45** | 50
Service	**18** | 20
Essen	**18** | 20
Ambiente:	**9** | 10
Gesamt:	90 | 100

Vini al Grappolo 🍷🍷🍷

4500 Solothurn

Die traditionsreiche Weinhandlung samt Restaurant ist ein Ort der Begegnung, wo erlesene Qualitätsweine von italienischen Weingütern entkorkt und degustiert werden und bei köstlichem Essen über Wein und vieles mehr diskutiert wird. Äusserst fachkundig ist auch die Weinberatung.
Schwerpunkt: Italien

Prisongasse 4
+41 32 6235545
algrappolo.ch
Kategorie: Weinbar im Restaurant

Weinangebot:	**45** | 50
Service	**18** | 20
Essen	**18** | 20
Ambiente:	**9** | 10
Gesamt:	90 | 100

Eden Bar

6612 Ascona

Die Cocktailkarte in der Eden Bar Ascona erzählt Geschichten. Sie ist gespickt mit spannenden Kreationen, die Entscheidung, was man trinken soll, fällt hier schwer. Dazu gibt es eine grosse Auswahl an edlem Wein und Spirituosen. Gegen den Hunger gibt es unkompliziertes Barfood, unter anderem Burger, Bowls und Salate.

Via Albarelle 16
+41 91 7857171
edenroc.ch
Kategorie: Hotelbar

Drinks:	**45** | 50
Ambiente:	**19** | 20
Service:	**18** | 20
Sortiment:	**9** | 10
Gesamt:	91 | 100

La Fontana

6600 Locarno

In eleganter Atmosphäre werden hier beste Spirituosen entweder pur serviert oder zu feinen Signature und klassischen Cocktails gemixt. Wer lieber Wein mag, findet eine grosse Auswahl an edlen Tropfen, darunter viele aus dem Tessin und dem Rest der Schweiz. Hat man Hunger, ist das tolle Restaurant gleich nebenan.

Via ai Monti 44
+41 91 7560079
lafontana-locarno.com
Kategorie: Restaurantbar

Drinks:	**43** | 50
Ambiente:	**18** | 20
Service:	**18** | 20
Sortiment:	**9** | 10
Gesamt:	88 | 100

Indipendenza

6900 Lugano

Die Osteria Indipendenza ist ein besonderer Ort in Lugano. Hier gibt es zu einer grossen Auswahl an Naturweinen und hausgemachten, kreativen Cocktails japanische Bargerichte wie Fried Chicken, Gyoza und Spiesschen, dazu spielt das Barteam Musik von Vintage-Schallplatten.
Schwerpunkt: Italien

Piazza dell'indipendenza 11
+41 91 9677878
shakermaker-group.ch
Kategorie: Weinbistro

Weinangebot:	**45** | 50
Service	**19** | 20
Essen	**19** | 20
Ambiente:	**8** | 10
Gesamt:	91 | 100

Pinard 6900 Lugano

Diese kleine Bar befindet sich in der Nähe des Zentrums von Lugano, aber doch weit weg vom Trubel der Stadt. Hier gibt es eine schöne Auswahl an Naturweinen, verschiedene Gins, Drinks mit hochwertigen Spirits und Likören und leckeres Barfood aus vornehmlich lokalen Produkten.
Schwerpunkt: Italien, international

Piazza Molino Nuovo 5	Weinangebot:	**45** I 50
+41 91 9210459	Service	**18** I 20
barpinard.ch	Essen	**18** I 20
Kategorie: Klassische Weinbar	Ambiente:	**8** I 10
	Gesamt:	89 I 100

Foto: STUDIO FOTOGRAFICO

Principe Bar 6900 Lugano

Die Terrasse bietet einen spektakulären Ausblick über den See. Während man diesen geniesst, kann man sich an einem der zahlreichen Cocktails von der Karte laben. Ob Eigenkreation oder Klassiker, hier werden sie alle sorgfältig aus besten Ingredienzen gemixt. Dazu gibt es leckere Snacks und abends oft Livemusik.

Via Montalbano 5	Drinks:	**44** I 50
+41 91 9858894	Ambiente:	**18** I 20
leopoldohotel.com	Service:	**19** I 20
Kategorie: Hotelbar	Sortiment:	**9** I 10
	Gesamt:	90 I 100

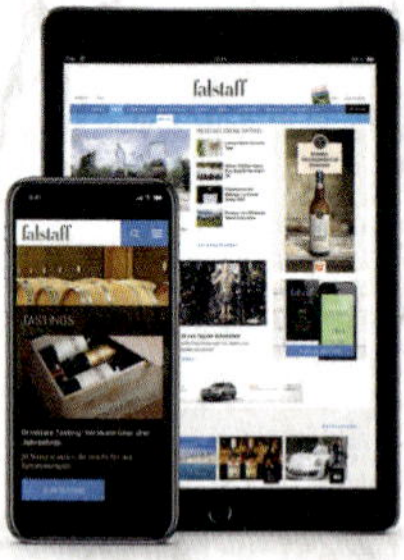

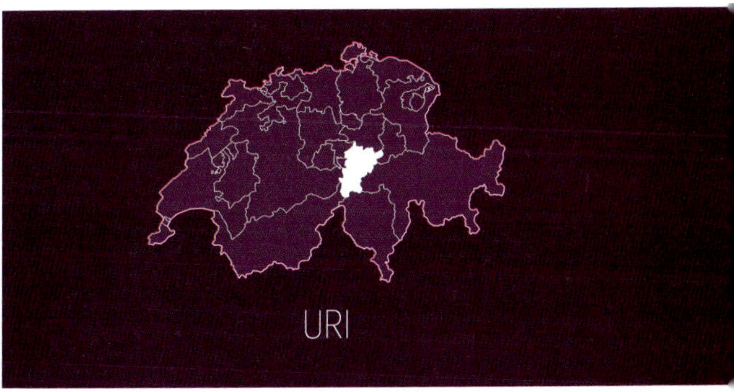

Chedi Bar & Living Room 🍸🍸🍸🍸 6490 Andermatt

In den hohen Räumen der Chedi Bar fühlt man sich dank der gemütlichen Ledersofas und des prasselnden Feuers wie in einem stylishen Wohnzimmer. Hier gibt es sorgfältig gemixte kreative Cocktails mit und vor allem auch ohne Alkohol, Tees aus dem eigenen Kräutergarten und eine grosse Auswahl an Spirituosen, Wein und Bier.

Gotthardstrasse 4
+41 41 8887488
thechediandermatt.com
Kategorie: Hotelbar

Drinks:	**47** | 50
Ambiente:	**19** | 20
Service:	**20** | 20
Sortiment:	**9** | 10
Gesamt:	95 | 100

La Bonne Cave 🍷🍷🍷 6490 Andermatt

Hier gibt es den Bergrosé zu probieren, der eigens für diese Weinbar entwickelt wurde. Wem das nicht zusagt, der wird unter den über 200 anderen Etiketten bestimmt den passenden Tropfen finden. Ergänzt wird das Angebot durch regionales Fingerfood, Bier und kreative Drinks.
Schwerpunkt: Italien, Schweiz, international

Ritomgasse 10
+41 41 8880732
labonnecave.ch
Kategorie: Klassische Weinbar

Weinangebot:	**46** | 50
Service	**18** | 20
Essen	**18** | 20
Ambiente:	**9** | 10
Gesamt:	91 | 100

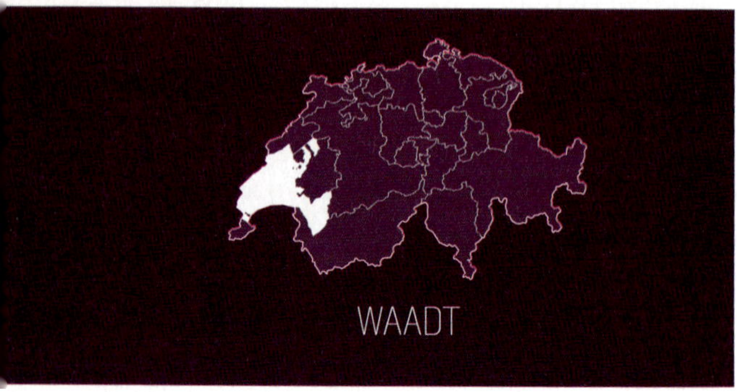

BAR im Beau-Rivage Palace 🍸🍸🍸 — 1006 Lausanne

BAR heisst die Bar des Lausanner Fünf-Sterne-Hauses kurz und knackig. Die Atmosphäre ist kosmopolitisch, es trifft sich ein internationales Publikum zu klassischen Cocktails und Eigenkreationen. Diese werden nur aus besten Zutaten gemixt, dazu kann man auf der beheizten Terrasse eine edle Zigarre rauchen.

Place du Port 17–19
+41 21 6133395
brp.ch
Kategorie: Hotelbar

Drinks:	**46** I 50
Ambiente:	**19** I 20
Service:	**19** I 20
Sortiment:	**8** I 10
Gesamt:	92 I 100

Cipriano 🍷🍷 — 1003 Lausanne

Die Cipriano Bar befindet sich im Zentrum Lausannes. Sie ist der perfekte Ort, um im schicken Ambiente eine Pause einzulegen. Es gibt hier klassische Cocktails, zum Teil mit einem Twist, und die Karte «Ham and Wine», auf der edle Weine auf gute Charcuterie treffen.
Schwerpunkt: Südeuropa

Rue du Port-Franc 11
+41 21 5330015
cipriano-bar.ch
Kategorie: Weinbistro

Weinangebot:	**45** I 50
Service	**18** I 20
Essen	**17** I 20
Ambiente:	**9** I 10
Gesamt:	89 I 100

La Canoche 🍷🍷 — 1003 Lausanne

Das La Canoche bietet seit Frühling 2023 leckere argentinische Empanadas mit verschiedenen kreativen Füllungen und über 100 Naturweine. Die kleine Bar mit Terrasse befindet sich mitten im Flon genannten Zentrum Lausannes, ihre Einrichtung ist modern und urban.
Schwerpunkt: Frankreich, Raw/Natural Wine

Rue des Côtes-de-Montbenon 5
+41 21 3122861
lacanoche.ch
Kategorie: Klassische Weinbar

Weinangebot:	**44** I 50
Service	**18** I 20
Essen	**17** I 20
Ambiente:	**8** I 10
Gesamt:	87 I 100

Le Vestibule 🍸🍸🍸 1005 Lausanne

Das Vestibule besucht man vor allem wegen der innovativen Cocktails. Die Karte besteht aus perfekt zubereiteten Klassikern, manchmal mit einem speziellen Twist, sowie kreativen saisonalen und Signature Drinks. Die enge, schummrige Bar ist gemütlich eingerichtet, so entsteht schnell eine entspannte Wohnzimmeratmosphäre.

Rue Cité-Devant 4
+41 21 5152939
le-vestibule.ch
Kategorie: American Bar

Drinks:	**47** I 50
Ambiente:	**17** I 20
Service:	**19** I 20
Sortiment:	**8** I 10
Gesamt:	91 I 100

Funky Claude's Bar 🍸🍸🍸 1820 Montreux

Die Funky Claude's Bar bietet nicht nur aufsteigenden Musikern eine Bühne, die talentierte Bar-Equipe mixt auch exzellente Cocktails. Hier gibt's am Wochenende Livemusik, dazu Cocktailklassiker und Eigenkreationen mit dem gewissen Extra. Auf der Karte sind die Drinks als Playlist mit passenden Musikstücken gelistet.

Avenue Claude-Nobs 2
+41 21 9621400
fairmont.com
Kategorie: Hotelbar

Drinks:	**45** I 50
Ambiente:	**18** I 20
Service:	**18** I 20
Sortiment:	**9** I 10
Gesamt:	90 I 100

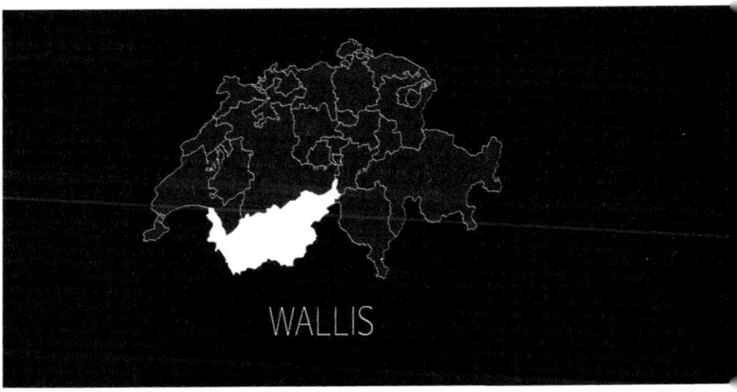

W Living Room 🍸🍸 1936 Verbier

In der guten Stube des W Living Room herrscht eine gemütliche und verspielte Atmosphäre. Hier bestellt man von lokalen Legenden inspirierte Cocktails, ein Glas ausgesuchten Wein oder einen der zahlreichen hochwertigen Spirits und geniesst die Musik der Resident DJs. Dazu gibt es leckere Snacks aus aller Welt.

Rue de Médran 70
+41 27 4728888
wverbier.ch
Kategorie: Loungebar

Drinks:	**44** I 50
Ambiente:	**19** I 20
Service:	**18** I 20
Sortiment:	**8** I 10
Gesamt:	89 I 100

Felsenkeller 🍷🍷🍷

6300 Zug

Im Felsenkeller wird seit über 20 Jahren Wein verkauft und getrunken. Hier gibt es nicht nur über 500 Positionen, sondern auch eine grosse Speisenauswahl, denn es darf auch bei den Nachbarbetrieben bestellt werden. Weitere Snacks kommen aus der eigenen Backstube.
Schwerpunkt: Schweiz, Frankreich

Kolinplatz 8
+41 41 7103050
felsenkeller.ch
Kategorie: Weinbar im Restaurant

Weinangebot:	**46** | 50
Service	**19** | 20
Essen	**17** | 20
Ambiente:	**8** | 10
Gesamt:	90 | 100

Platzhirsch 🍷🍷

6300 Zug

Der perfekte Ort, um sich nach der Arbeit oder vor dem «Znacht» im Sushi-Restaurant nebenan ein Glas Wein, Sake oder einen von der professionellen Barcrew zubereiteten Cocktail zu gönnen. Auf der Karte ist für jeden Geschmack etwas dabei, das Team gibt gerne passende Empfehlungen.
Schwerpunkt: Europa, international

Zeughausgasse 10
+41 41 7102727
platzhirschzug.ch
Kategorie: Klassische Weinbar

Weinangebot:	**44** | 50
Service	**18** | 20
Essen	**17** | 20
Ambiente:	**8** | 10
Gesamt:	87 | 100

Skylounge Bar 🍸🍸

6300 Zug

Die Skylounge Bar gewährt den Besuchern einen fantastischen Rundumblick aufs Zugerland. Dazu nippt man an einem klassischen oder Signature Cocktail oder Mocktail, trinkt ein gehobenes Glas Wein oder gönnt sich ein Bier. Für Hungrige gibt es auf der Snackkarte leckere Sandwiches, Dips und Apéro-Plättli.

General-Guisan-Strasse 6
+41 41 7090570
uptown-gastro.ch
Kategorie: Loungebar

Drinks:	**43** | 50
Ambiente:	**17** | 20
Service:	**18** | 20
Sortiment:	**8** | 10
Gesamt:	86 | 100

More

8608 Bubikon

Die More Bar & Cigar Lounge ist gleich beim Golfplatz Bubikon gelegen. Hier gönnt man sich vor oder nach einem Golfspiel oder auch einfach so einen Apéro oder eine edle Zigarre. Auf der Karte findet man ausgesuchte Spirituosen, leckere klassische und kreative Cocktails und eine schöne Auswahl an Weinen.

Kämmoos 3
+41 55 2433111
more-bar.ch
Kategorie: American Bar

Drinks:	**44** I 50
Ambiente:	**18** I 20
Service:	**17** I 20
Sortiment:	**9** I 10
Gesamt:	88 I 100

Viniviva

8600 Dübendorf

Andreas Brunnegger bietet im Viniviva in Dübendorf Winzerpersönlichkeiten eine Plattform, die mit ihrer Arbeit die biologische Vielfalt im Rebberg wahren und ihre Weine geduldig «entstehen» lassen. Passend zu den Vins Naturels gibt's Charcuterie von Natur konkret.
Schwerpunkt: international, Raw/Natural Wine

Oberdorfstrasse 113
+41 44 8207979
viniviva.ch
Kategorie: Klassische Weinbar

Weinangebot:	**48** I 50
Service	**19** I 20
Essen	**18** I 20
Ambiente:	**8** I 10
Gesamt:	93 I 100

Thalvie

8800 Thalwil

Ob im Park, auf der Terrasse am Zürichsee oder im Art-déco-Gastsaal, hier gibt es für jede Stimmung das passende Ambiente. Man trifft sich zum Brunch, Lunch, Tee oder Aperitif, manchmal ist das Lokal auch länger geöffnet. Das tolle Team sorgt dafür, dass es immer ein gutes Glas Wein oder einen leckeren Cocktail gibt.

Im Park 2
+41 44 5784455
thalvie.cafe
Kategorie: American Bar

Drinks:	**43** | 50
Ambiente:	**19** | 20
Service:	**18** | 20
Sortiment:	**8** | 10
Gesamt:	88 | 100

Blaser's

8610 Uster

Markus Blaser serviert in seinem Lokal Kaffeespezialitäten und auserlesene Weine aus mehrheitlich europäischen Ländern. Dazu gibt es eine simple, ehrliche und qualitativ hochstehende Kulinarik, Süsses zum Kaffee und Herzhaftes zum Weingenuss – von Tapas bis Pasta.
Schwerpunkt: Italien

Zentralstrasse 2
+41 44 5434045
blasers-cafe-weinbar.ch
Kategorie: Weinbistro

Weinangebot:	**44** | 50
Service	**17** | 20
Essen	**18** | 20
Ambiente:	**8** | 10
Gesamt:	87 | 100

Boilerroom

8400 Winterthur

Der Boilerroom hat ein ganz besonderes Ambiente: Er befindet sich im ehemaligen Heizraum der Sulzer AG. Hier kann die Stimmung ganz schön aufgeheizt werden, dafür sorgt eine Auswahl an spannenden Cocktails, Spirituosen, Bieren und Weinen. Dazu gibt es typische Barsnacks wie Burger, Nachos und Wraps.

Zürcherstrasse 1
+41 52 2033149
boilerroom.ch
Kategorie: Restaurantbar

Drinks:	**41** | 50
Ambiente:	**17** | 20
Service:	**17** | 20
Sortiment:	**8** | 10
Gesamt:	83 | 100

Wein-Punkt

8400 Winterthur

Der Wein-Punkt ist Weinbar und Weinhandlung in einem. Hier trifft man sich in ungezwungener Atmosphäre auf ein Glas Wein und eine Kleinigkeit zu essen. Auf der Karte stehen rund 100 Weine mit Profil, von Avantgarde bis Klassik – Naturweine, Bioweine und vieles mehr.
Schwerpunkt: Raw/Natural Wine

Stadthausstrasse 53
+41 52 2125252
wein-punkt.ch
Kategorie: Klassische Weinbar

Weinangebot:	**45**	50
Service	**18**	20
Essen	**18**	20
Ambiente:	**9**	10
Gesamt:	90	100

169 West

8003 Zürich

Mit einem schönen Angebot an Naturweinen im Offenausschank trifft das 169 West den Nerv der Zeit. Neben ausgesuchten Kaffeespezialitäten werden hier auch liebevoll zubereitete, hausgemachte Speisen serviert. Das Ambiente ist heimelig, warm und einladend.
Schwerpunkt: Frankreich, Raw/Natural Wine

Weststrasse 169
+41 44 4610033
169west.ch
Kategorie: Klassische Weinbar

Weinangebot:	**47**	50
Service	**18**	20
Essen	**17**	20
Ambiente:	**9**	10
Gesamt:	91	100

ACID

8004 Zürich

Im ACID gibt es neben Specialty Coffee, Snacks und hausgemachten Drinks auch noch eine kuratierte Auswahl an besonderen Naturweinen. Das Ambiente ist trendig, die junge Kundschaft sitzt gerne draussen und schaut sich das Treiben auf der Ausgehmeile Langstrasse an.
Schwerpunkt: Raw/Natural Wine

Langstrasse 67
+41 44 2910517
acidacid.ch
Kategorie: Klassische Weinbar

Weinangebot:	**42**	50
Service	**18**	20
Essen	**17**	20
Ambiente:	**8**	10
Gesamt:	85	100

Andorra Bar

8001 Zürich

Seit über 100 Jahren gibt es die Bar im Niederdorf, bekannt war sie schon unter vielen Namen. Seit den 90er-Jahren ist sie nach Max Frischs Theaterstück benannt. Theater gespielt wird hier allerdings nicht, dafür aber getanzt – oft zu Livemusik – Whisk(e)y und Bier getrunken und über alles Mögliche diskutiert.

Münstergasse 20
+41 79 3130082
andorra.ch
Kategorie: American Bar

Drinks:	**43**	50
Ambiente:	**18**	20
Service:	**19**	20
Sortiment:	**8**	10
Gesamt:	88	100

Angels' Wine Tower Bar

8058 Zürich

Der spektakuläre «Weinkeller» mit 4000 Flaschen befindet sich in einem 16 Meter hohen, beleuchteten Glasquader. Auch wenn der Wine Tower im Radisson Hotel am Flughafen Zürich für jeden Weingeschmack etwas bereithält, lohnt sich der Blick in die Cocktail-Karte.
Schwerpunkt: Italien

Airport
+41 43 2107043
radissonhotels.com
Kategorie: Weinbar im Restaurant

Weinangebot:	**45** I 50
Service	**18** I 20
Essen	**17** I 20
Ambiente:	**8** I 10
Gesamt:	88 I 100

Atelier Bar

8001 Zürich

In Dieter Meiers Bar dreht sich alles um die Produkte seiner Farmen in Argentinien. Hier gibt es das Rindfleisch Ojo de Agua als Tatar, Roastbeef oder Steak-Sandwich, dazu einige Salate, Flammkuchen und eine tolle Käseauswahl. Und natürlich seinen Wein aus Mendoza, feine Tropfen aus Europa und erfrischende Cocktails.

Talacker 16
+41 44 2100809
atelierbar.ch
Kategorie: Loungebar

Drinks:	**44** I 50
Ambiente:	**18** I 20
Service:	**17** I 20
Sortiment:	**9** I 10
Gesamt:	88 I 100

Aura

8001 Zürich

Im Herzen der Finanzstadt Zürich befindet sich das Aura. Hier trifft sich eine internationale Klientel und isst Fleisch vom 800 Grad heissen Broiler und asiatisch angehauchte Snacks. Dazu gibt es eine grosse Auswahl an saisonalen und klassischen Cocktails und eine Weinkarte, die selbst anspruchsvollste Trinker abholt.

Bleicherweg 5
+41 44 4481144
aura-zurich.ch
Kategorie: Restaurantbar

Drinks:	**44** I 50
Ambiente:	**19** I 20
Service:	**17** I 20
Sortiment:	**8** I 10
Gesamt:	88 I 100

Bar 45 🍸🍸🍸

8001 Zürich

Die mit viel Marmor ausgestattete Bar 45 beeindruckt nicht nur durch ihre Einrichtung. Das Lokal im historischen Gebäude der UBS ist tagsüber eine Kaffeebar nach italienischem Vorbild, abends gibt es hier zu mediterranen Snacks wie Jamón Serrano, Focaccia und Oliven gute Cocktails und eine spannende Weinauswahl.

Bahnhofstrasse 45

bar45.ch
Kategorie: American Bar

Drinks:	**45** I 50
Ambiente:	**19** I 20
Service:	**18** I 20
Sortiment:	**9** I 10
Gesamt:	91 I 100

Bar 63 🍸🍸🍸

8004 Zürich

Seit Jahren gilt die Bar 63 als eine der besten Cocktailbars Zürichs. Hier, im wilden Langstrassenquartier werden in schummrigem Licht Cocktails gemixt. Ob Klassiker, Tiki oder Eigenkreation, sie schmecken hier alle hervorragend. Die Bar hat eine grosse Rumauswahl mit Zuckerrohrdestillaten aus aller Welt.

Rolandstrasse 19
+41 44 2417583
bar63.ch
Kategorie: American Bar

Drinks:	**47** I 50
Ambiente:	**18** I 20
Service:	**19** I 20
Sortiment:	**9** I 10
Gesamt:	93 I 100

Bar am Wasser 🍸🍸🍸🍸

8001 Zürich

Die Bar am Wasser ist eine der beliebtesten Cocktailbars der Limmatstadt. In einer stylishen Atmosphäre mit Blick auf den Fluss servieren Dirk Hany und sein Team hier Cocktails von Weltformat, haben aber auch eine fantastische Auswahl an Wein und Champagner. Zu erwähnen ist auch der besonders aufmerksame Service.

Stadthausquai 1
+41 44 5278001
baramwasser.ch
Kategorie: Loungebar

Drinks:	**49** I 50
Ambiente:	**20** I 20
Service:	**19** I 20
Sortiment:	**9** I 10
Gesamt:	97 I 100

Bar Sacchi

8003 Zürich

Claudio Sacchi serviert in seiner schmucken Bar beim Lochergut ikonische Negronis aus der Getränkepistole, naturbelassene Weine und – ganz nebenbei – eine stimmige Portion Italianità. Auch die spannenden Eigenkreationen haben sich über die Quartiergrenzen hinaus herumgesprochen.

Bertastrasse 1
sacchi.bar
Kategorie: American Bar

Drinks:	**46** I 50
Ambiente:	**19** I 20
Service:	**18** I 20
Sortiment:	**9** I 10
Gesamt:	92 I 100

Barchetta

8001 Zürich

Ob morgens zum Kaffee, mittags zum schnellen Lunch, nachmittags zu Kaffee und Kuchen oder abends zu einem Glas Wein, die Barchetta Bar hat immer das Passende im Angebot. Die Lage direkt an der Limmat und mitten in der Altstadt machen sie zum perfekten Ort, um sich eine Auszeit von der hektischen Stadt zu gönnen.

Weinplatz 2
+41 44 2272727
storchen.ch
Kategorie: Hotelbar

Drinks:	**45** I 50
Ambiente:	**18** I 20
Service:	**19** I 20
Sortiment:	**9** I 10
Gesamt:	91 I 100

Barfly'z

8002 Zürich

Ob kreativ oder klassisch, das Team des Barfly'z beherrscht so einige Cocktails. Kein Wunder, ist die Bar doch nach den legendären Barflies benannt. Diese eingeschworene Gruppe vielgereister Herren wurde 1925 in Paris gegründet und spielte eine grosse Rolle bei der Verbreitung von Cocktailrezepten auf der Welt.

Gotthardstrasse 21
+41 44 2020011
barflyz.ch
Kategorie: American Bar

Drinks:	**45** I 50
Ambiente:	**18** I 20
Service:	**18** I 20
Sortiment:	**9** I 10
Gesamt:	90 I 100

BarMünster

8001 Zürich

Die BarMünster ist ein Treffpunkt im Zürcher Oberdorf. Auf der Karte findet man über 100 Drinks, die Bartender kreieren nach Wunsch aber auch gerne etwas Neues oder mixen einen klassischen Cocktail. Immer am ersten Sonntag des Monats bietet die Bar lokalen Musikern eine Plattform und veranstaltet Konzerte.

Münstergasse 30
+41 44 2616061
barmuenster.ch
Kategorie: American Bar

Drinks:	**46** | 50
Ambiente:	**18** | 20
Service:	**18** | 20
Sortiment:	**8** | 10
Gesamt:	90 | 100

Baur's

8001 Zürich

Nur ein paar Schritte vom Zürichsee entfernt und mit dem legendären Hotel Baur au Lac verbunden ist die Baur's Bar. Hier geniesst man eine Pause vom hektischen Treiben der Innenstadt. Auf der hervorragend sortierten Getränkekarte findet man alles, was das Herz begehrt. Das Team ist vorzüglich geschult.

Talstrasse 1
+41 44 2205060
baurs-zurich.ch
Kategorie: Restaurantbar

Drinks:	**44** | 50
Ambiente:	**19** | 20
Service:	**19** | 20
Sortiment:	**9** | 10
Gesamt:	91 | 100

Brick

8004 Zürich

Die zentrale Location an der Langstrasse und das trendige Interieur mit Wänden in Backsteinoptik sind nicht die einzigen Gründe, warum die Brick Bar so beliebt ist; hier gibt es auch richtig gute Drinks. Am besten bestellt man einen der saisonalen Haus-Cocktails, diese sind sehr kreativ und schmecken richtig gut.

Langstrasse 21
+41 44 2412000
brickbar.ch
Kategorie: American Bar

Drinks:	**44** | 50
Ambiente:	**18** | 20
Service:	**18** | 20
Sortiment:	**8** | 10
Gesamt:	88 | 100

Canapé

8004 Zürich

Seit 2021 ist die Canapé Bar im ehemaligen Hirschen beheimatet. Es gibt hier leckere Drinks, Schaumweine und natürlich die namensgebenden Canapés. Das Canapé-Konzept wird kreativ gehandhabt und die Brötchen mit allerlei Belägen versehen. Es finden auch immer wieder Events statt, wie etwa die wöchentliche Comedy-Night.

Brauerstrasse 80
+41 77 4082870
canapebar.ch
Kategorie: Restaurantbar

Drinks:	**43** | 50
Ambiente:	**18** | 20
Service:	**18** | 20
Sortiment:	**8** | 10
Gesamt:	87 | 100

Canvas Bar im Dolder Grand

8032 Zürich

Der Besuch in der Canvas Bar im Dolder Grand ist für Cocktailfans obligatorisch. Hier mixt das talentierte Barteam einige der besten Drinks der Stadt, die Weinkarte ist gut sortiert und die Barsnacks und kleinen Gerichte können ebenfalls mithalten. Einducksvoll ist auch die Einrichtung des historischen Raums.

Kurhausstrasse 65
+41 44 4566000
thedoldergrand.com
Kategorie: Hotelbar

Drinks:	**47** | 50
Ambiente:	**19** | 20
Service:	**19** | 20
Sortiment:	**9** | 10
Gesamt:	94 | 100

Carlton

8001 Zürich

Egal, ob verlockende Cocktails auf Wermut- oder Schaumweinbasis, ein Glas Wein oder ein frisch gezapftes Bier, das Team der angesehenen Carlton Bar geht gerne auf die Bedürfnisse der Gäste ein. So werden von den findigen Bartendern auch massgeschneiderte Cocktails basierend auf den individuellen Vorlieben gemixt.

Bahnhofstrasse 41
+41 44 2271919
carlton.ch
Kategorie: Restaurantbar

Drinks:	**45** | 50
Ambiente:	**19** | 20
Service:	**19** | 20
Sortiment:	**8** | 10
Gesamt:	91 | 100

Cinchona

8004 Zürich

Die Cinchona Bar ist ein Treffpunkt mitten in der hektischen Zürcher Innenstadt mit einem stylishen, modernen Ambiente. Im Zentrum stehen dort Highballs, unkomplizierte und erfrischende Drinks, serviert in gefrorenen Gläsern. Dazu gibt's nahöstliche Snacks vom Neni Restaurant und vegane von Future Cuisine.

Langstrasse 150
+41 44 57650004
cinchona.bar
Kategorie: Hotelbar

Drinks:	**46** | 50
Ambiente:	**18** | 20
Service:	**18** | 20
Sortiment:	**9** | 10
Gesamt:	91 | 100

Clouds Bar

8005 Zürich

Im obersten Stock des Prime Towers ist man buchstäblich in den Wolken. Bei schönem Wetter geniesst man einen herrlichen Blick auf die Stadt und das Umland. Dazu gibt es eine fantastische Auswahl an saisonalen Cocktails. Das Barteam kreiert allerdings auch gerne den passenden Drink nach dem Wunsch der Gäste.

Maagplatz 5
+41 44 4043000
clouds.ch
Kategorie: Restaurantbar

Drinks:	**46** | 50
Ambiente:	**20** | 20
Service:	**18** | 20
Sortiment:	**9** | 10
Gesamt:	93 | 100

Coco Grill & Bar

8001 Zürich

In einer Gasse abseits des Paradeplatzes versteckt sich die Bar des Coco mit seiner grossen Terrasse. Trotz der Nähe zur geschäftigen Bahnhofstrasse ist sie eine Oase der Ruhe mit einer tollen Auswahl an Drinks, Spirituosen und Wein. Dank Fumoir-Lizenz darf man hier auch Zigarren oder Zigaretten rauchen.

Bleicherweg 1a
+41 44 2119898
restaurant-coco.ch
Kategorie: Restaurantbar

Drinks:	**44** | 50
Ambiente:	**17** | 20
Service:	**18** | 20
Sortiment:	**9** | 10
Gesamt:	88 | 100

COR

8003 Zürich

Das COR ist der neuste Streich von Zineb Hattab, der berühmtesten veganen Köchin der Stadt. In diesem gemütlichen Weinbistro ehrt sie die Barkultur ihrer Heimat Katalonien. Zu den Tapas gibt es eine spannende Weinauswahl, zusammengestellt von Sommelier Bernd Vogel.
Schwerpunkt: Frankreich, Schweiz, Spanien

Weststrasse 112
+41 44 5481033
corwineandpintxos.com
Kategorie: Weinbistro

Weinangebot:	**46** | 50
Service	**19** | 20
Essen	**19** | 20
Ambiente:	**8** | 10
Gesamt:	92 | 100

Cranberry Bar

8001 Zürich

Die Cranberry Bar im Zentrum der Stadt ist seit 1997 für Zürichs Gay-Szene und ihre Freunde da. Hier gibt es eine lebhafte Atmosphäre und feine Cocktails. Auf der Karte findet man vor allem Klassiker, es gibt aber auch ein paar Eigenkreationen mit und ohne Alkohol. Die Einrichtung ist modern und schnörkellos.

Metzgergasse 3
+41 44 2612772
cranberry.ch
Kategorie: American Bar

Drinks:	**46** | 50
Ambiente:	**17** | 20
Service:	**18** | 20
Sortiment:	**9** | 10
Gesamt:	90 | 100

D-Vino Bahnhofstraße

8001 Zürich

Bei D-Vino werden alle Weine, egal ob rot, weiss, rosé oder Schaumwein, im gleichen Glas serviert. Neben einem bemerkenswerten Angebot an Flaschenweinen gibt es rund 30 Weine im Offenausschank, dazu werden frisch gekochte Speisen und herzhafte Tapas serviert.
Schwerpunkt: Schweiz, Frankreich

Schützengasse 12
+41 44 4034860
d-vino.ch
Kategorie: Weinbistro

Weinangebot:	**45** I 50
Service	**18** I 20
Essen	**17** I 20
Ambiente:	**8** I 10
Gesamt:	88 I 100

D-Vino Seefeld

8008 Zürich

Das D-Vino im Seefeld verfolgt die gleiche Philosophie wie die Filiale an der Bahnhofstrasse: Hier trifft man sich zum unkomplizierten und gepflegten Weingenuss, ab vier Deziliter wird jede Flasche entkorkt, und auch das Angebot an Weinen im Offenausschank ist umfassend.
Schwerpunkt: Schweiz, Frankreich

Seefeldstrasse 113
+41 44 3833001
d-vino.ch
Kategorie: Weinbistro

Weinangebot:	**45** I 50
Service	**18** I 20
Essen	**17** I 20
Ambiente:	**8** I 10
Gesamt:	88 I 100

Eden Bar

8008 Zürich

Die Eden Bar besticht durch ihre elegante, moderne Einrichtung und ihr besonderes Cocktailangebot. Auf der Getränkekarte findet man eine schöne Mischung aus Klassik und Moderne, dabei kommen viele hausgemachte Komponenten zum Einsatz. Abends wird das Ambiente durch Klänge vom DJ-Pult weiter aufgewertet.

Utoquai 45
+41 44 2662525
lareserve-zurich.com
Kategorie: Hotelbar

Drinks:	**46** I 50
Ambiente:	**18** I 20
Service:	**19** I 20
Sortiment:	**9** I 10
Gesamt:	92 I 100

El Lokal

8001 Zürich

Das El Lokal ist schon seit Jahren Treffpunkt für Kulturliebhaber. Hier gibt es regelmässig spannende Lesungen und Konzerte nationaler und internationaler Künstler. Auf der Karte findet man leckere und unkomplizierte Gerichte, süffige Biere, gute Spirituosen und überraschende Weine. Die Stimmung ist meist entspannt.

Gessnerallee 11
+41 43 3448750
ellokal.ch
Kategorie: American Bar

Drinks:	**42** I 50
Ambiente:	**18** I 20
Service:	**18** I 20
Sortiment:	**7** I 10
Gesamt:	85 I 100

Exer Bar

8004 Zürich

Die Exer Bar mitten im belebten Kreis 4 hat sich von einer Biertrinker-Spunte zum Hotspot für Cocktail- und Kulinarikliebhaber gemausert. Das junge Team besteht aus Barkeeperin Paulina Bastian und Köchin Sandra Böhm, die fast alles im Alleingang machen. Es gibt «drinks & food for your soul» in sympathischem Ambiente.

Tellstrasse 10
+41 44 2425212
exerbar.ch
Kategorie: Restaurantbar

Drinks:	**47** I 50
Ambiente:	**18** I 20
Service:	**19** I 20
Sortiment:	**8** I 10
Gesamt:	92 I 100

Felix

8003 Zürich

Die Felix Bar liegt mitten im trendigen Kreis 3. Sie ist klein, aber stylish und gemütlich eingerichtet. Hier gibt es kreative Cocktails, die vom talentierten Barteam entworfen und aus besten Zutaten zusammengemixt werden. Wer gerne mehr über Cocktails lernen möchte, kann hier sogar einen Mixology-Kurs buchen.

Kalkbreitestrasse 8
+41 44 5451813
felix-zuerich.ch
Kategorie: Loungebar

Drinks:	**46** I 50
Ambiente:	**18** I 20
Service:	**18** I 20
Sortiment:	**9** I 10
Gesamt:	91 I 100

Frisk Fisk

8001 Zürich

Das Frisk Fisk ist Fischrestaurant und Lachsbar. Hier gibt es aber nicht nur frischen Fisch, sondern auch spannende Naturweine. Im Lokal im Niederdorf trifft man sich zum Apéro mit einem Glas Wein oder Craftbeer, dazu ein paar Austern und leckeren Räucherlachs aus Norwegen.

Schwerpunkt: Raw/Natural Wine, international

Niederdorfstrasse 31
+41 44 5216006
friskfisk.ch
Kategorie: Weinbistro

Weinangebot:	**44** I 50
Service	**18** I 20
Essen	**18** I 20
Ambiente:	**8** I 10
Gesamt:	88 I 100

Gamper Bar 🍷🍷🍷

8004 Zürich

Über 100 Positionen stehen auf der Karte, das Team hilft gerne bei der Wahl des Lieblingsweins. Die dazu bestellbaren Häppchen reichen vom hausgemachten Sauerteigbrot über Eingelegtes, Käse und Charcuterie bis hin zu delikaten Fisch- und Meeresfrüchtekonserven.
Schwerpunkt: Champagner, international, Frankreich

Dienerstrasse 75
+41 43 2437878
gamper-bar.ch
Kategorie: Klassische Weinbar

Weinangebot:	**47** I 50
Service	**18** I 20
Essen	**18** I 20
Ambiente:	**9** I 10
Gesamt:	92 I 100

George Bar & Grill 🍸🍸🍸

8001 Zürich

Die George Bar punktet nicht nur mit einer grossartigen Aussicht über die Stadt, hier gibt es auch eine tolle Auswahl an Getränken und leckerem Barfood. Besonders zu erwähnen ist die Weinkarte, die viele edle und rare Tropfen bereithält. Aber auch bei den Cocktails gibt es für jeden Geschmack das Passende.

Sihlstrasse 50
+41 44 4445060
george-grill.ch
Kategorie: Restaurantbar

Drinks:	**46** I 50
Ambiente:	**19** I 20
Service:	**19** I 20
Sortiment:	**9** I 10
Gesamt:	93 I 100

Igniv 🍸🍸🍸🍸

8001 Zürich

Die Igniv Bar ist bisher die einzige Bar nach dem Caminada-Konzept. Das mehrfach ausgezeichnete Team kreiert hier besondere Cocktailerlebnisse. Aber auch die Wein- und Champagnerkarte lässt Liebhaberherzen höherschlagen. Die Snacks dazu stammen aus Caminadas Sterneküche, besseres Barfood bekommt man selten.

Marktgasse 17
+41 44 2661010
marktgassehotel.ch
Kategorie: Hotelbar

Drinks:	**49** I 50
Ambiente:	**19** I 20
Service:	**19** I 20
Sortiment:	**9** I 10
Gesamt:	96 I 100

Il Tappo

8004 Zürich

In der gemütlichen Weinbar im Kreis 4 gibt es italienischen Naturwein und Aperitivo. Auf die feinen Plättli kommen nur der beste Käse und die leckerste Charcuterie. Der freundliche Service kennt sich aus und empfiehlt immer das passende Glas oder die passende Flasche.

Schwerpunkt: Italien, Raw/Natural Wine

Kanzleistrasse 84
+41 44 2414553
iltappo.ch
Kategorie: Klassische Weinbar

Weinangebot:	**44** | 50
Service	**19** | 20
Essen	**17** | 20
Ambiente:	**8** | 10
Gesamt:	88 | 100

Iris Bar

8058 Zürich

Die Bar der Bar Iris ist im wahrsten Sinne des Wortes ein Schmuckstück. Sie wurde nämlich aus Scheiben von Halbedelsteinen «gezimmert». Dieser Eyecatcher soll allerdings nicht von der Qualität des Angebots ablenken. Es gibt hier eine schöne Auswahl an eigenen und klassischen Cocktails und leckere Barsnacks.

The Circle 41
+41 44 5924900
hyatt.com
Kategorie: Hotelbar

Drinks:	**46** | 50
Ambiente:	**19** | 20
Service:	**19** | 20
Sortiment:	**8** | 10
Gesamt:	92 | 100

James Joyce

8001 Zürich

Nur wenige Minuten vom Hauptbahnhof entfernt lässt das James Joyce die irische Kulinarik hochleben. Das wertvolle viktorianische Interieur stammt aus der Bar des ehemaligen Jury's Hotel in Dublin. Neben gekühltem Bier und ambitiösen Weinen gibt es ein respektables Angebot an Whisk(e)y & Co. sowie delikates Pub Food.

Pelikanstrasse 8
+41 44 2211828
jamesjoyce.ch
Kategorie: American Bar

Drinks:	**43** | 50
Ambiente:	**19** | 20
Service:	**19** | 20
Sortiment:	**9** | 10
Gesamt:	90 | 100

Jules Verne Panoramabar

8001 Zürich

Wer in Zürich abheben will, besucht am besten die Jules Verne Panoramabar. Die Aussicht hält, was der Name verspricht: Die Bar befindet sich im Obergeschoss desselben Gebäudes wie die Sternwarte Urania. Man geniesst zum Ausblick am besten einen der exzellenten Cocktails, dazu gibt es einfaches, aber leckeres Barfood.

Uraniastrasse 9
+41 43 8886667
jules-verne.ch
Kategorie: American Bar

Drinks:	**47** | 50
Ambiente:	**18** | 20
Service:	**19** | 20
Sortiment:	**9** | 10
Gesamt:	93 | 100

Kasheme 🍸🍸

8005 Zürich

In der Kasheme fühlt man sich, als wäre man bei Freunden im Wohnzimmer – Freunden mit einer besonders guten Plattensammlung und Musikanlage. Hier legen oft DJs auf, die Musik kommt aus aller Welt und ist das verbindende Element zwischen den Gästen, die dazu tanzen, diskutieren und sich an den guten Drinks laben.

Neugasse 56
+41 44 2726608
kasheme.com
Kategorie: Loungebar

Drinks:	**44** I 50
Ambiente:	**18** I 20
Service:	**18** I 20
Sortiment:	**8** I 10
Gesamt:	88 I 100

Konrad 🍸🍸

8001 Zürich

Die Konrad Bar beherrscht sowohl Kaffee als auch Cocktails perfekt. Hier macht man nachmittags eine Kaffeepause, trifft sich nach der Arbeit auf ein Bier mit Kollegen oder trinkt sich quer durch die Cocktailkarte, auf der sich Klassiker und kreative Eigenkompositionen finden. Dazu gibt es ausgewählte Snacks.

Lintheschergasse 23
+41 44 2110815
konrad.bar
Kategorie: Loungebar

Drinks:	**45** I 50
Ambiente:	**19** I 20
Service:	**17** I 20
Sortiment:	**8** I 10
Gesamt:	89 I 100

Kronenhalle Bar 🍸🍸🍸🍸

8001 Zürich

Die einzigartige Kronenhalle Bar gehört seit ihrer Gründung 1965 zu den besten Bars Zürichs. Allerdings kann man nur hier unter Gemälden von Picasso und Miró Cocktails schlürfen. Diese sind durch die Bank hervorragend – ob Klassiker oder die vom Barteam um Chef Christian Heiss entwickelten kreativen Signature Cocktails.

Rämistrasse 4
+41 44 2629911
kronenhalle.ch
Kategorie: Restaurantbar

Drinks:	**49** I 50
Ambiente:	**19** I 20
Service:	**19** I 20
Sortiment:	**10** I 10
Gesamt:	97 I 100

Kunsthaus Bar 🍷🍷

8001 Zürich

Die Kunsthaus Bar befindet sich im von Stararchitekt David Chipperfield entworfenen Neubau des Kunsthauses. Hier, in der eleganten Bar oder auf der weitläufigen Terrasse, trifft man sich auf ein einfaches, aber leckeres Mittagessen, ein Glas Champagner oder einen Cocktail.
Schwerpunkt: Schweiz, international

Heimplatz 5
+41 79 2424271
kunsthausbar.ch
Kategorie: Klassische Weinbar

Weinangebot:	**44**	50
Service	**18**	20
Essen	**18**	20
Ambiente:	**9**	10
Gesamt:	89	100

La Catedral 🍸🍸🍸

8003 Zürich

Die Catedral ist der Ort für Liebhaber von Mexikos Trink- und Esskultur. Hier gibt es eine grossartige Auswahl an Tequila, Mezcal, weiteren mexikanischen Spirituosen und Wein. Besonders spannend sind die kreativen Cocktails. Dazu werden «Antojitos» (oder Häppchen) serviert, die den Gast in die Strassen Mexikos entführen.

Birmensdorferstrasse 83
+41 79 1990997
lacatedral.ch
Kategorie: American Bar

Drinks:	**46**	50
Ambiente:	**19**	20
Service:	**18**	20
Sortiment:	**9**	10
Gesamt:	92	100

Late Bloomers 🍸🍸🍸

8004 Zürich

Im Late Bloomers gibt es in legerer Grossstadtatmosphäre hervorragend gemixte kreative Cocktails zu geniessen. Diese vereinen Aromen aus aller Welt, in vielen Kreationen schmeckt man allerdings, dass das Team aus Griechenland stammt. Dies dank Zutaten aus dem östlichen mediterranen Raum wie Mastika und Machlepi.

Dienerstrasse 20

latebloomersthebar.com
Kategorie: American Bar

Drinks:	**47**	50
Ambiente:	**18**	20
Service:	**19**	20
Sortiment:	**7**	10
Gesamt:	91	100

Légère 🍸🍸

8003 Zürich

Im Légère gibt es hausgemachte, kreative Cocktails, interessante (Natur-)Weine und leckeres Comfort Food. Hier, weit weg vom hektischen Stadtzentrum, treffen sich viele Leute aus dem Quartier, manche kommen aber auch von weiter her. Man geniesst zusammen die entspannte, urbane Atmosphäre der sympathischen kleinen Bar.

Badenerstrasse 281
+41 44 5543314
legerezurich.ch
Kategorie: Loungebar

Drinks:	**44**	50
Ambiente:	**18**	20
Service:	**18**	20
Sortiment:	**8**	10
Gesamt:	88	100

Lenox Bar 🍸🍸🍸

8006 Zürich

In der Lenox Bar werden nur beste Zutaten verwendet, ob für die Cocktails oder die leckeren Barsnacks. Die Drinks sind kreativ und zeitgenössisch, zusätzlich gibt es eine grosse Auswahl an Whisk(e)ys und anderen Spirituosen. Die Speisekarte ist von New York und der dortigen internationalen Foodszene inspiriert.

Neumühlequai 42
+41 44 3607324
lenoxbar.ch
Kategorie: Hotelbar

Drinks:	**46** I 50
Ambiente:	**18** I 20
Service:	**18** I 20
Sortiment:	**8** I 10
Gesamt:	90 I 100

Loft Five Bar 🍸🍸

8004 Zürich

Die Loft Five Bar in der Europaallee ist der perfekte Ort für After-Work-Drinks oder um ins Wochenende einzusteigen. Hier gibt es erstklassige kreative Cocktails, die von einer passionierten Bar-Equipe gemischt werden. Dazu bestellt man ein paar Häppchen oder diniert nach dem Apéro noch im Restaurant nebenan.

Europaallee 15
+41 44 7555050
loftfive.ch
Kategorie: Loungebar

Drinks:	**44** I 50
Ambiente:	**18** I 20
Service:	**17** I 20
Sortiment:	**9** I 10
Gesamt:	88 I 100

Lupo 🍸🍸🍸

8004 Zürich

Wenn man weiss, dass hinter der Lupo Bar die drei bekannten Gastronomen Claudio Sacchi, Patrick Schindler und Armin Azadpour stecken, erstaunt es keinesfalls, dass sie sich so schnell zum Szenetreff gemausert hat. Hier gibt es eine tolle Auswahl an Naturweinen, spannende Cocktails und leckeres italienisches Essen.

Badenerstrasse 155
lupo.bar
Kategorie: Restaurantbar

Drinks:	**46** I 50
Ambiente:	**18** I 20
Service:	**19** I 20
Sortiment:	**9** I 10
Gesamt:	92 I 100

Manuel's

8001 Zürich

Der Name ist hier Programm. Manuel's ist Zigarren-, Rum- und Kaffeefachgeschäft auf drei Etagen. Die wunderbare Auswahl an Delikatessen gibt es nicht nur zum Mitnehmen: In der Bar im Eingangsbereich werden edler Rum, Cocktails und Kaffee serviert, im ersten Stock ist die Smoker's Lounge mit begehbarem Humidor.

Löwenstrasse 12
+41 44 5452140
manuels.ch
Kategorie: Loungebar

Drinks:	**45** I 50
Ambiente:	**17** I 20
Service:	**19** I 20
Sortiment:	**9** I 10
Gesamt:	90 I 100

Martel am Bellevue

8001 Zürich

Der Martel am Bellevue-Genusspunkt mit Blick auf die belebte Rämistrasse gehört zweifellos zu den besten Adressen der Stadt. Die Weinbar ist in die 250 Quadratmeter grosse Martel-Vinothek integriert und lädt zum gepflegten Weingenuss in ungezwungenem Ambiente ein.
Schwerpunkt: international

Rämistrasse 14
+41 44 2120046
martel.ch
Kategorie: Weinbar in Vinothek

Weinangebot:	**49** I 50
Service	**19** I 20
Essen	**15** I 20
Ambiente:	**9** I 10
Gesamt:	92 I 100

Marvelous

8005 Zürich

Dank der eleganten Einrichtung, deren Herzstück ein Bartresen aus den 1930er-Jahren bildet, fühlt man sich hier wie in einer Hotelbar in einer Grossstadt. Tatsächlich aber ist man im Erdgeschoss des Prime Towers und trinkt Cocktails, die vom kundigen Barteam perfekt gemixt werden, und wohltemperiertes Bier.

Prime Tower, Hardstrasse 201
+41 43 3669082
hotelrivingtonandsons.ch
Kategorie: American Bar

Drinks:	**48** I 50
Ambiente:	**18** I 20
Service:	**18** I 20
Sortiment:	**9** I 10
Gesamt:	93 I 100

Mehrspur

8005 Zürich

In der Mehrspur Bar dreht sich fast alles um Musik – kein Wunder, ist sie doch die Bar der Musik- und Kunsthochschule Zürich. Während nebenan Nachwuchstalente Konzerte spielen, bestellt man sich hier einen liebevoll zubereiteten Cocktail, eines der Biere mit verschiedenen Trübungsgraden oder ein ausgesuchtes Glas Wein.

Förrlibuckstrasse 109
+41 43 4465076
mehrspur.ch
Kategorie: Loungebar

Drinks:	**43** I 50
Ambiente:	**18** I 20
Service:	**17** I 20
Sortiment:	**8** I 10
Gesamt:	86 I 100

Meierei

8044 Zürich

In einer umgebauten Bauspenglerei im Kreis 6 befindet sich die Meierei. Corinne Lüthi-Meier und Markus Lüthi schenken in ungezwungener Atmosphäre Weine aus naturnahem Anbau aus. Dazu gibt es eine breite Auswahl feiner Snacks und abends auch einige warme Gerichte.
Schwerpunkt: international

Spyristrasse 9
+41 44 3631000
cafebarmeierei.ch
Kategorie: Weinbistro

Weinangebot:	**45** | 50
Service	**19** | 20
Essen	**18** | 20
Ambiente:	**8** | 10
Gesamt:	90 | 100

Metropol

8001 Zürich

Ob morgens zum Kaffee, mittags zu einem einfachen Lunch oder nachmittags zum Apéro, die Bar des Metropol bietet immer das Passende. Besonders schön ist die Terrasse unter den offenen Arkaden, hier geniesst man die besonderen Weine, Signature Cocktails, Spirituosen, Biere und Snacks in einer einzigartigen Atmosphäre.

Fraumünsterstrasse 12
+41 44 2005900
metropol-restaurant.ch
Kategorie: Restaurantbar

Drinks:	**44** | 50
Ambiente:	**19** | 20
Service:	**17** | 20
Sortiment:	**9** | 10
Gesamt:	89 | 100

Mövenpick Wein-Bar

8001 Zürich

Die Mövenpick Wein-Bar lässt sich für ihre weinaffinen Gäste einiges einfallen: Jeden Freitag wird eine erstklassige «Big Bottle» entkorkt, am Samstag gibt es einen «Soirée de Champagne», hinzu kommt eine Auswahl von über 500 Weinen aus der alten und neuen Welt.
Schwerpunkt: international

Nüschelerstrasse 1
+41 44 2119139
moevenpick-wein.com
Kategorie: Klassische Weinbar

Weinangebot:	**49** | 50
Service	**18** | 20
Essen	**18** | 20
Ambiente:	**9** | 10
Gesamt:	94 | 100

Nachtflug

8001 Zürich

Das Herzstück der gemütlichen Lounge-Bar ist ein 300 Jahre alter Tisch der Marke Rolex. An ihm treffen sich Geschäftsleute zum After-Dinner-Drink, Pärchen zum Date oder Freundesgruppen zum Absacker. Es gibt rund 200 Spirituosen, spannende Cocktails, eine grossartige Bierauswahl und natürlich auch edle Weine.

Stüssihofstatt 4
+41 79 6136173
nachtflug.ch
Kategorie: Loungebar

Drinks:	**44** | 50
Ambiente:	**18** | 20
Service:	**17** | 20
Sortiment:	**8** | 10
Gesamt:	87 | 100

no idea ŸŸŸ — 8008 Zürich

Ein innovatives Konzept bietet die no idea Bar. Anstatt auf der Karte Zutaten zu listen, gibt es hier ein bebildertes Buch, das Assoziationen wecken soll. Im Gespräch mit dem Personal wird dann der perfekte Cocktail für den Gast gefunden. Dieser wird im «Labor» zubereitet und entführt den Gast in eine andere Welt.

Dufourstrasse 43
+41 44 2610404
noideabar.com
Kategorie: American Bar

Drinks:	**46** | 50
Ambiente:	**19** | 20
Service:	**18** | 20
Sortiment:	**7** | 10
Gesamt:	90 | 100

Odeon ŸŸ — 8001 Zürich

Legendär ist das Odeon Café. Bereits vor 100 Jahren trafen sich hier Künstler, Schriftsteller und Intellektuelle, um das Weltgeschehen zu besprechen und zu beeinflussen. Auch heute noch trinkt man hier in stilvollem Ambiente edle Tropfen und perfekt gemixte Cocktailklassiker, aber auch einfach mal ein Bier.

Limmatquai 2
+41 44 2511650
odeon.ch
Kategorie: Restaurantbar

Drinks:	**43** | 50
Ambiente:	**19** | 20
Service:	**18** | 20
Sortiment:	**8** | 10
Gesamt:	88 | 100

Ojo de Agua – Weinkontor — 8001 Zürich

Dieter Meier setzt seine Visionen in Perfektion um: Das merkt man auch in seinem argentinischen Kleinod im Herzen Zürichs. Alle Cuts stammen von Rindern aus Meiers Farm Ojo de Agua in Argentinien. Dazu gibt es preisgekrönte Weine aus Trauben aus Mendoza und Patagonien.
Schwerpunkt: Argentinien

Oetenbachgasse 13
+41 44 2104700
ojodeagua.global
Kategorie: Weinbar im Restaurant

Weinangebot:	**43** | 50
Service	**17** | 20
Essen	**18** | 20
Ambiente:	**9** | 10
Gesamt:	87 | 100

Old Crow 🍸🍸🍸🍸

8001 Zürich

Die Old Crow Bar in der Zürcher Altstadt ist ein Paradies für Liebhaber edler Spirituosen. Hier gibt es rund 1600 Flaschen, 500 davon sind Whisk(e)ys, darunter auch viele Raritäten. Da fällt die Auswahl schwer! Zum Glück ist das Serviceteam überaus kompetent und hilft in der Not – so findet jeder das Passende.

Schwanengasse 4
+41 43 2335335
oldcrow.ch
Kategorie: American Bar

Drinks:	**49** | 50
Ambiente:	**19** | 20
Service:	**19** | 20
Sortiment:	**10** | 10
Gesamt:	97 | 100

Onyx Bar 🍸🍸🍸

8002 Zürich

In der Onyx Bar läutet man den Abend ein oder lässt die Nacht ausklingen, und zwar mit erlesenen Spirituosen, kreativen Signature Cocktails, raren Weinen und handgerollten Zigarren. Benannt ist die elegante Bar nach dem Stein, der den Tresen verschönert und dem Gastraum eine besonderen Atmosphäre verleiht.

Beethovenstrasse 21
+41 43 8831234
hyatt.com
Kategorie: Hotelbar

Drinks:	**46** | 50
Ambiente:	**18** | 20
Service:	**18** | 20
Sortiment:	**9** | 10
Gesamt:	91 | 100

Più Vino 🍷🍷🍷

8004 Zürich

Die Più Vino Bar bietet für jeden Geschmack den passenden Wein, von edlen Tropfen wie Sassicaia oder Lodovico, die hier auch glasweise ausgeschenkt werden, über erfrischenden deutschen Riesling bis hin zu Prosecco und sogar alkoholfreiem Sekt. Dazu gibt es Häppchen aus Italien.
Schwerpunkt: Italien

Kasernenstrasse 95
+41 44 2423322
piu-ristorante.ch
Kategorie: Klassische Weinbar

Weinangebot:	**46** | 50
Service	**18** | 20
Essen	**18** | 20
Ambiente:	**8** | 10
Gesamt:	90 | 100

Plaza Bar

8004 Zürich

Die Plaza Bar ist mit ihrer besonderen Einrichtung und dem abwechslungsreichen Eventprogramm ein Schmuckstück in der Zürcher Barszene. Ob man sich einfach nur ein Bier oder einen der vielen leckeren Cocktails oder Longdrinks gönnt oder danach noch in den Klub nebenan weiterzieht, der Besuch lohnt sich hier allemal.

Badenerstrasse 109
+41 44 5429099
plaza-zurich.ch
Kategorie: American Bar

Drinks:	**43** | 50
Ambiente:	**18** | 20
Service:	**19** | 20
Sortiment:	**8** | 10
Gesamt:	88 | 100

Raygrodski

8003 Zürich

Mitten im trendigen Kreis 3, an einem der pulsierendsten Plätze der Stadt, befindet sich die kleine Raygrodski Bar. Sie ist der perfekte Ort, um sich draussen einen Drink zu gönnen und das geschäftige Treiben zu beobachten. Die talentierte Barcrew mixt hervorragende, kreative Cocktails aus besten Zutaten.

Sihlfeldstrasse 49
+41 44 2414949
raygrodski.ch
Kategorie: Loungebar

Drinks:	**47** | 50
Ambiente:	**18** | 20
Service:	**18** | 20
Sortiment:	**9** | 10
Gesamt:	92 | 100

Roof Garden

8001 Zürich

Einen wunderbaren Ausblick über die Stadt bietet das Roof Garden auf dem Dach des Edelkaufhauses Globus. Hier zaubert das Barteam paradiesische Cocktails aus ausgesuchten Spirituosen, es beherrscht Klassiker ebenso wie die Hauskreationen. Natürlich gibt es auch alkoholfreie Alternativen, Wein und Bier.

Schweizergasse 11
+41 44 5217777
roofgarden.ch
Kategorie: Restaurantbar

Drinks:	**45** | 50
Ambiente:	**19** | 20
Service:	**18** | 20
Sortiment:	**8** | 10
Gesamt:	90 | 100

Rooftop Bar

8001 Zürich

Das Rooftop Restaurant & Bar befindet sich mitten auf – oder besser über – der geschäftigen Zürcher Einkaufsmeile Bahnhofstrasse. Es gibt neben einer mit Einflüssen aus dem asiatischen Raum gespickten Speisekarte leckere Drinks, Cocktails, Biere und Wein. Die Bar ist äusserst beliebt und die Stimmung stets angeregt.

Bahnhofstrasse 74
+41 44 4000555
ooo-zh.ch
Kategorie: Restaurantbar

Drinks:	**44** | 50
Ambiente:	**19** | 20
Service:	**18** | 20
Sortiment:	**8** | 10
Gesamt:	89 | 100

Smith and de Luma 🍷🍷🍷 — 8045 Zürich

Nur die besten Tropfen schaffen es auf die von Smith & Smith sorgfältig zusammengestellte Weinkarte. Dazu gibt es edelste Fleischstücke von Luma und weitere exzellente Speisen. Freude macht auch der industrielle Charme, den sich das ehemalige Fabrikgebäude bewahrt hat.
Schwerpunkt: international, Schweiz

Grubenstrasse 27
+41 43 3330453
smithanddeluma.ch
Kategorie: Weinbar im Restaurant

Weinangebot:	**46** | 50
Service	**18** | 20
Essen	**17** | 20
Ambiente:	**9** | 10
Gesamt:	90 | 100

Spitz 🍸🍸🍸 — 8001 Zürich

Die Bar des Spitz im Landesmuseum bietet Fans der gehobenen Trinkkultur einiges. Neben einer hervorragenden Weinauswahl gibt es über 250 Whisk(e)ys und weitere Spirituosen. Die Cocktailkarte wird von der engagierten Bar-Equipe je nach Saison angepasst. Natürlich kommen auch hier nur beste Zutaten zum Einsatz.

Museumstrasse 2
+41 44 2219477
restaurantspitz.ch
Kategorie: Loungebar

Drinks:	**47** | 50
Ambiente:	**19** | 20
Service:	**17** | 20
Sortiment:	**9** | 10
Gesamt:	92 | 100

Stubä

8004 Zürich

Die Stubä liegt mitten im Zürcher Ausgehviertel. Sie ist Bar, Club und Brunchlokal in einem, die Stimmung ist meist sehr angeregt. Es gibt gute Drinks und Signature Cocktails, Bier und Wein, dazu leckeres Barfood bis spät. Die Sandwiches sind stadtbekannt, es gibt sie sowohl mit Fleisch als auch in veganer Version.

Brauerstrasse 42
+41 79 2058448
stube.me
Kategorie: American Bar

Drinks:	**44** | 50
Ambiente:	**18** | 20
Service:	**19** | 20
Sortiment:	**8** | 10
Gesamt:	89 | 100

Südhang Austernbar

8005 Zürich

Vor dem Laden von Südhang Weine in der Markthalle im Viadukt kann man eine schöne Auswahl der edlen Tropfen, die hier verkauft werden, glasweise bestellen. Dazu gibt es Austern und andere Köstlichkeiten wie Tatar und Charcuterie von der Minimetzg gleich gegenüber.
Schwerpunkt: Frankreich

Limmatstrasse 231
+41 44 2624848
austernbar.ch
Kategorie: Weinbistro

Weinangebot:	**46** | 50
Service	**18** | 20
Essen	**18** | 20
Ambiente:	**8** | 10
Gesamt:	90 | 100

Südhang in Oerlikon

8050 Zürich

Angetrieben von einer unermüdlichen Neugier, bleibt die Südhang-Crew auf der Suche nach kleinen, aufstrebenden und eigenwilligen Weingütern abseits des Prestigerummels. Im Weingeschäft gibt's neben einer alerten Beratung auch eine Weinbar mit Verkostungsmöglichkeiten.
Schwerpunkt: Frankreich

Wallisellenstrasse 6
+41 44 2424848
suedhang.com
Kategorie: Weinbar in Vinothek

Weinangebot:	**46** | 50
Service	**18** | 20
Essen	**16** | 20
Ambiente:	**8** | 10
Gesamt:	88 | 100

Tales Bar

8001 Zürich

Die Tales Bar bietet bis spät in die Nacht einen sicheren Hafen für Cocktailliebhaber. Hier kehren auch viele Angestellte aus der Zürcher Gastronomie gerne ein und trinken auf dem Nachhauseweg noch einen der fachmännisch zubereiteten Cocktails. Das Angebot umfasst viele Klassiker, aber auch wechselnde saisonale Drinks.

Selnaustrasse 29
+41 77 5096274
tales-bar.ch
Kategorie: American Bar

Drinks:	**48** | 50
Ambiente:	**19** | 20
Service:	**19** | 20
Sortiment:	**9** | 10
Gesamt:	95 | 100

Terrasse

8001 Zürich

Im legendären Terrasse Restaurant lässt die Stadt in der Hyde Bar den Tag ausklingen oder die Nacht beginnen, während in der River Bar bei edlen Weinen, feinen Drinks und raffinierten Mocktails Freundschaften entstehen. Beide Bars haben eins gemeinsam: Zwischen Flaschenhälsen und Schüttelbechern entsteht grosses Kino!

Limmatquai 3
+41 44 2511074
terrasse-zuerich.ch
Kategorie: Restaurantbar

Drinks:	**44** I 50
Ambiente:	**19** I 20
Service:	**18** I 20
Sortiment:	**8** I 10
Gesamt:	89 I 100

Tina Bar

8001 Zürich

Die Tina Bar über der Brasserie Louis hat in Zürich Kultstatus. Dies dank der klassischen Einrichtung, vor allem aber wegen der sympathischen Bar-Equipe, die aus der hervorragenden Spirituosenselektion gute klassische und kreative Cocktails zaubert. Hier sind auch Raucher willkommen, die Bar hat eine Fumoir-Lizenz.

Niederdorfstrasse 10
+41 44 2507680
brasserie-louis.ch
Kategorie: Loungebar

Drinks:	**45** I 50
Ambiente:	**19** I 20
Service:	**18** I 20
Sortiment:	**9** I 10
Gesamt:	91 I 100

Vineria Centrale

8005 Zürich

Wie man in Süditalien den Tag ausklingen lässt, wird in der Vineria Centrale erlebbar. Gastgeber Dario Bischofberger beweist bei der Weinauswahl ein geschicktes Händchen, dazu gibt es exquisite Antipasti, fröhliche Musik und ganz viel italienische Lebensfreude.
Schwerpunkt: Italien

Neugasse 42
+41 76 5132204
vineriacentrale.ch
Kategorie: Weinbar im Restaurant

Weinangebot:	**43** I 50
Service	**18** I 20
Essen	**18** I 20
Ambiente:	**9** I 10
Gesamt:	88 I 100

Weinschenke

8001 Zürich

Die Hirschen's Weinschenke ist ein wunderbarer Ort, um sich auf ein schönes Glas Wein zu treffen und die spezielle Atmosphäre des mittelalterlichen Gewölbekellers zu geniessen. Auf der Karte stehen fast 100 auserlesene Weine, dazu gibt es kleine, aber feine Speisen.
Schwerpunkt: Deutschland

Niederdorfstrasse 13
+41 43 2683333
hirschen-zuerich.ch
Kategorie: Klassische Weinbar

Weinangebot:	**45** I 50
Service	**17** I 20
Essen	**17** I 20
Ambiente:	**9** I 10
Gesamt:	88 I 100

Widder Bar im Widder Hotel 🍸🍸🍸🍸 8001 Zürich

Hier gibt es täglich Pianomusik und hochstehende Barkultur mit einem exzellenten Wein-, Spirituosen- und Cocktailangebot. Ab mittags ist die Kultbar in der Zürcher Altstadt geöffnet, man trifft sich zum Lunch oder später zum Apéro oder After-Dinner-Drink. Je später die Stunde, desto angeregter die Stimmung.

Rennweg 7
+41 44 2242526
widderhotel.com
Kategorie: Hotelbar

Drinks:	**48** I 50
Ambiente:	**19** I 20
Service:	**19** I 20
Sortiment:	**10** I 10
Gesamt:	96 I 100

YAMAS 🍷🍷🍷 8004 Zürich

Das griechische Wort für «Zum Wohl» lautet Yamas. Um auf das gegenseitige Wohl anzustossen, hält das mediterrane Bistro samt Weinbar eine bemerkenswerte Auswahl an griechischen Weinen bereit, dazu gibt es authentische griechische Köstlichkeiten im Mezze-Stil.
Schwerpunkt: Griechenland

Lagerstrasse 48
+41 44 5010020
yamas.ch
Kategorie: Weinbar im Restaurant

Weinangebot:	**45** I 50
Service	**19** I 20
Essen	**18** I 20
Ambiente:	**8** I 10
Gesamt:	90 I 100

BARS NACH NAME

DEUTSCHLAND

#

A

B

ÖSTERREICH

SCHWEIZ

BARS NACH ORT

DEUTSCHLAND

I

J

K

falstaff

Falstaff Verlags-GmbH
Schottenring 2-6, 1010 Wien
T: +43 (1) 9042141
falstaff.com